Dolores French

Linda Lee

Kurtisane

Dolores French
Linda Lee

Kurtisane

Mein Leben als Prostituierte

Aus dem Amerikanischen
von Helga Bilitewski

Mit einem Vorwort von
HYDRA e.V.
Hurenorganisation Berlin

Galgenberg

Die Deutsche Bibliothek - CIP-Einheitsaufnahme

French, Dolores:
Kurtisane : mein Leben als Prostituierte / Dolores French ;
Linda Lee. - Hamburg : Galgenberg, 1992
Einheitssacht.: Working ‹dt.›
ISBN 3-87058-121-2
NE: Lee, Linda:

Lange Reihe 29, 2000 Hamburg 1
Titel der Originalausgabe: Working. My Life as a Prostitute
Titelgestaltung: Johannes Groht
Lithographieherstellung: Druckerei in St. Pauli
Satzherstellung: Satz + Repro Kollektiv GmbH, Hamburg
Gesetzt aus der Garamond
Druck und Bindung: Kösel, Kempten
1. Auflage September 1992
ISBN 3-87058-121-2

Dieses Buch ist meinen Eltern gewidmet, denen ich meine Stärke und meinen Mut verdanke.

VORWORT

Ob in Asien, Afrika, Amerika, Europa oder sonstwo, bei der Prostitution oder, genauer gesagt, bei der sexuellen Dienstleistung am Mann geht es immer um dasselbe, nämlich um die sexuelle Befriedigung von Männern, ob die Frauen nun auf der Straße, in einer Bar, in einem Club, in einem Bordell oder als Callgirl arbeiten. Wie dies erreicht wird, ist nur noch eine Frage des Details, ob von vorn oder von hinten, von oben oder von unten, oral oder vaginal oder andere Mätzchen; und es ist eine Frage des Preises, den die Männer für diese Dienstleistung zu entrichten bereit sind.

Die Arbeitsbedingungen von Prostituierten sind nicht davon

abhängig, in welchem Land oder in welchem Arbeitsbereich sie tätig sind, sondern nur von den gesellschaftlichen und rechtlichen Bedingungen in den jeweiligen Ländern. Diese Tatsache wird in dem vorliegenden Buch sehr anschaulich dargestellt.
Dolores French, die Autorin, ist eine sehr neugierige und lebenslustige Frau. Sie möchte unbedingt Prostituierte werden, und sie möchte so viele Erfahrungen wie möglich in den verschiedensten Arbeitsbereichen machen. Und bevor sie die Arbeitsbedingungen in der Karibik oder in Europa erkunden kann, muß sie den Beruf der Prostituierten zunächst einmal unter erschwerten — amerikanischen — Bedingungen erlernen.
In den gesamten Vereinigten Staaten von Amerika — mit Ausnahme von einigen Bezirken im Staat Nevada, wo genehmigte Bordelle legal sind — ist die Prostitution verboten. Nicht nur die sexuelle Dienstleistung für irgendeinen Gegenwert bildet einen kriminellen Tatbestand, sondern bereits das Angebot oder die Zustimmung zur Prostitution. Diese Gesetze werden sowohl auf Prostituierte als auch auf die Kunden angewandt, aber nur ungefähr zehn bis 15 Prozent aller Verhafteten sind Kunden. Außerdem können Prostituierte in den USA bei Hotelbesuchen wegen unbefugten Betretens des Hotels verhaftet werden oder auf der Straße wegen Herumschlenderns, Verkehrsbehinderung und Straßenverunreinigung. Arbeiten sie mit anderen Frauen zusammen, droht ihnen eine Anklage wegen Zuhälterei oder Kuppelei. Unabhängig von alledem sind amerikanische Prostituierte natürlich auch wie hier in Deutschland einkommenssteuerpflichtig. An diesem Punkt zeigt sich die Doppelmoral ganz deutlich.
Es ist geradezu pervers, was die amerikanische Polizei alles unternimmt, um die Einhaltung der Gesetze im Prostitutionsbereich zu überwachen. Als Freier getarnt, hocken Cops in privaten Wohnungen und Hotelzimmern, locken Prostituierte an, um ihnen Angebote für eine sexuelle Dienstleistung zu machen und sie zur Prostitution zu verleiten — um sie dann der Prostitution zu überführen und zu verhaften. Besonders pervers daran ist, daß sie alles tun, um die Frauen überhaupt zur Annahme der Angebote zu bringen. Jede amerikanische Prostituierte versucht nämlich zunächst, durch diverse Identitätsüberprüfungen und Fragen festzustellen, ob sie es mit einem Polizisten zu tun hat, ehe sie sich auf ein Prostitutionsgeschäft einläßt. Die Polizisten versuchen dage-

gen, diese Überprüfungen zu unterlaufen, um die Frauen unvorsichtiger zu machen, ein Geschäft mit ihnen zu vereinbaren und sie damit zu überführen. Man stelle sich nur vor, was der amerikanische Steuerzahler für den personellen und zeitlichen Aufwand aufbringen muß, um diese Befriedigung einer perversen männlichen Lust der Polizei zu finanzieren. Spannend an diesem Buch ist darum, wie eine amerikanische Frau es trotzdem schafft, Prostituierte zu werden, ohne ständig verhaftet zu werden. Die Freier laufen überall herum. Es ist nur eine Frage, wie frau sie findet.
Dieses Buch könnte auch als Leitfaden für jede Frau dienen, die immer schon einmal mit dem Anschaffen geliebäugelt hat, ohne gleich hauptberuflich einsteigen zu wollen. Im Detail beschreibt Dolores jeden einzelnen Schritt: wie sie in die Prostitution einstieg, welche verschlüsselten Anzeigen sie aufgab und nach welchen Kriterien sie die Antworten oder Anrufe sortierte, um festzustellen, wer ein potentieller Kunde sein könnte oder nur jemand, der eine Lebenspartnerin sucht. Wie macht frau es diesem Mann dann klar, daß es um bezahlten Sex geht, und wie vermittelt sie ihm, daß es sich lohnt, viel Geld dazulassen? Oder wie findet frau beim Einkaufen Freier? Welche Abteilung im Kaufhaus bietet bessere Möglichkeiten? Diese Einführung in die Prostitution ist nicht nur spannend, sondern auch sehr aufschlußreich. Und obwohl Dolores ihre unterschiedlichsten Erfahrungen mit den Freiern sehr ausführlich beschreibt, bedient sie nicht allein voyeuristische Wünsche.
Das Ungewöhnliche an diesem Buch ist, daß sie sich nicht als Opfer der Prostitution präsentiert, sondern als politisch engagierte Frau und Feministin, die sehr wohl weiß, was und warum sie etwas tut, der die Prostitution Spaß macht, die dabei unglaublich viele Lebenserfahrungen sammelt und sich im Laufe ihrer Prostitutionskarriere auch in der amerikanischen Prostituiertenbewegung engagiert. Wir wünschen uns mehr Berichte wie diesen, da er eher unserer Lebens- und Arbeitsrealität entspricht als die vielen diskriminierenden Klischees, mit denen wir uns in der Regel auseinandersetzen müssen.
Wir Huren haben in unserer jeweiligen Gesellschaft eine Sündenbockfunktion. Angeblich verkaufen wir unsere Seelen auch noch an den Teufel, wenn wir nur genug Geld dafür bekommen. Dieses Vorurteil entlastet unsere Gesellschaft und lenkt ab vom eigenen

Handeln. So nimmt Dolores deutlich Stellung zu manchen politisch umstrittenen Themen, zum Beispiel wie sie es vor sich selbst verantworten kann, einen Manager aus der Atomindustrie zu bedienen, obwohl sie sich politisch gegen die Atomindustrie engagiert, oder wie sie als Domina arbeiten kann, obwohl sie Gewalt verabscheut.
Mit diesem Buch ist es Dolores gelungen, gleichzeitig voyeuristische Wünsche mancher LeserInnen zu befriedigen als auch über die realen Lebensbedingungen von Prostituierten aufzuklären, mit Vorurteilen aufzuräumen und zu provozieren.

Hydra e.V.
Hurenorganisation, Berlin
August 1992

Viele Leute haben mir vorgeschlagen — und zahlreiche Kunden, einige Huren, ein Cop und ein Politiker haben mich nachdrücklich aufgefordert —, meine Lebensgeschichte in einem Buch zu veröffentlichen. Ich habe mir größte Mühe gegeben, die Authentizität meiner Geschichte zu bewahren, ohne irgend jemanden zu gefährden oder in Verlegenheit zu bringen. Die Namen aller Prostituierten, aller Bordellbesitzerinnen, aller Agentinnen und aller Kunden sind verändert worden, ebenso alle für die Geschichte irrelevanten persönlichen Besonderheiten. Die einzigen Ausnahmen sind: Sunny, eine Prostituierte, die ausdrücklich darum bat, daß ihr »Arbeitsname« verwendet würde; Sidney Biddle Barrows, die selbst über ihre Erfahrungen geschrieben hat; und Heuft, der ein Bordell in Amsterdam unterhielt. Es sind einige Daten verändert und — zum Schutze vieler Personen — die Details des Wer-machte-was-wann-und-wo gelegentlich geringfügig abgewandelt worden. Davon sind jedoch mein Leben und mein Bericht über »Das Leben« im wesentlichen unberührt.

DOLORES FRENCH

EINFÜHRUNG

Begann das alles mit *I love Lucy*? Es war der Sommer 1955, ich war fünf Jahre alt, und montags konnte ich länger aufbleiben. Dann saß ich bei meiner Mutter eingekuschelt auf unserem kratzigen Sofa und wartete voller Ungeduld auf das wöchentliche Fernsehereignis: *I love Lucy.*

Als ich fünf Jahre alt war, konnte ich mich noch mit Lucys hartnäkkigen Versuchen, ihr Leben zu meistern, identifizieren. Aber ich wußte auch, daß ich nicht so werden wollte wie sie — eine Hausfrau, die beschimpft wird und sich sagen lassen muß, was sie darf und was sie nicht darf.

Ricky war in meinen Augen ein Tyrann und unglaublicher Idiot, der immerzu schrie: »Ai, yi, yi, yi, yi!« Und Fred war ein Trottel. Trotzdem mußten Lucy und Ethel sich Woche für Woche irgendwelche Tricks ausdenken, um diese Schwachköpfe zu irgend etwas zu überreden, sei es, daß sie mit ihnen angeln fuhren, sei es, daß sie einfach nur mehr Einkaufsgeld rausrückten. Und ich werde niemals den Augenblick vergessen, als Ethel Fred darum bitten mußte, daß sie ihren Führerschein machen durfte.

Doch eines Abends ereignete sich etwas Ungewöhnliches: Ein wunderschöner Gaststar, eine Frau in einem silbrig schimmernden Abendkleid, strich mit den Schwänzen ihrer Fuchsstola über Freds Glatze. »Das Kleid sitzt wie angegossen«, murmelte meine Mutter und klang beeindruckt.

Selbst ich mit meinen Kinderaugen sah, daß diese Frau ein anderes Los hatte als Ethel und Lucy. Diese schillernde Frau strahlte ein Selbstbewußtsein und eine Unabhängigkeit aus, als hätte sie es nicht nötig, Ränke zu schmieden oder jemanden um etwas zu bitten, das sie haben wollte. Und Ricky und Fred überschlugen sich geradezu in ihren Bemühungen, ihr Feuer zu geben und ihr einen Platz anzubieten.

Lucy und Ethel schienen sie allerdings nicht zu mögen. »Warum sind sie so gemein zu ihr?« fragte ich meine Mom.

»Shhhh.« Mit einem Wedeln der Hand brachte sie mich zum Schweigen. Dann flüsterte sie: »Sie glauben, sie sei ein ... Callgirl.«

Aufgeregt stieß ich mit meinen Donald-Duck-Slippern gegen die Couch und beobachtete den flimmernden Schwarzweißbildschirm. Dann flüsterte ich zurück: »Was ist das?«

Sie sah mich an und zögerte einen Augenblick. »Das ist eine Frau, die ... Männer für Geld unterhält«, antwortete sie, indem sie ihre Worte vorsichtig wählte.

»Oh.«

Soviel ich in meinem kurzen Leben mitbekommen hatte, bemühten sich die Frauen ständig, die Männer zu unterhalten. Diese Frau wurde dafür einfach nur bezahlt. Meiner Meinung nach hatte sie einen Beruf ergriffen, der bewundernswert war wie der eines Arztes oder eines Anwalts. Sie mußte schillernde Kleider tragen, die funkelten und flatterten, wenn sie sich bewegte. Und sie mußte sich keine Ausreden ausdenken für das, was sie tat,

wohin sie ging und mit wem, oder warum sie Geld haben wollte. Lucy und Ethel hätten von dieser Frau einiges lernen können.
»Das werde ich auch, wenn ich groß bin«, erklärte ich.
»Nun sei aber still!« erwiderte meine Mutter schockiert. »Du weißt ja nicht einmal, was das bedeutet.«
»Doch, das weiß ich«, beharrte ich.
Meine Mutter, eine praktizierende Baptistin aus dem Süden, versuchte natürlich, mir in jener Nacht klarzumachen, daß anständige kleine Mädchen nicht danach strebten, Callgirl zu werden. Aber 1955 wußte ich auch schon, daß anständige junge Damen genausowenig danach strebten, Ärztin oder Anwältin zu werden.

DIESES KLEINE FERKEL VERKAUFTE SICH

Deine Hure gehört jedem Schurken, aber deine Kurtisane gehört deinem Höfling.
ANONYMER ENGLISCHER SCHRIFTSTELLER, 1607

Zweiundzwanzig Jahre später, nach einer Schwester, drei Hunden, fünf Colleges, zwei Ehemännern, drei Karrieren und einer verdammt guten Zeit, nämlich 1978, als ich siebenundzwanzig Jahre alt war, kam ich endlich dazu, meine angestrebte Karriere weiterzuverfolgen.

Um ganz ehrlich zu sein: Ich hatte die Idee, eine schillernde, selbstbewußte, finanziell unabhängige Frau zu werden, die Männer für Geld unterhält, keineswegs aufgegeben. Ich hatte bei einem Telefonvertrieb, als Art-director, als PR-Chefin und als Interviewerin für ein Meinungsforschungsinstitut gearbeitet. Ich hatte für die Bürgerrechte, für das Gesetz zur Gleichstellung von Mann und Frau und gegen den Krieg in Südostasien demonstriert. Ich hatte bei politischen Kampagnen für bedeutungslose Stimmenfänger und Präsidenten mitgewirkt. Ich war Feministin und besorgt darüber, wie die Menschen im Zentrum von Atlanta, Georgia, ständig versuchten, die Prostituierten aus ihrem Stadtteil zu jagen. Per Post hatte ich mir ein paar Ausgaben von Margo St. James' *Coyote Howls*, einer Zeitschrift von Prostituierten über Prostituierte, und die Untersuchung zweier Akademikerinnen, Jennifer James und Jackie Bowles, die über Prostitution geschrieben hatten, besorgt. Näher war ich dem Thema noch nicht gekommen.

Abgesehen von *Coyote Howls* beruhte mein Wissen über Prostitution entweder auf akademischen Theorien oder auf Hollywoodfilmen. Schon bald sollte ich erfahren, daß sich die Forschungsprojekte angesehener Dr. phil.s auf derartig geringfügige Untersuchungen stützten, daß ihre Ergebnisse kaum mehr als hochtrabende Vermutungen waren. Als ich als Prostituierte zu arbeiten begann, traf ich unter den anschaffenden Frauen wenige, die den Hollywood-Stereotypen entsprachen: abgemagerte Modelle mit chirurgisch geformten Körpern, die als Luxus-Callgirls anfangen und, wenn das Glück sie verläßt, als drogenabhängige Straßenprostituierte enden.

Ich hatte einen Job in der Verwaltung und als Fundraiser bei einem kleinen Radiosender in Atlanta. Mein Leben verlief zwar nicht gerade chaotisch, aber besonders perfekt war es auch nicht.

Ich arbeitete sehr gern bei dem Sender, doch nach einigen Jahren wurde mein Job ziemlich langweilig. Die Hälfte der Zeit verbrachte ich damit, sowohl bezahltes als auch unbezahltes Personal einzustellen und zu feuern. (Eine Menge Leute arbeiteten unentgeltlich für den Radiosender, nur um *dabei* zu sein.) Die andere Hälfte der Zeit ging mit der Planung und Koordination der Fundraising-Aktionen drauf, um den Sender aus den roten, wenn schon nicht in die schwarzen, dann zumindest in die grauen Zahlen zu bekommen.

Es war eine recht wenig anerkannte Arbeit. Abgesehen von einigen Leuten, die Fundraising für edel oder sogar ehrenwert hielten, waren die meisten der Meinung, es sei ein schmutziger Job, den

zwar irgend jemand erledigen müßte, aber vorzugsweise nicht sie selbst. (Das Fundraising hatte nicht denselben Stellenwert wie beispielsweise die Herstellung einer Dokumentation über Arbeitsimmigranten aus Guatemala.) Bis zu einem gewissen Grad gefiel mir die Herausforderung, etwas zu tun, was an sich so uninteressant war. Auf rein professioneller Ebene wurde ich eine große Bewunderin des rechten Republikaners und Fundraisers Richard Viguerie, der es wirklich verstand, Geld lockerzumachen. Durch die Anwendung einiger seiner Techniken erreichte ich eine Wende für den Radiosender.
Das führte jedoch lediglich zu weiteren Fundraising-Jobs. (Fazit: Mach eine Arbeit niemals gut, wenn du sie eigentlich gar nicht machen willst. Du könntest gebeten werden, sie noch mal zu leisten.) Ich mußte im Land herumfliegen, einen Sender nach dem anderen aufsuchen und gute Ratschläge geben. Der eine befand sich in der Gründung, der andere in der Auflösung. Weil ich etwas von meinem Job verstand — und weil ich die Leute, die bei den Sendern arbeiteten, nach ihren Vorstellungen fragte und sie an allen Entscheidungen beteiligte —, hörte ich es beim Abschied murren: Das war ja leicht! Die hätten wir überhaupt nicht gebraucht! Wozu, wir haben doch alles selbst gemacht!
Das war, kurz gesagt, nicht besonders befriedigend. Mit meinen wirklichen Interessen wie Malen, Zeichnen oder gar Grafik-Design hatte das absolut nichts zu tun.
Bei unserem Sender in Atlanta hatten wir die übliche Mischung von Angestellten: Schwule, Schwarze, viele Frauen, ein paar egozentrische Diskjockeys — die typischen Heteromänner aus der Mittelschicht — und ein oder zwei Leute, die nur aus Zufall dort zu arbeiten schienen.
Und dann war da noch Stephanie, die leitende Produktionschefin vom Sender. Wir beide sahen einander auffällig ähnlich. Fast alle verwechselten uns oder waren überzeugt, wir seien Schwestern. Wenn Loni Andersons Körper mit meinem bei einem ausgeflippten wissenschaftlichen Experiment, wie zum Beispiel in dem Film *Die Fliege*, verschmolzen worden wäre, dann hätte dabei so etwas wie Stephanie herauskommen können.
Ihre Brüste waren etwas größer als meine, ihre Taille und Hüften etwas schmaler. Stephanies Haar war länger, dicker und schöner als meins. Aber ich hatte längere Fingernägel und kleinere, schö-

nere Hände. Ihre Augen waren genauso blau wie die von Liz Taylor; meine sind undefinierbar blau oder grün oder grau.
Dann war da noch die Sache des Stils. Stephanie trug Stöckelschuhe, und ich trug Cowboystiefel. Sie trug Designerjeans, und ich trug Levis Jeans. Sie trug Strümpfe, und ich trug Socken.
Da Stephanie ein paar Wochen vor mir eingestellt worden war, durchschaute ich am Anfang nicht, wie jemand mit Smaragdohrringen und einem diamantgeschmückten Verlobungsring in unseren kleinen Sender paßte. Ich hörte, daß sie sich auf ihr Magisterexamen in Politologie vorbereitete. Wie ich bald herausfand, war sie außerdem Prostituierte.
Wie das so ist mit dem Klatsch im Büro, erfuhr ich bald alles über Stephanie und ihre Mutter. Anscheinend waren sie beide im selben Geschäft tätig — dem Geschäft, Stephanie zu verkaufen.
Stephanie war normalerweise selbstbewußt und weltgewandt — nur dann nicht, wenn sie mit ihrer Mutter telefonierte, die darauf versessen war, Stephanie so oft wie möglich zu verheiraten. Dann sagte sie mit Kleinmädchenstimme: »Ja, Mommy« und »Nein, Mommy«. Manchmal willigte Stephanie in die von ihrer Mutter vorgeschlagenen Eheschließungen ein, aber wenn das der Fall war, dann tat sie es mit dem Geschick und der Leidenschaft eines Grundstücksmaklers, der jemandem Sumpfland verkauft. Ihre Philosophie lautete: »Man kann viel Geld damit verdienen, daß man verzweifelte einsame Männer heiratet.« Sie erklärte mir, daß sie mit den Männern, die sie heiratete, niemals richtig zusammenlebte. Ihre Mom sorgte dafür, daß mit den zukünftigen Ehemännern die Vereinbarung getroffen wurde, daß Stephanie zu Hause — bei ihrer Mutter — wohnen sollte, bis sie das College beendet hätte. Die Ehemänner bezahlten natürlich die Miete und Stephanies Unterricht.
Als sie mir das erzählte, platzte ich heraus: »Du bist das gierigste Weibsstück, das mir je begegnet ist.« Sie reagierte, sagen wir mal, ein bißchen gekränkt, und ich versuchte, so zu tun, als hätte ich das scherzhaft gemeint. Sie sagte: »Aber ich gebe ihnen doch nur genau das, was sie wollen und verdienen.«
Stephanie betrachtete Männer nicht als Menschen, sondern als Beute. Und sie genierte sich keineswegs, gegenüber ihren Kollegen und Kolleginnen diese Meinung kundzutun, was unsere lesbische Geschäftsführerin ergötzte.

Eines Tages erklärte sie mir nach der Arbeit, wie sie die traurigsten Seelen der Gesellschaft aufspürte. Wir saßen zur Happy Hour in einer düsteren, schäbigen und bedrückenden Motelbar — einer von jener Sorte, wo einem lauwarme, fritierte Vorspeisen und Bloody Marys aus Tomatensuppe serviert werden. Stephanie sah sich in dem Raum um und erklärte: »Jeder Mann hier, der ein passendes Hemd zu seinem Anzug trägt, ist ein Heiratskandidat.« Dann veränderte sie plötzlich ihren Ton und verkündete: »Genau hier habe ich meinen Verlobten kennengelernt.«

Ich hatte ihn nicht kommen sehen, aber sie. Gerade als sie das Stichwort sagte, schlüpfte er neben sie auf die Plastikbank. »Da habe ich dich aber überrascht, was, Darling?« fragte er, ehe er ihr einen sabbernden Kuß gab. Er war ein häßlicher, dürrer, ungebildeter und neurotischer Mann mit einem nervösen Tick.

Ich war überrascht, amüsiert und entsetzt zugleich. Stephanie gegenüber hegte ich dieselben Gefühle, die man Fernsehpredigern entgegenbringt: Überraschung, weil sie damit durchkommen, und Entsetzen, weil sie es tun. Es ähnelte einem Theaterstück, wie Stephanie ihr Leben führte. Und es spielte sich genau vor meinen Augen an diesem kunststoffbeschichteten Cocktailtisch ab.

Als Stephanie an diesem Abend mit mir und ihrem Verlobten Bloody Marys aus Tomatensuppe trank, war sie bereits verheiratet. Zur gleichen Zeit heckte ihre Mutter schon die nächste Hochzeit mit einem reichen Anwalt aus, dessen Familie zu ihrem Countryclub gehörte.

Ich wäre nie auf die Idee gekommen, daß jemand so leben könnte. Als ich Stephanie das sagte, antwortete sie: »Weißt du, es ist nicht verboten, Menschen ihres Geldes wegen zu heiraten. Ich meine, ich muß ja nicht einmal sexuell mit ihnen verkehren.«

»Wie schaffst du das denn?« wollte ich wissen.

»Ich bleibe nicht so lange mit ihnen verheiratet.« Stephanie erzählte, daß ihre Mutter für sie einmal an ihrem Hochzeitstag einen Termin für eine Mandeloperation vereinbart hatte. »Direkt nach dem Empfang luden wir die Geschenke in unseren Kombi, meine Mutter erklärte, daß ich krank sei, und ehe sich einer versah, war ich schon im Krankenhaus.« Als sie aus dem Krankenhaus entlassen werden konnte, war ihre Mutter bereits damit beschäftigt, die Ehe annullieren zu lassen.

Was Stephanies Mutter nicht wußte, war, daß Stephanie außerdem auf Kleinanzeigen in den Lokalzeitungen antwortete und als Prostituierte arbeitete, weil es sie langweilte, immer nur einen kläglichen Verlierer nach dem anderen zu heiraten. Sie erzählte ihrer Mutter, daß sie ein eigenes Apartment bräuchte, um studieren zu können. Tatsächlich benutzte sie dieses Apartment aber für ihre Tätigkeit als Callgirl. (Ihre Mutter verwaltete das gesamte Geld, das Stephanie durch ihre Ehen verdiente; und Stephanie wollte einfach auch etwas Geld für sich haben.) Sie gestand mir, daß sie ihre Mutter aus dem Apartment verbannt hatte. »Ich erzähle ihr, ich könne mich nicht konzentrieren, wenn sie um mich herum ist oder mich auch nur dort anruft.«

Das war also Stephanie: Sie heiratete Männer, mit denen sie keinen Sex hatte, wegen ihres Geldes, und sie hatte Sex mit Männern, die sie nicht heiratete, *wegen* ihres Geldes. Und Freud fragte: »Was will das Weib?«

Eines Tages kam Stephanie, bevor sie nach Hause ging, in mein Büro, um mir zu sagen, daß sie für den nächsten Tag eine »Verabredung« mit einem Mann habe und es nicht schaffen würde, sie einzuhalten. Sie hatte einen Termin beim Zahnarzt. »Würdest du nicht gern an meiner Stelle hingehen?« fragte sie. Schließlich habe sie nur am Telefon mit ihm gesprochen, erklärte sie. Sie habe ihn noch nie gesehen und er sie auch nicht. Die einzigen Dinge, die er von ihr wüßte, seien ihre Größe, ihre Haarfarbe und ihre Körpermaße.

»Der Preis ist gut. Fünfundsiebzig Dollar für eine Stunde, und er wird nie erfahren, daß ich es gar nicht war«, erklärte sie arglos. Ich verdiente netto 187,93 Dollar die Woche.

Ich machte mir keineswegs Sorgen darüber, ob ich durch die Ausübung der Prostitution gegen das Gesetz verstoßen könnte. Die Menschen meiner Generation hatten eine gewisse Geringschätzung für Gesetze entwickelt – zum Beispiel für solche, die den Genuß von Marihuana strafbar machten. Wenn es nach mir gegangen wäre, hätte es Gesetze geben müssen, die die Armut verbieten oder verhindern, daß Leute zu Schottenmustern auch noch bunte Stoffe tragen. Aber Gesetze, die es einer Frau verbieten, für ihre Gesellschaft von einem Mann Geld anzunehmen, hielt ich für überflüssig. Statt dessen beunruhigte mich der Gedanke, daß es nicht ehrenhaft sei, einem Mann zu sagen, ich sei Stephanie, bloß

weil ich ihr so ähnlich sah. Und obwohl ich schon immer hatte wissen wollen, wie es war, für Sex Geld zu bekommen, war ich nicht sicher, ob ich schon dafür bereit war.
»Oh, dafür müßte ich erst einmal abnehmen«, war das erste, was mir einfiel. Ich wog zwanzig Pfund zuviel, und soviel ich wußte, war ich damit disqualifiziert, Geld für Sex zu verlangen.
»Sei doch nicht albern«, erwiderte Stephanie. »Du siehst großartig aus. Männer mögen es sehr, wenn an den Frauen etwas dran ist.«
Also versprach ich ihr, darüber nachzudenken. Aber ich sagte auch: »Ich bin nicht sicher, ob ich weiß, was ich machen muß.«
»Kein Problem«, antwortete sie. »Ich werde dir morgen alles erklären, was du wissen mußt — wenn du dich entscheidest, es zu tun.« Und damit ging sie hinaus.
In der Nacht lag ich wach und überlegte, wie es wohl wäre, am nächsten Tag in ein fremdes Zimmer zu gehen und mit einem fremden Mann für Geld Sex zu machen. Ich hatte schon mit einer Reihe von Männern geschlafen, aus denen ich mir nichts gemacht hatte — um Gesellschaft zu haben oder aus Spaß oder aus Gefälligkeit oder weil wir beide zufällig zusammen waren. Was ist an dieser Sache so anders? fragte ich mich. Das Geld natürlich, der »große Gleichmacher«, wie es mal jemand genannt hat.
Ich erinnerte mich an die Zeit, als ich dreizehn war und mit dem Gedanken kämpfte, meine Jungfräulichkeit aufzugeben. (Denn so bin ich tatsächlich erzogen worden, daß man darüber nachdenkt.)
Die Botschaft meiner Eltern, der Lehrer und der Kirche war klar: Bewahre deine Jungfräulichkeit um jeden Preis, bis der rettende Prinz kommt. Aber wenn ich mir all die Aschenputtel in der Nachbarschaft anschaute, die an ihrer Jungfräulichkeit festgehalten und auf ihren rettenden Prinzen gewartet hatten und wunderbar glücklich hätten sein müssen — wie die Frauen in der Fernsehwerbung —, sah ich nur Frauen, die aufgedunsen waren von Bier, Hamburgern und brüllenden Kindern, Aschenputtel mit müden Gesichtern, die ihr Haar mit Klemmen hochgesteckt hatten oder Lockenwickler trugen, in Vorbereitung des aufregenden Abends auf der Bowlingbahn. Die diamantenbesetzten Eheringe waren fleckig von Waschmittelrückständen; das Warten schien nicht gerade belohnt zu werden.

Und unter den Männern, für die diese Frauen sich aufgespart hatten, kann ich auch nur sagen, waren weitaus mehr Frösche als Prinzen.
Da das Warten mir nicht sehr vielversprechend erschien und ich darauf brannte herauszufinden, was es mit dem Sex auf sich hatte und warum die Menschen meinten, er sei so wichtig, gab ich mit dreizehn meine Jungfräulichkeit auf — ich warf sie regelrecht weg. (Ich war froh, sie los zu sein, denn ich war sicher, daß ich keinen Mann heiraten wollte, der auf Jungfräulichkeit Wert legte.)
Mein Ansehen in den Augen der Gesellschaft stellte ich später natürlich wieder her: Mit neunzehn heiratete ich einen Mann, den ich liebte, mit dem ich aber nicht zusammenleben konnte. Später heiratete ich einen Mann, mit dem ich zusammenleben konnte, den ich aber nicht liebte. Sie waren beide keine Prinzen, aber sie waren auf jeden Fall anständige, ehrenhafte und hart arbeitende Frösche.
Ein paar Monate bevor Stephanie mir dieses Angebot machte, hatte ich eine relativ unangenehme Berührung mit dem Tod. Bei einer Notoperation wegen des Verdachts auf Blinddarmentzündung entdeckte der Chirurg statt dessen eine tennisballgroße Eierstockzyste, die geplatzt war. Die Wochen, die ich zur Genesung im Krankenhaus und anschließend zu Hause verbrachte, gaben mir reichlich Gelegenheit, über mein Leben und meinen Tod nachzudenken. Zum ersten Mal verspürte ich ein Bedauern. Nicht wegen der Dinge, die ich getan hatte, sondern wegen all der Dinge, die ich nicht getan hatte. Ich bedauerte, daß ich nie das Segelgleiten ausprobiert hatte. Ich bedauerte, nicht mehr zur Verbesserung der Lebensqualität anderer Menschen beigetragen zu haben. Ich bedauerte, daß ich nie nach Europa gefahren war, nie den Louvre, die Deckenfresken in der Sixtinischen Kapelle, Gaudís Architektur in Spanien oder van Goghs gesammelte Werke in Amsterdam gesehen hatte. Ich bedauerte, daß ich niemals diese schillernde, selbstbewußte, finanziell unabhängige Frau geworden war, die für Geld Männer unterhält.
Jetzt, mit siebenundzwanzig Jahren, erkannte ich plötzlich, wie schnell das Leben enden kann. Es war zwar ganz schön, einen angesehenen, wenn auch gering bezahlten Job zu haben, als Teilzeitkraft bei politischen Kampagnen mitzuarbeiten, wundervolle Eltern und gute Freunde zu haben, Fallschirmspringen zu lernen

und meine Malerei- und Zeichenkünste weiterzuentwickeln. Aber das alles konnte weder das, was ich nicht getan, noch die Erfahrungen, die ich nicht gemacht hatte, wettmachen. Als ich dort im Krankenhaus lag, beschloß ich, jede sich bietende Gelegenheit, die mir zusagte, zu ergreifen, um soviel wie möglich über das Leben zu erfahren. Stephanie schien mir genau eine solche Gelegenheit anzubieten.
Ich dachte: Wenn ich mich morgen mit Stephanies Kunden treffe, dann weiß ich wenigstens, wie es ist, eine Prostituierte zu sein. Das schien die Sache wert zu sein. Und ich wollte unbedingt erfahren, was jemand wie Stephanie fühlte, wenn sie in das Zimmer trat. War es beschämend oder erniedrigend? Oder würde es sexuell erregend sein?
Ich war bereit, eine neue Erfahrung zu machen. Ich würde Geld für Sex verlangen, und ich dachte bereits darüber nach, was ich mir davon kaufen könnte.
Übermorgen, dachte ich, wird niemand mehr das Wort *Hure* gegen mich verwenden können. Übermorgen wird es nicht mehr das schlimmste Schimpfwort sein, das mir jemand an den Kopf werfen kann, sondern einfach die Feststellung einer Tatsache. Vielleicht wäre allein das die Sache wert, dachte ich, daß diesem Wort die Schärfe genommen wird.

Er hatte den kleinsten Penis, den ich jemals zuvor oder danach gesehen habe. Er war weit über einsachtzig groß, doch sein Schwanz war in voller Erektion ungefähr so lang wie mein Daumen ab dem mittleren Knöchel. Ich fragte mich: Ist das die Art von Mann, die zu Prostituierten geht? Da war so wenig, wozu überhaupt die Mühe? Während ich mich auszog, masturbierte er sich mit zwei Fingern, und es sah aus, als spielte ein Erwachsener mit den Möbeln einer Puppenstube. Stephanie hatte mir ein paar Dinge erklärt, die ich machen sollte, aber davon hatte sie nichts erwähnt. Sie hatte ihn nie zuvor gesehen, wer hätte es sich also auch träumen lassen, daß so etwas, sagen wir, zum Vorschein kommen könnte?
Er machte eine Bemerkung darüber, daß er etwas klein sei. Und ich sagte: »Ja, das ist er.« Ich sah keine Möglichkeit, etwas anderes zu behaupten.
Er wollte Geschlechtsverkehr haben, wenn man das so nennen kann. (Ich finde, es sollte eine Regelung dafür geben, was man als

Geschlechtsverkehr bezeichnen kann. Das war eher so, als stieße man im Fahrstuhl mit jemandem zusammen.) Aber er war mein erster Freier, und ich wollte keinen Fauxpas begehen, indem ich mich beschwerte. Er war angenehm; und ich vermutete, daß jeder mit einem so kleinen Schwanz entweder sehr angenehm oder ein brutaler Mörder sein müßte. Meiner Ansicht nach war es sinnvoll, dafür bezahlt zu werden, daß man mit einem Mann mit solch kleinem Penis Sex hatte, denn es war für eine Frau unmöglich, dabei sexuelles Vergnügen zu empfinden.
Es war schnell vorbei, und ich zog mich an. Es machte ihm Freude, mir Geld zu geben — fünfundsiebzig Dollar plus zehn Dollar Trinkgeld, fast die Hälfte meines wöchentlichen Gehaltes.
Dieser Mann behandelte mich mit mehr Respekt, als mir bei den meisten anderen Beschäftigungen entgegengebracht worden war, und seine Bezahlung kam dem, was meine Zeit und mein Verstand wert waren, weitaus näher. Er bezahlte mich mit einem Lächeln im Gesicht ... und ich war stolz, daß ich ihm hatte helfen können.

Ein glücklicher Umstand für meine Karriere als Prostituierte war der, daß es eine Frau namens Elaine gab, die beim Radiosender arbeitete. Von Elaine, einer eleganten Frau, die etwas älter aussah als ich, wußte ich nur, daß sie aus Chicago kam, und ich hörte, daß sie aus einem Treuhandvermögen lebte. Jedenfalls hatte sie jede Menge Zeit, um bei politischen Kampagnen mitzuarbeiten — und als Teilzeitkraft beim Radiosender.
Elaine wußte von meinem Erlebnis mit dem schwanzlosen Wunder. (Mittlerweile wußte das jeder im Büro. Stephanie war keineswegs diskret.) Elaine kam zu mir und sagte auf ihre zurückhaltende, aber freundliche Art: »Ich hoffe, du läßt dich nicht auf weitere ›Freunde‹ von Stephanie ein.«
»Nun, um die Wahrheit zu sagen: Ich dachte, daß ich vielleicht etwas von ihr lernen könnte«, entgegnete ich.
»Dolores«, sagte Elaine und sah mich ernst an, »warum kommst du nicht morgen abend zu mir? Ich denke, wir sollten miteinander reden.«
Ich vermutete, daß Elaine mir ihre Sicht auf die Dinge erläutern wollte, die einer älteren, aber erfahrenen Frau: daß sie mir erzählen würde, es sei okay, wenn ich mich mal austoben wollte, daß ich aber in Schwierigkeiten geriete, wenn ich es nochmals täte oder

mir zur Gewohnheit machte. Aber ich war noch nie in ihre Wohnung eingeladen worden, ich mochte sie und dachte, daß ich mir ja auch einmal anhören könnte, was sie zu sagen hatte.
Als ich ankam, brannten Holzscheite im Kamin, und in einem silbernen Sektkübel war eine Flasche Wein kalt gestellt. Eine Reihe von Lampen beleuchtete die Porträts ihrer Großeltern und eine Lithographie von Salvador Dalí. Ein Kerzenständer erhellte das Foyer, und in ihrem Schlafzimmer sah ich weitere Kerzen brennen. In einem Zimmer roch es nach Blumen und im anderen nach Kräutern. Auf dem Orientteppich im Wohnzimmer lagen riesige Kissen mit Bezügen aus Satin und Brokat. Ihr Telefon fiel mir auf, weil es so protzig war — aus Alabaster und Kupfer. Daneben befand sich, das schwöre ich, ein Schreibset mit einer Straußenfeder.
Mitten im Wohnzimmer stand eine antike, mit Samt bezogene Chaiselongue, und darauf saß Elaine in einem elfenbeinfarbenen, seidenen japanischen Hausanzug, und auf dem mittleren Zeh ihres linken Fußes trug sie einen Ring.
Nicht schlecht, dachte ich. Das zeugte wahrscheinlich von Klasse, aber von einer Art, die ich nie zuvor gesehen hatte. Vielleicht leben die Leute im Norden so, überlegte ich. Ich kam ursprünglich aus Kentucky. Was wußte ich schon über das elegante Leben in Chicago?
Elaine fragte: »Wie gefallen dir diese Dinge? Die meisten habe ich auf Krempelmärkten gefunden. Und die Kissen habe ich selbst genäht und mit der Füllung aus den Schlafsäcken meiner Kinder ausgestopft.«
»Das waren große Schlafsäcke«, erwiderte ich.
»Viele Kinder.« Sie lachte.
Ich war überrascht. »Ich wußte nicht, daß du welche hast.«
»Fünf und, Gott sei Dank, alle erwachsen.«
»Fünf erwachsene Kinder?« fragte ich. »Wie alt bist du denn?«
Wir spielten das übliche ›Wie-alt-schätzt-du-mich-denn‹-Spiel, und dann gestand sie, daß sie neunundvierzig war.
Neunundvierzig? Wie war das möglich? Ich schätzte sie auf höchstens zweiunddreißig, und da saß sie nun und erzählte mir, sie sei eine geschiedene Großmutter.
Sie reichte mir ein Glas Wein und machte es sich auf der Chaiselongue bequem: olivfarbene Haut, elfenbeinfarbener Pyjama und tiefschwarzes Haar, leuchtendrote Lippen und Fingernägel —

alles im Kontrast zu dem traubenfarbenen Samt. »Hör zu«, begann sie, »ich muß dir etwas erzählen. Außer meinen Kunden und einem Freund, der Taxifahrer ist, weiß niemand etwas davon: Ich bin eine Kurtisane.«

Eine Kurtisane. Was zum Teufel war das? Ich wußte, daß das etwas mit Sex zu tun hatte, aber was?

Sie erzählte mir die Geschichte dieses Begriffs. Die Kurtisane sei ursprünglich eine Geliebte bei Hofe gewesen, sagte sie, eine Gefährtin des Königs. Eine Kurtisane trat als öffentliche Dame auf, während die Ehefrau in den königlichen Gemächern blieb, um Kinder zu gebären und aufzuziehen. Im Laufe der Jahrhunderte, erklärte Elaine, büßte die Tätigkeit der Kurtisane einige formale Aspekte ein und wurde eher eine bezahlte Angelegenheit. Sie erzählte mir, daß sie kein Callgirl sei wie Stephanie. »Ein Callgirl steht für eine Nacht oder eine Stunde zur Verfügung«, sagte sie, wobei sie deutlich machte, daß sie weder Stephanie noch ihre Gewohnheiten billigte. »Ich unterhalte länger dauernde Beziehungen zu meinen Kunden.«

Eine Kurtisane, sagte sie, erhalte die Phantasie aufrecht, daß sie und der Mann ein gemeinsames, wenn auch geheimes Leben führen. Eine Kurtisane wisse alles über die Familie des Mannes, seinen Job, welchen Wein er trinkt oder welche Bücher er liest. »Hier in Atlanta gibt es sehr viele Frauen, die als Kurtisane arbeiten«, fügte sie hinzu.

Ich war erstaunt. Das, wovon sie mir berichtete, war etwas ganz anderes als das, was Stephanie tat, viel kultivierter ... und sie versuchte nicht, die Männer wegen ihres Geldes zu heiraten.

Ich hatte das Gefühl, Elaine sei die Person, auf die ich gewartet hatte, jemand, die mir die subtileren Aspekte der Prostitution beibringen könnte. Wenn jemand etwas über die höchste Stufe der Prostitution wußte, dann war es Elaine. Sie war die Verkörperung der Eleganz. Sie pflegte ihr Haar und ihre Haut. Jeden Tag ging sie joggen, und ihr Körper war der Traum einer Siebenundzwanzigjährigen: meiner. Sie hatte ihre Würde nicht verloren, was nach Aussagen mancher Soziologen für Prostituierte unvermeidlich ist. Obwohl sie sich darüber ausschwieg, war sie doch stolz auf das, was sie tat.

»Aber wie findest du ... ehm ...« Ich hielt inne, weil ich nicht einmal wußte, wie man einen Mann nennt, der eine Kurtisane bezahlt.

»Durch Empfehlungen«, warf sie ein, und aus ihrem Munde hörte es sich an, als führe sie eine Arztpraxis. »Und außerdem setze ich Anzeigen in die Zeitung.«
»Aber ist das nicht gefährlich? Ich meine, wie willst du wissen, ob sie in Ordnung sind?«
»Oh, ich überprüfe jeden erst am Telefon. Wenn sie in Ordnung zu sein scheinen, verabrede ich mich mit ihnen irgendwo zum Kaffee oder zum Tennis.«
Auf mich wirkte das immer noch irgendwie schockierend. Ich meine, daß ich überlegte, Prostituierte zu werden, oder daß ich feststellte, daß Stephanie ein Callgirl war, war eine Sache. Aber Elaine? Ich fing an, darüber nachzudenken, wie viele »anschaffende« Frauen es wohl gab.
Sie erklärte mir, sie nähme pro Stunde sechzig Dollar oder träfe ersatzweise andere Vereinbarungen. Ein Mann kaufte ihr ein Auto, und als Gegenleistung erklärte sie sich bereit, ihn drei Jahre lang viermal pro Monat zu treffen.
Ich fragte, wie sie dazu gekommen sei, und sie erzählte mir von ihrem Hausfrauendasein in Lake Forest in Illinois. Ihr Mann hatte einen leitenden Posten in der Stadt, und sie blieb zu Hause, um die Kinder aufzuziehen. Schon lange habe sie dort weg gewollt, sagte sie, aber außer ihren Sekretärinnenkenntnissen habe sie über keinerlei einkommensträchtige Fähigkeiten verfügt, und damit hätte sie keine fünf Kinder durchbringen können. Nach etlichen Ehejahren packte sie eines Tages eine kleine Tasche und hinterließ ihrem Mann eine Nachricht, wo er das Auto finden würde. (Sie erklärte, daß sie aus dieser Ehe nicht mehr mitnehmen wollte, als sie mitgebracht hatte; und sie wollte ihm keinen Vorwand oder Hinweis geben, um ihr zu folgen.) Dann ließ sie den Wagen auf einem Rastplatz an der Autobahn stehen und fand einen Lastwagenfahrer, der sie mitnahm. Sie sagte einfach nur: »Egal, wohin Sie fahren, ich komme einfach mit.« Und weg war sie. Sie war fünfunddreißig.
Der Lastwagenfahrer nahm sie bis Atlanta mit, und dort blieb sie. »Ich nahm an, dieser Ort sei genausogut wie jeder andere«, sagte sie. Als der Lastwagenfahrer herausfand, daß sie weder Geld noch einen Job hatte, bot er ihr Geld für Sex.
»Ich war ziemlich naiv zu der Zeit«, berichtete sie. »Nicht einen Augenblick kam es mir in den Sinn, daß das Prostitution sei. Das

war mein erster Job — oder mein millionster, je nachdem, wie du meine Ehe betrachtest.«
Elaine hatte kaum genug Geld, um sich ein Zimmer in einem billigen Motel zu leisten. Für ihren Lebensunterhalt begann sie, als Kellnerin zu arbeiten. Da sie ein hübsches Gesicht und einen makellosen Körper hatte, bot ihr jemand aus dem Restaurant einen Job im nahegelegenen Stripclub an, falls sie wirklich zu Geld kommen wollte. Zu diesem Zeitpunkt hatte Elaine das Gefühl, schon viel zu tief drinzustecken, um zu ihrem Mann zurückzugehen. »Ich kämpfte ums Überleben, aber es war trotzdem besser, als mit ihm zusammenzuleben.« Andererseits haßte sie die Arbeit im Stripclub. »Für eine Frau aus Lake Forest, Illinois, war der Laden viel zu heruntergekommen«, sagte sie. Viele Männer boten Geld dafür, mit ihr ins Bett gehen zu können, aber sie hatte Angst, verhaftet zu werden. Sie wollte ihr Strafregister sauberhalten, um eines Tages das Sorgerecht für ihre Kinder bekommen zu können. Trotzdem vögelte sie eine Menge herum, und zwar ohne Geld dafür zu bekommen. Schließlich kam sie zu dem Schluß, daß sie finanziell besser dastünde, wenn sie den Sex direkt verkaufte, und kündigte ihren Job als Stripperin. Sie zog aus dem schlampigen Motel in ein schlechtes Apartment und dann in ein besseres Apartment. Indem sie ihre Kunden als Referenzen angab, bekam sie einen Job als Sekretärin und einen Mietvertrag für das Apartment, in dem sie jetzt wohnte.

Zwei ihrer jüngeren Kinder zogen zu ihr, und sie sorgte auch für deren Lebensunterhalt. Mit den Kunden traf sie sich, während die Kinder in der Schule waren. Die Kinder glaubten, daß sie ihren Lebensunterhalt durch die Arbeit beim Radiosender verdiente.

Männer gingen deshalb zu einer Kurtisane, erklärte sie, weil sie eine weitergehende Beziehung wollten. Vielen Kunden gefiel der Gedanke nicht, daß Elaine noch andere Männer traf. Zwar erzählte sie jedem, daß er der einzige sei. »Aber sie sind nicht dumm. Sie wissen, daß es nicht stimmt. Sie hören es nur gern. Die Wahrheit ist: Sie wissen, daß es ein Geschäft ist und daß ich die Beste bin. Sie sind bereit, mich zu teilen.«

Für Elaine war das vergleichbar mit mehreren, aufeinanderfolgenden, bezahlten längeren Affären.

Als der Schock nachließ — nicht der Schock über das, was sie tat, sondern der, daß jemand wie Elaine so etwas tat —, sagte ich ihr,

wie toll ich das fände. Ich hatte das Gefühl, als hätte ich mein ganzes Leben lang darauf gewartet. »Glaubst du, daß ich das auch erlernen könnte?« fragte ich. »Würdest du mir dabei helfen?«
Bei meinem ersten Kunden hatte ich mich so unbeholfen gefühlt. Wenn ich Prostituierte werden will, dachte ich, muß ich abnehmen. Ich muß das Geschäft erlernen. Ich muß lernen, mit unerwarteten Situationen umzugehen. Was ich brauchte, waren Training und Nachhilfeunterricht. Ich kam zu dem Schluß, daß Elaine, die ihr Leben so gut im Griff hatte, diejenige war, die mich ausbilden könnte.
Sie sagte, sie würde es sich überlegen.

Ein paar Tage später trafen Elaine und ich eine Vereinbarung. Sie würde mir alles beibringen, was sie über das Geschäft wußte, und mir ein paar Kunden abgeben. Ich würde in ihrem Apartment arbeiten und ihr dafür fünfzehn Dollar pro Person zahlen.
Einigen guten Freunden erzählte ich von meinen Absichten. Sie waren eher amüsiert als schockiert. Eine fand das großartig. »Das ist wieder so eine verrückte Idee von dir«, sagte ein anderer, »eine Schnapsidee wie damals, als du mit dem Fallschirmspringen angefangen hast.« Dieser Freund ging davon aus, daß ich mich schon wieder besinnen und das Leben ernst nehmen würde, wenn er mich nur machen ließe. Er war ernsthaft davon überzeugt, daß die Prostitution langfristig nichts für mich sei und daß ich mit siebenundzwanzig Jahren beinahe schon zu alt sei, um damit überhaupt anzufangen.

Ehe sie mit der Ausbildung begann, riet mir Elaine, Xaviera Hollanders Buch *The Happy Hooker* (Die glückliche Hure) zu lesen. Sie sagte, ein großer Teil davon sei Mist, einiges aber sehr lehrreich und stimmig: wie Xaviera ihr Geschäft aufgebaut habe, wie sie den Job betrachte und wie sehr ihr die Arbeit gefalle. Xaviera hielt es für wichtig, daß eine Prostituierte nicht nuttig aussah. Ihre Hände sollten sorgfältig manikürt sein. Sie mußte sich so kleiden, wie die Männer es sich in ihren Phantasien vorstellten, aber sie durfte nicht billig oder vulgär aussehen. Dahinter standen zwei Ziele: bessere Kunden anzuziehen und nicht verhaftet zu werden. »Xaviera beschreibt sehr gut, wie das Geschäft abläuft«, sagte Elaine. »Wenn dir Sex Spaß macht, hast du die Gelegenheit, viel

Sex zu bekommen. Und wenn dir Sex keinen Spaß macht, wirst du dafür zumindest bezahlt.«

Elaine und ich unterhielten uns bei der ersten Sitzung sechs Stunden lang. Dann trafen wir uns drei Wochen lang fast täglich.

Einen Teil der Zeit diskutierten wir unsere Vereinbarung, insbesondere die Nutzung von Elaines Apartment. Sie wohnte dort; ich konnte es tagsüber benutzen, um Gäste zu empfangen. Wenn eine von uns beiden allein im Apartment sein wollte, mußte sie es der anderen einen Tag im voraus mitteilen. Wenn wir beide Verabredungen für denselben Zeitraum trafen, hatte diejenige Vorzug, die ihre Verabredung zuerst getroffen hatte. Diese Vereinbarung wurde schriftlich niedergelegt, aber ich bewahrte weder bei ihr noch bei mir zu Hause eine Kopie auf, weil ich Angst hatte, sie könnte vor Gericht gegen uns verwendet werden.

Die Vereinbarung regelte Dinge wie die Weitergabe von Telefonanrufen, in welchem Zustand die Schlafzimmer sein sollten und daß Elaine jeden Morgen für frische Bettwäsche sorgen mußte. Sie hatte einen Schrank voller wunderschöner Bettwäsche, manche aus Satin, ein Porthault-Set*, ein altes Set aus dem Jahre 1910, ein paar irische Leinenlaken und ein paar Flanellaken, die auf ihre eigene Art sexy waren.

Elaine besaß ein typisches modernes Zweizimmer-Apartment in einem zweistöckigen Wohnhaus. Ihrer Aussage nach arbeiteten dort mehr Huren als sonst irgendwo in Atlanta. Der große Vorteil war, daß es in der Nähe des reichen Nordens lag. Die Kunden konnten auf ihrem Heimweg in die Vororte bei uns anhalten, und gleichzeitig befand es sich nahe genug am Zentrum, damit sie in der Mittagspause hereinschauen konnten.

Eine von Elaines Theorien war die, daß ihre Wohnung schöner sein müsse als die der Kunden. Ihr Apartment war so ausgestattet, daß es, egal wie wohlhabend die Kunden waren, einfach besser war — mit echten Kunstwerken und teurer Bettwäsche. »Wenn du etwas anbietest«, erklärte sie, »muß es auf die nettestmögliche Art angeboten werden: Linnen, Spitze, Kristall, Silber.« Es war fast wie eine Ausbildung zur Geisha. »Wenn du dir nur zwei Waterford-Kristallgläser leisten kannst, dann schaff dir zwei an«, sagte

* Porthault — amerikanische Markenbettwäsche zu Preisen zwischen 1000.— und 2000.— Dollar pro Set

sie. »Kauf zwei Tassen und Untertassen aus feinem Porzellan. Besorg dazu einen passenden Teller, eine passende Schüssel und eine kleine Salatplatte. Du brauchst keine Bestecksammlung vom besten Silber, sondern nur die Garnituren für zwei Personen und zwei strahlendweiße Stoffservietten.« Ihre Handtücher waren sehr teuer. Und sie war der Ansicht, das Apartment mußte so von Duft erfüllt sein, daß der Kunde schon beim Betreten der Räume das Gefühl bekäme, er müßte sehr viel Geld allein dafür bezahlen, daß er da sein könne. Sie besaß eine Auswahl an Parfüms für Männer, und sie ermunterte ihre Gäste, nach dem Sex eine Dusche zu nehmen. Sie wollte sicherstellen, daß sie beim Abschied nicht so rochen, als wären sie gerade mit jemandem im Bett gewesen, ob sie nun nach Hause zu ihren Ehefrauen oder zurück ins Büro gingen.
»Du mußt die allerfeinste Unterwäsche tragen, nichts Billiges«, erklärte Elaine. »Nichts, was billiger ist als Lily of France. Sie muß schöner sein als die ihrer Frauen oder Freundinnen. Es muß aber auch nicht unbedingt von Frederick's of Hollywood* sein, außer für bestimmte Kunden. Einige Leute wünschen ausdrücklich, daß du billige, vulgäre Sachen anziehst«, fügte Elaine hinzu, »aber sie dürfen nicht vergessen, daß das nur ein Spiel ist und daß du normalerweise bessere Sachen trägst. Daß du weltgewandt, kultiviert und voller Charme bist.«
Sie erklärte mir, daß wir die Bezahlung niemals im voraus verlangten und daß ich das Geld niemals anfassen, sondern es den Kunden auf den Schreibtisch legen lassen sollte. Sie glaubte, es sei sicherer, das Geld nicht in Gegenwart des Mannes an sich zu nehmen. (Das beruhte auf der Annahme, daß ein Sittenpolizist mit einer Prostituierten nicht sexuell verkehren könnte und daß Prostituierte durch die Übergabe des Geldes überführt würden — was beides nicht wahr ist.)
Sie war der Meinung, die von ihr geschaffene Atmosphäre sei so vornehm und angenehm, daß niemand auf die Idee käme, nicht zu zahlen — oder nicht genug zu zahlen.
Sie erklärte mir auch, daß wir die Kunden niemals Freier nannten. Unter uns nannten wir sie Kunden, Gäste, Jobs oder Verabredungen. In ihrer Gegenwart sprachen wir von ihnen als Freunden.

* vergleichbare deutsche Marke: Beate Uhse

Aber Elaine warnte mich davor, sie als wirkliche Freunde zu betrachten. »Vergiß niemals, daß es ein Geschäft ist«, sagte sie. »Diese Männer sind keine Liebhaber und keine Freunde, sie sind Kunden. Und komm niemals auf die Idee, dich persönlich mit jemandem einzulassen. Und wenn es dir jemals passiert, daß du dich mit dem einen oder anderen persönlich eingelassen hast, dann wirst du dich garantiert daran erinnern: ›Laß dich niemals persönlich mit jemandem ein.‹«
Sie war immer sehr genau. Während ich arbeitete und Dinge lernte, drillte sie mich, die richtige Perspektive zu bewahren.
»Du darfst kein schlechtes Gewissen haben, weil du lediglich eine Dienstleistung anbietest«, sagte sie. »Die meisten dieser Kunden wollen nicht das Gefühl haben, daß sie eine professionelle Prostituierte aufsuchen. Sie betrachten dich lieber als Geliebte oder Freundin, aber da sie dir all die Dinge nicht geben können, die eine Frau ehrenhalber erwarten könnte — wie Liebe, Hingabe, Kinder —, stellt sich bei ihnen von selbst das Gefühl ein, daß sie dich mit Geld entschädigen müssen.«
Elaine war der Meinung, die Frauen, die mit verheirateten Männern eine Affäre hatten und *nicht* bezahlt wurden, seien dumm und unaufgeklärt. Jede Frau, die nicht bezahlt werde, lasse sich von der mittelständischen amerikanischen Moral foppen, meinte sie. Einerseits verstießen diese Frauen gegen die Moralvorstellungen der Mittelklasse, indem sie sich auf eine Affäre einließen, andererseits hätten sie Angst, Geld dafür zu nehmen.
»Wenn die Frauen mit ihrer Affäre glücklich wären, gut«, sagte sie. »Aber viele alleinstehende Frauen sind wütend und frustriert über ihre Situation. Dann fangen sie an, Forderungen zu stellen wie: ›Verlaß deine Frau oder verbring wenigstens Weihnachten, meinen Geburtstag oder Silvester mit mir.‹ Das rührt daher, daß die Beziehung so ungleich ist. Sie wird ausgeglichen, indem die Frau bezahlt wird. Solange du bezahlt wirst, wartest du beim nächsten Mal nicht auf etwas, was du diesmal nicht bekommen hast. Bei fast jeder sexuellen Beziehung kommt man an den Punkt, wo ein Beteiligter offensichtlich mehr davon hat als der andere, und derjenige, der mehr davon hat, ist gewöhnlich der Mann.«
Sie hatte noch einiges mehr über die typische unbezahlte Affäre zu erzählen: Zuerst bringt der Mann Geschenke — Blumen, Parfüm, Bücher, Schmuck, Kleider. Er führt sie ins Kino, ins Theater und

ins Restaurant. Dann fängt er an, in der Mittagspause vorbeizuschauen. Wenn er das Gefühl hat, sich eingerichtet zu haben, macht er sich allmählich selbst Geschenke: Wein, Dessous, Schlüpfer, Gleitgel und Sexspielzeuge.
»Es wäre so viel einfacher, wenn die Frauen gleich das Geld verlangten«, sagte Elaine.
Und was die Frauen dieser verheirateten Männer betraf, so glaubte Elaine, daß sie es vorzögen, wenn ihre Männer eine saubere, professionelle Prostituierte aufsuchten, statt eine Affäre mit einer Frau einzugehen, die sich sexuell entweder auf jeden einließ oder schließlich forderte, daß er sich scheiden ließe.

Elaine sagte, sie nähme sechzig Dollar für eine Stunde. Weil der Mann, den ich getroffen hatte — Stephanies Kunde —, mir fünfundsiebzig Dollar gezahlt hatte, fragte ich, warum wir nicht einfach unseren Preis anhöben. Sie erklärte, der gängige Preis läge bei sechzig Dollar, und sie wolle nicht, daß ich mehr als sie verlange. Ich sagte: »Was hältst du davon, wenn ich fünfundsiebzig Dollar verlange? Und wenn sie fragen, warum, sage ich ihnen die Wahrheit. Daß du dich um die Bettwäsche und die Handtücher und so weiter kümmerst und ich dich dafür bezahle?« Sie dachte darüber nach und erklärte sich schließlich einverstanden.
Elaine bekam ihre Kunden über Kleinanzeigen in der Sparte Bekanntschaften in der Wochenzeitschrift *Creative Loafing* und Monatszeitschriften wie dem *Singles Magazine.* Dort gab sie surrealistische Anzeigen auf wie: »Weiße Rosen, roter Wein, Satinwäsche, Lago Maggiore, Puccini, Monet, Artischocken« und dann eine Postfachnummer. Manche klangen, als hätte Salvador Dalí sie geschrieben: »Ich bin eine Uhr, die nie richtig gegangen ist.«
Nur wenige Kunden glaubten ernsthaft, diese Anzeigen wären von einer Frau aufgegeben worden, die nach einem Freund suchte. Obwohl die Anzeigen so schlicht waren — ohne irgendeinen offenkundigen Hinweis auf Sex, ohne Angabe der Körpermaße oder gar der Haarfarbe —, gingen die meisten Männer davon aus, daß darin bezahlter Sex angeboten wurde. (Das bewies mir, daß es egal ist, wie man käuflichen Sex anbietet. Männer erwarten fast überall Sex, und oft genug finden sie ihn auch.)
Die meisten Prostituierten schalteten Anzeigen, die etwas offensichtlicher waren als die von Elaine. Sie beschrieben sich als

Modelle und Schauspielerinnen und suchten »großzügige« Männer. Schließlich untersagten die Zeitschriften bei den persönlichen Anzeigen das Wort *großzügig*. Die Prostituierten wechselten zu *finanziell gesichert* über. Schon bald verboten die Zeitschriften auch das. Am Ende durfte man überhaupt nichts über die finanzielle Position des Mannes sagen. Daraufhin wurde *diskret* zum Schlüsselwort in den Anzeigen. Schließlich wurde auch *diskret* nicht mehr angenommen.

Wir nahmen einen Block und einen Stift und schrieben meine erste Anzeige. »Wir müssen uns überlegen, welches deine Vorzüge sind und was dich von anderen unterscheidet«, sagte Elaine. Da ich nie in die Sonne ging, hielt ich es für erwähnenswert, daß ich eine vollkommen weiße Haut hatte. Atlanta ist warm und sonnig; fast jeder ist braungebrannt. Meine weiße Haut unterschied sich von anderen. Alles auf der Welt ist für irgend jemanden interessant, dachte ich mir. Meine Anzeige war eine ziemlich faire Beschreibung dessen, was ich anzubieten hatte: »Rothaarige, grüne Augen, 27 Jahre alt, 96-71-99, heller Teint, keine Badeanzugstreifen, keine Sommersprossen, 165, sucht großzügigen Herrn für längere Beziehung.«

Nachdem ich meine erste Anzeige geschrieben und an die Zeitung geschickt hatte, ging mir ein schrecklicher Gedanke durch den Kopf. »Elaine, was ist, wenn ich keine Briefe bekomme?«

Sie sah mich schief von der Seite an, als hätte ich nichts von all dem begriffen, was sie mir beigebracht hatte. »Sei doch nicht albern«, sagte sie.

DIE VIERZIG-MINUTEN-STUNDE

Die Anziehungskraft der Prostituierten erwächst aus ihrer frischen und natürlichen Derbheit, ihrer freimütigen Vertrautheit mit den nacktesten Tatsachen des Lebens; und damit enthebt sie ihren Kunden für einen Moment der vertrockneten Atmosphäre künstlicher Gedanken und unwirklicher Gefühle, in der so viele zivilisierte Menschen den größten Teil ihres Lebens zu verbringen gezwungen sind.

HAVELOCK ELLIS
The Psychology of Sex, 1910

Da ich ein paar Wochen warten mußte, bis ich Antworten auf meine Anzeige erhielt, schlug Elaine vor, ich sollte zum Einstieg einen ihrer Stammkunden treffen. »Tyler«, erklärte sie, lernt gern neue Frauen kennen. Er ist ein perfekter Gentleman, freundlich. Ein sehr netter Mann. PR-Chef in einem Atomkraftwerk.«

»Er macht Public Relations für ein Atomkraftwerk?« fragte ich. »Wo werde ich noch enden?« Nach jahrelang getragener gesellschaftlicher Verantwortung, nach Streiks und Kämpfen gegen Umweltverschmutzer sollte ich jetzt jemandem sexuelle Dienstleistungen anbieten, der Atomkraftwerke glorifizierte?

»Tyler weiß, daß er kein Spitzengehalt zahlt«, erklärte Elaine, »und er weiß, was Spitzengehälter sind. Er verlangt nicht mehr und will auch nicht mehr als das, wofür er bezahlt. Er ist sehr schnell. Der sexuelle Teil des Ganzen dauert nicht länger als vier oder fünf Minuten.«

So traf ich Tyler. Rückblickend weiß ich, warum Elaine wollte, daß ich ihn am Anfang meiner Karriere kennenlernte. Aus der Begegnung mit Tyler lernte ich, daß ich persönliche Widersprüche überwinden konnte, daß ich als Prostituierte die Menschen so zu nehmen hatte, wie sie waren, und daß ich die Möglichkeit erwägen mußte, daß bei der Sache für beide Seiten etwas herausspringen konnte. Bevor ich eine Hure wurde, hätte ich einem Atomkraftbefürworter nicht eine Minute meines Tages geschenkt. (Ich muß zugeben, daß ein Teil von mir es immer noch nicht tun würde.) Aber wenn es sich um einen Kunden handelte, war ich bereit, ihn näher kennenzulernen und als Menschen zu akzeptieren.

Elaine half mir bei den Vorbereitungen. Das erste Wäschestück, das sie mir gab, habe ich immer noch: einen schwarzen Seidenbody. Dazu lieh ich mir einen durchsichtigen, bodenlangen Morgenmantel aus Spitze von ihr. Darin und mit einem Paar hochhakkiger Marabou-Sandalen, die ich bei J.C. Penney an der Ecke ihrer Straße im Ausverkauf erstanden hatte, wollte ich Tyler an der Tür empfangen. Sie toupierte mir das Haar, nahm mein Make-up in Augenschein und erklärte mich für fertig.

»Tyler wird dich einfach lieben«, sagte sie und überließ mich meinem Geschick.

Als es klingelte, versuchte ich, mich zu beruhigen und nicht nervös zu sein, aber ich war es. Glücklicherweise kannte Tyler das Apartment genauso gut wie ich oder gar besser. Er trat ein, schenkte mir ein Lächeln und ging sofort zur Garderobe, wo er sein Jackett aufhängte. Dann schlug er vor, wir sollten ein Glas Wein trinken. Beim Wein erzählte Tyler, daß er Kinder habe, die er sehr liebe und gerade durchs College bringe. »Im Augenblick kann ich nicht viel Geld für Frauen ausgeben«, sagte er entschuldigend. »Ich muß einem meiner Kinder ein Auto kaufen. Deshalb kann ich mir nicht einmal ein Hotelzimmer leisten. Am besten ist es für mich, wenn die junge Dame direkt in mein Büro kommt. Ich habe ein großes eigenes Büro und darin ein Schlafsofa.« Wenn die junge Dame ins Büro käme, gestand er mir, kaufe er neue Bettwäsche für das

Schlafsofa und gäbe sie ihr, wenn sie ginge — als eine kleine Erinnerung an ihren gemeinsamen Nachmittag. »Selbst ein Paar Laken für vierzig Dollar ist billiger als ein Hotelzimmer, und so haben wir beide etwas davon.«
Tyler war, wie ich feststellte, weder schmierig, dumm oder kriecherisch, noch war er unangenehm. Er hatte den Kontakt zur Realität nicht verloren, er wußte, was er tat. Darum fragte ich ihn, als er sich auszog: »Wie kannst du Public Relations für Atomenergie machen?« Er erwiderte: »Irgend jemand muß es tun. Ich versuche, nicht nur zu berücksichtigen, was das Atomkraftwerk von mir will, sondern auch, welche Auswirkungen das haben wird. Ich denke, ich kann etwas menschlichen Einfluß geltend machen. Wahrscheinlich mehr, als wenn ich — oder du — mit einem Protestschild in der Hand draußen stünde.«
Sex mit Tyler war nichts Ungewöhnliches und genau so, wie man es wohl erwartet — oder wie ich es zumindest erwartet hatte: äußerst normal. Sein Schwanz war weder besonders groß noch besonders klein, und er war, typisch für ihn, beschnitten. Tyler war nur an Französisch interessiert, und er war schnell und geschäftsmäßig. Wenn ich einen Orgasmus aus einer Vitrine genommen, ihn in einer Papiertüte überreicht und gesagt hätte: »Mach dir einen schönen Tag«, dann wäre er, glaube ich, genauso glücklich gewesen. Er benahm sich bei dem Ganzen so, als hätte ich ihm ein Paar schöne Handschuhe verkauft.
Elaine hatte versäumt, mir zu sagen, daß Tyler ein lahmes Bein hatte, aber um ehrlich zu sein: Ich bemerkte es auch erst, als er seine Hose wieder anzog.
Er bezahlte mich, und ich gab Elaine die fünfzehn Dollar. Wir waren im Geschäft.

Eine Woche später, auf dem Weg zum Radiosender, ging ich bei der Post vorbei und holte um die dreißig Briefe ab. Am nächsten und übernächsten Tag warteten weitere Briefe auf mich. Wochenlang kamen Briefe: würdevolle Geschäftsumschläge — einige von außerhalb der Stadt —, sonderbares Briefpapier, billiges Briefpapier, handschriftlich adressierte, manche mit der zittrigen Handschrift von alten Männern.
Ich saß zu Hause auf dem Bett und brütete über den Briefen, denn ich war völlig irritiert. Mir war absolut nicht klar, worauf ich ach-

ten sollte. Dann rief ich Elaine an und fragte: »Woher soll ich wissen, welche ich beantworten soll?«
Sie schlug vor, daß ich mit den Briefen zu ihr käme, dann könnten wir sie gemeinsam durchsehen. Sie las die Briefe und *zeigte* mir, worauf ich achten sollte. Wenn der Mann zum Beispiel nicht richtig Englisch schrieb oder nicht zur oberen Mittelschicht gehörte, fiel er gleich durch. »Du suchst Leute mit Geld«, erklärte Elaine. »Wenn sie keinen anständigen Satz schreiben können, haben sie nicht genug Geld.« Männer unter dreißig oder vierzig überprüfte sie besonders gründlich, denn als Kunden waren sie eher fragwürdig. Bei diesen Männern bestand nicht nur eher die Möglichkeit, daß mit ihnen irgend etwas nicht stimmte, sondern auch die, daß sie von der Sittenpolizei kamen. Elaines Regel hieß: Verdächtige jeden, von der Sitte zu sein. Das fand ich ziemlich merkwürdig, denn andererseits kiffte sie mit fast all ihren Kunden — sie mochte das, und außerdem meinte sie, es mache die Kunden umgänglicher. Und es war für einige von ihnen — für die alternden Hippies, die recht solide Geschäftsmänner geworden waren — eine Gelegenheit, hin und wieder zu ihrer Jugend zurückzukehren.
Als wir diese Briefe durchlasen, versuchten wir also, die Idioten und die Cops auszusortieren. Jeder, der von sich ein Aktfoto schickte — und dafür keine besondere Erklärung lieferte —, war automatisch out. Jeder, der so geschmacklos war, einer Fremden ein Nackt-Polaroid von sich zu schicken, jeder, der erzählte, wie toll sein Schwanz wäre, oder der sich als ein Geschenk Gottes an die Frauen betrachtete, war out. Elaine erklärte mir all diese Dinge, wobei sie mich über den Rand ihrer Lesebrille hinweg anschaute, als wäre sie meine Mutter oder Großmutter und beste Freundin in einem. Sie hatte das Gefühl, dieses Wissen an eine weiterzugeben, die es nutzen konnte und es eines Tages erneut weitergeben würde.
Die Rechtschreibung sei nicht so wichtig wie die Grammatik, informierte sie mich. »John Kennedy konnte nicht richtig schreiben, aber er wäre ein guter Kunde gewesen.« Die idealen Briefe kamen von Leuten, die erklärten, wo sie arbeiteten oder daß sie im Ruhestand seien, und die eine Telefonnummer und — das war am besten — eine Adresse angaben. Wir bevorzugten Leute, die uns von ihren Jobs, sich selbst und ihrem Leben erzählten und die auf eine höfliche, diskrete Art erklärten, wonach sie suchten. Wenn es

hieß, sie seien verheiratet, war das gut. Wenn sie in der Stadt arbeiteten, war das gut. Wenn sie in einem Vorort wohnten und in der Stadt arbeiteten, war das sogar noch besser.
Nachdem sie mir gezeigt hatte, worauf ich achten sollte — und bevor ich den ersten Mann interviewte —, ließ Elaine mich mithören, während sie Leute am Telefon überprüfte. Das wichtigste sei, beim ersten Anruf sowenig Information wie möglich herauszugeben und soviel wie möglich zu bekommen, schärfte sie mir ein. »Vergiß niemals«, sagte sie, »daß wir die eine der beiden Parteien sind, die angreifbar ist.«
Wenn ein Mann von ihr im Büro angerufen werden wolle, nenne er gewöhnlich ein Kennwort in seinem Brief, erklärte sie. Dann schreibe er beispielsweise: »Sagen Sie, Sie seien Nancy Huntington«, oder: »John Hopkins' Sekretärin«, oder: »Sagen Sie, Sie seien Mrs. Klemmer von Delta Airlines.« — »Wenn ich nicht da bin, sagen Sie meiner Sekretärin, daß Sie noch einmal anrufen.« Elaine fügte hinzu, jeder Mann, der ein Kennwort benutze, zeige Verstand. Wenn er kein Kennwort angegeben habe, erkläre sie der Sekretärin nur, sie sei eine persönliche Freundin.
Während dieser Telefonate klang Elaine verführerisch und verlokkend. »Ich habe Ihren Brief erhalten«, schnurrte sie. Dann erging sie sich in wunderbaren Schmeicheleien wie: »Sie haben die schönste, aufregendste Handschrift, die ich je gesehen habe.« Wenn der Brief schon zwei Monate herumgelegen hatte, sagte sie vielleicht: »Ich bin heute morgen erst in die Stadt zurückgekehrt und habe gleich bei der Post reingeschaut. Sobald ich die gelben Stiefmütterchen auf dem Umschlag sah, mußte ich Sie anrufen. Ich habe noch nicht einmal ausgepackt.«
Sie versuchte, irgend etwas aufzugreifen, was der Mann in seinem Brief geschrieben hatte, so zum Beispiel bei einem, der sie gebeten hatte, sich Loretta zu nennen.
»Ich mußte Sie gleich anrufen«, sagte sie. »Ich liebe den Namen Loretta. Als Kind hielt ich Loretta Young für die wunderschönste Frau der Welt. Wenn ich mich wie Loretta Young anziehe, werden Sie mich dann Loretta nennen?«
So albern das auch klingen mochte, sie konnte es glaubhaft rüberbringen. Den Männern ging es runter wie Öl.
Nachdem ich ihr bei mehreren Gesprächen zugehört hatte, meinte ich: »Ich werde lächerlich klingen, wenn ich so etwas sage.« Elaine

besaß eine reife Sinnlichkeit, die jemand unter dreißig unmöglich abziehen konnte. Sie lachte, sah mich wieder über den Rand ihrer Brille hinweg an und sagte: »Wenn du das ein paarmal probiert hast, wirst du den Bogen schon herausbekommen.«
Sie erinnerte mich daran, daß es bei dem Telefongespräch hauptsächlich darum ging, Cops und Verrückte zu erkennen und auszusortieren, während man sich selbst verkaufte. Und, erklärte sie: »Dieses Gespräch wird die Art und Weise deiner Beziehung zu diesem Menschen festlegen, solange er dein Kunde ist. Besorg dir so schnell wie möglich so viele Informationen, wie du kannst.« Ihr verführerischer Blödsinn sei nur eine Art, keine tatsächlichen Auskünfte zu geben.
»Sie versuchen herauszufinden, ob du Geld verlangst, und sie wollen sichergehen, daß du keine Probleme in ihrem Leben verursachst«, erklärte sie. »Manchmal haben sie Angst, du könntest von der Polizei sein oder eine Erpresserin — und nicht Prostituierte. Manchmal fürchtet ein Mann sogar, seine Frau könnte dich engagiert haben. Aber die wenigsten sind paranoid. Egal, was unser Leben beeinträchtigt — etwa die Angst, verhaftet zu werden —, die Männer glauben nicht, daß es ihr Leben beeinträchtigen kann. Und wenn sie doch betroffen sind — wenn Freier von den Cops aufgegriffen werden —, dann tun sie so, als wäre alles ein großes Mißverständnis.«
Wenn ein Mann beim ersten Gespräch über sexuelle Aktivitäten spricht, »dann weißt du, daß du in Schwierigkeiten steckst«, sagte sie. »Ich reagiere dann verletzt und sage: Ich glaube, Sie wissen nicht, wo Sie sind. Wir sind hier im Süden, und im Süden reden die Männer nicht so.« (Später fand ich es sehr amüsant, diesen Satz zu Cops zu sagen, denn in der Regel sind die Cops von der Sitte grob und obszön. Sie sprechen eine Sprache, die ein normaler Mensch einer Fremden gegenüber nicht gebrauchen würde, wie: »Bläst du mir auch einen?« oder gar: »Läßt du dich auch in den Arsch fikken?« In Amerika benehmen sich normale Männer besser, oder zumindest haben sie Angst, so zu reden.)
»Von den anständigen Kunden«, sagte Elaine, »haben während meiner ganzen Karriere nicht mehr als vier oder fünf Prozent am Telefon Anspielungen auf Sex gemacht.«
Zu den Dingen, die Elaine mir beibrachte, gehörte die Weisheit, daß ein Mann, der am Telefon schmutzige Dinge erzählte, wahr-

scheinlich kein so guter Kunde war wie einer, der sich höflich gebärdete wie ein Gentleman. Um die Kontrolle über die Situation zu bewahren, sprachen wir in einem femininen und diskreten Ton. Sie sagte: »Für den Kunden bist du seine Mutter. Du bist die Lehrerin, bei der er seine erste Erektion hatte, und du bist seine erste Freundin oder das Mädchen von der Highschool, das nie mit ihm ausging. Denk daran.
Du mußt seine persönliche Geschichte mit Frauen sehr zartfühlend behandeln. Vielleicht hat seine Mutter ihn nicht geliebt. Die Lehrerin hat ihn vielleicht durchfallen lassen. Die Freundin kann ihn gedemütigt haben. Du könntest diejenige sein, die für alles bezahlen soll.« Elaine warnte mich davor, über die Eltern des Mannes zu sprechen, es sei denn, er finge selbst damit an. Warum? Weil die Beziehung eines Mannes zu seinen Eltern nicht sexy ist. Sie sagte: »Sieh dich vor bei Menschen, die über ihre Eltern sprechen, weil das nicht normal ist. Und paß auf, wenn ein Mann hereinkommt und sich mehr als einmal die Hände wäscht. Er ist voller Schuldgefühle und könnte gefährlich werden. Zumindest könnte es sein, daß er nicht bezahlt.«
Was sie mir damit sagen wollte, war, daß ich auf das achten sollte, was mein gesunder Menschenverstand mir sagte. Sie war klug und machte mir klar, daß ich mich auch klug verhalten sollte. Sie bildete mich darin aus, mir tief verborgene Gedanken, Wahrnehmungen und Gefühle von Mißtrauen bewußt zu machen: Du bist allein. Ein Fehler kann alle möglichen Konsequenzen haben, von einfachen Unannehmlichkeiten bis hin zu Gefängnis oder Tod. Sie sagte: »Wenn sich alle Frauen ihre Männer so sorgfältig aussuchten, wären sie weitaus glücklicher. Wenn irgend etwas nicht stimmt mit einem Menschen, wenn er sich auch nur ein bißchen verdächtig verhält, dann ist das nicht der Augenblick, arglos zu sein.«
So fragte ich: »Heißt das dann nicht, daß die meisten Kunden, die du triffst, langweilig sind?« Sie nickte und erwiderte: »Nach einer Weile wirst du lernen, den Langweiligen dankbar zu sein. Langweilige Männer sind unkomplizierter.«

Zu meinen wichtigsten Ausrüstungsgegenständen gehörte die Uhr, sagte sie. Ich müßte dafür sorgen, daß ein Kunde zur Tür hinaus sei, ehe der nächste käme. »Plane für jeden eine Vierzig-Minu-

ten-Stunde ein«, erklärte sie, »dann hast du immer genug Zeit, dich für den nächsten fertig zu machen.«
Wenn ich einen Kunden ins Schlafzimmer brächte, sagte sie, sollte ich ihn und mich selbst waschen. Dafür würde sie mich mit frischen Handtüchern, Waschlappen und kleinen, unterschiedlich geformten Seifenstücken versorgen. (Wie ich später feststellte, hatten nur wenige Männer etwas dagegen, gewaschen zu werden. Nur als Babies oder im Krankenhaus hatten sie es erlebt, in horizontaler Lage gewaschen zu werden. Gewöhnlich wusch ich mich zuerst, und ich machte daraus eine ziemlich erotische Show, so daß sie kaum noch etwas dagegen einwenden konnten, wenn sie dann an der Reihe waren.) Elaine riet mir, dem Kunden eine Dusche vorzuschlagen, wenn er nicht sauber wirkte. Wenn er behauptete, daß er keine brauche, sollte ich ihn dazu überreden, indem ich ihm etwas versprach, was sexy und wunderbar sein würde. Das war ein toller Ratschlag, aber den brauchte ich erst, als ich nach Europa kam. Die Männer, die in Elaines Apartment kamen, waren immer gepflegt und gewaschen.
Elaine erklärte mir, daß wir keine Verhütungsmittel bräuchten, um uns vor Geschlechtskrankheiten zu schützen. (Ich hatte eine Spirale, und Elaine war sterilisiert — also brauchten wir sie auch nicht zur Empfängnisverhütung.) Wir suchten Männer, die in einer monogamen Beziehung lebten. Die sich in einer Midlife-crisis befanden. Die von ihrer Frau nicht mehr das bekamen, was sie wollten. »Warum auch? Das macht viel zuviel Arbeit.«
Für Frauen, die in einer engen Beziehung lebten, war es praktisch unmöglich, eine solche Atmosphäre aufrechtzuerhalten, wie wir sie in Elaines Apartment schufen. Nur wenige verheiratete Frauen schaffen das. Sie haben Kinder, einen Job und trotzdem noch die Zeit, romantische und aufregende Wochenenden mit ihren Männern zu planen. Sie beobachten, welche Bilder ihre Männer im *Playboy* betrachten, und kaufen sich Kleider und eine Perücke, um genau so auszusehen. Wenn sie feststellen, daß ihre Männer Fotos von Zwillingen anstarren, rufen sie einen Escort-Service an und wählen eine Frau aus, die genauso aussieht wie sie selbst. Dann denken sie sich eine vollendete Inszenierung aus. Und wenn alles gut läuft, freut sich der Ehemann und nimmt ihnen die Geschichte auch ab. Aber es gibt nicht sehr viele Frauen, die Lust haben, so etwas zu machen.

Elaine gab ihre Adresse erst heraus, kurz bevor der Mann zur ersten Sitzung kam. Meistens traf sie sich vorher mit ihm an irgendeinem öffentlichen Ort, in der Regel in einem Restaurant, einer Bar oder einem Fitneßcenter. Und davor telefonierte sie in jedem Fall zweimal mit ihm. Sie erklärte mir, es sei wichtig, eine Ausrede für einen zweiten Anruf zu finden. »Oh, ich muß jetzt gehen«, sagte sie dann beim ersten Anruf, oder: »Oh, ich habe gar nicht gemerkt, wie spät es ist. Ich muß gehen, mein Französischunterricht ...« — oder ihre Massage oder der Kalligraphie-Unterricht. Sie warnte mich, ich sollte niemals Ausreden benutzen wie: »Ich muß in die Reinigung«, oder: »Ich muß die Mausefallen überprüfen«.
Elaine machte das alles, um dieselben Fragen noch einmal stellen zu können und zu erfahren, ob er dieselben Antworten wie beim ersten Mal gab. Was für einen Wagen fuhr er? Wie viele Kinder hatte er? Wie alt waren sie? War er geschieden? Wie lange arbeitete er schon bei dieser Stelle? Welches College hatte er besucht? Welche Nebenjobs hatte er gemacht, um durchs Studium zu kommen? Hatte er seine Berufe gewechselt? Wie war er darauf gekommen, auf die Anzeige zu antworten? An was hatte er gedacht?
Staunend beobachtete ich, wie Elaine sich beim Telefonieren Notizen machte. Sie schrieb die Notizen in Kurzschrift und übertrug sie anschließend auf übersichtliche, dreizehn mal achtzehn Zentimeter große Karteikarten. Sie besaß alles, was eine erfolgreiche Kurtisane ausmachte: eine verführerische Stimme und ein ausgezeichnetes Organisationstalent. Und ich war beeindruckt, wieviel Verständnis sie dafür hatte, daß ich bei ihren Telefonaten unbedingt zuhören wollte. Ich hatte Angst, sie würde sagen: »Hör ein paarmal zu, und dann bist du dran.« Aber sie ließ mich drei Tage lang bei ihren Gesprächen zuhören, und dann legte sie den Hörer auf, beendete ihre Notizen und wandte sich mir zu, um mir genau zu erzählen, was jeder Mann gesagt hatte und was das bedeutete.
Beim ersten Gespräch, erklärte Elaine, sei es wichtig, zu verstehen zu geben, daß Geld oder eine andere Entschädigung erwartet wird. Und damit meinte sie kein Abendessen.
Das war ein schwieriger Teil; sie schlug mir vor zu fragen: »Warum haben Sie geschrieben? Was gefiel Ihnen an meiner Anzeige?« Wenn er sagte: »Sie hörte sich genau nach der Art von Gelegenheit an, die ich suche«, dann wußte er Bescheid. Ich mußte auf den Ton seiner Stimme achten. Klang er sympathisch oder hinterlistig?

Unschuldig oder wissend? Gab er während des Gesprächs Hinweise darauf, daß die ganze Sache geheimgehalten werden sollte?
Die Überprüfung der Kunden war ein verdammt langwieriger Prozeß, stellte ich fest, als ich anfing, die Männer anzurufen, die auf meine Annonce geantwortet hatten. Zum Start suchte ich mir elf aus — fast alles Geschäftsleute mittleren Alters. Sehr schnell lernte ich, daß ich meine Zeit verschwendete, wenn die Männer, die ich anrief, sich interessant anhörten oder in meinem Alter waren. Einige Männer waren absolut naiv. Sie suchten wirklich nur eine Freundin. Sie dachten, ich wäre auf der Suche nach einem Freund, der mit mir essen ging oder dem einfach nur mein Äußeres gefiel. (»Du bist nicht auf der Suche nach einem Freund«, erinnerte mich Elaine. »Du bist auf der Suche nach einem Mann, der dich bezahlen will.«)
Ich saß da, machte einen Anruf nach dem anderen, und Elaine gab mir nach jedem einzelnen Ratschläge. »Dein Ton ist gut«, sagte sie, »aber du mußt mehr Fragen stellen. Nimm das Interview fester in deine Hand.« Und sie erklärte mir, daß es ratsam sei, mit den Naiven einfühlsam umzugehen. Sie durften niemals so behandelt werden, als wären sie dumm. Wenn ich erst am Telefon mitbekam, daß sie eine Freundin suchten, sollte ich mir einfach eine höfliche Entschuldigung ausdenken, warum ich sie nicht treffen könnte: Ich hätte angeblich schon eine Verabredung mit einem anderen, oder ich suchte jemand älteren oder jüngeren.
Ich glaube, Elaine ging mit diesen Unschuldigen so vorsichtig um, weil sie sehr integer war. Sie machte mir klar, wie die Gesellschaft über Prostitution denkt, egal wieviel Geld ich dabei verdienen würde. Deshalb müßte ich meine Integrität für mich selbst bewahren. Auch wenn es mir noch so gut gelänge, mich von meinen eigenen Gefühlen lenken zu lassen, würde ich immer wieder Kritik von mir weisen müssen. Selbst wenn ich im Grunde meines Herzens wüßte, daß das, was ich tat, in Ordnung sei, könnte es geschehen, daß ich anfinge, mich selbst zu bemitleiden und zu glauben, ich sei ein schlechter Mensch und habe tatsächlich eine schlechtere Moral. Es sei, sagte Elaine, sehr wichtig, daß wir uns niemals für schlechte Menschen hielten und also niemals wie schlechte Menschen handelten.
Sie riet mir, allen Kunden zu erklären, daß ich keine Prostituierte sei. (Gleichzeitig gab sie mir deutlich zu verstehen, daß wir genau

das waren.) Sie sagte, die Kunden hätten gern das Gefühl, daß sie einem einfach finanziell aushelfen. Ich sollte ihnen sagen, daß ich meinen Lebensunterhalt anders verdiente. (Meine Arbeit beim Radio paßte hier sehr gut.) Wenn ich dem Kunden nicht erzählen konnte, daß er der einzige Mann war, den ich traf, würde ich ihm zumindest erklären müssen, wofür ich »Extra«-Geld bräuchte. Eine Reise nach Europa klänge ausgefallener als ein neues Getriebe fürs Auto. Ich begann sofort, eine Reise nach Europa zu planen.

Dann lehrte Elaine mich, eine Kartei anzulegen und sie zu verschlüsseln. Ich würde das ganze Leben dieses Menschen auf einer Karteikarte festhalten, alles, was er mir erzählte: Beruf, Kinder, Schulen, Hobbys, Interessen und Freunde. Dieses Dossier ging weit über das hinaus, was irgend jemand eine fremde Frau über sich wissen lassen wollte. Selbst wenn er erst sechs Monate später wieder anrief und vielleicht sogar einen Allerweltsnamen hatte, konnte ich nachschauen und durch ein paar gezielte Fragen feststellen, wer er war oder ob er der Mensch war, der zu sein er behauptete.

Dieses System war auch dann hilfreich, wenn ich sehr viele Kunden pro Woche hatte — ich konnte die Leute auseinanderhalten. Elaine sagte: »Es ist immer gut, wenn du fragst: ›Wie geht es den Kindern? Ist deine Tochter in die Turnriege gekommen?‹ Wenn du ein reges Interesse an seinem Leben zeigst.«

Elaine empfahl mir, das Buch *Wie man Freunde gewinnt und Menschen beeinflußt* zu lesen. »Alles, wovon Dale Carnegie berichtet, macht eine gute Kurtisane aus«, sagte sie. »Du mußt ernsthaft und äußerst interessiert an einem Fremden erscheinen.«

Sie riet mir auch aufzuschreiben, wohin ich Weihnachts- und Geburtstagskarten schicken müßte. »Finde immer heraus, wann er Geburtstag hat, und schick ihm eine diskrete, aber teure Karte.«

Nachdem ich einen Kunden das erste Mal gesehen hätte, sagte sie, sollte ich ihm eine kleine Nachricht auf teurem Briefpapier schikken; ich sollte ihm mitteilen, wie sehr mir das Treffen gefallen habe. Ich könnte ein oder zwei persönliche Dinge erwähnen, aber niemals etwas über Sex sagen.

Natürlich konnten diese Karteikarten mit Namen, Adressen und persönlichen Informationen, insbesondere über Sex, vor Gericht gegen uns verwendet werden, falls wir verhaftet würden. Aber

Elaine hatte ein System entwickelt, wonach sich die Angaben auf etwas anderes als Prostitution zu beziehen schienen. Sie hatte sich eine Reihe von Abkürzungen ausgedacht, die den Eindruck erweckten, sie verkaufe Zeitschriften oder betreibe Marktforschung. So gab es Kennwörter für die sexuellen Vorlieben des Mannes: »An Blasmusik interessiert« hieß, daß er sich gern einen blasen ließ. »Klassik« oder »Jazz« waren Hinweise darauf, ob es um normalen oder ausgefallenen Sex ging.

Elaine gab mir natürlich auch Tips zum Sex, aber im Vergleich zu den Informationen über die Kartei- und Haushaltsführung waren sie minimal. Sie riet mir, niemals eine passive Rolle einzunehmen. Die Männer kämen zu uns, weil sie zu Hause bestimmte Dinge nicht bekämen. Für die einen bedeutete das möglichst viel oralen Sex und für andere eine Frau, die sich auf sie setzt. Eine andere Sache, die die Männer weder zu Hause noch von Huren oft bekämen, sei das Küssen. (Viele Ehefrauen kommen im Laufe ihrer Beziehung an einen Punkt, wo sie entweder zu abgespannt oder zu sehr mit anderen Dingen beschäftigt sind, um ihre Männer noch zu küssen. Ich war erstaunt, daß Männer sich genausooft Küsse von mir wünschten wie genitalen Kontakt.)
Doch mehr als über Sex sprach Elaine über Geld und Geschenke. »Die Männer fragen ständig: ›Was kann ich dir mitbringen?‹« erklärte sie. »Wenn sie wirklich auf Blumen stehen, laß sie Blumen mitbringen, aber scheiß auf die Blumen. Blumen welken und sterben. Stell fest, was sie sich leisten können. Finde heraus, ob sie einen bestimmten Wein oder Likör mögen, und bitte sie, den mitzubringen. Erzähl ihnen, welches Parfüm du magst. Es ist erstaunlich, wie viele dieser Kerle dir etwas Schönes mitbringen wollen.«

Wie Elaine so die Prostitution beschrieb, erschien sie ziemlich unkompliziert und viel sicherer, netter und angenehmer, als ich erwartet hatte. Mehr als die Informationen darüber, wie ich dem Kunden Geschenke entlocke und eine Kartei einrichte, beeindruckte mich ihre Einstellung, die Prostitution sei eine wertvolle Dienstleistung, die über den Sex hinausginge. »Die Leute glauben, Prostituierte benutzten zwar den Sex, aber sie haßten die Männer. Und wenn du mit deinen Freunden über deine Arbeit sprichst, redest du am Ende immer über die sonderbaren, die geizigen und

die schlechten Kunden, weil die Geschichten über sie zum Lachen sind. Aber auch die sonderbaren Kunden sind meistens nette Leute. Du erweist all diesen Menschen einen wertvollen Dienst. Du hilfst jemandem, dessen Selbstwertgefühl verkrüppelt ist.«
Die Kunst der Prostitution bestehe zum Teil darin, sich des Sexes zu bedienen, um ein Gefühl des Vertrauens und der Intimität zu schaffen, um den Menschen ihren eigenen Selbstwert bewußt zu machen, sagte sie. Es sei manchmal schwierig, mit Stammfreiern umzugehen, »weil du jedesmal tiefer gehen und ihnen mehr geben mußt. Die Männer verstehen es vielleicht selbst nicht, warum sie immer wieder zu uns kommen. Sie glauben, es sei wegen des Sexes. Aber sie kommen wieder, weil wir sie emotional berühren, weil wir richtige Menschen sind.« So, wie sie sie beschrieb, ist Prostitution ein ehrenwerter Beruf, vergleichbar mit der Krankenpflege und dem Lehrberuf.
Als ich mit dem Anschaffen anfing, stellte ich fest, daß viele meiner Kunden isoliert und einsam waren. Sie lasen eine Annonce und antworteten darauf, weil sie niemanden sonst hatten. Wenn ich einen dieser Kunden dazu bringen konnte, daß er beim Abschied das Gefühl hatte, glücklich zu sein und sich wohl zu fühlen, wenn ich ihm das Gefühl vermitteln konnte, daß es tatsächlich interessant und lustig sei, mit ihm zusammen zu sein, dann hatte ich ihm einen großartigen Dienst erwiesen. Um das zu tun, muß man Männer lieben und gern mit ihnen zusammen sein, und das war bei mir der Fall.

Elaine erzählte, daß wir beide uns demnächst mit einem Kunden treffen würden, einem Mann, der genauso aussah wie Harrison Ford als Han Solo in *Krieg der Sterne.* »Er zieht sich gern verkehrt an«, sagte sie, »und es bringt viel Spaß mit ihm.«
Sie wirkte recht amüsiert, als sie mir das erzählte, und schien darauf zu warten, daß ich sie fragte, was für ein Mann das sei, der sich verkehrt anzog. (Wenn man von jemandem etwas erfahren will, hatte ich schon als kleines Kind gelernt, zeigt man seine Neugier und Aufregung am besten in dem Maße, wie es von einem erwartet wird. Das Interessante an der Prostitution ist, *daß* sie überraschend und schockierend ist, weil sie gegen fast alles verstößt, was man uns beigebracht hat, und so war es ziemlich einfach, überrascht und aufgeregt zu reagieren.)

Höflich lächelnd saß ich da und überlegte, was es bedeutete, wenn sich jemand *verkehrt anzog*. Ich fragte mich, ob ich davon schon einmal gehört hatte, und kam zu dem Schluß, daß das nicht der Fall war.
»Was heißt das, er zieht sich verkehrt an?« fragte ich.
Elaine schenkte mir ein erfreutes und schelmisches Lächeln. »Er ist ein heterosexueller Mann, der gern Frauenkleider anzieht.«
»Welche *Art* von Frauenkleidern?« fragte ich.
»Oh, Damenwäsche, Slips und Stöckelschuhe, Seidenstrümpfe und Damenschuhe ...«
Bis zu diesem Punkt meiner beruflichen Karriere hatte ich zwei Kunden kennengelernt, einen mit einem Mikropenis und einen absolut langweiligen Chef der PR-Abteilung eines Atomkraftwerkes. Ich hatte das Gefühl, schon ziemlich viel erlebt zu haben, und was ich noch nicht erlebt hatte, erzählte mir Elaine. Ich wußte, was Transvestiten waren, denn während meiner Collegezeit hatte ich für die *Great Speckled Bird* Kritiken über Rockkonzerte geschrieben und war deshalb auch zu Transvestitenshows gegangen. Dort hatte ich schlanke, weiblich aussehende schwule Männer gesehen, die Frauenkleider trugen. Und ich hatte zugeben müssen, daß Transvestiten verdammt gut aussahen. Es war irgendwie aufregend, einem homosexuellen Mann zu begegnen, der besser aussah als die meisten Frauen. Aber ein heterosexueller Mann, der sich verkleidete — das kam mir sehr merkwürdig vor. Ich hatte nie davon gehört, und der Gedanke, daß dieser große, schwerfällige Heteromann kommen und vor meinen Augen etwas tun würde, wovon ich noch nicht einmal gehört hatte, schien mir unglaublich.
»Frauenschuhe?« fragte ich. »Sagtest du nicht, er habe eine Statur wie Harrison Ford? Welche Schuhgröße hat er denn?«
»Ich glaube, Achtundvierzig.«
»Wo bekommt man denn so große Frauenschuhe her?« Einerseits dachte ich, daß sie mir etwas vorschwindelte, aber andererseits wußte ich doch, daß es wahr sein mußte.
»Er bestellt sie bei besonderen Versandhäusern, die große Schuhe und Damenwäsche für Männer liefern.«
Elaine erklärte, daß sie für uns einen Dreier arrangieren würde. Jede von uns würde hundert Dollar pro Stunde bekommen. Mir kam das alles ziemlich merkwürdig vor.

Als er ankam, hatte er eine rosa Einkaufstasche von Frederick's of Hollywood und acht Schuhkartons dabei. Elaine zeigte sich begierig darauf, ihn zu sehen. Ich saß auf dem Sofa, als sie ihn hereinbrachte. Sie setzte sich auf einen Stuhl. Er setzte sich auf einen anderen Stuhl und begann, die Schachteln zu öffnen. Er hatte sieben Paar Schuhe für Elaine mitgebracht, und es waren keine billigen Schuhe. Sie begann, jedes einzelne Paar zu begutachten — sehr hohe Stöckel, Riemen um die Fußgelenke, roter Lack, ein Paar weiße Wildlederschuhe —, Schuhe mit den höchsten Absätzen, die ich jemals gesehen hatte und die sich, wie ich später erfuhr, Fetischschuhe nannten und extra bestellt werden mußten. Er kniete sich hin und begann, Elaine die Schuhe anzuziehen und ihre Füße zu küssen. Sie hatte sehr hübsche Füße, aber außer bei *Aschenputtel* hatte ich noch nie jemanden so weit gehen sehen, Füße zu küssen. Dann packte er dieses Paar riesiger schwarzer, hochhackiger Pumps für sich selbst aus, die größten Schuhe, die ich jemals gesehen hatte. Sie waren so groß, daß sie wie Ausstellungsstücke aussahen. Es war unvorstellbar, daß jemand so große Schuhe tragen konnte. Elaine juchzte und jauchzte bei ihrem Anblick und sagte, sie könnte es nicht erwarten, ihn darin zu sehen.

Dann packte er ein Paar Strümpfe für sie aus — eine Strumpfhose, die an den Pobacken und im Schritt ausgeschnitten war, so daß sie wie Strümpfe mit einem Strumpfhalter aussah. (Diese Dinger hatte ich schon in den Kleinanzeigen mancher Zeitschriften gesehen und immer häßlich gefunden.) Elaine ging ins Schlafzimmer und kam, bekleidet mit den Strümpfen, einem Paar neuer Schuhe und einem durchsichtigen Negligé, zurück. Und ich dachte: Nun ja, sogar eine schöne Frau kann in diesen Sachen schrecklich aussehen. Bei ihrem Anblick fing er an zu juchzen und zu jauchzen, und ich nickte einfach zustimmend und halbwegs begeistert, etwa so, wie man sich bei einem Gartenfest der Kirchengemeinde verhält, wenn man gefragt wird, ob man noch eine Portion Kohlsalat von der Frau des Pastors haben möchte. Als er für einen Augenblick in die Küche ging, beugte ich mich zu ihr hinüber und fragte: »Magst du die wirklich leiden?« Und sie hauchte: »Oh, ja!« Dann verschwand er ins Schlafzimmer, um sich umzuziehen.

Sie flüsterte: »Wenn er sie mag, dann mag ich sie auch. Das ist ein Teil seiner Wunschvorstellung. Die Frage, ob ich sie mag oder nicht, stellt sich gar nicht.«

Dann rief er: »Ich bin fertig, Herrin«, was ich auch für sehr seltsam hielt. »Warum nennt er dich Herrin?« wollte ich wissen. »Solche Männer mögen das einfach«, erwiderte sie. Ich aber hatte das deutliche Gefühl, daß es dafür noch andere Erklärungen geben mußte. Als wir ins Schlafzimmer kamen, hatte dieser Mensch sich wie Superman verwandelt, nur nicht in dieselbe Richtung. Als ich da stand und ihn ansah, faszinierte es mich, daß etwas so schockierend für mich sein konnte und gleichzeitig so unschuldig war im Vergleich zu anderen Dingen. Schließlich warf dieser Kerl ja keine Napalmbomben auf Kleinkinder. Er war einfach nur ein Mann in Frauenkleidern. Und darin sah er nicht gerade attraktiv aus; die Strümpfe bedeckten riesige, behaarte Beine, und das Spitzenhöschen spannte sich lächerlich über seinen erigierten Penis. Elaine aber sagte ihm, wie toll er aussähe. (Mich beschäftigte der Gedanke, ob sie wirklich fand, er sähe okay aus, und ob *er* glaubte, er sähe okay aus, und warum er sie Herrin nannte und warum er das alles überhaupt tat.)
In meinem Leben hatte ich schon viele Dinge erlebt. Ich hatte auf einer Plastikdecke voller Maizola-Öl sexuellen Verkehr mit fünf Typen gehabt, während wir uns Trips einwarfen und Champagner tranken. Bei Menschenrechtsdemonstrationen war ich mit Tränengas beschossen worden, ich hatte *Deep Throat* gesehen und war sogar schon einmal mit dem Fallschirm aus einem echten, fliegenden Flugzeug gesprungen. Und jetzt schockierte, verblüffte und lähmte mich der Anblick eines großen, behaarten Mannes in Strümpfen.
Elaine fing an, ihm zu erzählen, was für ein böser Junge er gewesen sei. Und er antwortete: »Ja, Herrin.« Sofort überlegte ich, was er wohl kürzlich oder in einem anderen Leben getan hatte, daß er sich so danach sehnte, ausgeschimpft zu werden. Jetzt ging sie in diesen zwölf Zentimeter hohen Stöckelschuhen und diesen lächerlichen Strümpfen zur Kommode und griff nach einer Haarbürste mit Holzgriff. Dann forderte sie ihn auf, aufzustehen und sich über das Bett zu beugen. Und er tat es. Sie zog seinen Slip ein Stück herunter, so daß seine Pobacken bloß waren, und schlug ihm ein paarmal auf beide Backen. Und während sie ihn schlug, hielt sie ihm immer wieder vor, was für ein böser Junge er gewesen sei.
Da ich auch an Demonstrationen gegen durch Folter erzwungene Geständnisse teilgenommen hatte, fühlte ich mich etwas unbehag-

lich. Natürlich schlug sie ihn nicht so hart, daß sie ihm wirklich weh getan hätte — es waren nur kleine Klapse —, aber trotzdem wirkte es ein bißchen wie Folter.
Ich stand mit offenem Mund da und beobachtete das Ganze, als handelte es sich um einen Verkehrsunfall — und gleichzeitig versuchte ich, so zu tun, als erlebte ich so etwas tagtäglich. Ich wollte mich nicht einmischen. Ich wäre am liebsten verschwunden. Ich dachte: Um so eine Erfahrung zu machen, hätte ich früher Drogen nehmen müssen.
Elaine kam zu mir und begann mir die Benutzung der Bürste zu erklären, während Han Solo vornübergebeugt wartete und mithörte. »Benutz eine Bürste statt der bloßen Hand, wenn du jemanden schlägst, denn die Bürste schützt dich davor, daß du dir die Hand verletzt. Und außerdem«, sagte sie und führte mich zu ihm, »hat sie auf der anderen Seite Borsten, und damit hast du ein anderes Material zum Arbeiten.«
Sie stand auf der einen und ich auf der anderen Seite. Und sie zeigte mir, wo ich mit der Bürste hinschlagen sollte, als würde der Manager eines Pfannkuchenladens einem neuen Angestellten zeigen, wie man Kuchen in der Mikrowelle aufbäckt. Sie war aus ihrer dominanten, sexy Rolle in die einer Lehrerin geschlüpft, was mich beruhigte. Jetzt lerne ich wirklich etwas, dachte ich. Der Arsch dieses Mannes war jetzt ein Lehrmittel, ein anatomisch korrektes Modell für meinen Unterricht. Es war erotisch nicht faszinierender als das Modell einer Glühbirne. Gleichzeitig ekelte es mich aber auch nicht so an wie vielleicht das Modell eines Gehirns oder eines Auges.
Während Elaine mir die feinen Unterschiede zwischen den verschiedenen Arten des Schlagens erklärte, begann Han Solo seinen Schwanz zu reiben, der mittlerweile völlig aus dem Slip herausragte. Der dicke, harte, zwanzig oder zweiundzwanzig Zentimeter lange Schwanz zuckte, unruhig wie ein Windspiel, zwischen seinen Beinen hervor. Sobald Elaine bemerkte, was er da tat, schlug sie ihm mehrmals heftig auf den Arsch und schrie: »Hör auf damit, du widerlicher, jämmerlicher Wurm. Ich habe dir gesagt, daß du dich niemals dort anfassen darfst, es sei denn, ich erteile dir die Erlaubnis dazu!«
»Entschuldige, Herrin. Bitte vergib mir. Darf ich mich dort anfassen, Herrin?« bettelte er.

»Nein!« kreischte sie. Klatsch.
Jedesmal, wenn sie mit der Bürste auf sein Hinterteil schlug, wurde seine Erektion größer und größer, wie Pinocchios Nase. Das fand ich ziemlich aufregend. Dann reichte sie mir die Bürste. Wenn man eine flache, breite Bürste benutze, erklärte sie, blieben keine Striemen zurück. Sie forderte mich auf, es ihr nachzumachen. So gab ich ihm einen kleinen Klaps auf die eine Seite und einen kleinen Klaps auf die andere Seite. Und sie zeigte mir, wie man dem Arsch einen rosa Schimmer verpaßte, indem man mehrmals darauf schlug. Das ließ sich nicht mit einem einzigen Schlag erledigen. Es war faszinierend festzustellen, daß man dafür tatsächlich eine bestimmte Methode anwenden mußte.
Dann ging sie zur Kommode und holte einen Tischtennisschläger. »Die mag ich auch gern«, sagte sie, »weil sie mit einem bestimmten Material bespannt sind. Sie sind breiter und flacher, und ein Schlag damit ist so schmerzhaft, wie du es weder mit der Bürste noch mit der Hand hinkriegst; und da sie so groß und breit sind, ist die Gefahr, Spuren zu hinterlassen, noch geringer.« (Ich erinnere mich, wie ich im stillen daran dachte, daß jemand, der gern Kinder mißhandelte, diese Informationen zu würdigen gewußt hätte. Ich erinnere mich aber auch daran, daß ich mir nicht vorstellen konnte, diese Informationen selbst jemals nötig zu haben.)
Nach dieser Unterweisung fühlte ich mich in der Anwendung der Bürste und des Schlägers ziemlich bewandert. Elaine riet mir, niemals einen Gürtel zu benutzen — es sei denn, der Kunde wünsche es ausdrücklich —, da er Striemen hinterlassen könnte.
Dann befahl sie ihm, sich in die Ecke zu stellen, führte mich zum Bett und sagte mit sehr freundlicher, mütterlicher Stimme: »Komm, meine Liebe, leg dich hier hin.« Sie beugte sich zu mir herunter, küßte mich und brachte ihn zu mir. Sie spreizte meine Beine und sagte ihm, er solle sich zwischen meine Beine knien und vorbeugen. Dann lehrte sie ihn die Kunst des Cunnilingus und fragte mich: »Macht er das, was ich ihm sage?« Und sie forderte mich auf, Kritik zu üben.
Das fiel mir ziemlich schwer. Mit Cunnilingus hatte ich bisher nur die Erfahrung gemacht, daß es mir entweder gefiel oder daß ich zu verbergen suchte, daß es mir nicht gefiel. Meine Art, mit einer Enttäuschung im Bett fertigzuwerden, war gewöhnlich die, diesen Menschen einfach nicht wiederzusehen. Aber es machte mir Spaß,

jemandem sagen zu können, wie er es machen sollte. Es war mir nie zuvor in den Sinn gekommen, daß Menschen in solchen Dingen unterrichtet werden könnten.
An einem bestimmten Punkt kam Elaine jedoch zu mir und flüsterte mir ins Ohr: »Tu so, als ob es dir gefällt.«
Das fiel mir nicht so schwer, wie Kritik zu üben. Ich hatte einfach nur vergessen, es zu tun.
Er gab nicht ein einziges Zeichen, das darauf hingewiesen hätte, ob er einen Orgasmus gehabt hatte, und er wollte auch keinen Geschlechtsverkehr. Elaine erklärte, daß er nun nach Hause fahren und mit seiner Frau verkehren wolle, die keine Ahnung habe, wieviel Vorspiel er bereits hinter sich hatte.

Wochenlang trug ich in Elaines Apartment nichts anderes als Unterwäsche, und ich fing an, enormes Geld zu verdienen. Ich verabredete mich mit fünf von den Männern, die auf meine Anzeige geantwortet hatten — einem Highschooldirektor und vier langweiligen Geschäftsführern. Drei von ihnen kamen in der darauf folgenden Woche wieder, und zusätzlich verabredete ich mich mit fünf weiteren Kunden. In der nächsten Woche waren es zehn und in der übernächsten vierzehn. Elaine war begeistert, daß ich so erfolgreich war — schließlich verdiente sie auch fünfzehn Dollar an jedem meiner Treffen —, aber ich registrierte eine merkwürdige Veränderung in unserer Beziehung. Sie war eine Prostituierte, und sie war gut. Elaine sah so gut aus, wie eine neunundvierzigjährige Frau nur aussehen kann, aber sie wußte, daß einige ihrer Kunden, wenn sie mich sahen, auf den Gedanken kamen, eine Anfängerin, jemand Frisches und Unschuldiges, könnte auch interessant sein.
Ich arbeitete weiterhin beim Sender — vermutlich aus einer Mischung von Trägheit und Pflichtbewußtsein heraus —, aber dieses Pensum schaffte mich: morgens aufstehen, zum Sender fahren, in der Mittagspause bei Elaine sein, zurück zum Sender, dann wieder zu Elaine und schließlich nach Hause ins Bett.
Einige Leute beim Sender wußten, daß ich neben der Arbeit anschaffte. Diejenigen, die es wußten, fanden es interessant und aufregend; denjenigen, die es nicht wußten, wurde es nicht erzählt. Und niemand kam auf die Idee, mich zu fragen, mit wem ich arbeitete, so daß Elaine einer von diesen eleganten, etwas unnahbaren Menschen blieb, die beim Sender so fehl am Platz wirkten.

Mittlerweile bestand mein ganzes Leben *außerhalb* des Senders nur noch aus Satin und Marabou. Ich stellte fest, wie sehr ich es liebte, bei sanfter Musik im Hintergrund in Unterwäsche herumzuschlendern. Die Atmosphäre war entspannend und, wenn Elaine da war, fast kollegial. Dann saßen wir in ihrem Wohnzimmer, nippten, wenn der letzte Kunde gegangen war, an einem Grand Marnier und wärmten die Ereignisse des Tages auf, als seien wir Collegemädchen, die sich über ihre abendliche Verabredung unterhielten. Der einzige Unterschied bestand darin, daß wir uns über drei »Verabredungen« statt einer unterhielten.
Ich legte meinen eigenen Zeitplan, meine eigenen Grenzen und meine eigenen Regeln fest und mußte mich nach niemandem richten, was mir sehr recht war. Wenn es klingelte, wußte ich, daß ich eine neue Erfahrung machen würde, welche auch immer. Es gab ständig neue, meist angenehme Situationen, auf die man sich einstellen mußte: Was wollte der Kunde; wieviel war er bereit, für das zu zahlen, was er wollte; und was war ich bereit, für die Summe, die er zahlte, zu tun? Ich lernte sehr viel über mich selbst: was ich für Geld tun und nicht tun würde, was ich für den richtigen Geldbetrag bereit war zu tun.
Das beste von allem war, daß ich die Kontrolle über die Dinge hatte. Ich mußte nicht am Telefon sitzen und auf Ralphs Anruf warten. Ich mußte mir keine Gedanken darüber machen, was Bob von mir hielt oder wann es zwischen Tim und mir ernst werden würde. Wenn Ralph nicht anrief, oder Bob oder Tim, dann würde ich ganz sicher von Glen und Robin und Haywood und Charlie und Tom und Dick hören – und nicht zu vergessen Harry. Und wenn keiner von diesen Kerlen anrief, dann konnte ich einen Brief öffnen und selbst jemanden anrufen; und innerhalb kurzer Zeit würde dieser Mann mich dafür bezahlen, daß er mit mir schlafen konnte. Ich mußte mich mit niemandem treffen, den ich nicht sehen wollte. Wenn ein Mann zu langweilig oder zu grob oder zu gemein war, oder wenn er zu viel Zeit brauchte, mußte ich ihn nicht wiedersehen. Ich liebte das.
Im allgemeinen fand ich, daß die Männer, die zu mir kamen, nichts bekamen, was sie nicht auch zu Hause hätten bekommen können, bis auf die, deren Frauen krank waren oder aus anderen Gründen aufgehört hatten, sexuell mit ihnen zu verkehren. Die meisten Frauen wußten, daß ihren Männern oraler Sex Spaß machte. Die

meisten Frauen wollten ihre Männer befriedigen. Doch sie hatten keine Lust oder keine Zeit, ihre Männer so oft zu befriedigen, wie diese befriedigt werden wollten.

Gelegentlich wollten die Männer natürlich auch Sex, ohne vorher zu diskutieren, welche Probleme es mit dem Müllschlucker, dem Auto, dem Dach oder den Kindern gab. Manchmal waren die Männer geschäftlich in der Stadt und wochenlang von ihren Frauen getrennt. Und häufig waren die Männer einfach neugierig, wie es sein würde, mit einer neuen Partnerin Sex zu haben. Zu einer Prostituierten zu gehen, statt mit ihren Frauen zu schlafen, war für sie dasselbe, wie in ein Restaurant zu gehen, statt jeden Abend zu Hause zu essen. Das Essen zu Hause ist meistens besser, aber das hindert einen Mann nicht daran, gern essen zu gehen — sei es nun bei einem Imbiß (Massagesalons und Straßenprostitution) oder in einem Vier-Sterne-Restaurant (was Elaine und ich unserer Meinung nach anboten).

Unser Vier-Sterne-Restaurant bot Atmosphäre, saubere Bettwäsche, aufmerksame Bedienung, eine ansehnliche Wein- und Likörauswahl und ein komplettes Menü mit allem Luxus. Wie Männer nun einmal sind, wollten die meisten zwischen mindestens zwei Möglichkeiten wählen können. Fast alle Männer wollten meine Brüste sehen und küssen. (Die Kunden baten uns am Telefon häufig, unsere Brüste zu beschreiben. Elaine besaß perfekte, feste Brüste — was sie, wie sie sagte, dem Stillen von fünf Kindern verdankte. Meine Brüste fanden die meisten Männer schön, aber ich haßte es, sie am Telefon zu beschreiben; denn das, was ich für schön hielt, und das, was ein Mann erwarten mochte, konnte recht unterschiedlich sein. Doch meine Brüste *waren* schön; das Überraschende an ihnen waren der große Hof und die festen Brustwarzen. »Du mußt sie einfach sehen, wenn du kommst«, sagte ich gewöhnlich.)

Nach den Brüsten entschieden sich die meisten Männer für oralen Sex und anschließenden Verkehr oder erst Verkehr und dann oralen Sex. Die meisten Männer hätte ich allein mit oralem Sex zum Orgasmus bringen können — wenn sie mich gelassen hätten —, aber fast alle wollten auch Verkehr haben.

Und so kamen nach einigen Tagen und weiteren Kunden einige Wahrheiten ans Licht: Brustverehrung, oraler Sex, Verkehr, Orgasmus. Nach dem Orgasmus sagte fast jeder Mann das gleiche: »O Mann, heute nacht werde ich aber gut schlafen!«

Es kam mir ziemlich merkwürdig — und teuer — vor, daß diese Männer Sex mit einer Prostituierten brauchten, um gut schlafen zu können.

Ich stellte bald fest, daß das Leben einer Kurtisane viel mit Schauspielerei zu tun hatte. Es war egal, ob ich eine Grippe oder Erkältung hatte. Sobald ich mich geschminkt und meine Wäsche und die hochhackigen Slipper angezogen hatte, war ich ein anderer Mensch. Dann machte ich meinen Job. Der Kunde bezahlte mich nicht nur dafür, daß ich nett war — ich hatte entzückend zu sein. Wenn er mit einer zusammen sein wollte, die über Probleme zu diskutieren wünschte, konnte er zu Hause bei seiner Frau bleiben. Ich fand jedoch heraus, daß die meisten Männer glaubten, ich würde ihnen etwas vormachen, wenn ich einen Orgasmus hatte. Ich hatte so viele Orgasmen wie möglich. Manchmal mußte ich hart daran arbeiten, aber als Prostituierte hatte ich die Gelegenheit zu lernen, wie ich am besten kam. Ich hatte einige Übung mit Männern, die im Bett unzulänglich waren.
Es gab Situationen, in denen ich mich ganz darauf konzentrierte; und dann, wenn ich kurz davor war, einen Orgasmus zu bekommen, schaute der Kerl mich an und sagte: »Du mußt das nicht machen.«
Ich *mußte* das nicht machen? Ich war der Meinung, daß ich mich so gut wie möglich amüsieren sollte, solange wir beide zusammen waren und das machten, was wir machten.

Um unsere Kunden davon zu überzeugen, daß wir ganz allein für sie da waren, mußten wir unsere Annoncen nach ein paar Ausgaben der Zeitschrift verändern — in der Hoffnung, daß die Männer die Postfachnummer nicht wiedererkannten. Da ich immer noch zehn oder fünfzehn Pfund abnehmen mußte, lautete meine neue Annonce: »Künstlerin, 27, ehemaliges Künstlermodell, rothaarig, Rubensfigur, weiße Haut. Sucht Mäzen. Zur Besichtigung der Kunstmappe schreiben Sie an: ...«
Es war interessant zu erfahren, wie wenige Männer den Anspruch hatten, daß ich ihnen wirklich meine Mappe zeigte oder eine Künstlerin sei. Dennoch brachte ich sie alle dazu, sich meine Zeichnungen anzuschauen. Vermutlich wollte ich ihnen einfach zeigen, daß ich *tatsächlich* eine wunderbare Künstlerin war. Und

es machte mir Spaß, so zu tun, als sei ich schockiert, wenn offenbar wurde, daß sie etwas anderes im Sinn hatten. Es war lustig, wie oft ich die Schockierte spielen konnte.
Das Thema Sex sprach ich nie an. Statt dessen behandelte ich die Männer wie Mäzene, ließ mir Geld anbieten und ließ dann durchblicken, daß ich ihnen im Gegenzug — natürlich — als Beweis der Dankbarkeit sexuelle Dienstleistungen anbieten sollte.
So ähnlich funktionierte das Leben meiner Meinung nach überall. Es irritierte mich allerdings, daß Frauen verhaftet wurden, weil sie sexuelle Dienstleistungen lieferten, während die Männer es waren, die ständig solche Vorschläge machten.

Zu den Dingen, die Elaine mir beibrachte, gehörte auch die Körperpflege — die Maniküre und die Pediküre. »Nach jedem Bad reibe ich mich mit Öl ein, benutze den Bimsstein und ein Enthaarungsmittel«, erklärte sie. »Und da wir so viel barfuß gehen, mache ich jede Woche eine Pediküre.« Der Sonntag war ihrer Meinung nach am besten dafür geeignet, denn unsere Geschäfte liefen überwiegend an Wochentagen ab, und samstags mußten wir einkaufen. Am Sonntag kümmerte sie sich um ihre Gesichtspflege, ihr Haar, ihre Füße und ihre Nägel. »Auch das kleinste Haar muß von deinen Beinen entfernt werden«, sagte sie. »Und wenn du deine Schamhaare färben willst, ist dies der geeignete Augenblick dafür.«
Ich färbte mein Schamhaar in ein helles Rotblond, und die Männer liebten es. »Dein rotes Haar ist ja wirklich echt, nicht wahr?« sagten sie. (Es fiel offensichtlich keinem Mann ein, daß ich es gefärbt haben könnte.) Ich fing an, meine Hände und Füße mit warmem Öl zu behandeln, und ließ mir das Gesicht von einer Kosmetikerin pflegen. Ich bekam eine Dauerwelle, ließ mir das Haar färben und machte Haarkuren. Ich leistete mir teure Haarschnitte, Körpermassagen mit Öl und Gesundheitskuren. Jeden Abend machte ich zur Entfernung des Make-ups ein Gesichtsdampfbad. Ich benutzte eines der teuersten Kosmetikpräparate. Ich glaubte, wenn ich mit Siebenundzwanzig andächtig Elizabeth Ardens Paradies-Zellerneuerungsprogramm benutzte, würde ich mit Fünfzig genau so gut aussehen wie Elaine.
Als ich meinem Körper so viel Aufmerksamkeit schenkte und so viel Geld dafür ausgab, entdeckte ich noch etwas anderes: Wenn

du dich um deinen Körper kümmerst und Männer dir ständig erzählen, wie schön und begehrenswert du bist, dann fängst du an, dich selbst innig zu lieben, selbst wenn das vorher nicht der Fall war. Als Kurtisane bekam ich ein völlig neues Selbstwertgefühl und neue Selbstachtung.

Elaine und ich machten noch zwei weitere Dreier mit Kunden. Dann erwähnte sie, daß etwas Besonderes bevorstünde. Ein Stammfreier von ihr, Chuck, war in der Stadt. Ihm gehörte ein Flugzeugverleih. Er verlieh Flugzeuge an Firmen und engagierte Elaine gern zur Unterhaltung von Firmenchefs. Elaine arrangierte ein Treffen für neun Uhr abends, was ungewöhnlich war, denn die meisten Kunden trafen wir tagsüber, wenn sie sich von ihrer Arbeit wegstahlen oder auf dem Heimweg von der Arbeit bei uns vorbeischauten.

Elaine klärte mich darüber auf, daß dieser Kunde immer Kokain und Haschisch bei sich hatte. Und sie erläuterte mir die Vorgehensweise bei einem Vierer mit zwei Männern. Wir bildeten zwei Paare und blieben mit dem Partner zusammen, mit dem wir angefangen hatten, außer die Männer zahlten extra für ein anderes Arrangement.

Es stellte sich heraus, daß die beiden Anfang Dreißig waren. Chuck sagte Elaine gleich zu Beginn, daß der Mann, den er beeindrucken wollte, mit ihr zusammen sein sollte, weil sie gut sei, und daß er das neue Mädchen ausprobieren wollte, nämlich mich.

Sie trugen elegante Anzüge, und es war merkwürdig, ihnen beim Hantieren mit Haschischpfeifen und dicken Joints zuzuschauen. (Die einzigen Menschen, die ich hatte Drogen nehmen sehen, waren Hippies, Beatniks, Rockmusiker und gelegentlich Schallplattenproduzenten gewesen.)

Wir rauchten etwas Dope und nahmen etwas Kokain. Ich wußte nicht so viel über Kokain, daß ich hätte sagen können, ob es gut war oder nicht, aber der Shit war gut. Ich merkte, daß durch das Kokain und den Shit aus der Arbeit eher eine Party wurde, was mich beunruhigte. Ich hatte genug Erfahrungen gesammelt, um zu wissen, wie wichtig es für mich war, zwischen geschäftlichen und privaten Geselligkeiten zu unterscheiden. Und durch die Drogen wurde ich eindeutig auf eine private Art gesellig.

Anfangs saßen wir in Unterwäsche vor dem Kamin. Die Männer wollten von uns einen geblasen bekommen, und wir machten es. Aber ich merkte, daß es Männern unter Kokaineinfluß schwerfällt, eine Erektion zu bekommen und beizubehalten, und daß sie nur schwer einen Orgasmus bekommen. Elaine und ich arbeiteten hart, aber ohne Erfolg.
Zum ersten Mal erlebte ich daraufhin, wie Elaine in Gegenwart von Kunden geschäftsmäßig agierte. Als weder Chuck noch sein Freund gekommen waren, sagten sie, sie wollten länger bleiben und die Partnerinnen tauschen. Wenn sie das wollten, müßten sie mehr Geld bezahlen — die volle Summe für eine zweite Stunde —, entgegnete Elaine.
Sie blieben noch eine Stunde. Ich ging mit dem neuen Kunden ins Schlafzimmer, wusch ihn und brachte ihn nach ungefähr einer halben Stunde zum Orgasmus. Mein Kiefer tat mir wirklich so weh, als hätte ich gerade eine Zahnoperation hinter mir. Später erfuhr ich, daß Chuck seine Zeit damit verbracht hatte, sich einfach nur mit Elaine zu unterhalten. Er bat sie jedoch — weil er den Kunden, den er mitgebracht hatte, beeindrucken wollte —, so zu tun, als sei er gekommen.
Chuck bezahlte Elaine die volle Summe für zwei Männer und zwei Stunden: 300 Dollar. Mein Anteil an diesem Abend, 150 Dollar, war das meiste, was ich jemals bei einem einzigen Job verdient hatte, und es kam mir unglaublich viel vor. Ich fand es erstaunlich, daß Menschen so viel Geld dafür ausgaben, daß sie einen Orgasmus bekamen oder auch nicht.

Mein allererster Gratis-Fick begann mit einem obszönen Anruf. Ich hatte den ganzen Tag und die halbe Nacht bei Elaine gearbeitet und in dieser Zeit drei oder vier Kunden gehabt, die total auf Französisch standen. Drei, vielleicht vier Stunden lang war meine Muschi geleckt worden, und sie war ganz wund nach dieser Zungentortur. Ich war gerade ins Bett gegangen und kurz davor, einzuschlafen, als gegen halb drei das Telefon klingelte. Ich nahm den Hörer ab und hörte diesen Kerl mit tiefer Stimme und einem gestellten schwarzen Akzent ganz langsam und lüstern sagen: »Ich möchte deine Muschi lecken.«
Du meine Güte, dachte ich, dieser Irre wird mich noch die ganze Nacht anrufen. Nächtliche Anrufer sind meistens Menschen, die

einen langweiligen Job wie beispielsweise Nachtwächter oder Nachtportier haben und sich dort so einsam fühlen, als wären sie ganz allein auf der Welt. Oder es sind geile Freier, die für die Erregung nicht bezahlen wollen, aber hoffen, sich einen runterholen zu können, während sie schmutzige Gespräche führen.

Die Konfrontation ist die beste Antwort auf Telefonbelästigung. Ich konnte mein Telefon nicht abstellen, weil ich am Morgen einen wichtigen Anruf erwartete. Darum mußte ich mit diesem Typen frontal umgehen.

»Oh, nein«, sagte ich, »meine Muschi ist heute schon genug geleckt worden. Wenn du mir aber deinen Namen und deine Telefonnummer nennst, rufe ich dich morgen an, und dann können wir einen Termin vereinbaren. Ich nehme fünfundsiebzig Dollar für eine halbe Stunde. Wäre das in deinem Sinne?«

Dieser Kerl, der gerade eben mit einem tiefen, schwarzen Akzent »Ich möchte deine Muschi lecken« gesagt hatte, bekam plötzlich eine ganz hohe Stimme, wie eine Mickymaus, und sagte: »Ist das wahr?« (Ist es nicht interessant, daß ängstliche, weiße Jungen die Stimme eines schwarzen Mannes nachahmen, wenn sie obszöne Anrufe machen und sexy klingen wollen? Ich weiß nicht, ob sie bestimmte Phantasien mit schwarzen Männern verbinden oder ob sie einfach die Stimme wählen, die am wenigsten mit ihnen zu tun hat.)

Ich sagte zu dem Jungen: »Aber nur unter der Bedingung, daß du mich heute nacht nicht mehr anrufst. Hörst du? Wie heißt du?« Und er sagte: »Phillip.« — »Okay, Phillip, wie ist deine Telefonnummer?«

Ich hatte ihn überrumpelt, und nun kooperierte er mit mir. Sobald er den falschen schwarzen Akzent aufgegeben hatte, wußte ich, daß er noch ein Kind war. »Du *bist* doch schon achtzehn, oder?« fragte ich. Er versicherte mir, daß das der Fall war.

»Und warum machst du morgens halb drei obszöne Anrufe?«

»Weil ich geil bin«, erwiderte er. »Die Mädchen in der Schule spielen nur mit mir. Die meisten wollen nicht einmal mit mir ausgehen.«

»Wie kommt das?« fragte ich.

»Oh, sie sind alle richtige Snobs. Und ich habe nicht viel Geld.«

Seine Stimme klang süß und ziemlich zärtlich. Ich schärfte ihm ein, daß er mich niemals sehen würde, wenn er in dieser Nacht noch einmal anriefe, womit er die Erfahrung seines Lebens verpassen würde. Er erklärte sich einverstanden, nicht noch einmal anzurufen und auch niemanden sonst in dieser Nacht. Auf diese Weise konnte nicht nur ich mich einer ungestörten Nachtruhe erfreuen, sondern auch das restliche Atlanta hatte Ruhe.

Ich versuchte, ihn am nächsten Tag anzurufen, aber er hatte mir eine falsche Telefonnummer gegeben. Am späten Nachmittag rief er jedoch wieder an. Wir verabredeten einen Termin in Elaines Apartment.

Elaine fand es komisch, daß ich mit einem Verrückten, der obszöne Anrufe machte, einen Termin vereinbarte. Und sie begann, nervös zu werden. Sie richtete es so ein, daß sie da sein würde, wenn er käme, falls etwas mit ihm faul sei. Ich versicherte ihr, daß er normal, einfach ein bißchen jung und närrisch, geklungen hätte. Außerdem wollte ich gern einmal jemanden von Angesicht zu Angesicht erleben, der seine Nächte damit verbrachte, Fremde anzurufen und zu sagen: »Ich möchte deine Muschi lecken«.

Ich zuckte zusammen, als es klingelte. Aber als ich an die Tür ging, fand ich dort einen Jungen mit einem hübschen Kindergesicht, der wie zwölf oder dreizehn aussah. Er war so klein, daß ich ihn durch den Spion kaum sehen konnte. Nachdem ich ihn gesehen hatte, sagte ich Elaine, daß sie essen gehen könne. Mit dem werde ich auch allein fertig, dachte ich.

Als er hereinkam, ließ ich mir seinen Führerschein zeigen, um sicherzugehen, daß er achtzehn war. Mit seiner Größe von einsachtundfünfzig, der dürren Gestalt und den großen Händen und Füßen sah er wie ein junger Flegel aus. Das braune Haar hatte er zu einem Pferdeschwanz zusammengebunden. Er trug Jeans und ein T-Shirt und sah aus, als sei er gerade auf dem Weg zu einem Spiel der Kindermannschaft.

Phillip war so nervös, wie jedes andere Kind wohl auch gewesen wäre, das im Begriff war, seine ersten sexuellen Erfahrungen mit einer Hure zu machen. Ich bot ihm einen Drink an, aber er wollte nur eine Cola. Er fragte — so zögernd und höflich, als befände er sich im Krankenzimmer einer sterbenden Tante —, ob es okay sei, wenn er einen Joint rauchte. Vielleicht stört ihn die Musik, dachte ich. Elaine und ich hatten normalerweise einen Radiosender mit klassischer Musik an, damit es bei uns wie in einem Kaufhaus von Neiman-Marcus klang. Das sollte bewirken, daß sich die Kunden

bescheiden und nicht irgendwie daneben benahmen. Doch dieser Junge brauchte etwas Vertrauen und soviel Bestärkung wie nur möglich.
Ich schlug ihm vor, einen anderen Sender zu suchen, und er schaltete Z93 FM, »den Rocksender aus Atlanta«, ein. Dann setzte er sich und rauchte seinen Joint. Ich fragte ihn, ob er wüßte, daß er Frauen Angst einjagte, wenn er sie mitten in der Nacht anrief, und er sagte, das sei nicht seine Absicht gewesen. Ich bekam den Eindruck, daß es ihn wohl eher erregte, eine Frau vor den Kopf zu stoßen, als ihr Angst einzujagen oder sie anzutörnen — daß es so eine Art sadistische Ader war. »Wie soll ich mich denn sonst befriedigen?« fragte er mit fast piepsender Stimme.
So lud ich ihn ins Schlafzimmer ein. Ich erklärte ihm, wo er seine Sachen hinlegen sollte, und beschäftigte mich damit, die Spitzendecke auf dem Bett und die Laken zurückzuschlagen. Als er zu seiner Unterhose kam, drehte ich mich um und hielt erstaunt inne. Er hatte den größten und schönsten Schwanz, den ich je gesehen hatte. Er war so unverhältnismäßig groß, daß es aussah wie ein dikker Schwanz mit einem Kind daran — wie eine Fotomontage von einem Hasen mit einem Hirschgeweih. Ich holte tief Luft und versuchte, mich geschäftsmäßig zu benehmen.
Ich forderte ihn auf, sich auf die hübschen, frischen Laken zu legen, während ich mich zügelte, auf ihn raufzuspringen. Mittlerweile fühlte er sich etwas wohler mit mir, so daß es für uns beide ein Augenblick der Ekstase wurde, als meine Lippen schließlich die Spitze seines riesigen Penis' berührten. Ich hätte diesen Schwanz unendlich lange lecken und streicheln und daran saugen können — er roch süß wie Weizen oder frischgeschnittenes Heu —, aber ich hatte Angst, er könnte — wenn ich ihn zu lange mit dem Mund bearbeitete — kommen, ehe ich Gelegenheit gehabt hatte, dieses wunderbare Gebilde in mir zu spüren. Darum gab ich ihm einen Abschiedskuß, kniete mich neben seine schmalen Hüften und setzte mich auf ihn. Sein Penis bebte so heftig, daß ich ihn in mir zucken spürte. Auf seinem Gesicht lag ein Ausdruck, als wäre er weit über seine wildesten Träume hinaus entzückt und erregt — wie ein Kind, das zum ersten Mal in seinem Leben Bonbons probiert. Auch ich war in meinem ganzen Leben noch nicht so erregt gewesen. Nachdem ich, ich weiß nicht wie oft, gekommen war, fragte ich ihn, ob er sich auf mich legen wolle.

Klar, sagte er, und wir wechselten die Position. Aber er wußte nicht genau, was er machen sollte. Nach ungefähr einhundert verworrenen und fehlgeleiteten Stößen fand ich, daß dieser Junge ein paar Ratschläge brauchte. Ich zeigte ihm, wo er seine Knie lassen sollte und wie er sein Gewicht abstützen konnte. Ich sprach mit ihm über die Bedeutung des Rhythmus und darüber, wie er seine Stöße kontrollieren konnte; und ich empfahl ihm, dabei an irgendeinen Rhythmus zu denken, weil das hilfreich sei. Lang, kurz, lang, lang, lang, kurz. Egal wie. Im Laufe dieses Unterrichts schaffte ich es, noch viele Male mehr zu kommen. Nach einer Weile aber wurde mir bewußt, daß seine Zeit längst abgelaufen war und wir noch nicht einmal dazu gekommen waren, daß er meine Muschi leckte. Ich brachte ihn dazu, in einer langen, herrlichen Serie von Stößen zu kommen, und sagte dann zu ihm: » Jetzt mußt du mich bezahlen und gehen.«
Als er sich anzog, fragte ich ihn, woher er das Geld habe. Er sagte, er hätte einen Job nach Schulschluß und würde für ein Auto sparen. Es schien für ihn jedoch außer Frage zu stehen, daß das hier viel besser war.
Eine Woche später rief er wieder an, und wir verabredeten einen weiteren Termin. Als wir uns trafen, zeigte er mir, wie aufmerksam er meinem Unterricht gefolgt war. Er war wunderbar. Was für ein Geschenk für mich. Er bezahlte mich wieder, aber ich wußte, daß er es sich nicht würde leisten können, mich so oft für Sex zu bezahlen, wie ich gern Sex mit ihm haben wollte. Da ich zu der Zeit keinen Freund hatte, bot ich ihm einen für beide Parteien befriedigenden Handel an: Wenn er zu mir käme, wann immer es mir paßte, würde ich kein Geld von ihm verlangen.
Danach trafen wir uns eine ganze Weile, meistens freitags abends, an meinem freien Tag. An dem Tag, als er seinen Highschool-Abschluß machte, verbrachte er die ganze Nacht bei mir. Eines Tages wird er ein jüngeres Mädchen kennenlernen, das besser zu ihm paßt, das Spaß am Biertrinken, an Hindernisrennen und Freilichtkinos hat, dachte ich. Und was für eine Überraschung wird dieser Junge für sie haben!
Er dagegen ist zweifellos mitverantwortlich für einige dieser Geschichten, die man so hört über die Hure mit dem Herzen aus Gold.

Drei oder vier Monate nachdem ich angefangen hatte, als Prostituierte zu arbeiten, kündigte ich beim Sender. Mittlerweile verdiente ich bei Elaine, mit sehr wenig Arbeit, durchschnittlich fünfhundert Dollar die Woche. Beim Sender bekam ich nur Kopfschmerzen. Außerdem haßte ich es, früh aufzustehen, das heißt früher als mittags.

Es war Sommer, als Elaine meinen Horizont erweiterte und mir die Prostitution im Einkaufszentrum beibrachte. Der Gang ins Einkaufszentrum sei ein Ereignis, das vielerlei Zwecken diene, meinte sie. Zunächst einmal mußten wir für unsere Kunden einkaufen gehen. In einer längeren Beziehung gehört das zu den Aufgaben der Kurtisane, und es rückte uns in eine wichtige Position. Wir erledigten ihre Weihnachtseinkäufe und kümmerten uns um den Geburtstag ihrer Frauen. Wir baten sie, uns Fotos von ihren Frauen zu zeigen, und fragten, wie groß sie seien und welches ihre Lieblingsfarben seien. Wir sagten zu den Männern: »Schau in ihrem Führerschein nach, wie groß sie ist«, denn wir wußten, wie begeistert sie sein würde, wenn er ihr etwas kaufte, das paßte.

Aber wir gingen nicht nur ins Einkaufszentrum, um Geschenke für die Frauen unserer Kunden zu kaufen. Wir hatten sehr viel Geld. Wir mußten für uns selbst und das Apartment einkaufen. Und dann gab es noch einen dritten Grund — neue Männer aufzusammeln. Elaine erklärte mir, daß ich in den Einkaufszentren mehr Kunden finden könnte, als es jemals durch Kleinanzeigen möglich sei. (»Denk nur an all die Briefe, die du automatisch aussortierst«, sagte sie.)

Da wir geschäftlich unterwegs seien, sagte Elaine, sei es wichtig, daß wir uns nur von unserer besten Seite zeigten, wenn wir ins Einkaufszentrum kämen. »Trag teuren Schmuck«, sagte sie. »Du kannst nie genug Schmuck tragen.« Es war auch in Ordnung, Modeschmuck zu tragen, nur mußte klar sein, daß er einen Akzent setzen und nicht etwa Ersatz für echten Schmuck darstellen sollte. Und natürlich trugen wir keine Eheringe oder irgend etwas, das so ähnlich aussah. Unsere Fingernägel waren immer schön lackiert und sahen besser aus als bei jeder anderen. Sie mußten perfekt sein. Solange ich lange Fingernägel hatte und Stöckelschuhe trug, stellte ich fest, merkten die Männer es nicht, wenn ich nur in einen Sack gekleidet war. Aber ich war natürlich nie in einen Sack gekleidet. Ich trug Kleider, die der Vorstadtnorm entspra-

chen, aber immer etwas abstachen: beispielsweise eine tief ausgeschnittene Samtjacke und Hosen.
Männer, die nachmittags im Einkaufszentrum wären, befänden sich immer auf einem Bummel, sagte Elaine. Ich sollte mir das Einkaufszentrum wie den Hauptplatz einer Stadt vorstellen. Wir suchten jemanden, der keine Eile hatte, der nirgendwohin ging oder nirgendwohin wollte. Jemanden, der so aussah, als wartete er darauf, daß irgend etwas Interessantes passierte. Manche Männer sahen so geschäftig aus, als hätten sie etwas vor. Die würde ich natürlich in Ruhe lassen. Und es sei immer ein gutes Zeichen, sagte Elaine, wenn ein Mann mich zuerst ansähe.
»So funktioniert der Straßenstrich in der Vorstadt«, sagte Elaine und begab sich zu den schicken Geschäften im zweiten Stock.
Und was schlug sie vor, wo ich mit der Kundensuche beginnen sollte? In teuren Dessousgeschäften. Die Männer dort suchten keine Gebrauchsgegenstände. »Jemanden, der nach einem Rasenmäher sucht, kannst du nicht abschleppen«, sagte Elaine. Ich sollte jemanden suchen, dem es peinlich war, Damendessous zu kaufen, und ihm meine Hilfe anbieten. Das sei eine besonders sichere Angelegenheit, erklärte Elaine, denn man könne ziemlich sicher sein, daß es sich bei dem Mann nicht um einen Polizisten handelte, der versuchte, eine Frau zu erwischen, die bei den Kleinanzeigen annoncierte.
Außerdem könnten wir dabei schnell herausfinden, was er beruflich machte. Wenn er ein Cop war, hieß es nur: »Nun, dann haben Sie einen schönen Tag.«
Ich lernte bald, vor Männergeschäften — Tabak-, Pfeifen-, Kleiderläden — zu stehen und so zu tun, als suchte ich nach einem Geschenk. Und da ich so auffiel, sprach mich jeder Mann an, der eine Gelegenheit dazu fand.
Nachdem ich sie davon überzeugt hatte, daß ich sehr gebildet und eine sei, von der sie ganz bestimmt nicht geglaubt hätten, daß sie eine Prostituierte sei, ließ ich sie wissen, daß ich genau das war. Die Männer waren fasziniert.
Wenn ich ihnen direkt sagte, ich sei Prostituierte, glaubten die Männer das selten. An diesem Punkt beginnt die Kunst der Prostitution im Einkaufszentrum. Jetzt ging es um den Abschluß des Vertrages. Entweder fragte er, wann er mich sehen könnte, oder er warf mir vor, ich würde lügen, oder er hielt mich für bekloppt,

oder er war tief enttäuscht und hatte das Gefühl, ich hätte ihn überrumpelt, indem ich glauben machte, ich sei ein netter Mensch. Diese letzte Sorte von Menschen schien das Gefühl zu haben, ich hätte ihre Integrität gefährdet. (Schließlich hätte jemand sehen können, daß er mit einer *Prostituierten* gesprochen hatte.) Diese Männer konnten arrogant, böse und selbstgerecht werden. Derselbe Mensch, der mich vor einem Augenblick noch für charmant gehalten hatte, war jetzt bereit, mich verhaften zu lassen — wenn das nicht einen Tumult verursacht und ihn in Verlegenheit gebracht hätte.

Ich brauchte nur ein paar Wochen, um mein Rollenspiel zu perfektionieren. Ich war so erfolgreich darin, daß ich fast ein Drehbuch dafür schreiben könnte:
Ich suche mir den Mann aus, lange bevor er mich sieht. Dann stelle ich mich so vor das Schaufenster, daß er mich im günstigsten Licht sieht. (Ich gebe zu, daß ich mir dafür etwas Selbstvertrauen aneignen mußte. Um das zu üben, verbrachte ich, wie damals als Teenager, viel Zeit vor dem Spiegel.) Durch meine Körpersprache gebe ich zu verstehen, daß ich ansprechbar bin — selbst für diesen schüchternen, unsicheren Fremden. Ich muß einladend aussehen, so daß er denkt: Warum nicht, ich könnte zu ihr gehen und sie ansprechen. Ich muß ihm eine Gelegenheit dazu bieten: Zum Beispiel trug ich damals immer eine schöne und auffällige Uhr, so daß er mich nach der Zeit fragen konnte.
Jetzt sieht er mich und überlegt, ob er mich ansprechen soll. Er kommt so nahe heran, daß ich ihn genauer ansehen kann. Ich schaue ihm für einen kurzen Augenblick intensiv in die Augen. (Die Menschen haben Angst vor direktem Blickkontakt, stellte ich fest, weil das bedeutet, daß irgend etwas passieren wird.) Wenn sich unsere Blicke für den Bruchteil einer Sekunde treffen, muß ich ihm zu verstehen geben, daß das in Ordnung ist und daß ich seine Brille oder seinen dicken Bauch, seine Karnickelzähne oder die kahle Stelle am Kopf nicht sehe oder unwichtig finde. Ich will nicht, daß er durch seine eigene Befangenheit abgelenkt wird. Ich muß aufgeschlossen sein — freundlich, warm und gelassen.
Dann kommt er näher. Er versucht, mich genauer zu betrachten, aber ich will ihm noch nicht zeigen, daß ich das merke. Das bringt mir unheimlich Spaß. Was dann folgt, ist wirklich eine Kunst. Ich

gebe ihm nicht nur zu verstehen, daß es in Ordnung ist, wenn er mich anschaut, sondern auch, daß ich überrascht, ja geschmeichelt bin und ihn gern näher kennenlernen würde, aber zu schüchtern bin. Und ich signalisiere, daß es mir gefallen würde, wenn er etwas näher käme. Jetzt wird ihm bewußt, daß wir einander anschauen. Aber die Sache darf nicht übertrieben werden. Noch darf die Musik nicht anheben. Und doch muß ich ihn auf den Gedanken bringen, daß es Musik geben könnte ... schon bald.

Ich betrachte das Schaufenster. Und weil darin Männerartikel liegen, schaut er sie auch an. Je größer das Schaufenster ist, desto besser. Wenn das Fenster zu klein ist, fühlt er sich wahrscheinlich bedroht.

Jetzt, da er in meiner Nähe steht, schaue ich ihn so an, als hätte ich ihn gern bei mir. An diesem Punkt muß ich eine Entscheidung fällen. Ich muß entscheiden, ob ich die Kontaktaufnahme einleite oder ob ich sie ihm überlasse. Ich kann zum Beispiel etwas fallen lassen oder zögernd und schüchtern weitergehen.

(In lateinamerikanischen Ländern liebe ich es wegzugehen. Das ist eine der erregendsten Sachen, die man einem Latino antun kann. Aber einige von ihnen werden dich darauf ansprechen. »Ich habe gesehen, daß Sie mich angeschaut haben«, werden sie sagen. »Und jetzt tun Sie so, als ob Sie nicht interessiert sind. Aber ich weiß, daß Sie es sind. Wem versuchen Sie, etwas vorzumachen?« Amerikanische Männer denken entweder gar nicht an so etwas, oder sie würden es nie sagen.)

Dieses Verfahren dauert nicht sehr lange. Schon bald unterhalte ich mich mit ihm und erkunde, ob er Geld zum Ausgeben hat. Schon, wenn wir zwei Kaufhäuser weitergegangen sind, weiß ich, ob er ein geeigneter Kandidat ist. Ich erkundige mich, warum er da ist, welche Probleme er hat und wie weit er bei dieser Begegnung gehen will. Das wichtigste, was ich sofort herausfinden muß, ist, ob er sich gerade in Scheidung befindet und nur durchs Einkaufszentrum wandert, weil er versucht, die Scherben seines Lebens aufzulesen.

Frisch geschiedene Männer sind schreckliche Kunden. Sie verlangen sehr viel Aufmerksamkeit. Wenn ich mit ihnen auf einer ehrlichen Ebene umgehen will — wie es mir am liebsten ist —, muß ich viel Zeit aufwenden, bis sie mit dieser Situation zurechtkommen. Das bedeutet nicht, daß ich ihnen sage: »Deine verdammte Frau hat an allem schuld.« Aber ich versuche, ihnen dabei zu helfen, daß sie in der Wahl, die sie getroffen haben, etwas Trost finden. Ich weiß, daß ich all das bei einem frisch geschiedenen Mann gleich am Anfang anpacken muß, wenn ich es jemals überwinden und ihn als regelmäßigen Kunden gewinnen möchte.

Wenn ich es nicht tue, werde ich Woche für Woche zu hören bekommen, was für eine herzlose und blutsaugende Hexe seine Frau ist. »Sie hat sogar den Füller mitgenommen, nachdem sie die Nachricht geschrieben hat«, jammern sie dann. »Als nächstes erfuhr ich, daß sie das Haus verkauft hat.« Wenn ich das zulasse, fangen sie schließlich entweder zu heulen an oder noch Schlimmeres. Glücklicherweise fällt es mir nicht schwer, jemanden zu fragen: »Wie fühlst du dich dabei?«

Ich hasse es, wenn geschiedene Männer anfangen zu weinen oder mich anzuflehen, bei ihnen zu bleiben, egal, wie lange wir bereits zusammen sind. Denen sage ich: »Hör zu, ich mache das für meinen Lebensunterhalt. Wenn ich noch eine Stunde bleiben soll, um dich zu beraten, mußt du bezahlen.« Diese Männer wollen eigentlich keine Prostituierte; sie wollen ihre Frauen oder das, wie sie ihrer Meinung nach hätten sein sollen. Sie wollen ganz bestimmt nicht daran erinnert werden, daß sie mich dafür bezahlen müssen, daß ich da bin. In der Regel antworten sie: »Wenn du auch nur ein bißchen Herz hättest, würdest du nicht gehen.«

Das ist nicht der Augenblick, um sie zu erinnern: »Immerhin nehme ich nur fünfundsiebzig Dollar und nicht alles, was du in den letzten vier oder vierzig Jahren verdient hast.« Das ist der Augenblick, in dem gerade geschiedene Männer verbittert reagieren können und brüllen: »Du bist genauso wie sie. Alle Frauen sind gleich.« Das ist der Augenblick, in dem ich meinen Wagenschlüssel nehme und mich abrupt verabschiede.

Einige Männer, die in Scheidung leben, sind gute Kunden, aber erst dann, wenn ihnen die Vorteile klar geworden sind. Die wenigsten verstehen allerdings jemals, warum ihre Frauen sie verlassen haben. Und deshalb sammelten wir Männer in der Dessousabteilung oder beim Juwelier oder in Geschäften für Männerbekleidung auf. Elaine meinte, bei einem Mann, der sich Möbel für die Eßnische anschaute, handelte es sich wahrscheinlich um jemanden, der gerade von seiner Frau hinausgeworfen worden war. Und mit denen wollten wir auch nichts zu tun haben.

IMMER EINE BRAUT, NIEMALS EINE BRAUTJUNGFER

Gute Familien sind meistens schlechter als andere.

ANTHONY HOPE
Der Gefangene von Zenda, 1894

Ich wuchs in einer mittelständischen Familie in Louisville, Kentucky, auf, doch ganz so einfach oder langweilig, wie man meinen mag, war es nun auch nicht. Bis zu meinem dritten Lebensjahr hatte ich keinen Begriff davon, wer meine Eltern waren, denn ich wuchs in einem Haushalt von Erwachsenen auf, die nicht alle mit mir verwandt waren.

Meine Mutter und mein Vater sind in ärmlichen Verhältnissen groß geworden. Die Familie meines Vaters betrieb eine Tabakfarm in der Nähe von Shelbyville, Kentucky. Während der Depression versäumten mein Vater, seine sieben Brüder und zwei Schwestern viele Schultage, weil sie auf der Farm arbeiteten. Mein Vater war fünfzehn Jahre alt, als seine Familie nach Louisville zog, um eine Gärtnerei zu übernehmen.

Mit sechzehn zog Daddy in eine Stadt am Rande von Louisville, um bei einem alten Mann, der eine Tankstelle unterhielt, zu arbeiten. Er bekam elf Dollar pro Woche, und der Mann ließ ihn in einer Ecke auf einem Stapel von Öllappen schlafen. Später gehörte meinem Vater diese Tankstelle.

Meine Mutter und er trafen sich das erste Mal, als sie sich gerade eine Cola aus dem Automaten vor der Tankstelle zog. Sie hatten vieles gemeinsam, vor allem aber die Armut. Beide liehen sie sich die Kleidung und die Schuhe, in denen sie getraut wurden. Die ersten sechs Monate wohnten sie in einem Maisschuppen hinter einer Scheune. Mutter fand einen Job in einer Waffenfabrik, wo sie Schießpulver in Patronen füllte, und Daddy wurde eingezogen.

Als er aus Europa zurückkam, hatte sie genug Geld gespart, um eine Anzahlung für die Tankstelle leisten zu können. Aus dieser Tankstelle machten die beiden ein kleines Geschäftsimperium: eine Karosseriewerkstatt, einen Gebrauchtwagenhandel, einen Abschleppdienst, ein Lebensmittelgeschäft und ein Maklerbüro. Und mein Dad erfand Dinge, kaufte sich Rennwagen, züchtete Jagdhunde und bildete sie aus. Als ich 1951 geboren wurde, hatten sich meine Eltern mittlerweile – gemessen an den Nachkriegsverhältnissen von Louisville – in die obere Mittelschicht hochgearbeitet.

Wie es aufgrund der Wohnungsnot nach dem Zweiten Weltkrieg üblich war, teilten sich meine Eltern ihre Wohnung mit Mary und Melvin, einem Ehepaar, das ebenfalls auf die Füße zu kommen versuchte, und deren zehnjähriger Tochter Margie. Melvin war der Vertreter und beste Freund meines Vaters; Mary war im gleichen Alter wie meine Mutter und ihre beste Freundin. Als ich geboren wurde, muß das Kinderkriegen meiner Mutter ziemlich locker vorgekommen sein. In Mary fand sie eine zuverlässige Freundin und Co-Mutter und in Margie eine Babysitterin. In den Aufzeichnungen über meine Säuglingszeit heißt es, daß ich nicht weinte, und warum hätte ich auch weinen sollen? Ich hatte zehn Hände, die sich mir entgegenstreckten, mich hätschelten, mich fütterten und mich besänftigten.

Da diese vier Erwachsenen — und Margie — mich gemeinsam aufzogen, standen ihre Chancen nicht schlecht. Fünf Menschen konzentrierten sich gemeinsam auf ein kleines Kind und belohnten es bei jedem erfolgreichen Schritt, bei jedem neuen Wort.
Kein Wunder, daß ich schon mit eineinhalb Jahren ganze Sätze sprechen konnte. Wenn fünf Menschen an dir arbeiten und jeder vor dem anderen mit seinen Erfolgen anzugeben versucht, lernst du zwangsläufig etwas. Und sie führten darüber so penibel Buch, als betrieben sie ihr eigenes Verhaltensforschungszentrum für die Aufzucht von Schimpansen. Ach, die fünfziger Jahre!

Jeder in der Stadt kannte meinen Dad. Als seine älteste Tochter wurde ich überall vorgeführt. Mit drei Jahren wurde ich in ein steifes blaues Kleid gesteckt und zur Little Miss Ferncreek gewählt. Ich hielt es immer für meine Pflicht, dem Ruf und den Erwartungen meines Vaters zu entsprechen. Er war ein wunderbarer Mensch: schweigsam, anständig, ehrlich, und er hatte seine eigenen Regeln. Er war ein Landmensch. Er kannte sich mit der Landwirtschaft und allen Dingen, die zum Leben notwendig waren, aus. Und wie viele Farmer war er im Herzen ein praktisch denkender Mann. Die Leute hatten Respekt vor ihm und vertrauten ihm, aber sie hielten ihn auch für einen knallharten Burschen. Er war jemand, der sich nicht für dumm verkaufen ließ. Wenn er jemandem sagte, er solle um acht zur Arbeit kommen, und der Mann kam um neun angebummelt, feuerte er ihn mit ziemlicher Sicherheit. Und er besaß die Augen eines Adlers — er wußte genau, wie viele Kanister Öl oder Frostschutzmittel und wie viele Reifen ein Angestellter klaute.
Als er einmal jemanden feuerte, hörte ich ihn sagen: »Wenn du noch einmal herkommst und ich dich auf meinem Grundstück sehe, erschieße ich dich.« Und er meinte es ernst. Mehr als einmal sah ich ihn das Gewehr holen, doch hörte ich ihn nur einmal schießen. Seine Drohungen waren genauso ernst gemeint wie seine Worte, dasselbe galt für seine Versprechen. Er war ein vernünftiger Mann. Schließlich überfiel er ja niemanden aus dem Hinterhalt.
Hielten sich die Leute jedoch an seine Regeln, dann holte er sie gegen Kaution aus dem Gefängnis, kümmerte sich darum, daß ihre Kinder versorgt wurden, und bezahlte natürlich alle pünktlich. Es war nicht ungewöhnlich, daß mein Dad einem neuen Angestellten an seinem ersten Arbeitstag den Wochenlohn vorstreckte.

An einem Heiligabend bekam mein Dad einen Anruf von einer Frau, deren Auto nicht anspringen wollte. Es stellte sich heraus, daß der Wagen monatelang neben der Scheune gestanden hatte. Sie war mit ihren Kindern allein. Ihr Mann hatte sie einige Zeit zuvor verlassen. Sie hatten keinen Weihnachtsschmuck und keine Geschenke, und mein Dad nahm eine große Schachtel Süßigkeiten, etwas Spielzeug und einen kleinen künstlichen Weihnachtsbaum mit etwas Schmuck und ein paar Kerzen für sie mit. Mom packte geräucherten Schinken, Kekse, Preiselbeersauce und kandierte Yamwurzeln, grüne Bohnen und geschmorte Tomaten (Gemüse aus unserem Garten) in eine Einkaufstasche. Mein Dad brachte die ganzen Sachen noch am selben Abend zu diesen Leuten.

Bevor ich geboren wurde, hatte mein Dad in sehr groben Zügen entschieden, was richtig und was nicht richtig war. Woran ich mich aus meiner Kindheit sehr deutlich erinnere, war seine Einstellung zum Krieg. Er war dagegen. In den fünfziger Jahren hörte man niemanden sagen, daß es für ihn eine andere Wahl gegeben hätte, als freiwillig Soldat zu werden. Aber Daddy erzählte uns, daß er, als er über den Atlantik in den Zweiten Weltkrieg verschifft werden sollte, eigentlich nicht gewollt hatte. Es war das erste Mal, daß ich so etwas hörte. Bevor er in die Fünfte Panzerdivision nach Europa geschickt wurde, hatte er sich unerlaubt von der Truppe entfernt, aber die Militärpolizei hatte ihn gefunden. Er sagte, er hätte geweint und um sich getreten und geschrien, fünf Militärpolizisten wären erforderlich gewesen, um ihn auf das Schiff zu verfrachten. »Warum hast du geweint?« fragte ich. »Hattest du keine Angst, Daddy, daß sie dir etwas Schreckliches antun könnten, wenn du dich gegen sie wehrst?« Und er sagte: »Was konnte mir Schlimmeres passieren? Sie schickten mich fort, um mich erschießen zu lassen.« Und er war auch nach St. Lô gekommen. Aber davor war er von den Deutschen gefangengenommen und in ein Kriegsgefangenenlager gesteckt worden, aus dem er gerade rechtzeitig flüchtete, um die Normandieküste mit zu erstürmen. Vielleicht kam mein Vater aufgrund solcher Erfahrungen zu seinen Ansichten und entwickelte das nötige Selbstvertrauen, um der Mann zu werden, der er war. Er hatte großen Einfluß auf mich.

Als ich schon lange erwachsen war, leugnete er, mir die Geschichte über die unerlaubte Entfernung von der Truppe erzählt zu haben.

Ich weiß immer noch nicht, was daran wahr ist, aber ich weiß, daß mir als Kind das Wesentliche an der Geschichte richtig erschien, nämlich daß er Angst gehabt und sich für das entschieden hatte, was richtig für ihn schien. So denke ich heute noch. Durch meinen Vater bin ich wahrscheinlich zu der Ansicht gelangt, daß man sagen soll, was man denkt, und tun, was man fühlt, egal, was der Rest der Welt von einem denkt.

Als er älter wurde, war mein Vater, glaube ich, enttäuscht, feststellen zu müssen, daß die schlichte Trennung in Gut und Böse nicht immer funktioniert. Er hatte seine Tankstelle über alles geliebt, aber ab einem bestimmten Punkt wollte die Ölgesellschaft sie haben. Eines Nachmittags kamen zwei Männer in dunklen Anzügen und mit schwarzen Aktenkoffern die Auffahrt herauf. Yvonne und ich wurden in unsere Zimmer gescheucht, aber ich konnte das Gespräch durch die Tür verfolgen. Die Männer sagten, sie seien Vertreter der Ölgesellschaft, und sie waren offensichtlich überzeugt davon, ein Angebot zu haben, das Daddy einfach nicht ablehnen konnte. Aber er tat es. Er forderte sie auf zu gehen, und ich hörte ihn mit ruhiger Stimme erklären, daß es zwecklos sei, wenn sie noch einmal kämen. Einer der Männer sagte: »Aber unsere Ölgesellschaft will Ihr Grundstück haben, Sir. Und wir werden es bekommen, ob Sie das Geld nun nehmen oder nicht.«

Wie sich zeigen sollte, hatte der Mann recht, und das zerstörte meinen Daddy. Er wollte weiterarbeiten — wahrscheinlich bis zu seinem Tode auf der Tankstelle bleiben —, und die Ölgesellschaft beraubte ihn seiner Arbeit. Viele seiner Freunde wurden alt und starben. Alles schien sich zu verändern, und er veränderte sich ebenfalls. Über Jahre sich hinziehende Operationen und Behandlungen gegen Krebs haben zweifellos auch ihren Tribut gefordert. Der klare, nachdenkliche und großzügige Mann wurde trauriger, verdrießlicher und streitsüchtiger denn je zuvor. Vor ein paar Jahren erzählte Mutter, er habe erklärt, er würde die Republikaner wählen. (Nach der Wahl versicherte er ihr, er hätte es nicht getan.) Er übernahm viele populäre Ansichten, statt bei seinen eigenen zu bleiben. Nicht nur ich bin nicht mehr Daddys kleines Mädchen, sondern auch der Daddy von Daddys kleinem Mädchen ist nicht mehr derselbe.

Als Kind dachte ich, solange meine Eltern mich unterstützten, sei es nur gerecht, wenn ich versuchte, alles zu tun, damit sie stolz auf mich sein könnten. Es war schön, so aufzuwachsen.
Ich war ein artiges Kind und sah gewisse Vorteile darin, artig zu sein; unter anderem mußte man selten eine Strafpredigt anhören oder wurde selten verhauen. Ich sah, daß Kinder im allgemeinen nicht sehr viel Macht besaßen und daß es keine gute Idee war, sich gegen Menschen aufzulehnen, die größer waren und über entsprechende wirtschaftliche Mittel verfügten. Man verlor gegen sie. Meine Schwester sah die Dinge anders. Sie setzte auf die Konfrontation. Sie meinte, ihre Eltern seien verpflichtet, sie zu ernähren und für sie zu sorgen, sie dagegen sei aber nicht verpflichtet, irgend etwas zu tun, was sie nicht tun wollte.
Wie es typisch war für die fünfziger Jahre, wurden meine Schwester und ich nicht dazu erzogen, eines Tages unseren Lebensunterhalt selbst zu verdienen. Wir wurden auf unsere Rolle als Südstaatenladies vorbereitet, und so war es der größte Wunsch meiner Mutter, daß wir Musikunterricht erhielten, zur Tanzschule gingen, Zeichenunterricht nahmen, gute Zeugnisse bekamen, uns hübsch anzogen — und höflich und für immer dankbar dafür waren, daß wir so viel hatten. Das entsprach einfach der Südstaatenphantasiewelt meiner Mutter: Krinolinen und Spitze, Kavaliere und Kotillons — oder zumindest Designerkleider, neue Autos, Luxuswohnungen, gute Ehemänner und gesellschaftlicher Status. Ihrer Meinung nach waren Tanzstunden und gutes Benehmen für die gesellschaftliche und wirtschaftliche Zukunft eines ordentlich erzogenen Südstaatenmädchens entscheidend. Irgendwie hatte sie das Gefühl, wenn ich »nett«, elegant und gebildet sei, würde das Geld zu mir kommen; ich vermute, dahinter steckte der Gedanke, daß ich schlimmstenfalls immer noch Musik- oder Tanzunterricht geben könnte. Doch wichtiger war wohl, daß meine Mutter selbst niemals die Gelegenheit gehabt hatte, Musik- oder Tanzunterricht zu nehmen — sie hatte sogar nach der achten Klasse von der Schule gehen müssen —, und daher waren diese Dinge in ihren Augen der Schlüssel zu einem besseren Leben. Ich verstand das, und so sehr ich den Tanzunterricht auch haßte, war ich ihr doch nicht böse, weil ich ihn nehmen mußte. Die Kindererziehung war schwierig genug für sie. Das mindeste, was ich tun konnte, war, Ballettunterricht zu nehmen.

Ich hatte Ehrfurcht vor meiner Mutter. Sie aß und nahm nie zu. Sie war schön. Sie konnte in einem bestimmten Zeitraum mehr erledigen als jeder andere Mensch auf der Erde. Und sie fing niemals etwas an, was sie dann nicht auch zu Ende führte. Als Yvonne und ich aufwuchsen, führte sie ihren eigenen Lebensmittelladen und ihre eigene Tankstelle. Sie kochte unsere Mahlzeiten, nähte unsere Kleider, stand vor allen anderen auf, kleidete sich wie Donna Reed und fuhr uns jeden Morgen zur Schule. Nachdem sie uns vor der Schule abgesetzt hatte, holte sie das Hausmädchen ab und fuhr nach Hause, um abzuwaschen.
Im Leben meiner Mutter drehte sich alles um Sauberkeit. Es gab keinen Platz im Haus, weder im Bad noch im Keller, wo man nicht ein Vier-Gänge-Menü vom Fußboden hätte essen können.
Nachdem Mutter das Frühstücksgeschirr abgewaschen hatte, half sie dem Hausmädchen beim Saubermachen, einschließlich der Fenster und Decken. Es hätte ja Staub von der Decke in unser Essen fallen können. Wenn das Haus nach ihren Maßstäben gesäubert war, ging meine Mutter in ihren Lebensmittelladen und in die Tankstelle, um die Quittungen zu holen. Dann arbeitete sie entweder im Laden oder nahm die Buchhaltung mit nach Hause. Dads Tankstelle lag nicht einmal einen Straßenblock von unserem Haus entfernt, so daß mein Vater jeden Tag zu Mittag nach Hause kam; und meine Mutter bereitete dann ein Mittagessen aus Fleisch und Kartoffeln, drei Sorten Gemüse, frisch gebackenen Keksen und einem selbstgemachten Nachtisch. Dann ging sie zur Bank und zurück zur Arbeit in den Laden, bis es Zeit wurde, daß meine Schwester und ich aus der Schule kamen.
Wenn wir nach Hause kamen, zogen wir uns zuallererst um. Wir zogen uns mindestens zweimal am Tag um. Meine Mutter war der Meinung, die Schule sei schmutzig, und sagte: »Man weiß nie, von welchen Keimen die Kinder umgeben sind.« Sie mochte es nicht, wenn ich mit jemandem spielte, dessen Schwester krank war, denn die Schwester könnte Krebs haben, sagte sie, und »wer weiß schon, ob das ansteckend ist oder nicht«. Es wurde mir, bevor ich zur Schule kam, nicht gestattet, in einen öffentlichen Park oder auf einen Spielplatz zu gehen oder einfach mit anderen Kindern zu spielen — sie hatte Angst, ich könnte mich mit Kinderlähmung anstecken. Ich durfte mit Cousins und Cousinen spielen, aber das war's auch schon. Ich konnte in die Tanzschule gehen, aber ich

durfte kein Wasser aus dem Wasserhahn trinken oder mich auf die Toilettenbrille setzen.
Gegen sechs Uhr kochte meine Mutter ein großes Abendessen, servierte es, räumte später den Tisch ab und wusch ab. Dann trockneten meine Schwester und ich die Teller ab und räumten sie weg. Und danach setzte meine Mutter sich noch mit uns hin, um uns bei den Schularbeiten zu helfen. Sonntags und mittwochs schickte meine Mutter uns in die Kirche, was oft mit missionarischen Vorträgen und Predigten über die weniger Privilegierten verbunden war. Unsere Mutter machte uns deutlich, daß wir privilegierter als die meisten Menschen seien und daß es unsere moralische Pflicht sei, anderen zu helfen — woran ich sie erinnerte, als ich anfing, mich für die Rechte von Prostituierten einzusetzen.
Wenn ich auf ihr Leben zurückblicke, weiß ich, warum ich keine Mutter und Hausfrau — wie meine Mutter oder Ethel oder Lucy — werden wollte. Für sie war es in Ordnung, wie sie lebten, aber mich hätte es völlig erdrückt. Wenn ich zum Weihnachtsessen nach Hause fahre, serviert meine Mutter selbst heute noch elf verschiedene Pasteten. Außer dem Truthahn bereitet sie noch einen Schinkenbraten zu. Es gibt grüne Bohnen, die sie in ihrem eigenen Garten gezüchtet hat, und das Haus ist natürlich blitzblank. Im Vergleich zu ihr fühle ich mich als Hausfrau inkompetent. Ich hatte keine Chance, mich mit ihr im häuslichen Bereich zu messen oder mich ihrer gar würdig zu erweisen.

Als ich in die Schule kam, kannte ich bereits das Alphabet und konnte bis hundert zählen. Ich beherrschte einfache Additionen — wie 2 + 2, 5 + 1 — und konnte ein paar Wörter buchstabieren: *cat, rat, horse* und *house* beispielsweise. Aber in der ersten Klasse wurde vorgegangen, als wüßten Kinder nichts.
Ich saß an meinem kleinen Tisch und weinte — leise schniefend wischte ich mir die Tränen ab und schnaubte in die Papiertaschentücher, die meine Mutter in meine Handtasche gepackt hatte. Ich war fest davon überzeugt, am falschen Ort zu sein. Die Schule war nicht so, wie ich es erwartet hatte. Mir war unter anderem erzählt worden, daß ich dort etwas lernen sollte.
Vor mir auf dem Tisch lag ein vervielfältigtes Blatt mit dem Bild von einem Haus, einem Pferd, einer Katze und einer Ratte. Auf einem anderen vervielfältigten Blatt standen die Worte *horse,*

house, cat und *rat* — gerahmt von kleinen Kästchen aus gepunkteten Linien. Ich sollte die Wörter ausschneiden und sie unter das richtige Bild kleben, aber mein Klebstoff und die Kinderschere blieben unangetastet. »Warum sollen wir das machen?« fragte ich meine Lehrerin, Mrs. Hutchinson. Und sie antwortete: »Warum? Weil du dadurch die Wörter lernen kannst.«

»Aber ich kenne die Wörter schon«, informierte ich sie.

»Dann dürfte es dir ja nicht schwerfallen, sie unter das richtige Bild zu kleben«, erwiderte Mrs. Hutchinson. »Warum zeigst du mir nicht, daß du das kannst?«

Ihr zeigen? Ich hatte es ihr doch gerade *gesagt*!

Es war ein schrecklicher Augenblick für mich. Zum ersten Mal erlebte ich, daß meine Integrität in Frage gestellt wurde. Wenn ich zu meinem Vater etwas sagte, glaubte er es. Ich war in dem Glauben erzogen worden, Lügen gehörten zu den schlimmsten Verbrechen. Etwas Falsches zu tun war schlecht, aber es zu vertuschen war noch schlechter. Bewußt hatte ich niemals erlebt, daß jemand log — außer im Fernsehen.

Wenige Tage vorher war ich in Begleitung meiner Mutter zu meinem ersten Schultag angetreten. Mit einem Filzstift hatte man die Namen aller Schulanfänger auf Papierschilder geschrieben und diese jeweils auf die rechte obere Ecke der Schreibtische geklebt. Mein Vertrauen in die von mir erwartete Unfehlbarkeit der Schulausbildung wurde zerstört, als ich entdeckte, daß mein Schild mit dem Namen DELORES verziert war.

»Sieh nur«, beschwerte ich mich bei meiner Mutter. »Sie können nicht einmal meinen Namen buchstabieren.«

»Wir lassen das von deiner Lehrerin ändern«, versprach Mutter. Aber als die Lehrerin den Namen änderte, nahm sie nicht etwa ein sauberes, neues Schild. Sie holte nicht einmal denselben Farbstift, sondern überschrieb das rote E einfach mit einem blauen O. Jetzt sah mein Schild sehr häßlich aus; es ähnelte den Namensschildern der anderen Kinder überhaupt nicht mehr. Und es blieb das ganze Schuljahr auf meinem Tisch. Ein Jahr lang wurde ich immer wieder mit dem häßlichen Hinweis darauf konfrontiert, daß meine Lehrerin vielleicht nicht wußte, was sie tat, und daß ich mich immer bei meiner Mom rückversichern sollte. Das ganze erste Schuljahr hindurch hegte ich den Verdacht, daß ein schrecklicher Irrtum begangen worden sei.

Als ich mit der Schule anfing, war mein Dad nicht mehr Ortssheriff. Mom hatte ihn veranlaßt, den Job aufzugeben, weil er zu gefährlich war. Aber er bekam alle Autoreparatur- und Wartungsverträge von der Polizei und die Aufträge für den polizeilichen Abschleppdienst, so daß er täglich mit der Polizei zu tun hatte. Jeden Abend versammelten sich die Cops in der rund um die Uhr geöffneten Tankstelle meines Vaters. Dahin kamen alle, die in unserer Kleinstadt an einem Wochentag nach Mitternacht noch irgendwohin wollten. In Dads Tankstelle an der Ecke war richtig was los.
In dem Sommer, bevor meine Schwester Yvonne geboren wurde, gingen auch meine Mutter und ich jeden Abend in Dads Tankstelle. Ein älterer schwarzer Mann, den alle Rivers nannten, war auch immer da und saß, angelehnt an den Getränkeautomaten, kippelnd auf ein paar Saftflaschenkästen. Rivers spielte die Mundharmonika, schnitzte und erzählte mir Geschichten über exotische Orte, fünfköpfige Katzen und Nixen. Wir sangen Lieder und tanzten auf ein paar Kisten, die zu einer Bühne zusammengeschoben waren. Und manchmal warfen die Leute uns nach der Show Kleingeld zu — das Geld wanderte direkt in den Getränkeautomaten. Ich mochte 7-Up, und Rivers bevorzugte Faßbrause.
In dem Sommer nach der Geburt meiner Schwester nahm mein Vater mich mit zur Tankstelle. Während er die Kasse kontrollierte, jagte ich die Grillen, die unter der Leuchtreklame der Tankstelle um die Sockel der riesigen Metallsäulen hüpften.
An einem solchen Abend, als ich Grillen jagte, brüllte mein Vater mir zu, ich sollte in den Wagen, einen neuen braun-beigen Buick, steigen. »Beeil dich«, rief er. »Ich glaube, die Polizei kommt hier gleich durch, sie verfolgen ein Auto.« Tatsächlich jagte ein Wagen zwischen den beiden Zapfsäulen hindurch und die Straße hinunter. Direkt dahinter folgten röhrend zwei Polizeiautos, und Daddy raste hinterher.
Als der verfolgte Wagen hinter Floyd's Fork in einen Feldweg einbog, sagte Daddy: »Jetzt haben sie ihn. Wahrscheinlich glaubte er, er könnte sie hier in den Hügeln abhängen.«
Mein Vater hielt hinter den Polizeiautos und sagte: »Schau mal, dort drüben. Siehst du, was dort vor sich geht?« Einige Polizisten hatten einen Minderjährigen an einen Baum gestellt und schlugen ihn. Da gab mir mein Vater einen Rat. Ich weiß nicht, was er im

Sinn hatte, als er das zu mir sagte, aber es hat mir sehr gedient. »Laß dich niemals von der Polizei oder irgend jemand anderem irgendwohin jagen, wo es keine Zeugen gibt, die sehen, was passiert«, erklärte er. »Wenn du gefaßt wirst, brauchst du so viele Menschen wie möglich um dich herum.« Und dann sagte er noch, fast zu sich selbst: »Sie dürften ihn nicht so schlagen.«
»He, Roy«, rief er einem der Polizisten zu, »Roy, du weißt, daß ihr das nicht machen solltet.«
Roy hielt inne. Er schien überrascht, uns zu sehen.
Etwa zwanzig Jahre später erzählte mir meine Schwester Yvonne, mein Vater hätte sie, als sie ungefähr genauso alt war, auf einen fast identischen Ausflug mitgenommen. Wir waren uns einig darin, daß diese Geländefahrten sehr nützlich für uns gewesen waren.

Es war wichtig für meinen Vater, daß ich auf eine respektvolle Weise in die Politik eingeführt wurde, indem ich artige Dinge tat, beispielsweise in einem Papierkleid als Humphrey-Girl verkleidet herumzustolzieren. Die Politik war für das Geschäft meines Vaters von entscheidender Bedeutung. Wie er mir erklärte, war die Entscheidung darüber, ob er den Auftrag für den Abschleppdienst bekam, davon abhängig, wer gewählt wurde. »Wenn die Demokraten gewählt werden, verdiene ich das Geld«, sagte er. »Wenn die Republikaner gewählt werden, verdient Tommy Johnsons Daddy das Geld.«
Dieser ›Friß-oder-stirb‹-Aspekt der Politik störte mich. »Warum tust du dich nicht mit Tommy Johnsons Daddy zusammen«, wollte ich wissen, »dann könnt ihr beide immer Geld verdienen?« Freundlich antwortete mein Vater: »Es ist nicht richtig, aber so machen wir es nun mal. Wenn du groß bist, fällt dir vielleicht etwas Besseres ein.«

Mit elf Jahren machte ich meine erste »sexuelle« Erfahrung. Der Sohn einer befreundeten Familie fragte mich, als wir beide an Halloween unterwegs waren, ob er meine Brust anfassen dürfe.
»Warum willst du sie anfassen?« wollte ich wissen.
»Ich habe noch nie eine angefaßt«, erwiderte er. Da er keine Schwester hatte, dachte ich mir, daß es wahrscheinlich stimmte.
»Okay«, sagte ich.

»Okay?« Er traute seine Ohren wohl kaum und wirkte so nervös, als hätte er nicht weiter gedacht als bis zu dem Punkt, an dem ich ja sagen würde. »Okay«, wiederholte er schließlich, »ich sage dir, wie wir es machen. Ich gehe vor dir her, strecke die Hand nach hinten aus und berühre sie. Ja?«

»Nun, wenn du willst«, sagte ich, aber im stillen hielt ich das für ziemlich merkwürdig. Er ging einen Schritt vor mir, streckte die Hand nach hinten und berührte meine Brust so schnell — durch meinen Mantel, den Pullover und den Büstenhalter —, daß er wahrscheinlich nicht mehr fühlte, als daß sie weich war. Dann riß er die Hand zurück, als hätte er sich verbrannt, und ging weiter. Sehr eigenartiges Verhalten, dachte ich.

Ein Jahr lang sah ich ihn nicht wieder. Dann kam er mit seiner Mutter zu Besuch. Er tänzelte in mein Zimmer und fragte, ob er meine Brust wieder anfassen könne. »Nein«, antwortete ich.

»Aber damals hast du ja gesagt!«

»Wenn ich damals ja sagen konnte, kann ich jetzt auch nein sagen«, konterte ich.

Trotzdem streckte er die Hand nach mir aus, und ich schlug sie weg. Er war bei mir zu Hause, in meinem Zimmer, und seine Mutter saß mit meiner Mutter in der Küche. Es verblüffte mich, daß er glaubte, so einfach davonkommen zu können. »Verschwinde aus meinem Zimmer«, sagte ich.

In diesem Abschnitt meines Lebens lernte ich Schlag auf Schlag neue Verhaltensregeln. Ich bekam mit, daß die Jungen die Mädchen nicht berühren durften, höchstens an Armen und Schultern, und daß die Mädchen die Jungen nicht berühren durften, ausgenommen an den gleichen Körperpartien. Jede andere Berührung, wurde uns beigebracht, könne zu schrecklichen Dingen führen. Die ganze Welt funktionierte anscheinend nach komplizierten Regeln, die bestimmten, wer wen wann wo warum wie und womit berühren durfte; wer es nicht durfte und welche Konsequenzen es hätte, wenn er es doch täte. Allein wegen der Frage, wer wen berührt hatte, so erkannte ich, hatte man sich Duelle geliefert, Kriege geführt, Menschen getötet, Freundschaften geschlossen und gebrochen sowie Reputationen erworben und verloren. Für mich ergab das keinen Sinn, und das tut es heute noch nicht. Allerdings ergeht es mir genau so auch mit dem Goldpreis oder den Paprikapreisen.

In der Schule erfuhr ich einige wenige Dinge über Sex. Meistens handelte es sich dabei um Behauptungen darüber, wie man Schwangerschaften verhütet, die ich jedoch eher für Aberglauben als für Tatsachen hielt. Als ich in der siebten Klasse war und in einer Zeitschrift las, *Die sexuelle Reaktion* von Masters und Johnson käme heraus, glaubte ich, einen dringend notwendigen, allgemeinen Dienst erweisen zu können, wenn ich einen Vortrag über das Buch hielte. Als ich aufstand, um meinen Vortrag zu halten, erklärte meine Lehrerin jedoch: »Eine Zwölfjährige sollte über solche Dinge keinen Vortrag halten. Du kannst die Fakten nicht richtig wiedergeben!« — »Doch, das kann ich«, beharrte ich. Wenn ich in der Lage war, ein Buch zu lesen und die Wörter, die ich nicht verstand, nachzuschlagen, schien es mir nur logisch zu sein, daß ich darüber auch einen Vortrag halten konnte. Die Lehrerin erwiderte: »Kinder sollten über solche Dinge nicht diskutieren.« Und ich konterte: »Das tun sie aber.«

Für mich war es klar, daß wir einen Punkt in unserem Leben erreichten, wo wir über die Verhütung und ein paar andere Dinge auch Bescheid wissen sollten. Aber die Lehrerin hielt mich für aufsässig und schickte mich zum Direktor.

Meine Eltern waren etwas verständnisvoller. Mein Vater sagte, praktisch denkend: »Wenn du es lesen kannst, denke ich, kannst du es lesen.« Meine Mutter lachte zunächst, als ich ihr von dem Buch erzählte, und war dann etwas verlegen. Schließlich fragte sie: »Nun, warum läßt du es die anderen Kinder nicht selbst lesen?«

Mit dreizehn hatte ich nach Masters und Johnson sowie nach den Informationen, die ich in der Schule bekommen hatte, eine ziemlich gute Vorstellung davon, wie Sex sein müßte. Ich war empört darüber, daß die Gesellschaft alles tat, um zu verhindern, daß Kinder etwas über Sex erfuhren — als gehörte dieses Thema den Erwachsenen. Ich fand, jeder habe ein Recht auf Wissen über Sex. Es war mehr als ein Recht. Es ging darum, daß ich mein Leben selbst in die Hand nahm. Mit dreizehn Jahren war ich vollständig erwachsen — genauso groß wie heute, und ich hatte eine viel bessere Figur. Oft hielt man mich irrtümlich für eine Erwachsene. Kein einziges Mal mußte ich mich mehr ausweisen, seit ich dreizehn oder vierzehn war. Ich besuchte eine Highschool mit 3000 Schülern und wurde oft für eine Lehrerin gehalten.

An ernsten Beziehungen mit Jungen war ich nicht interessiert, weil ich nicht als Hausfrau enden wollte, ohne eine Ausbildung, wie die Jungen sie hatten. Zu der Zeit wollte ich Künstlerin werden. Ich wurde als künstlerisch begabt betrachtet und hatte bereits einige höhere Kunststipendien erhalten; eines meiner Bilder war sogar im Rahmen einer Ausstellung mit Kindermalerei im Museum of Modern Art in New York gezeigt worden. Deshalb konzentrierte ich mich auf die Wissenschaft und auf die Kunst.
Diane Sawyer und ich besuchten dieselbe Highschool. Obwohl sie Jahre vor mir den Abschluß machte, war sie eine Inspiration für mich. Sie war so klug – eben Miss Teenage America, Sie wissen schon. Sie trat in einer Weise auf, die Respekt einflößte, wie diese Lady in der *I Love Lucy*-Show, von der ich Ihnen erzählte. Diane Sawyer erntete jedoch nicht immer Respekt. Die Leute schienen es nicht zu mögen, daß sie in allem, was sie tat, so verdammt gut war. Sie bekam nicht nur gute Noten, sondern ihr Bild zierte auch einen Kalender, und sie war die Königin beim Semesterball, und sie wurde zu denjenigen gezählt, die »höchstwahrscheinlich den besten Abschluß machen würden«. Trotzdem sagten die Leute häßliche Dinge zu ihr oder klatschten hinter ihrem Rücken über sie.
Diane benahm sich, als hätte sie die sympathische und doch zurückhaltende Miene, die in der Sendung *60 Minutes* so gut ankommt, bereits einstudiert. Viele Jahre später, als ich in einem Bordell in der Karibik arbeitete und mich gegen Kritik zur Wehr setzen mußte, dachte ich oft an Diane und versuchte, genauso anmutig darauf zu reagieren wie sie.

Die Erkenntnis, daß die Gesellschaft so großen Wert auf die Jungfräulichkeit legte, war für mich wie die Nachricht, man hätte die Knochen eines Brontosaurus in unserem Garten gefunden. Es gäbe gesellschaftlichen Druck, dahingehend, daß mit diesen Knochen etwas geschehen müßte, daß man sie beispielsweise in ein Museum bringen sollte – während ich es für viel ratsamer hielte, sie auszugraben und aus dem Weg zu schaffen. Als ich mit dreizehn beschloß, meine Jungfräulichkeit loszuwerden, brauchte ich natürlich einen Partner. Ich fand einen annehmbaren Kandidaten. Er war Basketballspieler und besuchte eine teure Privatschule. Obwohl er Sportler war, hatte er nicht diese stereotype Macho-

mentalität. Er war natürlich groß, aber er war nicht dick und doof. Ich wollte mich später nicht schämen müssen, weil ich meine erste sexuelle Erfahrung mit einem Schwachkopf gemacht hatte. Es war wichtig für mich, daß es mit einem Jungen geschah, der intelligent war und geschätzt wurde.
Er war ein paar Jahre älter als ich. Meine Mutter hat nie gewußt, daß ich mit ihm ausgegangen bin. Sie dachte immer, ich sei bei meinen Freundinnen. Er war alt genug für einen Führerschein, und — was wichtig war — er hatte ein Auto, einen Volkswagen. Einerseits wollte ich meine erste sexuelle Begegnung gern auf dem Rücksitz eines Autos im Drive-in haben. Das war so klassisch. Aber andererseits wollte ich es auch wieder nicht. Aus gesellschaftlicher Sicht gehörte dies, neben der Taufe, zu den wichtigsten Ereignissen meines Lebens. Ich vermutete damals, daß ich das erste Mal in Erinnerung behalten müßte, weil ich eines Tages aufgefordert sein würde, die Geschichte zu erzählen. (Und so kam es auch.)
Ich überlegte mir auch, daß es Jahre später für mich selbst einmal wichtiger sein könnte als gerade in diesem Augenblick. Deshalb entschied ich mich für die sentimentale Variante. Wir machten es nachts, in einem Park, unter einem großen Baum, der heute noch dort steht.

Wir benutzten keine Verhütungsmittel. Ich richtete es zeitlich genau so ein, daß ich wußte, ich würde nicht schwanger werden. Der Basketballspieler hatte keinerlei sexuelle Erfahrung. Er war nervös. Ich war ebenfalls nervös, wenn auch nicht wegen meines Tuns. Mich machte der Gedanke nervös, jemand könnte vorbeikommen, fragen, was wir da täten, und uns der Polizei oder, schlimmer noch, meinen Eltern übergeben. Ich hatte nie besondere Angst, erwischt zu werden, aber ich hasse es, mich für das, was ich tue, rechtfertigen zu müssen, und ich hasse es, wenn die Dinge anders ablaufen, als ich es geplant habe.
Es war Herbst, und ich erinnere mich, daß der Boden kalt, hart und buckelig war. Und ich lag unten.
Ich erinnere mich daran, wie es sich anfühlte, als sein Penis in mich eindrang. Er war sehr hart, und ich wunderte mich darüber, daß ein menschlicher Körperteil, in dem kein Knochen war, so hart werden konnte. Ich machte mir während des Vögelns Gedanken darüber. Warum ist da *kein* Knochen drin? überlegte ich. Ich

meine, im Körper des Menschen gibt es 206 Knochen, warum nicht dort, wo man wirklich einen braucht?
Ich erinnere mich auch, wie ich darüber nachdachte, daß Leute, die verliebt waren, bestimmt nicht solche Überlegungen anstellten: Warum ist da kein Knochen drin? Sie waren bestimmt viel zu sehr mit ihrer Verliebtheit beschäftigt und mit der Sorge, sie könnten deswegen ihr Leben ruinieren.
Hinterher dachte ich: Wenn der Basketballspieler mehr Ahnung hätte, könnte Sex phantastisch sein. Das ist ein erstaunliches Ergebnis, fand ich. Ich erkannte das sexuelle Potential, aber ich erkannte auch, daß Highschool-Jungen sich ihres sexuellen Potentials wahrscheinlich nicht bewußt waren. Deshalb hatte ich drei Jahre lang keinen Sex mehr.

Kurz darauf wurde meine beste Freundin, ich nenne sie Susan, schwanger und deshalb von der Schule gewiesen. Ihre Eltern wollten, daß Barry, der sie geschwängert hatte, sich an den Krankenhauskosten beteiligte. Es ging bis zu einer Vaterschaftsklage. Aber ich erfuhr, daß Barrys Vater verschiedene Jungen bezahlte, damit sie aussagten, auch sie hätten alle mit Susan geschlafen. Ich kannte sie gut und wußte, daß sie nur mit Barry geschlafen hatte. Soviel ich wußte — und ebenso die anderen — waren diese Jungen alle Jungfrauen.
Nach der Verhandlung liefen dieselben Jungen prahlend in der Schule herum und führten sich wie Zuchthengste auf. Sie waren stolz auf sich, nicht nur weil sie bezahlt worden waren, sondern weil sie durch ihre Aussage, mit einem Mädchen geschlafen zu haben, auch Ruhm geerntet hatten.
Susan wurde derweil in ein Heim für ledige Mütter geschickt. Sie war zwar weg, aber natürlich nicht aus der Erinnerung getilgt. Plötzlich verstand ich, wie sehr das System sich gegen die Mädchen richtete. Diese Jungen setzten, mit gesteigertem Ansehen, die Highschool fort, und sie war ruiniert. Als ich sechzehn war, arbeitete sie als Prostituierte auf den Straßen von Saint Louis. (Susan sorgte übrigens schließlich selbst für ihren Collegeabschluß und wurde eine Public-Relations-Expertin.)
Sie ging von der Schule, als ich vierzehn war. Für den Rest meiner Schulzeit mußte ich darunter leiden, daß ich eine Freundin gehabt hatte, die anscheinend mit mehr als einem Jungen geschlafen hatte.

Weil ich ihre Freundin war, wurde ich ebenfalls als leichtfertiges Mädchen betrachtet. Es gab Leute, die ihren Kindern wegen meines »schlechten Rufes« nicht erlaubten, mit mir ins Kino zu gehen.
Ich hatte nichts getan — oder zumindest nichts, wovon irgend jemand etwas wußte —, aber trotzdem redeten die Leute. Mein Ruf war ziemlich nachhaltig ruiniert. Wäre ich aber nicht mit diesem schlechten Ruf belastet gewesen, hätte ich andererseits wahrscheinlich den Fehler begangen, mit diesen bigotten und spießigen Leuten, die sie und mich verurteilten, zu verkehren. Die Leute, die sich mit mir anfreundeten und mich so akzeptierten, wie ich war — meistens Leute aus dem Kunstbereich —, waren viel freundlicher und kultivierter und letztendlich viel interessanter als jene, die Susan ihre Abkehr von der Tugend moralisch sehr übelnahmen.
So bekam ich einen Eindruck davon, welche Macht die Heuchelei ausübt. Noch drei Jahre lang — bis zu meinem Schulabschluß — mußte ich damit zurechtkommen, denn diese Kinder von der Highschool hatten, wie Sie sich vorstellen können, nicht viel, worüber sie hätten tratschen können.

Ich wollte unbedingt die Highschool abschließen und zum College gehen. Da ich mich für Kunst interessierte, waren meine Eltern damit einverstanden, daß ich zur Kunstschule ging. Ich wurde in der John Herron School of Art in Indianapolis angenommen, mein einziger und alleiniger Wunsch ging in Erfüllung. Sie war nicht so weit weg, daß meine Eltern das Gefühl haben mußten, ich verließe sie, und gleichzeitig war sie nicht so nahe, daß ich zu Hause hätte wohnen können.
Herron besaß nur ein relativ bescheidenes Museum, aber es wurden alle Kunstrichtungen unterrichtet, die ich mir wünschte. Ich besuchte den Campus während einer Studenten- und Fakultätsausstellung. Ein Flur war mit den am selben Tag entstandenen Zeichnungen nach Modellen tapeziert. Sie waren fast alle besser als meine eigenen, und keine war so schlecht, daß ich nicht immer noch stolz darauf gewesen wäre. In einem anderen Flur hatten Erstsemestler riesige, prachtvolle, peinlich genaue Zeichnungen von Insekten aufgehängt. Alles, was diese Studenten an Techniken erlernt hatten, um solch einen niederen Wasserkäfer zu por-

trätieren, wollte ich auch lernen. Ich konnte mich nicht länger mit dem zufriedengeben, was zufälligerweise auf meiner Staffelei entstand; jetzt wußte ich, daß es eine Möglichkeit gab, besser zu werden.
Mein Dad hatte meine Zeichnungen und Malereien in seiner Tankstelle aufgehängt. Manchmal hatte ich das Gefühl, es sei eine Sünde, sich mehr zu wünschen, aber ich tat es.
Ich vertraute ganz auf die Gnade des Prüfungsausschusses. Ich wollte einfach nur die Chance haben, in den Anfängerkurs zu kommen. (Ich wußte, daß Herron weniger als neunzig Studenten aufnahm und daß die Plätze im ersten Semester heiß begehrt waren.) Sie sahen sich meine Mappe an, gaben mir eine Hausaufgabe und nahmen mich auf.
Rückblickend sage ich: John Herron war vergleichbar mit einem der übelsten militärischen Ausbildungscamps. Reine Kraft und Ausdauer hatten oberste Priorität. Wir mußten Fußmatten mitbringen, auf denen wir dann beim Zeichnen nach Modellen standen. Stunde für Stunde standen wir in dem unbelüfteten Atelier vor unseren mehr als mannshohen Staffeleien und zeichneten, im gemäßigten Aerobic-Tempo, Nackte in Überlebensgröße. Der Dozent spielte laute Musik, um uns anzuspornen, und rief uns, passend zur Musik, Anweisungen zu: »Nur mit der linken Hand! Jetzt nur mit der rechten Hand! Mit beiden Händen, auf dem linken Fuß stehend! Und auf dem rechten! Schneller, schneller!« Rhythmisch mit dem Lineal in seine Handfläche klatschend, schritt unser Professor tyrannisch und hektisch auf und ab. Meine Beine und Füße schmerzten und verkrampften sich. Meine Arme zuckten, zitterten und wurden taub.
Jedem, der bei einer Pause ertappt wurde, brüllte Professor Sergeant Bilko ins Gesicht, und unsere Aufmerksamkeit wurde auf den »faulen, arroganten Studenten, der glaube, er verdiene eine Pause«, gelenkt.
»Sehen diese Zeichnungen etwa so aus, als bräuchten Sie keinen Unterricht mehr?« schrie der Professor dann, und die Venen an seinem Hals schwollen an.
Zwei oder drei Verwarnungen dieser Art wurden geduldet, bevor der Professor den Studenten für den Rest des Tages der Klasse verwies. Drei Tage Ausschluß führten automatisch zur Suspendierung vom Unterricht wegen ungenügender Leistung.

Meine Woche war ausgefüllt mit Kunstgeschichte, englischer Grammatik, Farbenlehre, Designproblemen und technischen Zeichnungen. Aus heißen Sommertagen wurden angenehme Herbstwinde, aus T-Shirts wurden Pullover, Socken nahmen in Sandalen Platz, die bald durch Stiefel ersetzt wurden, und so verging das Semester. Schon bald zogen wir mehrere Schichten Kleidungsstücke übereinander an, um uns in dem zugigen Atelier nicht zu Tode zu frieren. Und ich zeichnete und zeichnete und zeichnete.

Um 1970 rauchten fast alle Studenten Haschisch und experimentierten mit Drogen. *Monty Python's Flying Circus*, die Grateful Dead und psychedelische Kunst gehörten unabdingbar zu meinem ersten Semester an der Kunstschule. Fast jeden Tag hörte ich in der Schule von einer neuen Droge, die jemand am Abend zuvor probiert hatte.

An dem Wochenende nach der Zwischenprüfung lud mich ein Student aus einem höheren Semester zu einer Party ein. Ein Freund holte mich ab und erklärte, er sei auf einem LSD-Trip. Ich stellte ihm eine Reihe von Fragen: Wie nimmt man ihn ein? Wie ist die Wirkung? Wie lange dauert er? Hast du dann für den Rest deines Lebens Flashbacks?

Obwohl er auf einem Trip war, sprach er durchaus zusammenhängend. Ich war beeindruckt. Meine Gesundheitslehrerin von der Highschool hatte uns erzählt, Leute, die auf Trip wären, verhielten sich schlichtweg wahnsinnig, und Art Linkletter hatte gesagt, seine Tochter sei aus dem Fenster gesprungen, weil sie einen Trip genommen habe. Aber mein Freund hier gab mir zu verstehen, es könne sogar angenehm sein, einen Trip zu nehmen.

Es war für mich immer wichtig gewesen, die Kontrolle zu behalten. Vielleicht war es bei einem solchen Trip möglich, die Kontrolle zu behalten und gleichzeitig zu verlieren. Was für ein Trip!

Mein Freund sagte, er habe noch einen Trip, den er für später aufbewahre, aber wenn ich ihn haben wollte, könnte ich ihn haben. Es war nur ein halber Trip — ein millimetergroßes Stück Papier, das an drei Seiten beschnitten und an einer abgerissen war und einen dunkelroten Fleck aufwies.

»Das soll einer sein?« Ich war davon überzeugt, daß er mich auf den Arm nehmen wollte. Er erklärte, er habe ihn geteilt, aber das

Zeug würde einen »echt umhauen« und sei ziemlich gut; und ein halber Trip würde für mein erstes Mal in jedem Fall ausreichend sein. Ich schluckte ihn mit etwas Milch hinunter. Wenn dieses klitzekleine Stückchen Papier irgendeine Wirkung auf mich hätte, dachte ich, dann wäre ich wirklich beeindruckt.

Wir gingen zur Party, und ich fühlte nichts. Der Gastgeber spielte auf einer akustischen Gitarre Folksongs; die Leute reichten Joints herum und tranken Wein aus Krügen. Da ich weder rauchen noch trinken wollte, aus Angst, dadurch die Wirkung des Trips zu beeinträchtigen, fand ich die Party ziemlich langweilig. Das einzige, woran ich mich deutlich erinnere, waren die Katzen des Gastgebers, die ständig versuchten, auf meinen Schoß zu klettern und sich an mir zu reiben. Meine Augen schwollen in einer allergischen Reaktion auf die vielen Katzen an, und ich begann zu niesen.

Der Gastgeber kam und fragte mich, ob alles in Ordnung sei.

»Mir geht es gut«, sagte ich. »Ich reagiere nur allergisch auf deine vielen Katzen.«

»Ich weiß ja nicht, welche Drogen du nimmst«, erwiderte er, »aber ich habe nur eine Katze.«

Mein LSD-Trip hatte also begonnen. Alles fing an, merkwürdig auszusehen, und ich fühlte mich nicht besonders gut. Ich wanderte in ein Schlafzimmer, fand ein Telefon und rief jemanden an, dessen Nummer auf einem Schmierzettel in meiner Handtasche stand. Ich kannte den Typen kaum, aber ich erzählte ihm sofort, was geschehen war und wie ich mich fühlte, und er sprach beruhigend auf mich ein. Es war fast so, als gäbe jemand telefonisch Skiunterricht oder erklärte, wie man Fahrrad fährt. Aber im Handumdrehen fühlte ich mich wieder ganz ausgeglichen. Meine Allergie legte sich, und für den Rest der Nacht ging es mir hervorragend. Zu meinem Erstaunen stellte ich fest, daß die Welt, wenn man auf einem Trip war, tatsächlich wie ein psychedelisches Poster aussah.

Meine Mutter wollte nicht, daß meine Schwester oder ich während unserer Highschoolzeit Verabredungen trafen — nicht weil sie Angst hatte, es könnte dabei zu Sex kommen, sondern weil sie befürchtete, eine solche Verabredung würde zur Ehe führen. Sie sagte, sie habe viel Glück gehabt, meinen Vater zu finden, aber er sei einzigartig, und wir könnten vielleicht weniger Glück haben. Meine Mutter war — und ist noch — eine sehr starke Frau. Viele

Männer, meinte sie, fänden vielleicht keinen Gefallen an starken Frauen. Mein Vater war häufig verärgert über die Unabhängigkeit meiner Mutter. Wenn sie ins Kino gehen wollte und er hatte keine Lust, dann ging sie allein, was fast unerhört war. In solchen Situationen sagte er: »Ich weiß nicht, was ich mit dir machen soll. Du glaubst wohl, du kannst tun und lassen, was du willst?« Aber er versuchte nicht, sie aufzuhalten.

Sie war der Meinung, die Ehe sei für Frauen grundsätzlich eine Falle. Sie fand, die Frauen würden ihre Fähigkeiten nicht entwikkeln, wenn Männer um sie herum seien. Ich frage mich, inwieweit ich in meinem Umgang mit Männern eigentlich nur den Ratschlägen meiner Mutter gefolgt bin: Hol dir von den Männern, was du kriegen kannst, genieße sie, aber laß nicht zu, daß sie sich dir in den Weg stellen.

Als ich mich im letzten Jahr auf der Highschool mit Rodger French — der an der University of Kentucky im Hauptfach Musik studierte und den ich im Akkordeonorchester kennengelernt hatte — verlobte, war meine Mutter enttäuscht. Aber da ich mein Kunststudium fortsetzte und mein Verlobter zur Marine ging, schien sie besänftigt. Weihnachten rief Rodger jedoch von seinem Marinestützpunkt in Boston aus an, um mir mitzuteilen, daß er nach Europa versetzt würde. Wenn ich mir von der Schule freinehmen und ihn heiraten würde, schlug er vor, könnte ich auf Kosten der US-Regierung nach Europa reisen.

Zwei Wochen später waren wir verheiratet, und ich wurde Dolores French. Da die Hochzeit so übereilt stattgefunden hatte, verbreiteten Familienmitglieder und Freunde das Gerücht, ich sei vielleicht schwanger. Meine Mutter war erleichtert, als sie erfuhr, daß ich es nicht war. Ich wollte einfach nur Urlaub von der Kunstschule nehmen und die Welt kennenlernen. Als ich mich in mein neues Eheleben begab, sagte sie zum Abschied: »Werde niemals in irgendeiner Hinsicht abhängig von einem Mann.«

Da haben Sie es, liebe Amateurpsychologen. Was war in dieser Lebensgeschichte die »Ursache« dafür, daß ich Prostituierte wurde? War es meine überperfekte Mutter mit ihrer Angst vor Bazillen? Mein temperamentvoller Vater? Meine Erfahrung als Humphrey-Girl? Die Tatsache, daß meine Grundschullehrerin meinen Namen nicht richtig buchstabieren konnte? Die sorglose

Art, wie ich meine Jungfräulichkeit loswurde? Die Lektüre von Masters und Johnson? Der Junge, der meine Brust anfaßte, als ich elf war? Die rauhe Art, mit der ich in die schönen Künste eingeführt wurde, als handele es sich um Aerobic? Meine Hochzeit im Alter von neunzehn?

Oder war es die Einführung in Recht und Unrecht auf dieser Welt, die mein Vater mir zuteil werden ließ? Seine Auffassung von Ehre und Fair play? Oder war es die Heuchelei, mit der die ganze Schule und insbesondere die Jungen von der Schule meine schwangere Freundin Susan behandelten?

Und wenn Sie schon mal dabei sind, Sie Amateurpsychologen aller Welt, wie deuten Sie folgendes? Meine Schwester Yvonne wurde eine aufopferungsvolle Krankenschwester, die heute großartig mit sterbenden Patienten umgeht, glücklich verheiratet ist und ein Kind hat.

GOOD GIRLS GO TO HEAVEN, BAD GIRLS GO EVERYWHERE

Die Arbeit wird relativ gut bezahlt, erfordert eine minimale Einarbeitung und kann als eine Leistung mit gesellschaftlich nützlicher Funktion betrachtet werden. Doch nur in sehr begrenzten Kreisen der Gesellschaft wird der Entschluß, Prostituierte zu werden, als lebbares Berufsziel angesehen.

HILARY EVANS
Harlots, Whores and Hookers, 1979

Ich arbeitete das ganze Frühjahr und den Sommer über in Elaines Apartment und empfing eine wachsende Zahl von Stammkunden. Im Laufe der Zeit wurde mir klar, welch ein Segen Stammkunden waren, ob sie nun einmal im Monat, einmal im halben Jahr oder einmal im Jahr kamen. Eine Dienstleistung zu wiederholen gab mir das Gefühl, in dem von mir gewählten Beruf womöglich erfolgreich zu sein. Allerdings waren die Stammkunden ein gemischter Segen. In der Regel wußte ich, was sie wollten, und sie wußten, was sie zu erwarten hatten; aber viele erhofften sich jedesmal, wenn sie zu mir kamen, mehr Zeit und mehr Anteilnahme. Einige vergaßen ihr gutes Betragen und nahmen sich die Freiheit, sie selbst zu sein; manchmal gebärdeten sie sich, als wäre ich ihre Angestellte. Doch am schlimmsten war, daß ich, wenn ein Typ sich erst einmal als Stammkunde eingerichtet hatte, den Preis niemals mehr erhöhen konnte. Bis heute kommen ein paar alte Kunden noch für fünfundsiebzig Dollar zu mir.

Nach nur acht Monaten hatte ich ein paar tausend Dollar gespart; deshalb teilte ich Elaine mit, daß ich zwei Monate freinehmen wollte, um nach Europa zu reisen. Mit meinem ersten Mann, Rodger, war ich nie dort angekommen, denn die Befehle der Marine waren geändert worden, und ich hatte in Boston festgesessen und an der School of the Museum of Fine Arts Kunstunterricht genommen, während sein Schiff um die südamerikanische Küste schipperte. Diesmal jedoch hatte ich genug Geld, um ohne die Unterstützung der US-Marine nach Europa zu fahren. Ich schlug Elaine vor, mich zu begleiten, aber sie konnte nicht. Sie hatte zu viele Verbindlichkeiten: Sie mußte sich um das Geschäft und das Apartment kümmern, um die Kinder — den Collegeunterricht des einen, die Zahnbehandlung des anderen —, und Weihnachten war nicht mehr weit — jedenfalls für sie, denn sie mußte für fünf Kinder, eine Schwiegertochter und drei Enkel einkaufen. Ich glaube, sie beneidete mich in mancher Hinsicht um meine Freiheit, einfach zu packen und wegzufahren.

Ich war gerade dabei, das große, zwölf Zimmer umfassende viktorianische Haus im Zentrum von Atlanta zu kaufen, in dem ich wohnte. (Ungeachtet seiner Lage ist der größte Teil des Zentrums eine Wohngegend, deren Häuser von üppigen Gärten umgeben sind.) Ich vermietete die überflüssigen Zimmer an Freunde, die sehr gern für mich auf das Haus aufpaßten. Sie konnten sich um meine Post kümmern und den Anrufbeantworter abhören. Ich konnte sie jederzeit anrufen, um den neuesten Stand zu erfahren. Ich war absolut frei, um die Welt zu sehen, und so fuhr ich.

Ich kaufte ein Flugticket nach Rom, und auf meiner Reiseroute standen Italien, die Schweiz, Holland, Frankreich und Spanien — die typische Tour für eine Studienreise zur großen Kunst des Kontinents. Ich hatte nicht die Absicht, als Prostituierte zu arbeiten; ganz im Gegenteil sogar. Ich trug Kleider, die mich für Männer völlig unattraktiv machten. (Ich hatte gehört, die unausstehlichen italienischen Männer würden permanent Frauen belästigen. Da ich im Hauptfach Kunstgeschichte studiert hatte, war ich entschlossen, mir in den acht Wochen eine große Zahl von Kunstwerken anzuschauen, und ich würde meinen Zeitplan wohl kaum einhalten können, dachte ich, wenn die romanischen Männer mir ständig Anträge machten.)

Männerjeans, die ich bei Goodwill gekauft hatte, wurden zum Grundstock meines europäischen Looks. Diese Jeans mußten von dem kleinsten und fettesten Mann stammen, den es je gegeben hatte; der Bund war fast hundertvierzig Zentimeter weit, und trotzdem reichten mir die Beine nur knapp bis zu den Knöcheln. Ich zog diesen weiten Bund mit einem Gürtel zusammen, und zur Krönung des Ganzen trug ich dazu ein ebenso großes Hemd aus einem Billiggeschäft mit einem riesigen roten und weißen Karomuster. Ich sah wie ein Alptraum der Hundefutterwerbung aus. Ich nahm drei Paar Schuhe mit: hochhackige Plastikpantoffeln (um meine Füße für Stöckelschuhe in Form zu halten), Wanderschuhe und ein paar Turnschuhe. Ich sah gräßlich aus, aber irgendwie durchschauten die italienischen Männer diese Verkleidung sofort und sahen die hübsche, junge Amerikanerin darunter.

Anfangs versuchte ich, sie wegzuscheuchen. Traurigen Blicks wichen sie zurück wie eine Horde junger Hunde, die man nach Hause geschickt hat, und gleich darauf waren sie wieder da. Ich beschloß, sie abzuschrecken, indem ich ihnen sagte: »*No, no. Prego.* Faß mich nicht an. Du mußt Geld — *lire* — bezahlen, wenn du mich anfassen willst.« Sie waren entzückt zu erfahren, daß es nur das Geld war, das zwischen ihnen und dem, was sie wollten, stand. Nach zwei oder drei Wochen Italien gab ich nach, machte Gebrauch von all den Ratschlägen, die mir Elaine zum Anschaffen im Einkaufszentrum gegeben hatte, und las zu Füßen von Michelangelos David, in den Uffizien von Florenz, auf dem St. Marcus-Platz in Venedig und sogar beim Spaziergang im Gaudí-Park von Barcelona Männer auf. Ich fand Kunden unter dem Eiffelturm, in der Cafeteria des Louvre und in der Straßenbahn auf dem Weg zum Rijksmuseum in Amsterdam.

Ich wußte nicht, welcher Preis in Europa üblich war, also nannte ich den Männern irgendeinen, der mir gerade einfiel, und erhöhte ihn jedesmal, wenn die Männer sofort einverstanden waren.

An dem Abend, an dem ich im Zug aus Barcelona nach Rom zurückgekehrt war und in meiner schrecklichen Aufmachung und

den Wanderschuhen im kalten römischen Regen daherging, bemerkte ich, daß ein Mann mich verfolgte. Ich war verzweifelt auf der Suche nach einem Hotelzimmer, müde, durstig und hungrig, mir war kalt, und ich war absolut nicht in der Stimmung für einen liebeshungrigen Italiener. Ich wollte ihn einfach loswerden. Ich warf sogar etwas nach ihm und forderte ihn auf, mich in Ruhe zu lassen, aber er erzählte mir unaufhörlich, wie schön ich sei. Er verfolgte mich sogar in die Hotels, so daß mir keiner der Angestellten ein Zimmer gab. Sie dachten alle, ich arbeitete als Prostituierte, obwohl ich alles versuchte, es nicht zu tun.
Bei dem einzigen Hotel, in dem auch nur andeutungsweise zugegeben wurde, daß noch etwas frei sei, handelte es sich um ein Zimmer mit sieben Betten, das für eine Fußballmannschaft geeignet gewesen wäre und pro Nacht einhundert Dollar kostete. Das war zu einer Zeit, als die Art von Zimmer, nach der ich suchte, sechzehn Dollar die Nacht kostete. Ich drehte mich zu dem Mann um, der, soviel ich mit meinen begrenzten Italienischkenntnissen verstanden hatte, ein Arzt war, und keifte ihn wie eine wildgewordene Furie an: »Okay, also gut. Wenn du das Zimmer bezahlst, kannst du für eine Stunde mit nach oben kommen.«
Oben angekommen, fanden wir uns in einem riesigen Raum wieder, in dem die Betten wie in einer Kaserne aufgereiht standen. Ich war klitschnaß, und mir war kalt, also schlug ich vor, daß wir gemeinsam ein Bad nähmen. Er fing an, mich zu waschen, und kam, ohne sich zu berühren und erst recht ohne daß ich ihn berührt hätte, zum Orgasmus. Er sagte, ich sei so schön, es sei einfach so über ihn gekommen. Zwanzig Minuten nachdem wir das Zimmer betreten hatten, sagte er mir höflich gute Nacht und ging.
Die meisten Tage während meiner Zeit in Europa verbrachte ich in Museen. Ich bin die schnellste Museumsbesucherin der Welt — von der Sorte, die den Louvre in fünfundvierzig Minuten schafft. Ich wußte ganz genau, was ich sehen wollte. Ich fand es, sah es und ging. Zwischen den Museumsbesuchen hing ich mit meinem Exmann, Rodger French, und seiner Freundin Toni herum, die sich ebenfalls auf einer großen Europareise befanden. Ich liebte Rodger, und ich verstand mich wunderbar mit Toni. Sie und ich hatten eine Menge gemeinsam: Rodger zum Beispiel. Wir wußten sehr viel über ihn. Ich konnte verstehen, was sie in ihm sah und warum sie mit ihm zusammen war. Sie konnte verstehen, warum

ich ihn verlassen hatte. Wir waren richtige Kumpel. Toni war mit ihrer ganzen Familie unterwegs, die diese Reise durch Europa zankend und zeternd absolvierte.
Ich traf Rodger, Toni und Tonis Mutter an dem Tag nach meiner Nacht in diesem Mannschafts-Hotelzimmer. Wir gaben alle unsere Reiseerlebnisse zum besten, und ich erzählte von meiner verzweifelten Suche nach einem Hotelzimmer, wie dieser Doktor mir angeboten hatte, dieses riesige Zimmer für mich zu bezahlen, und zwanzig Minuten später gegangen war. Tonis Mutter fand das total verrückt und sagte: »Wie gut für dich. Wenn die Frauen mit den Männern öfter so umgingen, wären sie viel besser dran.« Nachdem ich gegangen war, erkundigte sie sich bei Toni über mich. Ob irgend etwas in meinem Leben passiert sei? Ich würde plötzlich viel glücklicher und gesünder wirken, sagte sie, und ich schiene viel Geld zu haben. So fand sie heraus, daß ich Prostituierte geworden war. Und sie erklärte Toni, daß es wohl keine schlechte Sache sein könne, wenn es mir so gut getan hätte.
Zwischen den Museumsbesuchen und den Treffen mit Rodger, Toni und Tonis Eltern schaffte ich an, wann immer ein Mann mich belästigte. Ich arbeitete in Spanien und Frankreich, in der Schweiz und in Amsterdam. Die Italiener waren arrogant und trotzdem so charmant und gut im Bett, daß ich schließlich nachgab und mich mit einigen von ihnen amüsierte, ohne Geld zu verlangen. Die Italiener sind bei weitem die besten Liebhaber der Welt. Sogar in Amerika geborene Italiener haben sexuelle Raffinesse. Ich weiß nicht, ob das angeboren, kulturell bedingt, erlernt oder ein Instinkt ist; vielleicht liegt es auch am italienischen Essen.
Ich weiß nicht, wie die Leute darauf kommen zu behaupten, die Franzosen seien so romantisch. Nachdem ich mit einigen von ihnen Sex hatte, stellte ich fest, daß es ihnen generell nur um sich selbst ging. Sie konnten einen zuschütten mit ihrem romantischen Gehabe, aber das schien mir alles nur ein Trick zu sein, um mich zu dem zu verleiten, was sie wollten — was immer es auch war. Wenn ein Franzose sagte: »Ich möchte, daß du meine Kinder zur Welt bringst«, dann sollte ich beeindruckt und dankbar sein. Wenn ich antwortete: »Könntest du mich nicht einfach mit deinem Auto überfahren?«, war er beleidigt. Die Spanier dagegen waren fast so gut wie die Italiener. Ich weiß nicht, woher die Spanier und die Italiener eine solche Begabung für die Liebe haben, warum sie die

Frauen so verehren können und wie es möglich ist, daß sie zugleich die mit sich selbst beschäftigten Franzosen geografisch zwischen sich eingekeilt haben.
Schweizer Männer sind irgendwie langweilig. Je weiter ich nach Norden fuhr, desto langweiliger im Bett wurden die Männer tatsächlich. Britische Männer traf ich in vielen verschiedenen Ländern, und ich fand sie alle merkwürdig. Allein beim Gedanken an Sex bekommen sie Schuldgefühle. Sex war für sie nicht etwas Natürliches. Er war ein Fetisch.
Für die Holländer dagegen war Sex etwas Gewöhnliches. Holländische Männer gingen mit Sex vernünftig um. Sie ließen sich dadurch nicht in Aufregung versetzen. Statt dessen betrachteten sie Sex als etwas Wundervolles, dessen sich jeder täglich zu erfreuen verdiente — wie einer Tasse guten, kräftigen Kaffees.

Nach zwei Monaten Europa kehrte ich in die Staaten zurück. Mit meiner Rückkehr zu Elaine begann ich den besten Abschnitt meines Lebens. Durch das Geld, das die Männer mir für Sex gaben, war ich in der Lage, die Unabhängigkeit zu erlangen, die meine Mutter sich immer für mich gewünscht hatte.
Als ich mit Elaine zusammenarbeitete, begann ich, mir die Dinge zu kaufen, die ich mir in all meinen Jahren als politisch korrekter Hippie versagt hatte. Ich bezahlte alle meine Rechnungen und galt als äußerst kreditwürdig. Ich kaufte einen neuen Fernseher und eine neue Stereoanlage. Ich kündigte mein Abonnement der *New Woman*, in der die Frauen ständig darüber klagten, daß sie kein Geld hätten, und fing an, *Cosmopolitan* und *Vogue* zu kaufen. Ich begann, mir Gedanken darüber zu machen, was die Leute wohl kauften, wenn sie Geld hatten, denn schließlich hatte ich selbst einiges. Ich kaufte mir wunderschöne Kleider: 400-Dollar-Röcke, 200-Dollar-Pullover, 150-Dollar-Schuhe. Mein Ziel war es jedoch nicht, viel Geld zu verdienen, sondern, mein Leben zu genießen. Ich zahlte für das Haus, in dem ich wohnte. Ich legte das Haus mit Teppichen aus und kaufte mir ein neues Bett. Und ich hängte Gardinen auf, wie ich sie mir immer gewünscht hatte — aus sehr teurer, feiner holländischer Spitze, die ich in Europa aufgestöbert hatte. Ich habe nie über meine Verhältnisse gelebt, aber ich lebte sie bis an ihre Grenzen aus. Eines Tages beschloß ich, mir etwas ganz Besonderes zu leisten, das mein Leben noch mehr verschönern würde,

wie zum Beispiel teure Bettücher und Kopfkissenbezüge. Ich ging in Geschäfte, von denen ich glaubte, dort gäbe es die allerbesten; ich versuchte es bei Macy's, Rich's, Saks, aber sie hatten nichts Besonderes. Ich fand mich sehr weltgewandt, weil ich ausging, um die besten Kopfkissenbezüge zu kaufen. Wieviel mochten die besten Kopfkissenbezüge kosten? Darüber dachte ich nach. Viel leicht zehnmal soviel wie ein normaler Kopfkissenbezug. Das hieße achtzig bis einhundert Dollar, was teuer war, aber ich konnte es mir leisten, und ich wollte es, und ich verdiente es. Schließlich ging ich zu Neiman-Marcus. Und sie hatten das Beste. Die Verkäuferin brachte einen herrlichen Seidenkopfkissenbezug mit handgearbeiteter Spitze, eine sehr geschmackvolle Ausführung. Er kostete sechshundert Dollar. Ein Bezug.

Es fiel mir schwer, nicht laut nach Luft zu japsen. Ich war ehrlich zu ihr und sagte: »Oje, ich hatte mit höchstens hundert Dollar gerechnet. Ich glaube, da muß ich erst mal mein Einkommen aufbessern.« Und ich sagte ihr, ich würde wiederkommen. Ein ganzes Set von dieser Bettwäsche hätte dreitausend Dollar gekostet. Es kam mir gar nicht in den Sinn, daß ich diese Bettwäsche vielleicht nie haben würde. Ich wußte, daß ich mir, solange ich gesund war, alles leisten konnte. In dem Augenblick, als ich diese Wäsche sah, beschloß ich, meinen Preis zu erhöhen. Ich meine, ich wollte nichts unterlassen, um sie zu bekommen. Ich hatte die Einstellung, egal, was irgend etwas kostete, durch irgendeine göttliche Fügung würde es sich in der Preislage bewegen, die jede Prostituierte sich leisten könnte, und ihre Kunden würden gern dafür bezahlen.

Ich lernte auch etwas von dieser Verkäuferin. Es machte sie nicht verlegen, unumwunden zu sagen, wieviel der Kopfkissenbezug kostete. Es waren sechshundert Dollar. Sie benahm sich, als könnte ich sehr wohl genug Geld haben, um diesen Preis zu zahlen, und als bewunderte sie, auch wenn ich das Geld nicht hätte, trotzdem meinen Geschmack und rechnete damit, mich eines Tages wiederzusehen, dann, wenn ich es mir leisten könnte. Wahrscheinlich gibt es eine Menge Exzentriker, die bei Neiman-Marcus einkaufen, Leute, die wie Alkis aussehen, hereinkommen, nach dem Besten von irgend etwas verlangen und dann ein paar tausend Dollar aus einer Papiertüte ziehen, bezahlen und wieder gehen. Von da an erinnerte ich mich an diese Verkäuferin, wenn ich einem Kunden meinen Preis nannte, und dachte dabei: Das ist mein Preis, und das bin ich wert. Wenn du jetzt nicht das Geld hast, vielleicht hast du es später. Sie war ganz gewiß eine Inspiration für mich — darin, wie man den Kunden erklärt, daß das, was sie haben wollen, ungefähr sechsmal soviel kostet, wie sie erwartet haben.

Während die Dinge für mich gut liefen, bekam Elaine allmählich Schwierigkeiten. Als ich in Europa gewesen war, hatte sie eine Ausnahme von ihrer Regel, sich nicht mit Kunden anzufreunden, gemacht und einen Kunden über Nacht dabehalten. Als sie am nächsten Morgen aufwachte, waren ihr Fernseher, ihre Schreibmaschine und ihre Stereoanlage weg. Als sie den Diebstahl bei der Polizei anzeigte, brachte der Mann zu seiner Verteidigung vor, daß sie ja nur eine Prostituierte sei. (Und daher seiner Ansicht nach offensichtlich nicht wert, ihren Fernseher, ihre Schreibmaschine und ihre Stereoanlage zu behalten.) Die Polizei war natürlich sehr an diesem Vorwurf interessiert, aber Elaine tat überrascht: »Will er etwa behaupten, eine fünfzigjährige *Großmutter* sei eine *Prostituierte*?« Die Polizei hielt das offensichtlich für eine einleuchtende Antwort und ließ sie Elaine durchgehen. Der Mann gab ihr die Sachen zurück, und beide zogen ihre Anzeigen zurück. Als Elaine jedoch im nächsten Monat zu ihrem Vermieter ging, um die Miete zu bezahlen, erzählte er ihr, die Polizei habe Erkundigungen über ihr Apartment eingezogen, weil es angeblich die Schaltstelle eines Prostituiertenringes sei.
Ich ließ mich von meinem Rechtsanwalt beraten, und er schlug mir vor, zu Gerichtsverhandlungen zu gehen und ein paar Verfahren gegen Callgirls und Prostituierte zu beobachten. Er empfahl mir auch, Geld zu sparen, vielleicht zehntausend Dollar, denn so viel hielt er für erforderlich, falls ich mich jemals bei einem Gerichts- und Berufungsverfahren zu verantworten hätte. Ich ging zu Gerichtsverhandlungen und fing an, mir Sorgen zu machen. Ich sah Frauen, die von den Richtern und der Polizei und selbst von ihren eigenen Anwälten behandelt wurden, als seien sie nicht da, als handele es sich bei ihrem Verbrechen um einen Scherz, irgend etwas, worüber Jungs Witze rissen. Viele Frauen, die keinen Anwalt hatten, ließen sich von dem Beamten, der sie verhört hatte, beraten, was sie zu ihrer Verteidigung vorbringen sollten. Im Gerichtssaal herrschte eine Atmosphäre wie auf einer Herrentoi-

lette. Und während sich alle anderen über diese Vorfälle nach Kräften amüsierten, wurden diese Frauen genauso wie irgendein Vergewaltiger wegen eines Sexualdeliktes für schuldig erklärt und zu Gefängnisstrafen verurteilt. Und die ganze Zeit über benahmen sich die Gerichtsbeamten so, als wäre das Leben dieser Frauen nicht wichtig oder ernst zu nehmen; und das Leben ihrer Kinder wurde gleich gar nicht berücksichtigt.

Ich war nicht nur erbost über die Art, wie das System mit Prostituierten umging, sondern ich empfand es auch als direkte Bedrohung für mich. Ich dachte, daß die Zeiten und die Vorstellungen sich wohl noch gründlich ändern müßten, ehe ein Prozeß gegen eine Prostituierte sich unter denselben ethischen Bedingungen abspielen würde wie andere Prozesse. Einmal ganz abgesehen davon, daß Prostitution kein Verbrechen sein sollte. Zu der Zeit hatte ich weder das Geld noch den politischen Mumm oder die Erfahrung, um etwas dagegen zu unternehmen.

Meine Freunde wußten, daß ich Prostituierte war. Sie fanden das aufregend und interessant. Aber verhaftet und in einem heuchlerischen Gerichtsprozeß zermürbt zu werden war keine Erfahrung, die zu machen mich reizte. Zum einen würden meine Eltern dann erfahren, womit ich meinen Lebensunterhalt verdiente. (Sie glaubten, daß ich recht erfolgreich meine Kunstwerke verkaufte.) Zum anderen würde es mich Geld kosten, viel mehr, als ich damals hatte. Und drittens konnte ich im Gefängnis landen.

Elaine und ich beschlossen, die Dinge in ihrem Apartment für eine Weile etwas ruhen zu lassen. Ich hatte nicht das Geld, um eine andere Wohnung für mich einzurichten, in der ich ausschließlich Kunden hätte empfangen können. Und ich wollte nicht, daß irgendwer zu mir nach Hause kam. (Ich war der Auffassung, daß das Privatleben Privatleben und Arbeit Arbeit ist. Meine Wohnung war ein heiliger Ort. Ich wollte nicht, daß Fremde dort eindrangen und sich meine oder die Sachen meiner Mitbewohner anschauten.) Für den Augenblick schien mir nichts anderes als Hausbesuche übrigzubleiben. Ich würde die Kunden in ihrer Wohnung oder im Hotel aufsuchen. Da Weihnachten kurz bevorstand und damit eine ruhige Zeit für die Prostitution, wußte ich, daß ich, wenn ich dadurch meinen Lebensunterhalt verdienen wollte, auf Kunden treffen würde, die nicht besonders lustig oder angenehm sein würden. Ich kehrte zurück zu den Stapeln von

Antworten auf meine Annoncen und fing an, die Typen anzurufen, die ich vorher zurückgewiesen hatte.

Ein Kunde machte mir ein Angebot, das ich nicht ablehnen konnte. Er träumte davon, mein Schamhaar zu beschneiden. »Ich werde vorsichtig sein«, sagte er. »Ich werde dir nicht weh tun, und ich werde es schön machen.«

Frank nannte er sich, und ich hatte ihn schon ein paarmal zuvor getroffen. Er war zweiundsiebzig und mochte es, wenn ich ihm eine Hausfrau vorspielte, vielleicht etwas für ihn kochte — wobei ich ein Hemd, Stöckelschuhe und eine Schürze trug —, bevor wir Sex hatten. (Viele Frauen mochten keine sehr, sehr alten Kunden empfangen, aber ich war der Meinung, daß die sehr, sehr alten Sex am meisten brauchten und ihn sich zumindest leisten konnten.)

Er hatte früher schon einmal diskret den Wunsch geäußert, mein Schamhaar zu beschneiden. An diesem Tag dachte ich mir: Er sieht ziemlich normal aus und ist nicht zu alt, um mit einer Schere umzugehen. Er bietet mir den doppelten Preis. Warum also nicht?

»Gut«, sagte ich zu ihm. »Du kannst es schneiden, aber du mußt vorsichtig sein.«

Er wirkte so dankbar. Ich lag rücklings auf dem Bett, öffnete meinen Body, spreizte die Beine und dachte darüber nach, welche Weihnachtsgeschenke ich noch kaufen mußte und wie viele davon Frank bezahlte.

Dann und wann spürte ich ein Kitzeln. Ich sah seinen Kopf, der sich auf- und niederbewegte, als er sein Werk durch seine Brille mit den Bifokalgläsern betrachtete. Die ganze Sache war recht wohltuend, so als bekäme man von jemandem die Haare gewaschen. Mein Gespür für die Zeit ging verloren. Aber dann fühlte es sich da unten etwas zugig an. Oh, oh. Ich wußte, ohne hinzusehen, daß ich Probleme hatte.

Er hatte mein Schamhaar zerstört. Der einst schöne, goldfarbene Busch sah jetzt aus wie ein abgenutzter, gemusterter Teppich, der mit einer Unkrautharke zerfurcht worden ist. An manchen Stellen war das Haar bis auf die Haut hinunter gestutzt worden; der Rest waren Stoppeln, Strähnen und Büschel. Ich reagierte wie von der Tarantel gestochen.

»Sieh nur, was du angestellt hast«, kreischte ich und sprang zum Spiegel, um den Schaden zu begutachten. »Ich werde einen Monat lang nicht arbeiten können. Was soll ich jetzt machen?«
Mein Gejammer erschreckte Frank offenbar zu Tode. Nach einigen Debatten zahlte er mir auf der Stelle vierhundert Dollar und schrieb einen Scheck über weitere tausend Dollar aus.
Frank war damit der erste Kunde, der mir sehr viel Geld zahlte. Rückblickend war es die Zerstörung meines Schamhaares fast wert, denn dadurch lernte ich, daß ich mit der Prostitution weitaus mehr Geld verdienen konnte, als ich mir vorgestellt hatte.

Es kamen wieder geschäftige Zeiten, und Elaine änderte ihre Meinung darüber, die Dinge »ruhen« zu lassen; aber wir einigten uns darauf, unsere Verabredungen woanders zu treffen und ihr Apartment nur als »Raststätte« zu benutzen. Ich traf mich mit Managern aus der Mittelschicht, die normalerweise nicht zu Prostituierten gingen und erleichtert waren, ein nettes, sauberes Mädchen wie mich zu finden, das bereit war, sich auf Sex gegen Geld einzulassen. Ich traf mich mit Kunden, die so alt waren, daß der Weg vom Wohnzimmer bis zur Haustür für sie eine große Reise war. Ich traf einen Mann, dessen Frau verkrüppelt war. Mit der Zustimmung seiner Frau suchte er eine Frau, die seinen sexuellen Drang befriedigte. (Ich »besuchte« ihn in ihrem speziell eingerichteten Wohnwagen.) Ein Mann besaß eine Werkstatt für Autokarosserie- und Reparaturarbeiten. (Wo ich einen großartigen Service für mein Auto erhielt.) Einige Männer hatten eigene Unternehmen. Fast alle waren verheiratet. Einige hatten Erektionsschwierigkeiten; andere hatten Erektionen, die nie aufhörten. Aber die meisten waren normale verheiratete Männer, die von ihrem Leben gelangweilt waren und nach Abwechslung suchten. Ich fragte Elaine, ob »Han Solo« wohl jemals wiederkäme, nur so zur Abwechslung.
Einige Kunden waren für sich schon eine Abwechslung. Ein Kunde, der sich auch verkehrt herum anzog, schien nicht zu wissen, wie er erklären sollte, was er von mir wollte. Da er weder von mir mit einer Haarbürste geschlagen werden noch mir Stöckelschuhe anziehen wollte, wußte auch ich nicht, was er wollte. Jedesmal, wenn ich zu ihm ging, gab es ein Fiasko. Er war Immobilientaxator und sprach sehr sanft. In seiner Wohnung gab es so gut wie keine Möbel, und es war sehr, sehr sauber — zu sauber, wenn

Sie verstehen, was ich meine. Die fast einzigen Einrichtungsgegenstände in seiner Wohnung waren eine Stereoanlage, ein Dirigentenpult und ein Bett. Er pflegte an seinem Pult zu stehen, Noten zu lesen und Schallplatten zu hören, während ich dastand und ihn beobachtete.

Dabei war er angezogen wie eine alte Frau. Statt wie normale Männer, die sich verkehrt anzogen, sexy Unterwäsche zu tragen, kleidete er sich wie eine alte Dame zum Kirchgang: mit einem Strumpfhalter oder diesen ganz praktischen Strumpfbändern, die ältere Frauen bei Sears kaufen; mit Schuhen vom Roten Kreuz; einem plumpen Kleid und sehr starkem Make-up, aber ohne Perücke. Er erinnerte mich irgendwie an Anthony Perkins in *Psycho*.

Ursprünglich war er einer von Elaines Kunden gewesen, und Elaine hatte auch nicht gewußt, was sie mit ihm machen sollte. Er sagte, er wolle wie ein Mädchen behandelt werden. Aber was sollte das bedeuten? Daß ich ihm sagte, er solle sein Kleid nicht schmutzig machen, wenn er nach draußen spielen ging? Daß ich ihn vor kleinen Jungs warnte? Ihm eine Haarspange ins Haar klemmte? In ein Taschentuch spuckte und ihm das Gesicht saubermachte?

Eines Tages sagte ich ihm, wie merkwürdig ich ihn fände. Ich fragte ihn, wie er auf diese Aufmachung gekommen sei, und er sagte, er habe eine Tante, die sich so anziehe. Ich fragte, ob er mit ihr sexuell verkehrt habe oder gern sexuell mit ihr verkehren würde, und er sagte nein. Er konnte oder wollte mir nicht mehr darüber sagen, so daß ich bis heute keine Ahnung habe, was seine spezielle Abweichung psychologisch bedeutete.

Ich fühlte mich so unbeholfen, als ich Woche für Woche einen Hinweis auf das zu finden versuchte, was er von mir wollte. Schließlich gewöhnte ich mir an, mich vor ihn hinzustellen, während er auf dem Bett lag. Mit der Stimme seiner Tante sagte er dann Dinge wie: »Willst du sehen, was ich unter meinem Kleid habe? Nun, wenn du es hochhebst, kannst du es sehen.«

Dann sagte ich: »Warum zeigst du es mir nicht?« Daraufhin zog er sein Kleid hoch, streifte den Strumpfhalter hinunter, zog seine weiße, schlichte Baumwollunterhose aus und masturbierte. Aber er zahlte mir hundert Dollar, und meistens dauerte es kaum eine halbe Stunde, so daß es trotz der Tatsache, daß er einer der seltsamsten Menschen war, die ich je kennengelernt hatte, eine einfa-

che Sitzung war. Ich sah ihn alle ein oder zwei Wochen und würde ihn wohl heute noch sehen, wenn er nicht schließlich einen Scheck, den er mir gegeben hatte, hätte platzen lassen.
Dann lernte ich Moishe kennen, der in einem Apartmentkomplex für ältere Juden wohnte. Moishe, der sechsundachtzig war, antwortete auf eine meiner Annoncen.
Als ich zu ihm kam, sagte er, er wolle erst hinterher bezahlen. Ich erzählte ihm, daß es fünfundsiebzig Dollar koste, und er sagte, er wolle nur fünfzig Dollar bezahlen. (Er war nicht nur gebrechlich, sondern auch streitsüchtig.) Ich wußte, daß er sich mit einem Haufen Geld zur Ruhe gesetzt hatte und einfach nur geizig war. Ich sagte: »Für fünfzig Dollar bekommst du eine halbe Stunde«, und erklärte mich einverstanden, erst hinterher bezahlt zu werden. Als die halbe Stunde vorbei war, war er jedoch noch nicht fertig. (Ich lernte noch etwas hinzu: Ältere Männer brauchen länger.) Ich blieb eineinhalb Stunden da und blies ihm einen, bis mein Kiefer fast verrenkt war, und als ich gehen wollte, versuchte Moishe mir einzureden, daß er bei der ersten Verabredung niemals bezahlte. »Das nächste Mal zahle ich das Doppelte«, sagte er. »Nein, das wirst du nicht, du bezahlst mich jetzt.« Dann gab er mir einen Scheck aus einem anderen Staat, über fünfzig Dollar. »Der ist gedeckt«, sagte er. (Was für ein giftiger alter Zwerg.)
»Paß auf«, erwiderte ich, »ich nehme keine Schecks aus einem anderen Staat. Ich will Bargeld oder einen Scheck von einer hiesigen Bank haben. Und es ist ratsam, daß er gedeckt ist, sonst wirst du nicht mehr lange über die Apparatur verfügen, die du brauchst, um eine andere Hure zu bestellen.« Ich fing an, müde und auch giftig zu werden.
Er sagte, ich solle am nächsten Tag wiederkommen, dann würde er einen Scheck von einer örtlichen Bank für mich haben. Als ich am nächsten Morgen zurückkam, war er schockiert, mich so früh zu sehen, und schockiert genug, um sein Scheckbuch herauszuholen und mir einen Scheck nach meiner Vorstellung auszustellen. Dann sagte er, es gäbe noch jemanden im Haus, der mich gern kennenlernen würde. Er gab mir die Apartmentnummer, und so lernte ich Herman kennen.
Herman war der am ältesten aussehende Mann, den ich je getroffen hatte. Er war vierundsiebzig und runzelig von Kopf bis Fuß. Später erfuhr ich, daß es nicht eine Hure in Atlanta gab, die ihn

nicht kannte. Er war ein wohlhabender Mann, ein ehemaliger Börsenmakler, der drei oder vier Huren pro Nacht bestellte und jedesmal Schwierigkeiten mit dem Geld machte. Er war nicht nur runzelig und knausrig mit seinem Geld, sondern auch bigott, rassistisch und ein echter Quälgeist. Nach Moishe wußte ich, wie problematisch ältere Männer sein konnten, und so sagte ich zu Herman, ich wolle hundert Dollar.

»Du bist die schönste Frau, die ich jemals gesehen habe«, erwiderte er.

»Ja, das bin ich«, sagte ich, »und allemal hundert Dollar wert.«

Er sagte: »Du wirst mehr Geld an mir verdienen als an jedem anderen. Ich werde dich vielleicht eine, zwei oder drei Nächte pro Woche bestellen.«

»Sehr gut«, erwiderte ich. »Mit diesen hundert Dollar machen wir einen guten Anfang.«

Herman erklärte, »alles«, was er wolle, sei oraler Sex, weil er eine Prostataoperation hinter sich habe und keine länger anhaltende Erektion bekäme. Manchmal, sagte er, könne er nicht einmal kommen. Herman bot mir an, vorher ein paar andere Frauen zu bestellen, die ihn aufwärmen und auf mich vorbereiten könnten. (Was für ein Typ!) Nach langem Gefeilsche handelte er mich auf fünfundsechzig Dollar bar auf die Hand herunter. Ich sagte, in Ordnung, aber im voraus.

Herman wohnte bei mir in der Nähe, und wie versprochen besuchte ich ihn von da an ein- oder zweimal die Woche. Aber irgendwie hatte er immer nur sechzig Dollar. Jede Woche sagte er: »Ich gebe dir die fünf Dollar nächste Woche.« Und in der nächsten Woche hatte er wieder nur sechzig. Obendrein wurden aus meiner Stunde immer eineinhalb Stunden.

Während dieser eineinhalb Stunden erfuhr ich sehr viel über ihn. So erzählte er mir beispielsweise, daß er gern zu Bushaltestellen ging und nach jungen Frauen Ausschau hielt, die ziellos umherwanderten, mit einem Kind vielleicht. Diese Frauen lud er dann mit ihrem Kind zum Essen ein, und anschließend fragte er sie, ob sie mit in sein Apartment kämen. Sobald sie dort ankamen, sagte er zu der Frau, die meistens von zu Hause oder einer gescheiterten Ehe fortgelaufen war: »Wenn du mit mir Sex machst, bezahle ich dich dafür.«

Es waren unschuldige Frauen — jung, arm und verzweifelt. Sie waren keine Prostituierten. (Er zeigte mir Fotos von einigen, um zu beweisen, daß er es wirklich gemacht hatte.) Doch nach dem Sex zog Herman seine alte Ich-habe-leider-kein-Bargeld-Masche ab. Huch, und auch keine Schecks. Manchmal klauten sie ihm dann Sachen. (»Man kann niemandem vertrauen«, meinte er.) Wenn sie ihm nur hart genug zusetzten, bezahlte er sie schließlich. Ich sagte zu ihm: »Das ist sehr gefährlich. Du verkehrst mit verzweifelten Menschen und beutest sie aus. Und davon abgesehen ist das nicht nett.«

Er lachte und sagte: »Okay, ich tue es nicht wieder.«

Herman war kein aufregender Kunde, und er bezahlte nicht viel, aber er lebte nur ein paar Straßen weiter und war ein Stammfreier. Er war kein Cop und für niemanden gefährlich, außer für sich selbst. Und davon abgesehen brauchte ich das Geld.

Schließlich schuldete er mir sechzig Dollar. Als ich das nächste Mal zu ihm ging, sagte ich: »Du schuldest mir sechzig Dollar. Wenn du willst, daß ich bleibe, mußt du zusätzlich sechzig Dollar bezahlen.«

»Ich habe sie nicht hier«, antwortete er. »Bleib jetzt und ich zahle sie dir morgen.« Ich sagte nein und ging. Am nächsten Tag bezahlte er, und dann fingen wir wieder von vorn an.

Zu diesem Zeitpunkt geschah etwas, das mein Leben veränderte: Als ich zu Elaine ging, um ihr zu erzählen, daß ich endlich das Geld vom alten Herman bekommen hätte, stellte ich fest, daß mein Schlüssel nicht ins Schloß paßte. Als ich entdeckte, daß das Schloß ausgewechselt worden und nicht mein Schlüssel verbogen war, ging ein Seufzer durch meinen ganzen Körper.

Ich hätte damit rechnen müssen. Seit Elaine von der Polizei verhört worden war, hatte sie weniger und weniger Kunden getroffen. Während ich in Europa war, hatte sie Gefallen an einem neuen Kunden namens Nelson gefunden, der sich kürzlich angeboten hatte, zu ihr zu ziehen und für sie zu sorgen. Und sie schien ein bißchen neidisch auf mich zu sein.

Ich hatte gehofft, noch eine lange, lange Zeit mit Elaine arbeiten zu können. Und ich betrachtete sie als meine beste Freundin.

Ich ging nach Hause und rief Elaine an, um sie zu fragen, was geschehen sei. Sie erzählte mir, daß Nelson das mit dem Schloß vorgeschlagen und sogar darauf bestanden hätte. »Das hat nichts mit dir zu tun«, sagte sie. »Nelson und ich wollen heiraten.«

Während mir daraufhin ganz schwindelig wurde, sagte Elaine: »He, hör mal. Sunny hat mich angerufen.« (Sunny war eine andere Hure, die in der Nähe wohnte.) »Sie sagt, in der Karibik könne man sehr viel Geld machen, und außerdem bestünde dort kaum die Gefahr, verhaftet zu werden. Ein Kerl namens Buddy habe angerufen, weil er zwei Mädchen suche, die nach Saint Croix kommen und in irgend so einem Luxushotel arbeiten würden. Sie sagt, er sorge für die Rückflugtickets, für Zimmer, Mahlzeiten, Getränke, Transport, medizinische Versorgung und bewaffnete Begleitung zum Nacktbadestrand, falls du sie brauchst. Nach drei Wochen bekommst du eine Woche Heimaturlaub. Alle Kosten werden übernommen. Warum rufst du nicht bei Sunny an und erkundigst dich danach?« fragte sie. »Aber...« Aber Tatsache war, daß Elaine mit fünfzig allmählich zu alt fürs Geschäft wurde.
So verdächtig dieser Deal auch klang, ich brauchte nicht lange, um mich zu entscheiden. Es war Winter in Atlanta, und ich habe kaltes Wetter noch nie sonderlich gemocht. Die Polizei schien uns immer mehr auf die Pelle zu rücken. Weihnachten hatte mich finanziell erledigt. Ich brauchte sehr dringend Geld. Vielleicht langweilte es mich auch etwas, immer wieder dasselbe zu tun, und ich wußte, daß es in der Prostitution noch mehr gab als das, was ich bisher kennengelernt hatte. Vielleicht war mir die Reise in die Karibik auch vorherbestimmt.

PRIMERO NECESITO DINERO

Es gibt drei Wünsche, die niemals erfüllt werden können: den der Reichen, die mehr wollen; den der Kranken, die etwas anderes wollen; und den des Reisenden, der sagt: »Überall, nur nicht hier.«
RALPH WALDO EMERSON
»Considerations by the Way«, 1860

Sunny war in den Dreißigern; sie nahm kein Blatt vor den Mund, war ehrlich und direkt, und ich mochte sie. Sie hatte als Krankenschwester gearbeitet, bis die Krankenpflegekosten für ihren Sohn sie zu einem Berufswechsel zwangen. In den letzten fünf Jahren hatte sie als Hure gearbeitet, um die Arztrechnungen bezahlen zu können. Damit sie nach Saint Croix fahren konnte, mußte sie für die Zeit ihrer Abwesenheit Vorkehrungen für eine umfangreiche medizinische Versorgung ihres Sohnes treffen.

Buddy rief Sunny fast jeden Abend an, um sich zu vergewissern, ob wir noch kämen. Es kam mir vor, als wäre dieser Mann entweder bekloppt oder verzweifelt, und ich stand der ganzen Sache sehr skeptisch gegenüber. Ich bat Sunny mehrmals, Buddy ein paar Informationen zu entlocken: den Namen des Hotels, in das wir ziehen würden, welche Kundschaft dort verkehrte, ob es die Möglichkeit gäbe, dort beheizte Wasserbetten zu bekommen, und solche Sachen. Aber Sunny stellte Buddy diese Fragen eigentlich niemals. Trotz ihrer nächtlichen Unterhaltungen erhielt ich keine Information darüber, auf was wir uns dort einließen. Sie gestand mir schließlich, daß sie ihre Zeit am Telefon damit verbrachten, schmutzige Gespräche zu führen und zu masturbieren, obwohl sie die Absicht hatten, über das Geschäft zu reden. »Aber was soll ich sagen, ich bin verliebt«, erklärte Sunny. »Mach dir keine Sorgen, Buddy wird uns am Flughafen von Saint Croix abholen und direkt ins Hotel bringen. Es gibt keinen Anlaß zur Beunruhigung.«

Wie Buddy versprochen hatte, erwarteten uns die bezahlten Tikkets, inklusive Rückflug, am Flughafen von Atlanta. Ich bereitete mich auf das, was mich erwartete, vor, indem ich einen Reiseführer über die Karibik kaufte. Darin wurde erwähnt, daß Saint Croix berühmt sei, weil fünf amerikanische Golfspieler dort getötet worden waren, nachdem sie ein paar Rastafaris angepöbelt hatten. Na prima!

Buddy hatte uns gebeten, bei unserer Ankunft wie zwei klassisch aufgedonnerte, hochbezahlte Callgirls auszusehen. Also trug ich eine schwarze Samthose, ein farbiges, paillettenbesticktes, enganliegendes Top, eine Federboa, meine höchsten schwarzen Stöckelschuhe, zwei Goldketten und die Diamantenohrringe, die meine Mutter mir zum Highschool-Abschluß geschenkt hatte. Sunny war etwas weniger auffällig gekleidet, aber trotzdem sah sie wie eine gepflegte Vorstadtlady aus: braune Hose, ein beigefarben bedrucktes Oberteil, Schuhe mit Plateausohlen und große goldene Ohrringe. In dem voll besetzten Flugzeug von Atlanta nach San Juan — wo wir in ein Pendelflugzeug zu den Virgin Islands umsteigen sollten — rechneten Sunny und ich uns aus, daß wir ein paar hundert Dollar hätten verdienen können, wenn die Eastern Airlines uns nur die exklusive Nutzung der Toiletten überlassen hätten.

Als wir in San Juan das klimatisierte Flugzeug verließen, wurden wir von einem heißfeuchten Windstoß und sehr viel Aufmerksamkeit begrüßt. Puerto Rico war offensichtlich nicht vorbereitet auf den Anblick von zwei appetitlichen, hellhäutigen Frauen, die allein reisten. Ein großer Teil der Männer im Terminal — sowohl Angestellte als auch Passagiere — drehte sich nach uns um und starrte uns an.

»Hältst du dein Portemonnaie gut fest?« fragte ich Sunny. Für meine Begriffe sahen diese Kerle wie eine Massenansammlung von Straßenräubern aus. Es war nur fair, Sunny zu warnen und ihr zu sagen, daß wir uns auf unsicherem Territorium befanden, denn ohne Brille war sie blind wie eine Blindschleiche. »Ich glaube, sie wollen unser Geld, unseren Schmuck, unsere Kleider und dann vielleicht unsere Körper«, sagte ich.

»Warum gerade uns?« krächzte sie.

»Weil wir hellhaarige, weiße Frauen sind — und zwar *total weiß*. Weißer als alle Frauen, die diese Leute je gesehen haben. Ich kann nicht länger als ein paar Minuten in der Sonne bleiben. Ich benutze Lichtschutzfaktor Fünfzehn und bin seit Jahren nicht mehr bei Tageslicht draußen gewesen«, erklärte ich.

Die Handtaschen unter die Arme geklemmt, schritten wir zu dem Ausgang zu unserem Pendelflugzeug, wo sogar noch mehr Männer herbeieilten, um uns zu sehen. »Mein Gott, was geht hier nur vor?« fragte Sunny.

»Wie ich eben schon sagte, wir sind total weiß — erstaunlich weiß — für diese Leute. Nun, anscheinend sind die Kerle von drinnen nach draußen gegangen, um es ihren Freunden zu erzählen, und jetzt kommen alle her, um uns zu betrachten. Fast so, als seien wir zwei Festwagen auf der Macy's Parade.« Ich war froh, daß diese Männer im Grunde nur wollüstig waren und mich nicht berauben wollten. Einige von ihnen fingen an, uns zuzuzwinkern und zu winken.

»Sieh mal«, sagte ich, »warum machen wir nicht einfach dasselbe wie sie? Laß uns winken wie der Papst und ihnen zuzwinkern und ab und zu einen Handkuß zuwerfen wie Miss America.« Mit bezirzendem Lächeln tänzelten wir durch das Terminal, als wären wir nicht ganz dicht.

Dann löste sich ein Teenager aus der Menge, ging auf Sunny, die meine Tasche trug, zu und fragte: »Ist *sie*« — und zeigte dabei auf mich — »ein Filmstar?« Sunny dachte sich, die richtige Antwort sei: »Ja, das ist sie! Nun geh ihr aus dem Weg.«

Als wir an Bord der zweimotorigen, vierzehnsitzigen Prinair saßen, die uns zur Insel bringen sollte, dachten wir, unsere Sorgen seien vorüber, aber es stellte sich heraus, daß uns nur eine völlig neue Art von Problemen erwartete. Wir teilten uns das Flugzeug mit einer Gruppe von Inselbewohnern und einem preisgekrönten Kampfhahn. Als wir abhoben, sprangen unter dem Druck, der in der Kabine herrschte, die Fenster auf, und der Vogel fing an, mit den Flügeln zu schlagen. Die Turbulenzen ließen das kleine Flugzeug auf- und absausen wie in einem Zeichentrickfilm. Die anderen Passagiere schienen nicht beunruhigt zu sein. Dem preisgekrönten Kampfhahn sträubten sich nicht einmal die Federn. Aber mein Gesicht verfärbte sich grünlich weiß. Die Flugzeugabgase strömten in die Kabine, um der hervorragenden Atmosphäre noch eins draufzusetzen. Ich fragte Sunny, ob es ihr peinlich wäre, wenn ich einen Fallschirm verlangte. (Ich war überaus dankbar dafür, daß mein erster Mann mir zu meinem einundzwanzigsten Geburtstag eine Unterrichtsstunde in Fallschirmspringen geschenkt hatte.)

Aber ein Flugbegleiter hörte mich und sagte: »Nein. Nein. Noch nicht. Ich sage Ihnen schon Bescheid, wenn Sie Fallschirme anlegen sollen.« Dann lächelte er und sagte: »Wir fliegen seit fünfzehn Jahren mit diesem Flugzeug und mußten sie kein einziges Mal benutzen. Wahrscheinlich öffnen sie sich nicht einmal mehr!« Woraufhin er noch breiter lächelte. Ich vermute, das hatte er im karibischen Benimm-dich-Unterricht gelernt.

Irgendwie schaffte es das Flugzeug bis nach Saint Croix, und Buddy erwartete uns am Flughafen. Er war ein großer, dünner, durchtrainierter Ganove — jeder Zentimeter seines einsdreiundneunzig großen Körpers war tropisch gebräunt. Er trug Jeans und ein T-Shirt mit dem Aufdruck ARMADILLO CAFÉ. Dazu trug er geschmackvoll zusammengestellten Schmuck im Wert von mehr als zehntausend Dollar — Ringe, Ketten, Armbänder und eine Uhr.

Das elegante, luxuriöse Hotel stellte sich als ein Motel mit vierundzwanzig Wohneinheiten heraus, deren schäbige Zimmer mit kaputten Schwarzweißfernsehern ausgestattet waren. Buddy zog mit uns eine große Runde: zu einer heruntergekommenen Veranda und in den Salon, wo Reggae, Salsa und Calypso niemals aufhörten. Braungebrannte weiße Männer saßen auf Rattanbarhockern unter einem langsam rotierenden Deckenventilator und tranken ein Rumgebräu, als entstammten sie einer Szene in *Der Schatz der Sierra Madre*. Buddy erzählte uns, diese Männer seien Pipelinearbeiter und hätten gerade Pause.

Dann, zur Krönung des Ganzen, ging Buddy mit uns in sein Zimmer. »Das ist meine Pistole«, erklärte er. »Sie ist klein genug, daß man sie ziemlich gut verstecken kann, aber sie richtet trotzdem einigen Schaden an, wenn man auf den Abzug drückt. Morgen kommt ihr beiden Mädels her, und ich gebe euch jeder eine. Niemand wird sie bei euch finden. Wenn ihr jemanden, der die Kontrolle verliert, töten müßt, können wir einen Mann bestellen — ihr werdet ihn morgen kennenlernen —, der die Leiche und die Kanone beiseite schafft. So einfach ist das. Dieser Kerl kann auch alle polizeilichen Protokolle löschen, die über euch beide entstehen mögen.«

Als ich andeutete, daß ich nicht die Absicht hegte, eine Pistole zu benutzen, fragte Buddy: »Willst du damit sagen, du würdest nicht versuchen, mich aufzuhalten, wenn ich jetzt diese Pistole auf dich richtete und dich damit bedrohte?«

Nach ein paar Sekunden Überlegung erwiderte ich: »Nein, ich denke, nicht. Ich glaube an den Selbsterhaltungstrieb, aber ich habe noch nie erlebt, daß ich mich gegen eine gewalttätige Bedrohung wehren mußte; das muß erst noch passieren.«

Buddy schenkte mir einen zutiefst ungläubigen Blick.

Die Möbel in dem Zimmer, das Sunny und ich uns teilten, waren billig hergestellt und dann mit einem dünnen Holzfurnier beschichtet worden. Als Erinnerung daran, daß wir in den Tropen waren, gab es Lampen mit Schirmen aus grobem Leinen und mit Bambusständern. Und in dem Zimmer standen die schlimmsten Gipsfiguren herum, die ich jemals gesehen hatte. Jemand hatte genug Geschmack besessen, keine Bilder aufzuhängen, so daß es gerade noch erträglich war, aber nach der Atmosphäre in Elaines Wohnung war dieses Motel ein eindeutiger Abstieg.

Ich packte meine Kleider und die zwei Perücken, die ich mitgebracht hatte, aus. In den Südstaaten, wo die Frauen ständig darüber klagen, daß ihre Frisur unter Hitze und Feuchtigkeit leide, sind Perücken nie aus der Mode gekommen. Ich dachte mir, daß Perücken auf den Virgin Islands, wo es noch feuchter war als in

Atlanta, unerläßlich sein würden. Meine Gibson-Girl-Perücke, die jede Prostituierte haben sollte, war zu formal für die Inseln. Doch meine Waise-Annie-Perücke war perfekt. Ich nahm eine Dusche, frischte mein Make-up auf, stülpte mir die Kleine Waise Annie auf den Kopf und schlenderte hinunter in die Bar, um zu sehen, was passierte.

Männer in einer Bar aufzulesen dürfte nicht viel anders sein, als Männer in einem Einkaufszentrum aufzulesen, dachte ich mir. Wie sich herausstellte, war es eher so, als versuchte man, in der Wüste Wasser zu verkaufen, wenn man in Buddys Salon Männer auflesen wollte, denn alle Männer wußten genau, warum wir da waren, und genau deshalb waren auch sie da. Andererseits war die Bezahlung lausig: Fünfundsechzig Dollar waren so ziemlich die Obergrenze, und viele Männer versuchten, mich auf fünfundvierzig herunterzuhandeln. Und ich stellte fest, daß meine Perücke und der Rest von mir von den Arbeitern der Ölgesellschaft ziemlich unsanft behandelt wurden.

Nach fünf Touren von der Bar aufs Zimmer, nach denen ich von Mal zu Mal zerzauster aussah, war mir klar, daß die Karibik kein Ort für eine Perücke war. Dann fiel mir auf, daß Sunny schon den ganzen Abend auf demselben Platz saß, mit den Leuten an der Bar trank und Buddy schöne Augen machte. Buddy hatte unterdessen bereits jedem, einschließlich Sunny, klargemacht, (a) daß er verheiratet war, (b) daß seine Frau auch so eine kleine Pistole besaß, wie er sie uns angeboten hatte, und (c) daß sie keine Gewissensbisse haben würde, sie gegebenenfalls auf eine andere Frau zu richten.

Am nächsten Tag zeigte eine Frau namens Tammy Sunny und mir den Nacktbadestrand. Tammy war die Mätresse eines Millionärs, der einen den ganzen Süden umfassenden Wettbetrieb unterhielt. Dieser Mann bezahlte Tammy zweitausend Dollar pro Woche hauptsächlich dafür, daß sie sich auf Saint Croix aufhielt und ihm zur Verfügung stand, was sich für mich und Sunny nicht allzu schlecht anhörte. Aber er war nur selten da, und Tammy langweilte sich allmählich. Also ging sie nebenbei für hundert Dollar die Stunde anschaffen, um sich etwas zu amüsieren.

Sunny war von Tammys Leben besonders beeindruckt. So hatte sie sich das Leben mit Buddy vorgestellt: mit Sonnenöl und tropischen Stränden, zweitausend Dollar die Woche und einem kleinen

selbständigen Unternehmen nebenher. Buddy schien in Geld zu schwimmen, und das stammte nicht aus dem kleinen Motel. Er bekam ständig Anrufe aus dem Ausland und reiste dauernd durch die Gegend. Ihm war alles zuzutrauen, von Geldwäscherei bis zu Killerjobs für den Mob. Wie auch immer er seinen Lebensunterhalt verdiente, Sunny war beeindruckt von ihm.
Als wir am Strand ankamen — ich vollständig bedeckt mit Hut, Kaftan und Sunblocker —, fragte Tammy, ob wir unsere Pistolen dabei hätten; sie habe ihre vergessen. Als sie erfuhr, daß wir unsere Pistolen nie abgeholt hatten, drängte sie uns hastig zurück ins Hotel.

Nachdem sie Tammy kennengelernt hatte, war Sunny noch entschlossener, ihre Beziehung mit Buddy festzunageln. Nach drei Tagen hielt er es nicht mehr aus. Er erfand irgendeine Geschichte über die Ölgesellschaft, die sein Motel zum Sperrgebiet für ihre Arbeiter zu erklären drohe, wenn wir »anschaffenden Mädels« nicht verschwänden. (Das ergab natürlich keinen Sinn, aber Buddy bot an, uns für die nächsten zwei Wochen zu bezahlen und uns ein schönes Zimmer im besten Hotel von Christiansted zu besorgen. Ich fand, jeder Ort müßte besser sein als der, an dem wir gerade waren.) Sunny und ich wurden zu einem protzigen Hotel am anderen Ende der Insel chauffiert. Sunny ging sofort los und fand einen soliden Job als Barfrau in einem Laden namens Susie's.
Was ich an Sunny so mag, ist, daß sie einfach nicht aufgibt. Hinter der Idee, Barfrau zu werden, verbarg sich die Vermutung, Buddy hätte sie zurückgewiesen, weil sie Prostituierte war. Wenn sie einen »anständigen« Job fände — das heißt einen Job, bei dem sie fünf Dollar die Stunde bekam —, würde Buddy — so meinte sie — sie mehr respektieren, als wenn sie fünfzig Dollar die Stunde als Prostituierte verdiente. Was sie an Buddy nicht verstand, war, daß das Geld ihn nicht nur anlachte, sondern für ihn sogar Männchen machte und durch Reifen sprang. Er hatte nichts gegen Frauen, die viel Geld verdienten.
Während Sunny zu Susie's ging, um ihren neuen Job zu erlernen, lag ich im Hotelzimmer herum. Seit diesem Flug hatte ich mich merkwürdig gefühlt — müde, von Schmerzen geplagt, seekrank, verschwitzt. Seit Tagen hatte ich die Anzeichen geleugnet. Doch als ich eines Morgens in diesem Hotelzimmer mit schmerzenden

Brüsten aufwachte, war mir klar, daß ich trotz meiner Spirale schwanger war. Ich wußte sogar, wer der Vater war. Der einzige Mann in den letzten sechs Monaten, mit dem ich kein Kondom benutzt hatte, war der kleine Highschooljunge gewesen. Es erschien mir wenig sinnvoll, ein Kind, das gerade versuchte, sich auf die irdischsten Aspekte des Erwachsenenlebens einzustellen, zu bitten, es möge die Hand einer achtundzwanzigjährigen Frau halten, während sie ein Kind abtriebe, das sie sehr gern behalten hätte. Ich spürte, daß es, was ein Kind betraf, hieß, jetzt oder nie. Aber bei meiner Lebensweise sah ich nicht, wie da ein Kind hineinpassen sollte. Andererseits ... hatte ich kein Geld für eine Abtreibung. Doch wenn ich mir nicht einmal eine Abtreibung leisten konnte, dann konnte ich mir erst recht kein Kind leisten.

Ungefähr in dem Augenblick stürzte Sunny mit großen Neuigkeiten ins Zimmer. Es gäbe da dieses *süße* kleine Zimmer bei Susie's, und Bonita, die fröhliche Frau aus Santo Domingo, der die Bar gehöre, sage, es sei früher als Freierzimmer benutzt worden. »Wenn du darin arbeiten willst, gehört es dir«, sagte Sunny. »Komm es dir ansehen.«

Auf dem Weg zu Susie's kaufte ich mir etwas Salzgebäck, von dem ich hoffte, es würde meine heftige morgendliche Übelkeit lindern, obwohl es genaugenommen später Nachmittag war. Susie's war eine dunkle, schreckliche kleine Bar mit fünfzehn Hockern, sechs Tischen und einer Jukebox, die lateinamerikanische Musik, Reggae und Country-Musik spielte. Die Gäste, wieder Pipelinearbeiter, zeigten sich ausgesprochen erfreut, mich zu sehen, aber was für ein dreckiger Haufen war das! Ziemlich entsetzt flüsterte ich: »Sind das die Männer, die du mir empfehlen willst?«

»Ja, die Kerle sind großartig. Sie sind jetzt schon verliebt in dich. Ich habe ihnen alles über dich erzählt. Ein paar von ihnen warten schon den ganzen Nachmittag.«

»Ach, wirklich?« Ich dachte: Sie sind nicht schmutziger als die Männer, die in der Werkstatt meines Vaters gearbeitet haben.

Sunny führte mich an der Küche vorbei in ein dreckiges kleines Loch, das sie das »Freierzimmer« nannte.

»Es muß noch etwas zurechtgemacht werden«, sagte sie. Wir schauten uns das Zimmer an, das niemals gewaschene Laken auf dem Bett, den niemals gefegten Zementboden, die zerlumpten Glasfasergardinen mit dem viereckigen Loch, durch das die Klimaanlage ging, die nackte Glühbirne, die von der Decke baumelte; und dann sahen wir uns an und lachten. »Da hast du uns ja wieder einmal ganz schön in den Schlamassel gebracht«, sagten wir gleichzeitig. Wir starrten den Raum noch eine Weile an, um die Ungeheuerlichkeit dieses Desasters zu begreifen. Da standen wir nun, zwei nette nordamerikanische Callgirls, die in ein luxuriöses Ferienhotel auf Saint Croix gelockt worden und statt dessen in etwas gestrandet waren, das eher einem Kerker in Kalkutta ähnelte: in einem heruntergekommenen Freierzimmer in einer schmierigen Bar namens Susie's.

Vieles ging mir durch den Kopf, als ich an der Tür dieses Zimmers stand. »Das kann ich nicht machen«, war mein allererster Gedanke. Aber ich hörte auch die Stimme meiner Mutter: »Ich möchte nicht, daß ihr Mädchen jemals zu stolz seid oder euch für zu gut haltet, etwas zu tun, das zum Überleben notwendig ist. Mit einem bißchen Seife und Wasser wird dieses Zimmer wieder ganz sauber.« Ich war fast pleite; ich wußte, daß ich nicht so viel Geld verdienen würde, wie ich zu Hause in Atlanta brauchte. Und ich war schwanger.

Das Eheleben meiner Mutter hatte schließlich auch in der Maiskrippe einer Scheune angefangen; was glaubte ich überhaupt, wer ich war? Ich kam mir vor wie Alice im Wunderland, als sie in den Spiegel sah. Die Lösung für mein Problem lag hinter dieser Tür, auch wenn es vielleicht ein großes Abenteuer war. Ich ging in das Zimmer und kam zu dem Schluß, daß die Dinge so schlimm nun auch nicht standen.

Als ich in die Bar zurückkehrte, begann ich mit den Kunden zu handeln. Es war hart, nicht beleidigt zu sein angesichts der Summen, die sie mir boten. Vierzig Dollar. Dreißig Dollar. Von solchen Preisen hatte ich noch nie gehört. Schließlich bot ein Kerl, der entweder besonders gut bei Kasse oder besonders geil war, sechzig Dollar an, und ich traute es mir zu, einen Kunden so zu lenken, daß er entweder unten lag oder wir beide es im Stehen machten. Jedenfalls war ich nicht bereit, mich auf das Laken dieses Bettes zu legen, nicht einmal angezogen.

Mit dreißig Dollar von dem Geld, das ich verdient hatte, zogen Sunny und ich am nächsten Tag los, um ein paar Laken, Kopfkissenbezüge, einen preiswerten Stoff für neue Gardinen und Bettrüschen zu kaufen. Wir besorgten auch einen Besen — in Susie's Bar

gab es keinen —, Scheuermittel, Lysol, Ungezieferspray, einen Lampenschirm und parfümierte Kerzen. Nach ungefähr zehn Stunden Arbeit sah das Zimmer gar nicht so schlecht aus. Es sah sogar irgendwie süß aus.
Das Geschäft lief gut, und zwar so gut, daß Sunny und ich es uns leisten konnten, ein Einzimmerapartment in der Nähe der Bucht zu mieten. Hauptsächlich kamen Arbeiter der Ölgesellschaft, Seehändler und die immer präsenten Latinos zu mir. Ich hätte wirklich gut Geld verdienen können, wenn ich nicht die Hälfte der Zeit über der Toilettenschüssel verbracht hätte. (Die Schwangerschaft bekam mir einfach nicht.) Bis zu dem Termin für den Rückflug, den Buddy bezahlt hatte, hatte ich genug Geld verdient, um in Atlanta die Abtreibung machen zu lassen und mich für einige Zeit zu erholen, bevor ich nach Saint Croix zurückkehrte, um das Abenteuer, das ich begonnen hatte, zu beenden. Buddy war übrigens, was Sunny betraf, eine jetzt längst vergessene Geschichte.

Der Monat, den ich bei Susie's arbeitete, kam mir wie ein Jahr vor. Sunny hatte ihre Familie zu sich geholt — also nicht nur ihren Sohn, sondern auch ihren Exmann — und sie in unserer Wohnung untergebracht. So lebten wir also mit drei Erwachsenen und einem Kind in einem Zimmer. Ich kam zu dem Schluß, daß die Situation bei Susie's einiges zu wünschen übrig ließ.
Deshalb ging ich mir ein paar andere Animierlokale im Rotlichtviertel anschauen.
Das El Echo, das von Yolanda geführt wurde, lag gleich neben Susie's. Die Prostituierten, die ich kannte, meinten, im El Echo ginge es zu restriktiv zu. Es sei vorgeschrieben, daß man von acht Uhr abends bis Ladenschluß arbeiten und in dem Haus wohnen müßte. Wenn man das Haus verließ, mußte man Yolanda zehn Dollar geben. Keine Drogen, keine Freunde; eine Menge Vorschriften. Aber der Laden war schöner, sauberer und sicherer als Susie's, und die Taxifahrer brachten die Seeleute, die sich nach einem Bordell erkundigten, dorthin. Doch für jemanden wie mich, die Vorschriften haßt, schien das El Echo keine Alternative zu sein. Nie, und ich meine wirklich nie, bin ich während meiner gesamten Highschoolkarriere zur Informationsstunde des Direktors gegangen. Ich sah einfach nicht ein, wozu sie gut sein sollte, und weigerte mich hinzugehen. Man drohte mir, mich aus der

Schule zu werfen, und ich sagte: »Dann tun Sie es doch.« Aber sie taten es nie. Deshalb gefiel mir die Vorstellung, als Prostituierte Vorschriften folgen zu müssen, die so unsinnig waren wie die Informationsstunde, nicht im geringsten.

Im Raphaelo's, dem anderen Bordell der Stadt, ging es laut und rauh zu, aber es gab keine Vorschriften, und auch dort hatte ich die Möglichkeit zum Wohnen. Ich verabschiedete mich von Sunny und zog mit Sack und Pack ins Raphaelo's. Ich beschloß, von nun an Geld an einen Freund in Kalifornien zu schicken, der mir versprochen hatte, es in einer netten amerikanischen Bank aufzubewahren, bis ich wieder nach Hause käme. (Ich traute den Banken auf Saint Croix nicht. Mein Ziel war es, während meiner Zeit in der Karibik mindestens zehntausend Dollar beiseite zu legen, und das klappte meiner Ansicht nach am besten, wenn das Geld irgendwo lag, wo weder ich noch sonst irgend jemand 'rankam. Und jedesmal, wenn ich zweihundert oder fünfhundert Dollar an meinen Freund schickte, schrieb ich einen Brief und erzählte ihm alles, was ich erlebte. Er hob diese Briefe auf, so daß ich heute über all diese Aufzeichnungen verfüge.)

Im Raphaelo's lernte ich auch Patty, eine blonde kalifornische Archäologin, kennen. Sie hatte eine wunderbare Einstellung zur Prostitution: Sie hatte beschlossen, auf der Suche nach guten »Ausgrabungsstätten« um die Welt zu reisen und sich ihren Lebensunterhalt durch Arbeit in den ortsansässigen Bordellen zu verdienen.

Patty war Mitte Zwanzig und voller Übermut. Das Raphaelo's, müssen Sie wissen, war einer der schäbigsten Läden auf der Welt. Er gehörte zu der Sorte, bei der Ihre Mutter, falls Ihre Familie dort zufällig hineinstolpern sollte, sofort sagen würde: »Faßt nichts an!« Im Raphaelo's verkehrten Menschen, die Killer waren, und zwar solche, die nicht aus Angst oder gar zur Selbstverteidigung Leute umbrachten, sondern für die das Töten eine primitive Form der Kommunikation war. Und trotzdem machten Patty und ich inmitten dieses Chaos', der Ignoranz und des Drecks haufenweise Geld.

Wir machten nicht nur Geld, weil wir jung waren und wie Studentinnen aussahen, sondern weil wir etwas von Psychologie verstanden. Eines Nachts beobachtete ich, wie Patty mit diesem Betrunkenen umging, der möglicherweise ein Problem für sie werden konnte, und zwar ein heftiges Problem. Der Mann war vielleicht nicht nur betrunken, sondern auch verrückt. Patty und ich lehnten in Morgensandaletten und Bodys an der Bar, und sie sprach mit diesem Typen, als wäre er bei ihr in Therapie. Er versuchte, sie herauszufordern, indem er sagte: »Du siehst genauso aus wie meine Frau, diese Hexe, ich sollte euch beide versohlen«, und sie sprach mit ihm wie eine Sozialarbeiterin: »Wann hast du zum ersten Mal das Gefühl gehabt, daß du jemanden schlagen möchtest?« Mit anderen Worten: Was der Typ auch sagte, sie ging auf alles ein. Und schließlich hatte sie ihn soweit, daß er nach Hause gehen und mit seiner Frau reden wollte, um den Streit friedlich beizulegen. Dieser Typ hatte seit dem Augenblick, da er zur Tür hereingekommen war, Unruhe gestiftet, und jetzt sagte er zu Patty: »Du bist in Ordnung, laß uns nach oben gehen, du bist in Ordnung.« Und sie sagte: »Warum gehst du nicht und schläfst dich aus?« Und das sagte sie nicht, weil sie Angst vor ihm hatte, sondern weil sie glaubte, daß es wirklich das beste für ihn sei, nach Hause zu gehen und mit seiner Frau zu reden, nachdem er sich endlich beruhigt hatte. Sie hatte erkannt, daß man in diesem Geschäft seine Menschlichkeit bewahren sollte.

Patty war ein Wunder im Umgang mit Menschen, die schrecklich wütend waren. Sie sagte, diese Menschen seien gute Kunden, wenn sie ihre Trunkenheit und ihren Ärger erst einmal überwunden hätten. Anders ausgedrückt: In ihrer sozialpädagogischen Vorgehensweise lag eine Spur von Selbstlosigkeit, aber es war eine Selbstlosigkeit, die sich letztendlich bezahlt machte. Alles zahlte sich aus, und Pattys Stil zahlte sich insofern aus, als an der Bar sowieso leicht Geschäfte zu machen waren und der Kerl sich vielleicht an sie erinnerte und an einem besseren Abend wiederkam. Sie meinte, ein Grundlehrgang in Psychologie sollte als Voraussetzung für alle gelten, die als Hure arbeiten wollten. O ja, und ein Psychologiekursus über abweichendes Verhalten wäre auch nicht schlecht, fügte sie hinzu.

Nach einer Reihe schlimmer Vorfälle wurde dem Raphaelo's die Lizenz für den Alkoholausschank entzogen, und die meisten von uns Frauen zogen ins El Echo. Yolanda bestand noch immer auf ihren Vorschriften, aber ihr Laden wirkte auch etwas sicherer. Sobald wir einzogen, warnten uns die dort arbeitenden Huren vor dem Wasser.

»Sollen wir es nicht trinken?« fragte ich.
»Nein, du mußt dir ein paar Kanister besorgen und sie mit Wasser füllen. Eine Stunde nachdem die Kunden weg sind, dreht Yolanda das Wasser ab. Sie denkt, wir verbrauchen zuviel. Insbesondere heißes Wasser.«
Also das kam mir genauso unglaublich vor wie die Notwendigkeit einer Pistole. Was für eine Gegend war die Karibik, daß die Leute dort auf dich schossen und dir das Wasser abdrehten?
Es geschah im El Echo, daß ich versehentlich einen Kunden beklaute, der mich heiraten wollte. Er war ein kleiner Mann aus Indien, der auf einem panamaischen Handelsschiff arbeitete, und er versprach mir seinen monatlichen Lohn, wenn ich ihn heiratete. Der belief sich auf sechshundertvierzig Dollar, die meine Kosten nun wirklich nicht ganz hätten decken können.
Er war ein absolut normaler Kunde gewesen, obwohl er schrecklich betrunken war und ewig lange gefickt hatte. Er brauchte sehr lange, um sich wieder anzuziehen, und dann glaubte er, wir hätten uns ineinander verliebt, und plante schon die Hochzeit. »Vielen Dank für den Antrag«, sagte ich, »aber ich glaube nicht, daß dies der rechte Augenblick ist.« In seinem betrunkenen Zustand meinte er es sehr ernst, aber ich versuchte nur, ihn aus dem Zimmer zu bekommen, damit ich an die Bar gehen und den nächsten Kunden holen konnte. Und er redete und knöpfte sich den einen Knopf zu, redete und knöpfte sich den anderen Knopf zu. Da sah ich einen kleinen, aufgerollten Geldschein aus seiner Hose fallen und dachte, wenn ich diesem Mann den Dollar zurückgebe, wird er noch eine Viertelstunde brauchen, um ihn wieder in die Tasche zu stecken. Da er mir bereits sechzig Dollar bezahlt hatte, dachte ich, was bedeutet schon ein weiterer Dollar? Er verschwendet mehr als einen Dollar meiner Zeit, bis er endlich angezogen ist. So griff ich unter das Bett, nahm den Schein und steckte ihn in meine Tasche.
Ich wußte nicht, wieviel ich an mich genommen hatte, bis ich mit Patty auf dem Bett saß und mein Geld zählte, so, wie Huren eben ihr Geld zählen. Nur Kinder beim Monopolyspiel und Huren zählen ihr Geld auf diese Art — im Kreis auf dem Boden oder auf dem Bett sitzend, stapeln sie ihr Geld, laut zählend, zu kleinen Haufen von Zehnern und Zwanzigern, weil es, auf eine freundliche Art, eigentlich eine Art von Wettbewerb ist. Ich strich die Geldscheine

glatt und zählte, und dabei stieß ich auf einen zusammengerollten Schein. »Den habe ich von dem Inder, der mich heiraten wollte«, erklärte ich. Wir mußten darüber lachen, daß ich mich erinnern konnte, welcher Dollar von welchem Freier stammte. Aber das konnte ich, weil die Männer verschiedener Nationalitäten einfach unterschiedlich mit Geld umgehen. Es war so typisch indisch, das Geld so zusammenzurollen.
Als ich die Rolle auseinanderzog und den Schein hochhielt, sah ich, daß es nicht ein Dollar, sondern hundert Dollar waren. Ich bekam große Schuldgefühle, sie genommen zu haben, und erzählte es Patty. »Wenn du den Mann morgen hier siehst, kannst du ihm dann sagen, daß er ihn verloren hat?« Ich schickte diese hundert Dollar auch nicht an meinen Freund in Kalifornien, sondern bewahrte sie im El Echo für den Fall auf, daß der Inder zurückkäme, aber er kam nie. Falls Sie diese Zeilen lesen, Sir, falls Sie 1980 auf einem unter panamaischer Flagge fahrenden Schiff sechshundertvierzig Dollar im Monat verdienten und sich an einen Rotschopf im El Echo auf Saint Croix erinnern, dem Sie einen Heiratsantrag machten — ich schulde Ihnen einhundert Dollar.
Es war Patty, die mir vom Black Angus in San Juan erzählte. Ich hatte ihr gesagt, daß ich das Leben auf Saint Croix haßte. Die Insel war zu klein, zu sonnig, es gab keine Telefone oder zumindest zu wenige. Es gab kein Fernsehen oder Radio, das hörenswert gewesen wäre. Vor Mittwoch bekamen wir die Sonntagsausgabe der *New York Times* nie. Es lief kein Kinofilm, der nicht schon drei Jahre zuvor in den Staaten gezeigt worden war. Und regelmäßig drehte Yolanda das Wasser ab.
»Wenn du etwas Aufregenderes suchst, das auch noch näher an zu Hause ist«, erklärte Patty, »solltest du das Black Angus in San Juan ausprobieren. Das ist ein riesiger Laden. Das größte Bordell auf der Insel. Du solltest zumindest dort haltmachen und es dir ansehen. Es ist ein echtes Erlebnis, wie in einem Fellini-Film.
Da Patty mir einst erzählt hatte, die Freiheit sei das, was sie am Hurenleben liebe — »ich kann ohne einen Pfennig Geld in jede Stadt ziehen und sofort meinen Lebensunterhalt verdienen« —, beschloß ich, ein Experiment zu wagen. Obwohl ich etwas Geld gespart hatte, flog ich nach San Juan nur mit einem einfachen Tikket und gerade genug Geld, um für zwei Nächte ein Hotelzimmer

zu bezahlen. (Ich hatte allerdings einen Rückhalt. Ich hinterließ etwas Geld bei einer Freundin und bat sie, es mir zu schicken, falls ich es brauchte. Ich machte nie davon Gebrauch. Als Hure ist es so, fand ich, als würde man sein Geld selbst prägen. Seitdem bin ich immer mit leeren Taschen verreist, weil ich sicher war, daß ich alles Geld, das ich brauchte, durchs Anschaffen würde verdienen können.

In San Juan stieg ich aus dem Flugzeug und fand ein Hotelzimmer für sechzig Dollar pro Woche. Die Klimaanlage übertönte zumindest den Verkehrslärm, wenn sie schon keinen Einfluß auf die Zimmertemperatur hatte. Aber immerhin gab es heißes Wasser. Dann nahm ich ein Taxi und sagte: »Zum Black Angus, sechshundertsiebenundzwanzig —«

»— Fernando Juncos«, beendete der Taxifahrer meinen Satz. Offensichtlich handelte es sich um einen bekannten Laden, und ich war nicht die erste Frau, die in ein Taxi stieg und dorthin wollte. Ich fand den Mann, den Patty mir empfohlen hatte, und sagte: »Patty hat mich geschickt.« Das waren die magischen Worte. Der Typ, Carlos, erklärte mir, alles, was ich brauche, sei ein Gesundheitsausweis, dann könne ich sofort anfangen. (Ich stellte bald fest, daß das Unsinn war. Keine der Frauen dort hatte einen Gesundheitsausweis. »Sag Carlos einfach, daß du darauf wartest«, rieten sie mir. Ich ging sogar zu der Adresse, die er mir gegeben hatte, weil ich mir einmal ansehen wollte, wie eine Behörde für Huren funktioniert, aber ich fand nur ein verlassenes Gebäude vor, was mir irgendwie symbolisch vorkam. Die Polizei verlangte von Carlos, daß er die Huren aufforderte, sich einen Gesundheitsausweis zu besorgen. Das Gesetz verlangte von uns, einen Gesundheitsausweis zu haben. Aber es gab keine Möglichkeit, an einen heranzukommen.)

Als ich die Bar im Black Angus sah, sagte ich spontan: »Hier gefällt es mir.« John Waters war offensichtlich hier gewesen. Das Black Angus Bar-Hotel war angeblich von der US-Regierung errichtet worden, während des Zweiten Weltkrieges, als viele Truppentransportschiffe in Puerto Rico vor Anker lagen. Die Einrichtung der Hotelzimmer schien aus alten Armeebeständen zu stammen: Sie war funktional, strapazierfähig und aus schwerem Holz gearbeitet. Diese von der Armee zurückgebliebenen Möbel paßten in den Laden. Das Black Angus war wie ein Ausbildungsla-

ger für Prostituierte. Dort wurdest du auf den Kampf vorbereitet, körperlich fit gemacht, und es war ein verdammt guter Ort, um andere Infanteristen kennenzulernen.
Vierzig Frauen aus der ganzen Welt arbeiteten dort Nacht für Nacht. An der Bar hatte man das Gefühl, einen weltweiten Überblick über das zu haben, was die Leute für sexy hielten: Es gab Baströcke, Blumengirlanden, Sarongs, Saris, Trachtenkleider aus Island, Polen und Schweden und eine einheimische Frau, die sich anzog, als wäre sie auf dem Weg zu einer Versammlung der Kirchengemeinde. Diese Frau war so fett wie eine Hausfrau, die zu viele Kinder bekommen hat. Sie hatte ein weißes, kurzärmeliges Hauskleid mit weitem Rock an, das bis unters Kinn zugeknöpft war. Sie hatte eine weiße Handtasche bei sich und trug flache weiße Pumps. Ihr einziger Schmuck waren ein goldenes Kreuz, eine Uhr — ohne die keine Hure auskam — und ein Ehering. Ich sah sie genauso oft nach oben gehen wie alle anderen. Eine Frau arbeitete dort schon seit dreißig Jahren in immer derselben Aufmachung — einer schwarzen Perücke und einem Sarong —, Jahr für Jahr.
Auch die Frau eines Angestellten arbeitete dort als Hure, und ich bin sicher, daß Divine nach ihrem Vorbild gestylt worden ist. Ich wollte wissen, wo sie ihr Haar machen ließ — es war frisiert wie in einem Weltraum-Spielfilm aus den fünfziger Jahren, weiß gebleicht und hoch aufgetürmt. Jedes Haar saß an seinem Platz, und sie sagte, es koste fünfzig Dollar, es so machen zu lassen. Ihr Make-up war so dick aufgetragen wie bei einem Trapezkünstler: dickes weißes Make-up unter dunklen, dick bemalten Augenbrauen, leuchtendes Rouge, sieben Schattierungen von Eyeshadows, einige mit metallischem Glanz, dicke falsche Wimpern und peinlich genau applizierter Lippenstift. Und das Ganze auf einer sehr dunklen Hautfarbe. Ihre Kleider waren sehr teuer, sie trug sogar manchmal perlenbestickte Cocktailkleider. Viele Nächte saß sie einfach da, reglos wie eine Statue. Diese Frau verlangte fünfzig Dollar, wenn sie einen Kunden bekam. Die meisten Frauen verlangten aber nur zwanzig oder dreißig Dollar.
Da ich ein adrettes angloamerikanisches Äußeres anzubieten hatte, verlangte ich dreißig Dollar für die »kurze Zeit«. (Okay, ich weiß, daß Puerto Rico ein Teil der Vereinigten Staaten ist und daß ganz Amerika als amerikanisch betrachtet wird, aber sogar in Puerto Rico fragten mich die Leute: »Bist du Amerikanerin?« Da

sie so darüber sprachen, spreche ich jetzt auch so darüber.) Ich war eine der wenigen Huren im Angus, die keine Perücke trugen. Mein Haar war kurz und lockig und sah auf eine hübsche Art typisch amerikanisch aus. Ich trug meistens enganliegende Tops und Wikkelröcke, hochhackige Sandalen und Sea Pearl Nagellack von L'Oreal, den damenhaften Nagellack, den ich bei Elaine lieben gelernt hatte. Davon konntest du jede Menge Schichten auftragen, ohne daß es gleich ganz übel aussah, und wenn etwas daneben ging und du auch deinen Finger anmaltest, fiel das niemandem auf. Ich dachte, ich sei neben Elaine die einzige Hure auf der Welt, die Sea Pearl trug, bis ich ins Black Angus kam. Als ich entdeckte, daß fast alle Huren es trugen, wechselte ich zu Rot. Was ich im Angus lernte, war, daß alle Frauen im Grunde dasselbe verkauften. Unsere Körper sahen bekleidet mehr oder weniger gleich aus. Wenn du Geld verdienen wolltest, mußtest du eine Möglichkeit finden, dich von den anderen abzuheben.

Egal, wieviel du im Black Angus verdientest, jeder Cent davon war hart verdientes Geld. Wenn dir jemand hundert Dollar gab, war er so grob oder so fordernd, daß du wünschtest, er hätte nur dreißig Dollar für einen Quickie bezahlt.

Für dreißig Dollar bekamen sie sieben Minuten mit einer Frau — ihnen sagte man, es seien zwanzig Minuten —, und außerdem mußten sie oben sechs Dollar für das Zimmer bezahlen. Im Black Angus wurden bei jedem neuen Kunden die frischen Laken einfach über das Bett geworfen. Sie waren wie mit einem Brandzeichen mit einem großen runden Kreis, in dem HOTEL 627 stand, gestempelt und so sauber, daß man sich Waschmittelverbrennungen holen konnte, wenn man darauf lag. Junge Puertoricaner rannten in die Zimmer und wechselten die Laken, sobald wir fertig waren. Die grauen, marmorierten Linoleumfußböden wurden dagegen nie gefegt, so daß ich bald lernte, nie meine Schuhe auszuziehen.

Wie die meisten Frauen, die dort arbeiteten, trug ich nur schnell abzustreifende Kleidungsstücke, selten hatte ich Unterwäsche an, und ich trug nie Strümpfe. Ich konnte mich in zehn Sekunden ausziehen und in fünfzehn anziehen. Ich hängte meinen Body so auf, daß ich nur aufstehen, ihn überstreifen und die Schnüre zuziehen mußte, und schon war ich angezogen. Wenn ein Freier großzügig gewesen war, sagte ich in den fünfzehn Sekunden, die ich brauchte, um mich anzuziehen: »Das war wundervoll.« (*Tú eres muy superbo, muy grande.*) Und daß ich hoffte, ihn wiederzusehen. Bei Sieben-Minuten-Stammfreiern schaffte ich bis zu neun Kunden pro Nacht. Wenn das Geschäft gut lief und ich Kunden fand, die für ein paar Extras bezahlen wollten, machte ich zwei oder drei Freier pro Nacht. Ich versuchte nie, hier oder da eine Minute herauszuschinden, wie manche Frauen es taten. Ich war immer höflich und gab den Männern die vollen sieben Minuten, die sie guthatten. Die Folge war, daß ich häufig Stammfreier hatte, die schon auf mich warteten, wenn ich nach unten kam; dann konnte ich gleich wieder nach oben gehen. Ich verdiente ziemlich regelmäßig zwischen einhundert und fünfhundert Dollar die Nacht und arbeitete von halb neun Uhr abends bis vier Uhr morgens.

An die meisten Läden gewöhnst du dich innerhalb weniger Tage, aber an die Arbeit im Black Angus hätte sich keine mittelständische Amerikanerin jemals gewöhnen können. Ich hatte jeden Tag Zeit, um ausgiebig über das nachzudenken, was dort ablief. Wenn ich Zweifel hatte oder mich fragte, wie ich mich machte, konnte ich schon am nächsten Tag einen Realitätstest veranstalten. Welches war der beste Annäherungsversuch? An welchem Platz stand man am besten? Welche Kleidung trug man am besten? Das Black Angus war ein kleines Versuchslabor für die Prostitution. Die meisten Erfahrungen sind einzigartig, aber im Angus konnte ich Dinge noch mal und noch mal wiederholen, um herauszufinden, was bei mir am besten funktionierte. Wenn etwas nicht funktionierte, hieß das nicht, daß meine Karriere zu Ende war. Es hieß nur, daß ich in der Nacht hundert Dollar weniger verdient hatte. Ich konnte das jederzeit wiedergutmachen, am nächsten Abend oder in der nächsten Woche. Die Dinge geschahen, wie sie eben geschahen. Ich konnte es mit einer Perücke probieren, einen anderen Lippenstift auftragen, einen neuen Nagellack. Manchmal trug ich Sachen, die alle Frauen toll fanden, und ich verdiente nicht einen Cent. Ich leistete mir sogar den Luxus, sie noch mal zu tragen, um festzustellen, ob es an den Sachen lag oder ob ich einfach nur eine schlechte Nacht gehabt hatte. Ich machte mir Notizen darüber, wieviel Geld ich unter welchen Umständen verdiente — was Realität war und was Mythologie.

Eine meiner erfolgreichsten Aufmachungen hatte sehr viel Ähnlichkeit mit dem Kleid des schillernden Gaststars in *I love Lucy* —

es war ein sehr enges Kleid mit drapiertem Stoff und Spaghettiträgern. Ich besaß es in zwei verschiedenen Farben, eins in Schwarz und das andere mit Leopardenmuster. Ich mochte das Leopardenmuster, aber in dem schlichten Schwarzen verdiente ich mehr Geld. Die Leute sagten, sie liebten das Leopardenmuster, aber die Männer gaben ihr Geld für schlichtes Schwarz aus. Ich lernte, daß ich, wenn ich nacheinander zwei Kleider trug, die beide gleich waren, eins aber rot und eins schwarz, mit dem roten nicht soviel Geld verdiente wie mit dem schwarzen. Und ich glaube nicht, daß das daran lag, daß das schwarze Kleid mich schlanker machte. Ich glaube, es liegt daran, daß Männer Schwarz sexier und förmlicher finden. Vielleicht wirkt Rot irgendwie billig und wie Schund.

Im Black Angus stellten sich die aggressivsten Prostituierten in die Nähe der Tür. Einige von ihnen hatten die Hände in der Hose des Mannes, noch bevor er die Bar erreichte. Die teureren Frauen befanden sich weiter hinten, auf der linken Seite, in der Nähe eines Flügels, auf dem nie jemand spielte. Eine Jukebox plärrte ununterbrochen, meistens spanische Lieder, aber in dem Jahr wurde auch Dolly Partons »Nine to Five« häufig gespielt. Die Bar selbst war rot beleuchtet, und die Frauen mußten extrem dickes Make-up auftragen — beispielsweise schwarzen Eyeliner um die Lippen, damit ihre Lippen nicht im Licht untergingen. In dem roten Licht der Bar sah für die Bauernjungen, die für die Nacht ihres Lebens nach San Juan gekommen waren, alles und jede schön aus. Wenn wir dann mit den Jungs die Treppe hinauf in das normale Licht im zweiten Stock gingen und uns in der Schlange vor dem Schalter, an dem sie das Zimmerticket kauften, anstellten, wirkte das wie eine Freak-Show.

Es war wie ein Bild von irgendeiner Kirmes: Einfache Bauernjungen stehen neben total aufgedonnerten und mit Federboas behängten Frauen von der Nebenvorstellung in einer Reihe, und alle warten darauf, ein Ticket für eine Fahrt auf dem Riesenrad kaufen zu können. Mancher Bauernjunge sah sich diese Frauen in dem hellen Licht zum ersten Mal genau an und änderte plötzlich seine Meinung.

Die Frauen in der Schlange brachten mir alles bei, was ich auf Spanisch wissen mußte. »*Yo mamo y chuchu buena.*« Wenn wir auf das Zimmer warten mußten, wollte ich verhindern, daß der Freier mich stehenließ, denn ich hatte ja schon zehn Minuten damit ver-

bracht, ihn in der Bar klarzumachen. Also unterhielt ich mich und die Bauernjungen, indem ich mir von ihnen die Grundlagen des puertoricanischen Spanisch beibringen ließ.
Aber manchmal dauerte die Warterei auf ein Zimmer einfach zu lange. Der Freier hatte sich auf zwanzig Minuten Sex eingestellt und fühlte sich zu nichts weiter verpflichtet. Nach zwanzig oder dreißig Minuten Warten haute er ab. Dann mußte ich in die Bar hinuntergehen und wieder von vorn anfangen. Die meisten Freier blieben aber, weil sie so scharf darauf waren, in diese Zimmer zu kommen.
Wir gingen dann den langen Korridor hinunter, angenommen zum Zimmer 19, und stürzten hinein. Er gab mir die dreißig Dollar — meistens in Fünfern und Zehnern —, dann schlossen wir die Tür, und zehn Sekunden später stand ich nackt am Waschbecken und wusch mich. Ich machte eine Geste, als wollte ich ihn ausziehen — indem ich vielleicht den obersten Knopf seines Hemdes öffnete —, und forderte ihn dann auf, den Reißverschluß seiner Hose zu öffnen. Jedes Zimmer hatte ein Bad mit einem Handtuch und kleinen Seifenstücken, die die Namen anderer Hotels trugen; es war meine Aufgabe, den Freier ins Bad zu bekommen und ihn zu waschen. Manche dieser puertoricanischen Bauernjungen hielten sich für sauber, wenn sie im vergangenen Monat einmal gebadet hatten oder in der letzten Woche im Ozean schwimmen gewesen waren. Alle Badezimmer im Angus sahen unterschiedlich aus. Mein liebstes hatte eine türkisfarbene Badewanne und rosa Keramikfliesen an der Wand. Ich wusch den Schwanz des Kunden am Waschbecken, direkt über einem kleinen, flachen Abfallbehälter aus Plastik, der am Ende der Nacht voll war mit benutzten Tampons und Gummis, Zigarettenstummeln, Seifenpapier und kleinen Resten benutzter Seife. Dann führte ich den Kunden zurück zum Bett und streifte ihm ein Gummi über. Zwei Minuten später war ich entweder am Blasen oder am Ficken.
Weitere fünf Minuten später, gerade wenn der Freier kurz davor war zu kommen, begannen die Wäschejungs an die Tür zu klopfen und zu rufen: »*Pronto, pronto. No mas tiempo!*« Danach hatten wir vielleicht noch eine Minute, und dann hieß es wieder: «*Pronto, pronto.*« Wenn ich einen Kunden hatte, der mir mehr Geld geben wollte, und der Wäschejunge uns wegen weiterer sechs Dollar nicht alle sieben Minuten stören sollte, gab ich dem

Wäschejungen fünf oder zehn Dollar und sagte ihm, er solle später wiederkommen. Ich stellte fest, wenn ich zuvorkommend und höflich zu den Wäschejungen war und sie nicht wie minderwertige Dienstboten behandelte, sondern wie Mitarbeiter, konnten sie sehr hilfreich sein. So konnte man zum Beispiel Zeichen verabreden, die sicherstellten, daß man nach sieben Minuten garantiert aus dem Zimmer war. Wenn der Freier nervte, sagte der Wäschejunge: »*No mas tiempo*«, und blieb stehen, bis der Mann ging. Es war ein himmelweiter Unterschied zu der Arbeit bei Elaine, aber irgend etwas daran war für mich unwiderstehlich. Jeden Tag dachte ich: Heute ist mein letzter Tag. Und jeden Abend war ich wieder im Black Angus.

Einige Prostituierte saßen die meiste Zeit herum und unterhielten sich: Nagellack und Fellatio waren die beiden Hauptthemen. Eine Hure wünschte sich einen Nagellack, der nie abblätterte, und sie wollte wissen, wie man einem Typen mit Französisch in möglichst kurzer Zeit einen runterholte. Jede einzelne Frau dort war der Meinung, sie hätte die beste Methode. Ich wollte unbedingt mehr lernen und fragte sie alle nach ihren Geheimnissen. Manche meinten, man müsse möglichst kräftig saugen. Manche meinten, Zungenschläge würden den Mann am schnellsten zum Orgasmus bringen. Manche meinten, *Deep Throat* sei die Antwort. Andere glaubten, es läge an der Auf- und Abgeschwindigkeit; manche dachten, wenn sie dem Mann den Finger in den Arsch steckten, ginge es besser; und eine fand, bei ihr hätte es nur etwas mit den Stöhn- und Schlürfgeräuschen zu tun.

Ich probierte alle Methoden aus — schließlich war ich jede Nacht dort, und jede Nacht hatte ich mindestens drei Kunden — und stellte fest, daß bei mir keine besonders gut funktionierte. Das heißt, isoliert funktionierte bei mir keine dieser Methoden gut. Aber wenn ich sie alle kombinierte und meinen eigenen Rhythmen fand, war das für die Männer eine verflixt aufregende Erfahrung.

Ich glaube, die Sache mit den Rhythmen lernte ich von japanischen Kunden. Wenn ein Japaner fickt, dann geht er nicht einfach rein, raus, rein, raus. Das war nicht die asiatische Art. Die asiatische Art war: rein, weiter rein, ein bißchen raus, weit rein, ein bißchen raus, ein bißchen raus, ein bißchen raus, weit rein, rein, rein. Du konntest dich in diesen Mustern und Rhythmen verlieren. Ich wollte immer einen meiner japanischen Kunden fragen, ob es irgendein traditionelles musikalisches Thema gab, dem er folgte, vielleicht eine Musik, die extra für den Geschlechtsverkehr komponiert worden war. Aber keiner von ihnen sprach gut genug Englisch, um es mir sagen zu können.

Ich war fasziniert von diesen japanischen Fickrhythmen und stellte mir vor, es könnte den Männern vielleicht gefallen, wenn ich ihnen auf diese Weise einen blies, es also kunstvoll machte und nicht einfach nur saugte, saugte, saugte. Es war wie ein aufreizendes Spiel, bei dem ich sie reizte und streichelte, plötzlich überraschte und kitzelte und ihnen ein tiefes Vergnügen bereitete.

Viele Kunden versuchten, die bezahlte Zeit voll auszunutzen, indem sie sich zurückhielten. Einige beschwerten sich sogar, weil ich sie zu schnell zum Orgasmus brachte. »Geh einfach nur rauf und runter, rauf und runter«, sagten sie. Aber ich fand, daß ich zwischen dem Rauf und Runter ruhig einen kleinen phantasievollen Rhythmus und eine Überraschung einbringen konnte, und brachte sie trotzdem ziemlich schnell zum Orgasmus. Selten dauerte es länger als sieben Minuten.

Viele Kunden sprachen ganz begeistert von mir, und ich bekam eine Menge Stammfreier, aber es war sehr anstrengend, so zu arbeiten. Wenn ich es nicht jeden Tag machte, wurden meine Zunge, mein Kiefer und meine Lippen müde. Als ich nach Hause fuhr, um mich in Atlanta etwas zu erholen, hörte ich jedoch von allen, daß sich mein Gesicht irgendwie verändert habe. Meine Wangen schienen schmaler und mein Kiefer schien fester zu sein. Ich wußte, daß das vom Blasen kam.

Die Huren im Black Angus hatten mir auch von den Beißern erzählt. An meinem ersten Abend beugte sich eine Frau zu mir herüber und sagte: »Der da ist ein Beißer.« Die Frauen rieten mir, mich niemals von einem Puertoricaner lecken zu lassen, weil sie einen bissen.

Und es stimmte. Die Puertoricaner bissen mich überall hin: in den Hals, in den Knöchel, ins Handgelenk, in die Brust.

Ich lernte sofort, wie man auf Spanisch sagte: »Nicht beißen. Nicht beißen, und das meine ich ernst.« Sie bissen mich trotzdem. Ich mußte meine Hände immer irgendwo in der Nähe ihrer Ohren behalten, damit ich sie packen und von dort wegzerren konnte, wo sie mich gerade bissen. Sie waren wie große, starke Holzböcke.

Einige von den Beißern hatten meine Hände-an-die-Ohren-Verteidigungstechnik spitzgekriegt, und mit ihnen ging es zu wie bei einem siebenminütigen Ringkampf. Sie versuchten, mich zu beißen, und ich versuchte, ihre Ohren zu packen; sie versuchten, aus meiner Reichweite zu gelangen, und ich versuchte, meine Beine zusammenzupressen, damit sie mich dort nicht beißen konnten.
Ein Freier war ein besonders leidenschaftlicher Beißer. Ich warnte ihn im voraus: Nicht beißen. Er nickte zustimmend und sehr ernst: Nicht beißen.
Als er mich biß, fragte ich: »Habe ich dir nicht gesagt, daß du nicht beißen sollst? Hast du nicht zu mir gesagt, daß du mich nicht beißen wirst? Warum beißt du mich dann?«
Er lächelte und antwortete: »*Me gusta.*« Es gefällt mir.
Es war eine ziemlich stressige Arbeit, wenn man jederzeit damit rechnen mußte, gebissen zu werden. Aber abgesehen von den Beißern liebte ich das Black Angus. Die Leute, die den Laden führten, ließen es nicht zu, daß irgend jemand ihre »Mädels« belästigte. Das hieß, die Wäschejungen kümmerten sich oben um Probleme, und die Rausschmeißer paßten unten auf uns auf. Ich wußte nicht, was das hieß, bis eines Nachts ein junger, betrunkener Franzose anfing, mich zu behelligen. Es war wenige Minuten vor Ladenschluß. Er kam zu mir und sagte, daß ich schön sei und er mit mir nach oben gehen wolle. Aber als ich ihm erzählte, wieviel es kostete, sah er mich enttäuscht an und meinte, er habe nur elf Dollar. Morgens um halb vier, nachdem ich fünf Freier gehabt hatte, war ich an einem weiteren Gang nach oben nicht interessiert, schon gar nicht für elf Dollar, und das erklärte ich ihm höflich. Aber er blieb hartnäckig. Manche Männer glauben es einfach nicht, daß eine Frau nein meint, wenn sie nein sagt.
In der Zwischenzeit kam ein netter Mann vom Festland herein und setzte sich neben mich. Ich hatte ihn in der Nacht zuvor gehabt und hätte gegen ein zweites Mal nichts einzuwenden gehabt. Aber der betrunkene Franzose hörte nicht auf, sich in unser Gespräch einzumischen. Ich wiederholte höflich, aber entschlossen, daß er mich in Ruhe lassen solle.
Er verstand das als Aufforderung, mich noch mehr zu bedrängen. Er begann, mich anzuflehen und seinen Schwanz an meinem Knie zu reiben, womit er meiner Ansicht nach einen Diebstahl beging. Ich stieß ihn sanft weg und sagte mit sehr höflicher, aber bestimm-

ter Stimme, wenn er noch einmal seinen Schwanz an meinem Knie riebe, würde ich ihn windelweich schlagen und außerdem seine elf Dollar als Preis für diese billige Erregung, die er sich bei mir stahl, kassieren. Er verzog sich kurz hinter eine Säule, war aber schon bald wieder da, zeigte mit dem Finger auf mich und lallte: »Du bist eine böse, schmutzige Frau.«

Weiter kam er nicht, denn jetzt hatte ich wirklich genug. Ich sprang von meinem Barhocker und schrie: »Hau ab, du Arschloch. Faß mich nicht an und komm nicht in meine Nähe!« In dem Augenblick entdeckte ich den Rausschmeißer im Hintergrund, der, wie mir bewußt wurde, die ganze Sache beobachtet hatte. Wie in einem Cartoon packte er den Kerl beim Kragen und hinten an der Hose und schleuderte ihn so weit, wie man einen Menschen nur schleudern kann. Der Kerl polterte gegen sämtliche Stützpfeiler und Möbelstücke zwischen dem Tresen und dem Ausgang. So viel Gewalt hatte ich seit der Menschenrechtsdemonstration in der Auburn Avenue in Atlanta 1972 nicht mehr gesehen. Sprachlos saß ich auf meinem Hocker. Ich hatte gedacht, die Rausschmeißer würden zu einem Kerl hingehen, vielleicht den Arm um ihn legen und sagen: »Komm, Junge, laß es gut sein.« Doch mittlerweile war der Rausschmeißer mit dem Kerl draußen vor der Bar angekommen, wo sich eine Menschenmenge versammelte. Ich war viel zu schockiert, um wissen zu wollen, was dort geschah, und ich fragte nie danach.

Die meisten Frauen im Black Angus waren »Arbeitsmigrantinnen«, entweder arme Frauen aus Drittweltländern — die von den Freiern zehn oder fünfzehn Dollar verlangten, weil sie so dringend Geld brauchten — oder ziemlich gut ausgebildete, schwarze oder weiße Amerikanerinnen oder Europäerinnen, die dreißig bis fünfzig Dollar verlangten. Es ist überflüssig zu erwähnen, daß diese beiden Gruppen sowohl in der Bar als auch bei Geselligkeiten häufig durch Klassenschranken getrennt waren.

Zu der ziemlich gut ausgebildeten Gruppe gehörte eine Hure namens Linda, die aussah wie die junge Katharine Hepburn. Linda war wirklich klug, anmutig und von einer gesunden Schönheit, die im Angus etwas fehl am Platz wirkte. Sie verdiente dort eine Menge Geld und schien es alles auszugeben, was mich überraschte; denn so, wie ich erzogen war, dachte ich, nette Mädchen aus der Mittelschicht müßten ihr Geld sparen. Einmal fragte ich sie, wofür sie ihr Geld ausgebe, und sie sagte: »Ich weiß nicht. Kleider, Schuhe, Hotels, Flugtickets, Essen, Schmuck und solche Sachen. Ich gebe ungefähr zweihundert Dollar am Tag aus, und ich kaufe alles, worauf ich Lust habe.« Linda war es, die mir zeigte, wie man einem Mann das Gummi überzieht, ohne daß er es merkt. (Viele Männer sträubten sich gegen Gummis, und das Management vom Black Angus bestand nicht darauf.) Am Anfang verbrachte ich mehr Zeit damit, mich mit den Kunden um die Benutzung des Gummis zu streiten, als damit, tatsächlich Sex mit ihnen auszuüben. Darum war es sehr wertvoll zu lernen, wie man einem Kunden ein Gummi überstülpte, ohne daß er es merkte. Sie benutzte ihren Daumen, um es mir zu zeigen.

»Zuerst«, sagte sie, »steckst du das Gummi in den Mund. Versteck es so in der Wange«, erklärte sie. Sie öffnete den Mund, um mir zu zeigen, wie sie es versteckt hielt, während wir die ganze Zeit redeten. »Nimm Gummis ohne Feuchtfilm«, fügte sie hinzu.

»Warum?«

»Hast du schon einmal Gummis mit Feuchtfilm geschmeckt?« fragte sie und verzog das Gesicht. »Wenn du dann soweit bist, schieb es mit der Zunge im Mund nach vorn.« Sie zeigte mir, daß das Gummi jetzt direkt hinter ihren Lippen war. »Wichtig ist, daß du es so zurechtlegst, daß du es gleich draufrollen kannst.«

»Aber wie rollst du es denn drauf?«

»Du beugst einfach den Kopf, so als würdest du ihm einen blasen, aber bevor deine Lippen den Schwanz berühren, schiebst du den Gummi aus dem Mund direkt auf seine Schwanzspitze. Dann drückst du mit gespitzten Lippen dagegen und fängst an zu blasen. Dabei mußt du das Gummi nur langsam mit der Zunge hinunterrollen.«

»Das ist alles?« Ich war skeptisch, ob das wirklich so einfach war.

»Nun, du hast dabei die Möglichkeit, ihn woanders zu berühren, während du das Ding runterrollst. Das wird ihn ablenken.« Ich sah sie immer noch zweifelnd an.

»Es funktioniert wirklich«, sagte sie. »Sie merken nie, daß es drauf ist, bis man es ihnen abnimmt.«

Ich konnte das kaum glauben, aber sie schickte mich mit einem ihrer Kondome nach oben, um es auszuprobieren. Mein erster Versuch war eine Katastrophe — ich versuchte, das Ding verkehrt herum aufzusetzen. Aber ich hatte insofern Glück, als ich es in der

Nacht noch vier- oder fünfmal versuchen konnte. Schon bald war ich in der Lage, ein Gummi aufzusetzen, ohne daß der Mann auch nur die geringste Ahnung von dem hatte, was da vor sich ging. Ein Gummi mit dem Mund aufzurollen wurde schnell ein fester Bestandteil meiner Arbeit. Ich fragte den Mann nicht einmal mehr, ob er ein Kondom benutzen wollte.

Im Black Angus habe ich so viel über bizarren Sex erfahren, daß ich eine überarbeitete Ausgabe der *Psychopathia Sexualis* verfassen könnte. Die Frauen ließen sich für Analsex extra bezahlen, und ich verlangte sogar eine Menge extra. Einer meiner Lieblingsstammfreier war ein Mann, den ich den Arschlochlecker nannte. Im Gegensatz zu den meisten Puertoricanern war er sehr groß. Er war ungefähr fünfunddreißig, bekam bereits eine Glatze und hatte große, hervorstehende, braune Augen und ein schmales Menjoubärtchen, das ihn wie die Karikatur eines Franzosen aussehen ließ. Er hatte eine spitze Nase, breite, aber dünne Lippen und ein kantiges Kinn.

Für das Arschlecken verlangte ich dreißig Dollar extra von ihm. Bis ich mit ihm im Zimmer war, hatte er schon einen Steifen. Ich wusch ihn dann, und während ich meine Möse und meinen Anus wusch, verschob er die schweren Holzmöbel, um einen ungehinderten Blick auf meinen schon bald entblößten Arsch im Wandspiegel werfen zu können.

(Diese Spiegel waren ungefähr einen Meter mal einszwanzig groß und hingen ungefähr dreißig Zentimeter über dem Boden, so daß man sich vom Bett aus darin sehen konnte. Alle Spiegel hatten Sprünge, die vermutlich durch zu heftige Sexspiele oder irgendeine Art von Gewalt entstanden waren.)

Wenn ich mich gewaschen hatte, wollte der Arschlochlecker, daß ich mich nackt auf das Bett legte, und zwar so, daß er meinen Schritt im Spiegel sehen konnte. Dann legte er meine Hand auf mein Schamhaar und forderte mich auf, mit den Fingern darin zu spielen, während er mir zusah. Seine Gesten und Bewegungen waren nur hektisch und auf eine komische Weise übertrieben. Ich versuchte, ruhig dazuliegen und etwas von meiner Ruhe auf diesen Kerl zu übertragen, der nun hektisch von einem bestrumpften Fuß auf den anderen sprang und sich wie besessen einen runterholte, während er mit der anderen Hand an seinem goldenen Kreuz fum-

melte. Er spitzte die Lippen und nickte mir zu, als würde er mir Küsse zuwerfen, wenn seine Hände nicht zu beschäftigt wären. Er redete auch dabei: »*Muy linda, me gusta*«, sagte er wieder und wieder und noch mal und noch mal, während er den Kopf hin- und herschleuderte, als wollte er mir sagen, daß er so etwas noch nie zuvor gesehen hätte. Dabei sprang er die ganze Zeit hin und her und masturbierte sich ohne Unterbrechung.
Gelegentlich schloß er die Augen vor Extase. Dann machte er plötzlich eine drehende Bewegung mit der Hand, die besagte, daß ich mich nun umdrehen sollte. Dann brachte er mich in eine Position, die einem Muslim beim Gebet ähnelte, wobei er meinen Körper mit der Finesse eines Löwenbändigers hin- und herrückte. Wenn ich dann die richtige Position eingenommen hatte, so, daß er meinen Hintern im Spiegel sehen konnte, bewunderte er ihn wie ein soeben fertiggestelltes Kunstwerk. Dann trat er zurück und streckte die Hand zum Spiegel aus, als präsentiere er meinen Arsch den Zuschauern. Dabei rief er ooh und aah, zog geräuschvoll die Luft durch die Zähne und gab schmatzende Kußlaute von sich. Dann trat er auf mich zu und berührte auf eine verstohlene Art meine Pobacken. Zuerst gab er mir ein paar leichte Klapse, dann begann er, beide Pobacken wie verrückt zu kneten, und mit einem lauten Ummmmmm fing er an, meinen ganzen Hintern zu küssen. Und schließlich leckte und saugte er mit einem gierigen Stöhnen an meinem Arschloch. Dabei schlang er den Arm um meinen hochgereckten Hintern, vergrub sein Gesicht in meinem Arsch und holte sich mit der linken Hand wie verrückt einen runter, während sein Goldkreuz gegen meine Klitoris schlug. In anderen Worten: Er holte sich mit meinem Arsch einen runter.
Nach ungefähr zwölf Minuten, von denen er sechs damit verbracht hatte, mein Arschloch zu lecken und mit der Zunge in es einzudringen, sagte ich ihm, daß die Zeit fast vorüber sei. Auf Spanisch bettelte er dann darum, seine Sache beenden zu dürfen. »*Tres minutos*«, sagte ich daraufhin, und er erwiderte: »*Okay.*« Nach weiteren drei Minuten sagte ich: »*Necesito mas dinero, ahora.*« Dann fing er an zu jammern und zu betteln und fuhr verstohlen fort, mich zu lecken. Um ihn aufzuhalten, streckte ich die Hand nach hinten und hielt sie vor mein Arschloch wie den Verschluß vor eine Kamera. Dann holte er weitere zehn Dollar heraus und nahm meine Hand weg.

Seine Orgasmen waren genauso hektisch wie alles andere, was er tat. In der ganzen Zeit mußte er sich wohl mit einer Geschwindigkeit von 150 Stößen pro Minute einen runtergeholt haben, und er steigerte die Frequenz noch, kurz bevor er kam. Dabei neigte er den Kopf zur Seite, um die ganze Szene im Wandspiegel zu beobachten, und dann kam er mit lautem Stöhnen und Ächzen, und ich fühlte warmes Sperma auf meine Fußsohlen und Knöchel spritzen.
Hinterher, während ich mir die Füße wusch, bedankte er sich immer, als hätte ich ihm das Leben gerettet. Er erzählte mir, daß er mich liebe und mich heiraten wolle, und sogar wenn wir das Zimmer verließen, sagte er noch: »*Muy linda, me gusta.*«
Ich sah ihn mindestens sechsmal, und jedesmal war es genau so, wie ich es beschrieben habe. Ich fing an, diese Art von Arschlochverehrung als ein normales sexuelles Verlangen zu empfinden. Als dann ein anderer Mann ins Black Angus kam und sagte, er wolle etwas ganz Besonderes mit meinem Arsch machen, dachte ich deshalb auch, daß ich ganz genau wüßte, worauf ich mich einließ.
Er war ein Schwarzer aus New York City, sauber, mit Designer-Jeans und einem T-Shirt bekleidet, ein Zivilist, der in Puerto Rico als Ingenieur für die US-Marine arbeitete. Er sagte, er würde mir hundert Dollar für eine Stunde geben, was mir sehr viel Zeit zu sein schien.
Anfangs lief das übliche Lecken und Ficken ab. Dann drehte er mich auf dem Bettrand in die mir schon vertraute Muslimgebetsstellung, kniete sich auf den Boden und leckte eine Weile mein Arschloch. So weit, so gut.
Kurz danach begann er, seine Zunge in meinen Arsch zu stecken. Er steckte sie sehr tief hinein, so tief, daß ich ihre Bewegungen in mir spürte. Das ging ungefähr fünfzehn Minuten lang so weiter, und dann überraschte er mich wirklich. Er blies mir Luft in den Arsch, und als die Luft wieder herauskam, atmete er sie tief ein. Er machte es wieder und wieder, öfter, als ich mitzählen konnte.
Ich hatte schon von Männern gehört, die gern Furze rochen, aber ich hatte geglaubt, daß sie ihre Frauen einfach mit einer Menge Bohnen fütterten oder sich eine suchten, die aufs Furzen spezialisiert war. Aber ich nehme an, daß ernsthafte Furzriecher wohl improvisieren müssen. Es war eine ziemliche Bewußtseinserweiterung, eine Erfahrung zu machen, die ich nicht einmal für mög-

lich gehalten hatte. Trotzdem erhellte diese Erfahrung für mich in keiner Weise den Ausspruch: »Er hat mir einfach Rauch in den Arsch geblasen«.
Ich wüßte gern, ob es eine Möglichkeit gibt, im voraus sagen zu können, welche seltsamen sexuellen Handlungen eine bestimmte Person anmachen. Es schien mir, daß absolut jeder durch absolut alles angemacht werden konnte, und es schien auch zu meinem Job zu gehören, auf diese Leute mit Verständnis und Mitgefühl zu reagieren. Ich mußte bereit sein, mußte mich auf alles, was kurz vor der Schmerzgrenze aufhörte, einlassen. Manche Menschen schienen wie Pawlowsche Hunde zu sein. Sie waren irgendwie darauf konditioniert worden, sexuelles Vergnügen durch Dinge zu erlangen, die mir und vermutlich jedem anderen seltsam vorkamen. Aber wenn ich diesen Menschen ihre sexuelle Ausdrucksform verweigerte, wenn ich sie noch mehr frustrierte und ihnen noch mehr Schuldgefühle gab, blieb ihnen nichts anderes übrig, als diese sexuelle Energie auf etwas anderes zu lenken.

Diese seltsamen Erfahrungen, die merkwürdigen Kunden, der endlose Strom unschuldiger Bauernjungen, die Touristen und Matrosen, die neuen Huren, die im Black Angus arbeiteten, und die roten Lampen in der Bar wirkten wie eine süchtig machende Droge auf mich. Ich beobachtete alles mit großen Augen, unschuldig, gefesselt, aufgeregt und amüsiert zur gleichen Zeit. Weihnachten flog ich nach Atlanta — voll mit bizarren Geschichten über Sex und Pistolen und merkwürdige Kunden — und erfuhr, daß Herman, der jähzornige alte Tölpel, der mit dem Geld so viele Schwierigkeiten bereitet und seine Freizeit damit verbracht hatte, Mädchen an Bushaltestellen aufzulesen, ermordet worden war.
Offensichtlich war es eins der Mädchen von der Bushaltestelle gewesen. Wahrscheinlich hatte er sie zu weit getrieben, obwohl das natürlich nicht heißen soll, daß es damit gerechtfertigt war, ihn mit einem Messer niederzustechen. Nach dem Messerstich taumelte Herman den Korridor entlang und ließ eine Blutspur hinter sich zurück. Das Mädchen war festgenommen worden, und ganz Atlanta sprach darüber: Ein netter alter Mann sei von einem Mädchen auf Trebe, mit dem er sich befreundet hätte, niedergestochen worden.

Alle Huren, die ich in Atlanta kannte — und mittlerweile waren es eine ganze Menge —, lachten, als sie erfuhren, was dem alten Herman passiert war. Er war zu manchen Frauen so gemein gewesen, daß sie das Gefühl hatten, dieses gewaltsame Ende geschähe ihm recht. Irgendwie fanden die Zeitungen heraus, daß Herman lange Prostitutionserfahrungen hatte, und in den weiteren Berichten versuchten sie, das Trebemädchen, das ihn ermordet hatte, als Hure darzustellen. Aber wir wußten alle, daß sie eins von Hermans Opfern gewesen war.

Es war schön, zu Hause zu sein, und vielleicht wäre ich geblieben, wenn ich nicht das Gefühl gehabt hätte, es gäbe für mich in der Karibik noch einiges zu lernen. Ich hatte dort bereits ein Jahr verbracht und dachte mir, wenn ich für ein paar weitere Monate dorthin zurückginge, über den kommenden Winter, dann würde ich anschließend mein Pensum voll haben. Als ich zurückfuhr, wußte ich nicht, daß ich noch so viel mehr zu lernen hatte, daß es ein weiteres Jahr dauern würde, bis ich die Karibik für immer verließ.

WENN DAS ZEHNER UND ZWANZIGER SIND, MÜSSEN WIR NOCH IN SAN JUAN SEIN

Der Sklave hat nur einen Herrn; die ehrgeizige Frau hat so viele, wie sie braucht, um ein Vermögen zu verdienen.

JEAN DE LA BRUYÈRE
Les Caractères ou les mœurs de ce siècle, 1688

Als ich nach Weihnachten nach Puerto Rico zurückkehrte, hielt ich es für wichtig, neben dem Black Angus noch andere Bordelle kennenzulernen. Das Angus war, wie Sie wohl mitbekommen haben, nicht gerade ein sittsamer Laden, aber im Vergleich zum La Riviera in Old San Juan wirkte es wie der Harvard Club. Vor dem La Riviera spielte eine Gruppe lebensgroßer weiblicher Automatikpuppen lateinamerikanische Musik. Es war eine Art puertoricanische Bordellversion von Walt Disneys Menschenrobotern. Die Schilder an der Eingangstür kündigten ein Mindestgetränk an, eine Oben-ohne-Disco, erotischen Tanz und — als vielleicht

größte Attraktion — einen Riesenfernseher. Ein anderes Schild schrieb den Männern vor, Hemden und Schuhe zu tragen. Als ich hineinging, bemerkte ich, daß Hosen nicht erwähnt wurden.
Ich kam über eine Treppe — die mit schwarzen, nackten Menschensilhouetten dekoriert war und an einem tropfenden, lecken Springbrunnen vorbeiführte — herein und dann ... nun, das war wirklich nicht mehr Amerika. Im Hauptsaal befand sich eine riesige runde Bar, die sich um die Bühne wand, auf der Stripperinnen, vollkommen nackte Stripperinnen, zu lauter und geiler lateinamerikanischer Beatmusik mit dem Hintern zuckten und ihn den Kunden, wenn notwendig, in die Gesichter drückten, um ihre Aufmerksamkeit zu erregen. Neben der Bar stand ein großer Teddybär, der hin und wieder von den Tänzerinnen umarmt wurde. Und überall waren Lampen, mehr Lampen, als ich jemals irgendwo in einem Laden gesehen habe: blaue und rote Warnleuchten von Polizeifahrzeugen, gelbe Blinklampen von Baustellen, Blaulichtspeziallampen vom Markt, Stroboskoplampen, Spotlights, die auf Kristallkugeln zielten, und natürlich blinkende Weihnachtsgirlanden. Falls die Kunden sich bei der psychedelischen Light-and-Sex-Show an der Bar langweilten, gab es schließlich noch einen Spielsalon mit Spielautomaten und Videospielen und einen TV-Raum, wo Videos von Pornotrickfilmen bis zu Zaubertricks mit Kondomen alles zeigten.
Als ich das La Riviera betrat, schoß mir der Gedanke durch den Kopf, ich könnte zu spät geboren worden sein. Ich überlegte, wie es wohl dreißig Jahre früher auf Kuba gewesen sein mochte. Möglicherweise noch dekadenter, noch wilder als das, was hier in Puerto Rico lief?
Ich war beeindruckt davon, welchen Spaß sowohl die Stripperinnen als auch die Kunden offensichtlich hatten. Es war, als wäre Caligula wieder am Leben. Sodom und Gomorrha. Das La Riviera war verschrien als ein heruntergekommenes, dreckiges und schlampiges Bordell, aber ich fand die sexuelle Karnevalsstimmung himmlisch. In diesem Laden war offensichtlich alles möglich. Die Dekoration war scheußlich und billig ohne Ende und eindeutig nach puertoricanischem Geschmack. Ich bin überzeugt, die Puertoricaner haben den ausgeprägtesten natürlichen Sinn für Kitsch, und das La Riviera war der Höhepunkt puertoricanischer Feinfühligkeit.

Ich machte eine Vorstellungsrunde, und eine Frau namens Maria nahm mich auf eine Besichtigungsrunde mit und erklärte mir die Bedingungen. Ich erfuhr, daß jede Nacht fünfundzwanzig bis fünfzig Frauen dort waren und daß sie zwischen zwanzig und dreißig Dollar für ihre Dienste verlangten, was keinen großen Unterschied zum Black Angus machte. Aber im La Riviera kosteten die Zimmer sieben Dollar für fünfundvierzig Minuten, und ein Schild verkündete prahlend KEINE WARTEZEITEN.

Mein erster Freier war ein netter kleiner Puertoricaner, der nicht allzu betrunken war und sich bereitwillig mit fünfunddreißig Dollar einverstanden erklärte. Wir verließen den Hauptsaal der Bar und machten uns auf den Weg zum Royal Hotel, das eigentlich ein Anbau am Ende des Flures und über ein paar Treppenstufen zu erreichen war.

Hier offenbarte sich der puertoricanische Sinn für Stil wahrhaftig. Der Flur war mit einem Silberlaméstoff drapiert, der zweifellos passend zu der silberfarbenen Isolierung ausgesucht worden war, die die Rohre der Klimaanlage an der Decke verdeckte. Die Betonblockwände im Treppenhaus waren so meisterhaft bemalt worden, daß sie nichts geringerem als billigen Kunstholzpaneelen ähnelten. Michelangelo wäre bei diesem Kunstwerk das Hören und Sehen vergangen. (So viel Talent hat nach so wenig Wirkung gestrebt, dachte ich.) Im Hotel fanden wir die realen billigen Holzpaneele vor, zu denen passend das Treppenhaus angemalt worden war. Welch ein Stil!

Ein freundlicher, grauhaariger alter Mann namens Duke, der perfekt englisch sprach, stand auf dem Treppenabsatz, um das Zimmergeld entgegenzunehmen. Er erklärte, der Mann müsse exakt sieben Dollar zahlen. Duke gab kein Wechselgeld heraus. Und als das Geld überreicht worden war, warf Duke es in den Schlitz eines Wandsafes. (Das Hotelmanagement wollte kein Risiko eingehen.)

»Wenn Sie einen Betrunkenen mit aufs Zimmer nehmen«, sagte Duke mit einem Blick auf meinen leicht wankenden Kunden, »sind Sie dafür verantwortlich. Aber wenn Sie Schwierigkeiten bekommen, rufen Sie einfach um Hilfe.«

Am Ende des Flures lag ein Stapel zusammengefalteter Handtücher mit je einem kleinen Stück Seife darin. Es war kein neues Stück Seife, aber es war abgespült und getrocknet worden, bevor es wiederverwertet wurde. Neben dem Stapel mit den Handtüchern stand eine Schachtel für Trinkgeld. Ein Schild erklärte, ein Dollar sei angemessen, was ich gepfeffert fand.

Die Zimmer waren gepflegter und sauberer als im Black Angus. Zu jedem Zimmer gehörte ein Bad mit funktionierender Dusche. Man hatte mir erzählt, es gäbe in jedem Zimmer auch ein Bidet; was ich entdeckte, war ein Bidet, wie es nur von einem Puertoricaner entworfen sein konnte: einen Schlauch, der vom Wasserhahn — mit kaltem Wasser natürlich — in die brillenlose Toilette führte. Es gab jedoch eine andere nette Eigenart in den Badezimmern: eine kleine schwarze Holzkiste unter dem Waschbecken, die hervorgezogen werden konnte, so daß auch kleine Männer sich den Schwanz waschen lassen konnten.

Das einfache Bett war weich und nicht so prall wie die Betten im Black Angus, was bedeutete, daß ich härter arbeiten mußte. Und anders als im Black Angus wurden die Laken im La Riviera nicht nach jeder Benutzung gewechselt. Statt dessen wurde das Laken in Viertel gefaltet. Nach jedem Kunden wurde es neu gefaltet, so daß es viermal benutzt werden konnte, bevor es entfernt und gewechselt wurde. Die Matratze war mit einem Spannlaken bezogen, das einmal täglich gewechselt wurde. Ich war mit meinem Kunden schnell fertig, und wir gingen zurück in die Bar, auf einen postkoitalen Drink: *jugo de China, con hielo, por favor.* Orangensaft mit Eis, bitte.

Eine der Nackttänzerinnen, Ryina, eine vierundzwanzigjährige Einheimische, war der Star der Show. Ohne irgendwelche Tricks, ohne Routine und ohne den Teddybär einzubeziehen, legte Ryina einen erotischen, sinnlichen Tanz hin, bei dem alle Kunden rhythmisch mitklatschten. Anmutig auf den Fußspitzen balancierend, spreizte sie die Knie, um den Kunden an der Bar einen Blick auf das zu gewähren, was sie sonst nicht hätten sehen können. Es waren um die hundert Kunden an der Bar, und für einen Dollar gewährte sie jedem einen flüchtigen privaten Blick. Für fünf Dollar durfte ein Mann ihre Muschi lecken, während sie tanzte. Zwischen den Shows ließ sie die Männer wissen, daß sie für Privatauftritte im Hotel zur Verfügung stünde. (Buddy, der Typ, der mich und Sunny überhaupt in die Karibik geholt hatte, hatte einmal gesagt, Huren tanzten nicht und Tänzerinnen hurten nicht. Ryina war tatsächlich die erste — und einzige — Frau, die ich kannte, die beides tat.)

Als ich an der Bar saß, sah ich einen alten Mann, der mir ein paar Monate zuvor im Black Angus hundert Dollar für einen kurzen und einfachen Job bezahlt hatte. Er erinnerte sich nicht an mich — vermutlich war es Senilität —, aber er meinte, er sei bereit, es noch mal zu versuchen, falls es wirklich *noch mal* sei. Er bestellte zwei Drinks für uns, und ich entschuldigte mich kurz, um auf die Toilette zu gehen. Als ich, in der Erwartung eines erneuten schnellen Gangs, nach oben zurückkam, herrschte Panik im La Riviera. Der alte Mann war verschwunden. Die Frauen und Kunden rannten in alle Richtungen — diejenigen, die die Orientierung nicht verloren hatten, zur Tür. In dem Geschrei und bei dem schnatternden Spanisch fiel es mir schwer zu verstehen, was eigentlich vor sich ging. Ich sah Männer mit dicken Stöcken und Gewehren, was mich auf den Gedanken brachte, rivalisierende Gangster hätten das La Riviera angegriffen oder es stünde im Mittelpunkt der Revolution einer Bananenrepublik. Hatte Puerto Rico sich schließlich doch von den Vereinigten Staaten losgesagt? Die Übernahme eines Bordells mußte meiner Ansicht nach für die Puertoricaner der erste Schritt sein, um die Macht im Lande an sich zu reißen.
Ich rannte zurück in die Toilette und begegnete einer zweisprachigen Hure. Als ich ihr erklärte, was draußen vor sich ging, rief sie: »Oh, nicht *das* schon wieder. Bleib hier«, sagte sie, »dann bist du sicher.«
Und damit verschwand sie.
Was meinte sie mit: nicht das schon wieder?
Und sicher vor was?
Es klang, als fände in der Bar ein Aufruhr statt. Ob Menschen geschlagen wurden? Würde ich Gewehrschüsse hören? War das ein normales nächtliches Ereignis im La Riviera?
Es gab keinen Fluchtweg. Die Bar und die dazugehörige Toilette befanden sich im zweiten Stock, so daß ich nicht aus dem Fenster krabbeln konnte. Und der Ausgang befand sich, von der Toilette aus gesehen, am anderen Ende der Bar, so daß ein wilder Sturm durch die Bar keine besonders gute Idee war. Kurz darauf kam ein Mann herein und winkte mir mit dem Gewehr. Er gab mir zu verstehen, daß ich ihm durch die Bar ins Umkleidezimmer der Tänzerinnen folgen sollte. Und dann deutete er an, daß ich warten sollte. Warten worauf, fragte ich mich, auf die Feuerwehr? Puerto Rico gehörte doch noch zu den Vereinigten Staaten, oder nicht? Ich

meine, sie erschossen einen doch nicht einfach, oder? Gab es vorher nicht irgendeine Art von Prozeß?
Schließlich erklärte mir jemand auf Englisch, daß die Polizei Nackttänzerinnen suche. Sofort verlangte ich nach einem englischsprechenden Beamten. Ein gutaussehender, junger puertoricanischer Beamter von der Sittenpolizei kam zu mir, und wir hielten Konferenz. »Sind Sie sicher, daß Sie keine Nackttänzerin sind?« neckte er mich. Es fiel mir nicht schwer zu erklären, daß ich ganz bestimmt keine Nackttänzerin im La Riviera sei. »Was macht eine nette amerikanische Lady wie Sie dann hier, in diesem Laden?«
»Ich bin eine Hure.«
Er fragte eine der Tänzerinnen: »Stimmt das? Ist sie eine Hure? Haben Sie sie jemals tanzen sehen?«
Sie schüttelte den Kopf. »Nein.«
»Und Sie?«
»Nein.«
»Hat irgend jemand diese Lady jemals tanzen sehen?« fragte er.
»Nein! Nein! Nein!« riefen sie im Chor.
Der Sittenpolizist ließ mich frei, aber erst, nachdem er mir die Telefonnummer seines Polizeibezirks gegeben und mich zum Essen eingeladen hatte. »Sagen wir, heute nacht um halb zwölf?«
Es war eines der lehrreichsten Abendessen, die ich jemals gehabt hatte. Der Sittenpolizist erzählte mir beispielsweise, daß die Tänzerinnen nur eine Strafe hätten zahlen müssen. Er erzählte, daß es in den vier Jahren, seit er bei der Sittenpolizei arbeitete, keine Verurteilung wegen Prostitution gegeben habe. Um verurteilt zu werden, müsse eine Prostituierte sich einem Mann nähern und ihm in Hörweite von jemand anderem eindeutig Sex für Geld anbieten. Der Grund für diese Regelung sei, daß ein puertoricanischer Mann in Verlegenheit geraten könnte, wenn jemand mithörte, daß er Geld geben müsse, um Sex zu bekommen. Dieses Gesetz wurde also gemacht, um Männer davor zu schützen, daß sie in Verlegenheit gerieten. Wenn sie eine Bordellrazzia machten, erklärte der Cop, suchten sie nach bestimmten Namen, nahmen alle in einem Schulbus zur Polizeiwache mit, lasen die Liste der Namen vor, wobei niemand unter den Anwesenden auf der Liste zu stehen schien. Wenn sich niemand gemeldet hatte, mußte jede Frau eine Haftbearbeitungsgebühr von ungefähr dreißig Dollar bezahlen,

und alle Anklagen wurden fallengelassen. Dann wurden alle wieder in den Bus verfrachtet und ins Bordell zurückgefahren. Anschließend veröffentlichte die Polizei eine Presseerklärung, in der mitgeteilt wurde, wie viele Leute sie verhaftet hätten. Puerto Rico, fand ich, war großartig.

Angesichts der neugewonnenen Information beschloß ich, etwas auszuprobieren, das ich schon immer hatte machen wollen, aber mich nicht getraut hatte: die Straßenprostitution. Ich hatte Männer in Einkaufszentren aufgelesen und in Europa Männer von der Straße mitgenommen, aber das war nur zufällig passiert. Jetzt wollte ich die klassische Straßenprostitution ausprobieren.
Ein Taxifahrer erzählte mir, der beste Platz sei die Ashford Avenue in der Nähe vom La Concha Hotel. So suchte ich mir eines frühen Abends auf der gegenüberliegenden Straßenseite einen Tisch im Consulada Restaurant, einem Café im Freien, und begann mit der Beobachtung, als wäre ich Marlin Perkins, die die Paarungsrituale von Kaiserpinguinen aufzeichnet.
Der Café-Besitzer bemerkte, daß ich mir Notizen machte, während ich die Frauen bei der Arbeit beobachtete. An meinem zweiten Abend kam er an meinen Tisch geschlendert und fragte, ob ich Schriftstellerin sei. »Im Augenblick ja«, antwortete ich mit einem freundlichen Lächeln.
»Machen Sie sich Notizen für eine Story? Vielleicht für eine Zeitschrift oder Tageszeitung?« fragte er listig.
»Im Augenblick beobachte ich nur und mache mir ein paar Notizen«, antwortete ich. »Es wird noch eine Weile dauern, ehe ich etwas schreibe. Kennen Sie eine dieser Frauen?« fragte ich.
»Nein, nein, aber ich sehe sie jede Nacht«, erwiderte er, »und meine Kunden machen sich einen Spaß daraus, sie zu beobachten.« Er erzählte mir eine Geschichte über einen Tisch voller japanischer und amerikanischer Geschäftsleute, die gewettet hatten, welches der Mädchen zuerst einen Kunden finden würde.
»Wer gewann?« fragte ich.
»Oh, die Japaner. Und sie gaben mir zweihundert Dollar Trinkgeld.«
»Um wieviel haben sie gewettet?«
Er beugte sich zu mir und gestand: »Um tausend Dollar.«

»Und auf welches Mädchen haben sie gesetzt?«
Er zeigte über die Straße auf eine schwarze Hure. »Die in der grünen Hose«, sagte er. »Sobald die Japaner auf sie getippt hatten, wußte ich, daß sie gewinnen würden. Sie arbeitet jede Nacht, und sie ist sehr gut.«
»Oh«, sagte ich, »haben Sie ...«
»Nein, nein, nein, nein«, erwiderte er und trat einen Schritt zurück. »Ich habe es nur gehört.«
»Haben die Japaner *ihr* ein Trinkgeld gegeben?«
Er sah mich an, als wäre ich verrückt.
»Sie verdient Nacht für Nacht mehr Geld als ich«, erwiderte er.
Mehrere Abende schaute ich im La Consulada vorbei. Der Besitzer hatte recht mit dem, was er über die Frau in der grünen Hose gesagt hatte. Sie kam nur geschäftlich dorthin. Sie hatte einen scharfen Blick und war sehr aufmerksam. Mit keiner Geste versuchte sie, jemanden geschäftlich anzuwerben. Während die anderen Frauen winkten und manchmal direkt auf die Männer zugingen und sie am Arm packten, ging die Frau in der grünen Hose einfach nur auf und ab, stand herum oder wartete. Und jede Nacht fuhr die Frau in der grünen Hose ein- oder zweimal mit einem Freier weg, während die anderen, aggressiveren Frauen lachend herumstanden und miteinander plauderten.
Als ich zu der Frau in der grünen Hose ging, sagte ich ihr, daß ich sie eine Weile beobachtet hatte. Ich erzählte ihr schnell von meinen eigenen Hurenerfahrungen — im El Echo und im Raphaelo's auf Saint Croix, im Black Angus und La Riviera in San Juan —, um sie davon zu überzeugen, daß ich kein Cop, keine Reporterin und keine Verrückte war.
Straßenprostituierte, hatte ich gehört, distanzieren sich meistens von Bordellhuren. Sie glauben, die Frauen, die im Bordell arbeiten, seien zu vielen Einschränkungen und Vorschriften unterworfen und hätten im Verhältnis zu dem Service, der ihnen geboten wird, zu viel Geld abzugeben. Die Straße erlaubt es einem breiteren Spektrum von Frauen, anschaffen zu gehen, als ein Bordell. Auf der Straße arbeiten Menschen, die im Bordell nicht akzeptiert würden, weil sie Drogen nehmen oder unpünktlich sind oder gar nicht erscheinen, oder weil sie mit anderen Frauen nicht zurechtkommen. Die Straße hieß alle demokratisch willkommen. Es gab Frauen mit Collegeabschluß und Frauen, die nie zur Schule gegan-

gen waren; Frauen, die nebenbei andere Jobs hatten, und Frauen, die durch Drogen völlig auf den Hund gekommen waren und sich dort immer nur so lange aufhielten, bis sie das Geld für den nächsten Schuß verdient hatten.

Einige Straßenprostituierte fühlten sich den Callgirls überlegen, weil sie unabhängiger waren. Sie fühlten sich wie die Cowboys draußen in der Wildnis oder wie Spione auf einer gefährlichen Mission. Sie prahlten damit, wie frei sie seien. Abgesehen von Schuhen, Kleidern, Make-up und Kondomen schienen sie geringe Fixkosten zu haben. Einige unterhielten in der Nähe Wohnungen für die Kunden. Sie waren niemandem als sich selbst Rechenschaft schuldig.

Es stellte sich heraus, daß Margueritte, die Frau in der grünen Hose, Amerikanerin war. Sie war bereit, mir das Geschäft zu erklären. Sie war sogar geschmeichelt und beeindruckt, weil jemand wirklich etwas über die Straßenprostitution und über sie selbst erfahren wollte. Als erstes sagte Margueritte zu mir: »Du brauchst ein Paar neue Schuhe, meine Süße.« Sie hatte die Arme vor der Brust gekreuzt, lehnte sich zurück und verlagerte ihr Gewicht vom linken Bein auf das rechte, wobei sie den Absatz des rechten Schuhs in den betonierten Fußweg stemmte. Sie spitzte leicht die Lippen, fixierte meine Füße und wartete auf meine Reaktion.

Ich schaute auf meine brandneuen hochhackigen Goldlamé-Riemensandaletten, die ich extra für diese Gelegenheit gekauft hatte, und fragte: »Oh ... sind die nicht geeignet?«

Sie schüttelte den Kopf von einer Seite zur anderen. »Sie sehen gut aus, aber du trägst diese gezierten kleinen Dinger hier draußen die ganze Nacht, diese dünnen Riemchen werden sich in deine Füße schneiden, daß du nicht einmal eine Woche durchhalten wirst. So kannst du kein Geld verdienen. Wenn du auf der Straße arbeitest, verdienst du das Geld mit deinen Füßen; vergiß das nicht.«

»Was sind das für Schuhe, die du trägst?« fragte ich. Ihre acht Zentimeter hohen Pumps ließen die Zehen frei.

Sie nannte mir einen Schuhdesigner und erklärte: »Das sind Hundertachtzig-Dollar-Schuhe. Ganz aus Leder. Italienisches Leder, siehst du, ›Made in Italy‹. Ich kaufe nur italienische Schuhe. Vergiß Billigangebote aus dem Warenhaus. Bezahl niemals weniger als hundert Dollar für ein Paar Arbeitsschuhe. Und achte darauf, daß

sie wirklich passen und bequem sind, wenn du sie im Laden anprobierst. Das hier ist kein Ort, um Schuhe einzulaufen. Sie brechen dir eher das Kreuz, als daß du sie einläufst.«
Sie erzählte mir, in welche Hotels man gehen konnte, wie man auf der Straße einen guten von einem schlechten Kunden unterschied und wieviel Geld man nahm. Offensichtlich waren die Kunden, die allein kamen, besser, aber es konnte auch vorkommen, daß man mit zwei Männern zu tun hatte. Am besten waren einheimische Geschäftsleute. Touristen waren mal so, mal so. Schiffskaufleute waren gewöhnlich gut. Matrosen waren häufig eine Plage. Aber Vorsicht vor Arabern (zu rauh) und Japanern (zu nervös und kritisch). Sie machte mir klar, daß ich jemandem Bescheid geben müßte, wohin ich ginge, mit wem und wie lange, wenn ich einen Mann von der Straße mitnähme. Das könnte ich tun, indem ich mit dem Mann zu einer anderen Frau ginge, ihn vorstellte und alle Vereinbarungen mit ihm in ihrer Gegenwart träfe. »Wir gehen in das Soundso-Hotel«, könnte ich sagen, »und wenn ich in zwanzig Minuten nicht zurück bin, komm mich suchen.«
Dem Mann mußte deutlich sein, daß diese Frau wußte, wer er war und wohin wir gingen. Das war eine Art Lebensversicherung auf dem Strich.
Ich hätte nicht nur darauf zu achten, wie ein Mann gekleidet sei, sondern auch darauf, ob es irgend etwas an ihm gäbe, das nicht zu stimmen schien — ob er nicht zusammenpassende oder extrem ausgefallene Kleidung trage, ob er zu glücklich oder zu deprimiert sei. Sie sagte: »Wenn ein Typ streitlustig oder schmutzig ist oder wie ein Säufer aussieht, würdest du wahrscheinlich sowieso nicht mit ihm gehen. Aber du mußt dich vor diesen Charmeuren und reichen Bastarden vorsehen. Und vor Typen, die zu freundlich und zu großzügig sind.«
»Woher weiß ich denn, ob jemand zu großzügig oder zu freundlich ist?«
»Zu freundlich ist jemand, der alles über dich wissen will. Ich meine nicht das Geschäftliche, sondern das Persönliche — wie alt deine Kinder sind oder wo du wohnst, mit welcher Hand du dir den Arsch abwischst und solche Sachen.« Dann erklärte sie: »Der reguläre Satz beträgt vierhundert oder fünfhundert Dollar pro Nacht; wenn ein Typ kommt und dir sofort tausend Dollar anbietet, laß ihn am besten gehen. Niemand gibt sinnlos Geld aus. Wenn

du die tausend Dollar nimmst, mußt du sie irgendwie verdienen, und wahrscheinlich wird es nicht so sein, wie du es dir wünschst.«

»Meinst du mit nicht zusammenpassender Kleidung verschiedenfarbige Socken?« fragte ich.

»Ich meine, daß du deinen Verstand benutzen sollst. Wenn seine Socken nicht zusammenpassen, liegt es daran, daß er farbenblind ist, oder daran, daß er psychopathisch ist? Das mußt du herausfinden, bevor du mit ihm weggehst. Wichtig ist, daß du aufmerksam auf jedes kleine Ding achtest, was nicht stimmt, und daß du herausfindest, warum. Geh niemals von Vermutungen aus.«

»Aber gibt es nicht auch Regeln, nach denen du dich aufgrund deiner Erfahrung richtest?« fragte ich schmeichelnd.

»O ja, ich steige in kein Auto, an dem die Radkappen nicht zusammenpassen.« Aber gleichzeitig müßte ich mich vor zu teuren Autos vorsehen, sagte Margueritte. »Ein Mann, der in Puerto Rico genug Geld für ein tolles Auto hat, kann es sich leisten, bei jeder Frau bis zum Foltermord zu gehen. Und wenn Leute das erfahren und gegen sein Handeln vorgehen, kann ein Mann mit viel Geld sie bestechen. Das ist eine arme Insel. Leute mit Geld können hier machen, was sie wollen. Viele Menschen werden ermordet und in der Bucht ins Wasser geworfen. Nur wenn jemand zu faul ist, sie weit genug draußen abzuwerfen, daß die Fische sie auffressen, werden sie wieder an Land gespült.«

Nun gut.

Sie erklärte mir, daß ich mich bei den anderen Frauen über Freier erkundigen sollte. Hatte jemand diesen Mann schon einmal gesehen? War er in Ordnung? Die meisten Männer, die die Frauen auf der Straße aufsuchten, seien bekannt, und es läge an mir, herauszufinden, was man über sie wußte.

Ich fing an, auf den Strich zu gehen, mit Vorsicht, wie ich alles Neue anging, und ich stellte fest, daß alles, was Margueritte mir erzählt hatte, stimmte — insbesondere die Sache mit den Schuhen. In dieser Zeit erlebte ich eine Phase körperlicher Fitneß: Ich machte eine Diät, trank keinen Alkohol und hatte viel Bewegung. Mein Gewicht ging zurück auf den Stand, auf dem es während meiner Highschoolzeit gewesen war, und jeden Morgen um fünf Uhr lief ich drei bis vier Meilen. Durch meine Arbeit auf dem Strich konnte ich zu meinem täglichen Gesundheitstraining noch vier bis fünf Meilen Fußweg hinzuzählen.

Auf der Straße, stellte ich fest, war es wichtig, sich so zu kleiden, daß Luft an den Körper kam, aber gleichzeitig mußte ich mich so gemäßigt kleiden, daß ich in die Casinos und Hotels gehen konnte. Ich begann, Haremshosen zu tragen, die an der Seite einen Schlitz — durch den Luft eindrang —, an den Knöcheln aber einen Gummizug hatten — der sie unten zusammenhielt. Es war zu windig für Wickelröcke.
Ich entwickelte meinen eigenen Stil der Straßenprostitution. Die Condado ist eine sehr touristische Straße; es gibt dort alles — von Cafés bis hin zu Casinos, die bis vier Uhr morgens geöffnet sind. Sie war sehr hell beleuchtet, und ständig waren Leute unterwegs, ähnlich wie in den Einkaufszentren von Atlanta.
Manchmal baten mich Kunden, mit ihnen ins Casino zu gehen, aber mir gefiel das nie. Zuzusehen, wie ein Knabe in zehn Minuten tausend Dollar verspielte und dann hundert Dollar für mich ausgab, war ärgerlich. Es schien ungerecht.
Gelegentlich ging ich in die Casinos, um Kunden auszukundschaften. Aber Margueritte warnte mich: »Die Casinos bemühen sich sehr darum, Leute hereinzuholen, und sie wollen nicht, daß wir sie wieder herausholen.« Die Casinos hatten nichts dagegen, wenn ich da war. Ich wurde sogar als eine Art Magnet betrachtet. Aber es war ein Fauxpas, am Spieltisch jemanden anzusprechen. Statt dessen wurde von mir erwartet, daß ich meiner Arbeit in der Lounge nachging, wo sich die Leute aufhielten, um ihre Nerven zu beruhigen — wenn sie viel verloren hatten — oder um nach einem großen Gewinn auf ihre Intelligenz anzustoßen. Im Casino hatte niemand etwas dagegen, wenn ich mit jemandem Geschäfte machte, solange ich es erst dann tat, wenn sie *ihr* Geschäft beendet hatten.
Ob ich auf der Straße, im Casino oder im Bordell war, ich sprach nie jemanden an. Ich überließ es den Männern, sich mir zu nähern. Ich pflegte die Straße hinunterzugehen und mir Schaufenster anzusehen. Ich ging in die Geschäfte, um einzukaufen. Manchmal machte ich halt und trank einen Kaffee. Straßenverkäufer — Leute, die Schmuck, Kleidung, Hüte, Schals und Touristenartikel verkauften — machten häufig Kunden auf mich aufmerksam. Im Gegenzug führte ich meine Kunden zu meinen Lieblingsverkäufern und schlug ihnen vor, ein Schmuckstück zu kaufen, das sie mit nach Hause nehmen könnten.

Aber meistens hielten mich die Männer einfach auf der Straße an. »Wohin gehen Sie?« lautete die klassische Frage, die jeder Frau gestellt wurde, die allein spazierenging.
Ich antwortete immer etwas ausweichend: »Die Straße hinauf.« Oder: »Kaffee trinken.« Es war egal, was ich sagte, und die Männer ignorierten es meistens. Nach einigen dieser »Wohin gehen *Sie*? Wohin gehen *Sie*?« fragte ich dann automatisch: »Und was schwebt Ihnen vor?«
Dann sagte der Mann vielleicht: »Ich möchte gern mit jemandem etwas Zeit verbringen«, oder ins Casino gehen oder etwas trinken, und dann sagte ich: »Wieviel wollen Sie ausgeben?«
Die meisten Männer kannten die Preise. Wenn nicht, fragten sie mich, wieviel ich wollte. Viele von ihnen handelten gern. Nachdem wir die Geldfrage geregelt hatten — obwohl man in Puerto Rico selten sagen konnte, daß irgend etwas geregelt war —, schlug ich vor, in sein Hotel zu gehen, oder wenn es ein Typ aus dem Ort war, schlug ich eine der billigen Absteigen vor, wo die Leute mich kannten. In den Absteigen waren immer Polizisten oder Leute, die die Flure bewachten. Diese Absteigen waren fast genauso sicher wie das Black Angus.
Auf der Straße arbeitete ich nicht mehr als im Bordell, aber es gefiel mir, draußen im Freien zu sein. San Juan ist wunderschön, zumindest teilweise, und mir gefielen das Straßenleben, die Leute, die Schaufenster, die Casinos und die Hotels. Ich stieg auch in einige Autos ein, meistens zu Männern, die ich aus dem Black Angus oder dem La Riviera kannte. Männer in Autos wollen meistens einfach nur in ein Hotel fahren, und ich sorgte dafür, daß die Frauen auf der Straße wußten, in welches ich fuhr.
Gegen Marguerittes Rat stieg ich auch in einen Rolls-Royce, und das war die schlimmste Erfahrung, die ich in der Karibik machte. An einem frühen Abend ging ich gerade die Condado hinunter, als dieser Rolls anfing, mich zu verfolgen. Ein Chauffeur stieg aus und fragte, ob ich für fünfundsiebzig Dollar mit seinem Boß, einem wohlhabenden Kaufhauseigentümer, auf einen Drink ins Casino führe. Wegen des Rolls kam er mir sehr verdächtig vor, und sein Chauffeur brauchte eine ganze Weile, um mich zu überreden. Ich sagte: »Es gibt hier jede Menge Frauen, suchen Sie sich eine andere.« Ich ging weiter, und der Rolls folgte mir. Das teure Auto, das mir auf den Fersen blieb, hielt alle anderen Männer davon ab,

mich anzusprechen. Weil sie solch ein Theater machten und so viel Aufmerksamkeit auf sich zogen und weil ein Straßenverkäufer mir erzählte, der Typ sei in Ordnung, begann ich schließlich zu verhandeln.

»Keinen Sex?« fragte ich. »Nur auf einen Drink? Eine Stunde?« Ich wollte sicher sein, daß wir uns von Anfang an richtig verstanden. Der Chauffeur nickte, bezahlte mich, und wir fuhren los.

Sein Boß, der im Fond saß, war ein absolutes Ekelpaket. Er war schmierig, dunkelbraun gebrannt, selbstgefällig, trug einen tausendfünfhundert Dollar teuren Maßanzug und war bereits betrunken. Wir kamen ins Casino, und die Leute buckelten und dienerten vor ihm. Der Typ bemühte sich unterdessen offenkundig, sich wie ein vollendetes Ekel zu benehmen. Den Kellnerinnen gegenüber führte er sich absolut unangenehm auf, er grabschte nach ihren Titten und nannte sie Schlampen und Huren. Jeden Kellnerlehrling, der in seine Nähe kam, beschimpfte er als Schwulen. Er kratzte sich den Hintern und schnaubte sich die Nase im Tischtuch. Ich meine, es war richtig ekelhaft. Es war allein eine Qual, an seinem Tisch zu sitzen.

Gleichzeitig bemerkte ich, daß sein Hosenschlitz offenstand. Es fiel einfach auf, denn aus dem offenen Schlitz ragte der Zipfel des weißen Seidenhemdes. Ich beugte mich zu ihm hinüber und versuchte, seinen Reißverschluß zuzuziehen. Er versuchte, mich wegzuschieben, als wollte ich ihn in aller Öffentlichkeit *ausziehen*. Da er so betrunken war, dachte ich, er wüßte einfach nicht, was er tat. Aber als ich es noch einmal versuchte, wurde mir klar, daß dieser Mann seinen Schlitz offen haben *wollte*. Er wollte, daß sein Hemdzipfel herausragte.

Als die Stunde vorbei war, stand ich auf und sagte: »Ich muß gehen.« Der Boß gestikulierte, und der Chauffeur, der bei uns saß, bot mir noch mal fünfzig Dollar für eine weitere halbe Stunde an.

»Nein«, sagte ich. Der Boß hatte sich nicht nur grob und anstößig benommen, sondern auch kein einziges Wort mit mir gesprochen, seit ich in den Wagen gestiegen war.

Der Boß gestikulierte und nickte und zwinkerte, und diesmal sagte der Chauffeur: »Okay, er will Ihnen hundert Dollar zahlen, wenn Sie mit mir tanzen.«

Einhundert Dollar. Ein Tanz. Das schien es wert zu sein. Wir gingen los und drehten eine Runde auf der Tanzfläche. (Die Beharrlichkeit meiner Mutter, daß ich Tanzstunden nehmen sollte, zahlte sich endlich aus.) Als wir an den Tisch zurückkamen, ging das Feilschen wieder los. Es endete damit, daß sie mir fünfhundert Dollar zahlten und ich knapp drei Stunden blieb. Der Chauffeur hielt mich immer wieder auf und bot mir weitere fünfzig Dollar, damit ich bliebe, und er streckte sogar den Arm aus, um mich vom Gehen abzuhalten.

Schließlich hatte ich genug. Die letzte Stunde hatten wir uns nur noch gestritten. Sie hatten mir eine Summe von vielleicht zweihundert Dollar angeboten, wenn ich nur noch fünfzehn Minuten bliebe. Jemand im Casino war auf mich aufmerksam geworden, und so sagte ich: »Ich möchte gehen, und wenn ich *nicht* sofort gehe, werden wir hier alle eine Menge Schwierigkeiten bekommen.«

Diese Erfahrung lehrte mich, daß es für mich Grenzen gab, was ich für Geld zu tun bereit war. Es hatte Zeiten in meinem Leben gegeben, in denen ich für zweihundert Dollar hart hatte arbeiten müssen. Aber ich wußte, daß ich keine fünfzehn Minuten länger mit diesem Menschen zusammensitzen wollte, egal, wie einfach es klang. Nicht für zweihundert Dollar.

Ein paar Tage später kam ich zufällig im La Consulada vorbei, dem Café, von wo aus ich anfangs Margueritte beobachtet hatte. Der Besitzer wollte mich nicht reinlassen. Er fuchtelte mit einem Geschirrtuch vor mir herum, als versuchte er, Hühner fortzuscheuchen. »Ich habe Sie da drüben arbeiten sehen«, erklärte er vorwurfsvoll.

»Sie haben mich auch hier essen sehen.«

»Solche Leute kommen bei mir nicht rein. Sie haben mich ausgetrickst«, erklärte er.

»Ich habe Sie nicht ausgetrickst. Ich habe gegessen, meine Rechnung bezahlt und sogar ein Trinkgeld gegeben.«

»Ich wußte nicht, daß Sie eine von denen sind«, entgegnete er. »Ich dachte, Sie seien ein anständiges Mädchen.«

Ich zahlte Steuern wie jeder gute amerikanische Bürger, gab mein Einkommen als »Unterhalterin« akkurat an, machte aber auch alle legalen Geschäftsausgaben, die mir erlaubt waren, geltend: Flugkosten (zu und von der Arbeit), Mahlzeiten während der Arbeit, Fahrtkosten, Apartments, die für geschäftliche Zwecke unterhal-

ten wurden, Kondome. Wenn ich meine Ausgaben zusammengezählt hatte, blieb von meinem Einkommen nicht viel Steuerpflichtiges übrig. Ich entdeckte, daß sehr viele Geschäftsleute so lebten: nämlich sehr gut.
Drei Wochen zu arbeiten und dann eine Woche freizunehmen — so wie Buddy es ursprünglich vorgeschlagen hatte —, das schien der ideale Zeitplan für mich zu sein. Mehr als drei Wochen karibischer Intensität konnte ich nicht ertragen. Buddy hatte sicherlich geglaubt, die Frauen wollten eine Woche frei haben, wenn sie ihre Periode hätten, aber eine Hure im El Echo hatte mir gezeigt, wie man derartige Probleme löste. Man trug an diesen Tagen einfach ein Diaphragma, und alles war gut. Außerdem erklärte sie mir noch einen netten Trick. Wenn man nach dem Diaphragma noch einen sterilisierten Schwamm in sich hineinstopfte, machte der jedes Leck dicht und vermittelte ein täuschend echtes Gefühl, selbst wenn ein Mann die Finger dort hineinsteckte.
Das einzige Problem in der Karibik war, daß die Männer sich von ihrem Gefummel manchmal mitreißen ließen. Ein Mann griff doch tatsächlich einmal hinein und zog diesen blutigen Schwamm heraus. Schreiend sprang er auf, nicht weil er Angst hatte, er könnte eins meiner Organe herausgezogen haben, o nein, sondern weil er überzeugt war, ich sei von Dämonen besessen.
Die Menschen in der Karibik sind soooooo seltsam.

Eine meiner steuerabzugsfähigen Geschäftsreisen machte ich nach Kalifornien, um Margo St. James kennenzulernen, die Gründerin der ersten Organisation, die in den Vereinigten Staaten für die Rechte der Prostituierten eintrat: COYOTE — Call Off Your Old Tired Ethics (Wirf deine alten Moralvorstellungen ab). Margo interessierte sich für alles, was ich über die Karibik zu erzählen hatte. Ich war daran interessiert, nach Kalifornien zu ziehen, weil ich bei COYOTE mitarbeiten wollte, vielleicht Reden halten und forschen — und vielleicht ein wenig nebenbei anschaffen, um meinen Unterhalt zu verdienen.
Margo war wunderbar. Sie stellte mich einer Reihe von Prostituierten in San Francisco vor — die überwiegend wie wohlhabende Hippies lebten, Designerjeans, topmoderne Stiefel und Lederjakken trugen — und bot sich an, mir bei der Suche nach einem Apartment behilflich zu sein, falls ich jemals Interesse daran haben

sollte, in der Stadt zu arbeiten. Nachdem ich mich an den voll aufgedrehten, quasi legalen Stil der Prostitution in der Karibik gewöhnt hatte, konnte ich mir nur schwer vorstellen, zur Prostitution als einer illegalen Beschäftigung zurückzukehren — Margo mußte sogar aufpassen, wie sie ihr Angebot formulierte, um sich nicht der Kuppelei schuldig zu machen. Ich liebte Margo und die anderen Frauen, die ich kennengelernt hatte, aber mir wurde klar, daß das Leben in San Francisco viel teurer war als in Atlanta. Und ich war nicht davon überzeugt, daß ich dort weiterhin in dem Stil leben könnte, den ich mittlerweile gewohnt war. Es sei denn, ich sparte, bevor ich endgültig umzog, sehr viel mehr Geld zusammen.

Mein Schicksal, so schien mir, lag in der Karibik, wo ich vor Verhaftungen relativ sicher war und ein vernünftiges Einkommen erzielen konnte.

Ich liebe die Intimität, die Heiterkeit, die Vielfalt und die Sicherheit von Bordellen. In einem Bordell herrscht allgemeine Akzeptanz, es herrscht die Auffassung, daß jeder Mensch einen Platz im Universum hat. Für manche Leute ist das Wort *Bordell* der Name für einen Vorort der Hölle, den scharlachroten Außenposten einer fremden Welt. Für mich ist es zur Bezeichnung für einen heiligen Ort geworden. Wie ein Kloster funktioniert auch ein Bordell nach seinen eigenen Gesetzen. Wie die Popfestivals Ende der sechziger und Anfang der siebziger Jahre bietet auch ein Bordell denen, die dazugehören, einen Schutz vor manchen institutionalisierten Irrationalitäten der Gesellschaft. Es fällt den Kunden leicht, ihre Unsicherheiten, ihren Status und ihr Getue an der Tür abzulegen; für die Prostituierte ist das eine wesentliche Voraussetzung. Das einzig Ungewöhnliche an dieser körperlichen Gemeinschaft ist, daß keiner der Beteiligten arm ist.

Es war eine Welt, zu der es mich zurückzog, nachdem ich gelernt hatte, wie man auf der Straße arbeitet. (Die meisten Prostituierten, entdeckte ich, kannten nur eine Art der Prostitution. Elaine hatte nur über Annoncen gearbeitet. Margueritte kannte sich mit dem Straßenstrich aus. Patty wußte über Bordelle alles, was es darüber zu wissen gab. Die Frauen neigen dazu, bei der Form von Prostitution zu bleiben, die sie zuerst kennengelernt haben. Ich dagegen wollte alles über die Prostitution erfahren, jeden Aspekt.

Im Interesse der Gründlichkeit und weil ich wußte, daß kein Bordell vor Razzien und Schließungen sicher war, beschloß ich, eine Reihe von Bordellen sowohl in San Juan als auch auf dem Lande auszukundschaften, für den Fall, daß ich zu einem plötzlichen Umzug gezwungen wäre. Der Caribe Night Club war für meinen Geschmack zu sehr heruntergekommen. Das Prados befand sich nahe beim Wohnsitz des Gouverneurs, demzufolge war dort eher mit Polizeirazzien zu rechnen. Aus dem El Torreon konnte man Freier nur abschleppen, denn es gab im Haus keine Betten; außerdem arbeiteten dort bereits zu viele Mädchen. Die Cafeteria Tortuguero, eine kleine Bar an einer Landstraße, lag sehr günstig, direkt neben dem Sperrgebiet der Nationalgarde Camp Tortuguero, und wimmelte von freischaffenden Frauen in Hot pants und Stöckelschuhen. Das Campo Alegre Hotel, das sich direkt hinter der Cafeteria befand, bot spezielle Kurzzeittarife (*»un corto tiempo«*) für neun Dollar an. Ein anderer Laden in der Nähe vom La Corvette sah sauber und gepflegt aus, aber um dort zu arbeiten, mußte man tanzen, und ich wußte, daß ich eine Hure und keine Tänzerin war.
Ich arbeitete eine Nacht im La Balanca, und es wurde bald einer meiner Lieblingsläden. Das La Balanca lag auf einem hohen Felsen, nicht weit vom Atlantischen Ozean, und wurde von der Meeresbrise gekühlt. Es gab kein heißes Wasser, die Bar war zu dunkel und die Musik zu laut, aber die Kunden waren freundlicher und lockerer als die Männer in San Juan, und die Arbeit war leicht. Von dort zog ich über die Straße zu La Balancas vornehmerem Cousin, ins El Alcazar, und dann zog ich ins La Revancha, einen Club in Aguadilla, einer kleinen Stadt an der Westküste; schließlich ins Pamela, einen Club nordöstlich von Ponce. Abgesehen davon, daß in seinem Mittelpunkt ein riesiger Altar mit der Jungfrau Maria stand, hatte das Pamela viel Ähnlichkeit mit dem Black Angus. Vielleicht fühlten sich die Kunden besser, wenn sie vor und nach dem Sex schnell den Rosenkranz beten konnten. Ein Barmann behauptete, der Laden würde sonntags für den Gottesdienst benutzt. Das nützte mir jedoch nichts, und so kehrte ich nach San Juan zurück.

Ich arbeitete jeweils drei Wochen hintereinander und machte dann eine Woche Urlaub in Atlanta. Während einer dieser Pausen kam mich eine junge Frau namens Amanda besuchen. Sie bat mich um Unterstützung; sie wollte das Prostitutionsgeschäft erlernen. Ich nannte ihr die Namen einiger Bordelle, in denen ich gearbeitet hatte; aber ich erklärte ihr unmißverständlich, daß ich sie nicht zum Kommen ermutigen wollte, weil das den Tatbestand des illegalen Menschenhandels erfüllt hätte und weil ich sie für zu jung hielt.

Aber sie tauchte trotzdem auf Saint Croix auf. Eingedenk alter Zeiten brachte ich sie ins El Echo, um sie Yolanda vorzustellen. Ich dachte mir, das El Echo sei der beste Platz für Amanda, weil Yolanda so viele Vorschriften machte. Die Leute halten die Prostitution für etwas Gefährliches wie etwa das Motorradfahren, aber Motorradfahren ist nur gefährlich, wenn man einen Unfall baut. Vorschriften, insbesondere für Anfänger, verringern die Zahl der Unfälle. Das Problem war, daß Amanda so furchtbar gern allein war, daß sie sich an keine Vorschriften halten wollte. Deshalb hatte sie ein paar Unfälle. Sie wurde innerhalb einer Woche zweimal entführt.

Wenn eine erfahrene Prostituierte mir etwas riet — beispielsweise: Gib jemandem Bescheid, wohin du gehst, oder: Steig in kein Auto mit verschiedenen Radkappen —, beherzigte ich das immer. Ich wüßte nicht, warum eine Hure einer anderen Hure etwas erzählen sollte, das nicht stimmt. »Selbst wenn du in einem der Häuser arbeitest«, sagte ich zu Amanda, »sorg dafür, daß jemand sieht, mit wem du weggehst. Wenn du irgendwelche Zweifel hast, frag jemanden.« Da sie neu war, riet ich Amanda, sich über jeden zu erkundigen. »Frag, ob er okay ist«, sagte ich, und sie reagierte, als würde ich sie wie ein Kind behandeln.

Sie hörte nicht einmal zu, als ich ihr erklärte, wie sie ihr Geld verstecken könnte. Das hatte Patty mir beigebracht. Wenn man wie im El Echo ein eigenes Zimmer hatte, wollte man sich keine Sorgen darüber machen müssen, daß einem das Geld geklaut werden könnte, also hängte man einen nassen Badeanzug im Badezimmer auf, auch wenn man ihn extra unter dem Wasserhahn naßmachen mußte. Jeder Badeanzug hat im Schritt einen Einsatz, der auf einer oder beiden Seiten offen ist. So war es ganz einfach, das Geld im Schritt des nassen Badeanzuges zu verstecken. Niemand suchte dort danach. Niemand mag nasse, klamme Badeanzüge anfassen. »Wenn du dort dein Geld aufbewahrst«, sagte ich, »mußt du nicht

jeden Tag zu deinem Bank-Schließfach gehen.« Amanda wollte davon nichts wissen.
Sie war erst zwei Tage auf Saint Croix, als sie zum ersten Mal entführt wurde. Am Dienstag hatte sie das El Echo verlassen, um etwas einzukaufen. Ein Typ lud sie in einen eleganteren Nachtclub ein, und weil er ein weißer Amerikaner war und eine Menge Schmuck trug, dachte sie, es sei okay, mit ihm wegzugehen, ohne jemandem Bescheid zu sagen. Der Typ schlug sie zwar nicht zusammen, aber auf jeden Fall nahm er sich das, was er haben wollte. Er hielt sie die ganze Nacht in seinem Haus fest, einer für die Insel typischen Festung mit hohen Mauern und Toren, und dann bezahlte er sie nicht.
Nachdem wir die ganze Nacht nach ihr gesucht hatten, erschien sie am nächsten Tag und erzählte uns, was passiert war. Sie sagte, sie wolle die Entführung nicht der Polizei melden, sie komme sich so dumm vor.
Am Mittwoch führte ich ein weiteres Gespräch mit Amanda. Ein Bordell sei kein Paradies, sagte ich zu ihr, es ginge hier um Geschäfte und sie sei keine gute Geschäftsfrau gewesen. »Hier verschwinden tatsächlich ständig Menschen«, erklärte ich. »Wir sind hier nicht in Atlanta, sondern in der Karibik. Die Dinge laufen hier anders. Töten und Sterben sind hier alltäglich, deshalb sind die Verhaltensregeln sehr einfach. Du mußt aufpassen. Du mußt nachdenken. Verärgere lieber niemanden. Nicht einmal aus Versehen. Du mußt nett zu den Kunden sein und sorgfältig bei der Auswahl deiner Kunden. Du willst doch nicht einfach von der Erdoberfläche verschwinden.«
Man hätte meinen können, daß es ihr reichte, aber Amanda wollte einfach beweisen, daß sie es allein schaffen konnte, ohne Hilfe von mir oder anderen.
Im El Echo hatte Amanda sich das Zimmer ausgesucht, das am weitesten von Yolandas entfernt war. Sie wußte, daß Yolanda weder Drogen noch laute Musik in den Zimmern duldete. Deshalb hatte sie sich wohl gedacht, wenn sie das entfernteste Zimmer nähme, könnte sie jede Menge Dope rauchen, ohne rausgeschmissen zu werden.
Ich hatte mich anders verhalten. Als ich im El Echo gewesen war, hatte ich das Zimmer neben Yolanda und ihrem Mann Juan genommen. Ich hatte das größte Zimmer im Laden, mit einem

supergroßen Bett. In dem Zimmer hatte ich immer mehr Geld verlangt, indem ich zu den Kunden sagte: »Sieh nur, wie groß das Bett ist.« (Ein größeres Zimmer, ein größeres Bett, jede Ausrede ist recht.) Weil Yolandas Zimmer nebenan lag, war dieses Zimmer meistens frei; es war, als lebte man neben dem Chef. Yolanda konnte dich kommen und gehen sehen. Da es ein luftiges, offenes Zimmer war, dessen eine Wand aus unverputzten, geometrisch geformten Betonelementen bestand, konnte Yolanda auch hören, was nebenan vor sich ging, aber das machte mir nichts aus. Ich war dort nicht zum Feiern, sondern zum Arbeiten.

Aber Amanda war in einem Alter, in dem sie feiern und gegen Vorschriften verstoßen wollte. Am Donnerstag arbeitete sie im Haus, beschloß dann jedoch, mit einem Kunden, einem großen Kerl aus Saint Croix, nach draußen zu gehen. Es waren bereits zwanzig Minuten vergangen, ehe jemand bemerkte, daß das junge Mädchen vom Festland schon eine ganze Weile verschwunden war. Im El Echo mußte eine Gebühr von zehn Dollar entrichtet werden, wenn man mit einem Kunden das Haus verlassen wollte. Einer der Gründe für die Erhebung dieser Gebühr war, daß Yolanda bei der Gelegenheit mit dem Mann reden und ihn begutachten konnte. Wenn ihr etwas an dem Kerl nicht gefiel, sagte sie: »Bleibt lieber hier«, und das bedeutete: »Geh nicht mit ihm weg.« Es war eine Art Sicherheitsmaßnahme; so wußte jemand, wie der Mann aussah. Amanda sah das jedoch anders. Sie dachte sich, wenn der Mann die Ausgangsgebühr nicht an Yolanda zahlte, würde sie zehn Dollar mehr für sich haben.

Diesmal kehrte Amanda in einem etwas schlechteren Zustand zurück. Sie kam zu dem Schluß, daß die Karibik nichts für sie sei, und kaufte sich ein Flugticket, um am Sonntag nach Atlanta zurückzukehren. Bis dahin, sagte sie, würde sie nicht mehr auf die Straße gehen. Sie würde sich nur noch im El Echo aufhalten und sich wie ein artiges Mädchen benehmen.

Am Freitag kam ein Kunde, mit dem keines der anderen Mädchen jemals nach oben gegangen wäre. Er war ein sehr, sehr großer schwarzer Mann aus New York City. Allein sein Aussehen verhieß nichts Gutes. Zunächst einmal war er schmutzig. In der Karibik begegneten wir vielen Rastafaris, und sie waren auch schmutzig, aber sie waren nette Leute. Sie sind oft schmutzig, weil sie auf Bäumen wohnen, aber sie sind Kiffer und freundliche, angenehme

Gesellen. Dieser Typ war kein Rasta. Bei Amerikanern, die schmutzig sind und verfilztes Haar haben, das seit Jahren nicht gewaschen oder gekämmt worden ist, weißt du, daß sie problematisch sind.
Schon von weitem konntest du sehen, daß dieser Typ ein Junkie oder Psychopath war. Als Hure mußt du nicht herausfinden, welches von beidem stimmt, sondern du mußt ihm aus dem Weg gehen. Dieser Typ ging auf Amanda zu und bot ihr hundert Dollar, wenn sie mit ihm aufs Zimmer ginge. Das hätte sie schon warnen müssen, denn üblich waren sechzig oder fünfundsiebzig Dollar für eine Stunde. Fast alle Kunden boten zunächst zwanzig Dollar, und du mußtest sie auf sechzig hocharbeiten. Er sah also nicht nur wie ein Psychopath aus, sondern er verhielt sich auch wie ein Psychopath, indem er ohne jedes Zutun hundert Dollar anbot.
Amanda hüpfte mit diesem Kerl nach oben, ging zu ihrem Zimmer ganz am Ende des Korridors und verschwand darin. Alle Türen waren abschließbar, aber eine Regel war, die Tür niemals abzuschließen, wenn man sich mit einem Kunden im Zimmer aufhielt. Der Kerl erzählte Amanda, er habe einen Joint, den sie rauchen könnten, und sie hielt es für diskreter, in dem Fall die Tür doch abzuschließen. (Ich hatte Amanda erklärt, daß Yolanda sie rausschmeißen würde, wenn sie Dope rauchte, aber ich hatte ihr auch erklärt, daß sie umgebracht werden könnte, wenn sie die Tür abschloß.)
Der Mann gab ihr die hundert Dollar und sah zu, wie sie das Geld in eine Schublade neben dem Bett legte. (Ich frage mich, ob das Mädchen einen Hirnschaden hatte.) Als er sah, wohin sie das Geld legte, packte er sie, nahm das Geld aus der Schublade und fing an, sie zu schlagen, denn obwohl er ihr gerade das Geld geklaut hatte, wollte er trotzdem Sex mit ihr haben. Sie bekam Angst und dachte, es sei das beste, sich kooperativ zu verhalten. Da er ein verrückter Junkie war, beschloß er, sie trotzdem zu schlagen.
Amanda fing an zu schreien, aber weil ihr Zimmer so weit hinten im Flur lag und weil unten wie immer die Jukebox spielte, konnte sie niemand hören. Und wenn nicht einer der Wachleute sie mit diesem eigenartigen Typen hätte nach oben kommen sehen und nach zehn Minuten das Gefühl gehabt hätte, daß sie schon sehr lange auf dem Zimmer war, dann hätte sie vielleicht nicht lange genug gelebt, um die Karibik mit einem Flugzeug zu verlassen.

Der Wachmann ging die Treppe hinauf und den Flur entlang. Da hörte er sie schreien und brach die Tür auf. Das erregte auch die Aufmerksamkeit der anderen, und wir kamen alle aus unseren Zimmern. Ich verbrachte gerade eine nette Zeit mit einem Inselbewohner und hatte wirklich nicht viel Lust, nach draußen zu gehen, aber mittlerweile wußte ich: Wenn es Probleme gab, hatte wahrscheinlich Amanda etwas damit zu tun.
Yolandas Mann hörte den Tumult und lief sein Gewehr holen. Der Psychopath war mindestens einsneunzig groß und unser Wachmann nur etwa einsachtzig, so daß der Psychopath, der mittlerweile seine Unterhose ausgezogen hatte, unserem Wachmann deutlich überlegen war. Die Frauen und Freier schrien durcheinander, zerrten an dem Psychopathen herum und schlugen auf ihn ein, und dann kam Juan mit seinem Gewehr. Es trat jene Art respektvoller Stille ein, die entsteht, wenn jemand mit einem Gewehr auftaucht. Und dann schrie jemand: »Sieh zu, daß du von hier verschwindest!«
Mit seinen dürren Beinen weit ausholend, rannte der Psychopath den Flur hinunter, und sein Schwanz hüpfte von einer Seite zur anderen. Juan verfolgte ihn mit dem Gewehr. Der Mann nahm die Treppe in zwei Sätzen. Er war so groß, daß ihm das nicht einmal besondere Mühe machte. Irgendwann zwischen dem ersten und dem zweiten Sprung feuerte Juan mit seinem Gewehr ein paar Schüsse ab. Nach all den vielen Gewehren, die ich bisher um mich herum gesehen hatte, war es das erste Mal, daß ich eins losfeuern hörte. Während der Typ davonrannte, sah ich eine andere Frau die Augen verdrehen und fragte mich, was das alles zu bedeuten hatte.
Juan hatte schnurgerade auf den Typen gezielt, und ich war überrascht, daß der Kerl immer noch lief. Er flüchtete zur Tür hinaus und war weg.
Alle waren in heller Aufregung. Und dann kam Amanda, halb gestützt und halb getragen von einer Frau und dem Wachmann, den Flur hinunter. Sie weinte, sie blutete, und ihr Gesicht begann anzuschwellen.
Sie tat mir leid, aber vor allem ärgerte ich mich.
»Er hat das Geld nicht bekommen«, murmelte Amanda mit blutenden und immer dicker werdenden Lippen. »Er hat seine Hose hiergelassen.«

Nun, dachte ich, vielleicht ist sie ja doch nicht ganz so blöd.
Ich war sehr erregt. »Sollte die Polizei nicht nach diesem Kerl suchen? Er hat Amanda verletzt und könnte auch anderen etwas antun.« Meiner Meinung nach durfte es der Polizei nicht allzu schwerfallen, ihn zu finden — einen großen, schwarzen, nackten Amerikaner mit einer Schußverletzung im Rücken.
Nachdem Amanda in ihr Zimmer verfrachtet worden war, wo sie getröstet und verarztet wurde, nahm Juan mich beiseite und gestand, daß sein Gewehr mit Platzpatronen geladen war.
»Warum?« fragte ich. »Warum hast du ein Gewehr, das mit Platzpatronen geladen ist? Warum *verfolgst* du jemanden mit einem Gewehr, das Platzpatronen abfeuert?«
Da erklärte mir Juan, es sei verboten, in einem Bordell Gewehre mit schwerer Munition zu führen. Die vielen Wachleute im El Echo und in anderen Bordellen seien nur dazu da, »Problemen« vorzubeugen; und auf einen Amerikaner zu schießen stellte ein Problem dar, insbesondere wenn der es darauf anlegte, sich zu beschweren. Solange man nicht auf einen Kunden schoß, erschiene die Polizei nicht — allenfalls als Kundschaft. Deshalb wollte niemand auf einen Kunden schießen.
Das Gewehr habe einen anderen Zweck, erklärte Juan. Die meisten Leute wüßten nicht, daß es mit Platzpatronen geladen sei, und ich solle das vor allem nicht Amanda erzählen. Dieser theatralische Auftritt habe unter anderem bezwecken sollen, daß sie sich gerächt fühle und keine Anzeige erstatte.
Jetzt begriff ich eine ganze Menge mehr, sogar, warum Amanda keine Anzeige erstatten sollte. Und ich hatte anhand eines perfekten Beispiels direkt miterlebt, warum die Prostitution unter dieselben Bestimmungen wie andere Dienstleistungsgeschäfte fallen sollte. Andernfalls bleibt dem gesamten Prostitutionsgewerbe der rechtliche Schutz verwehrt, und Bordelle sind dem Feudalrecht unterworfene Gebiete.
Kurz bevor Amanda an Bord ihres Flugzeuges ging, erzählte ich ihr von den Platzpatronen im Gewehr, damit sie nicht noch weitere Probleme schuf, indem sie Geschichten über Männer verbreitete, die im El Echo ermordet worden seien.

Es gab eine Frau, die ich hier Cricket nennen möchte. Ich kannte sie aus Atlanta, aber wir hatten den Kontakt zueinander verloren, bis sie in der Karibik praktisch auf meiner Türschwelle stand. Als Cricket zwanzig war, sah sie wie dreizehn aus, was vermutlich der Grund für ihren dummen Spitznamen war. Sie war ein kleiner, sommersprossiger Rotschopf mit einem Kindergesicht.

Wenn Frauenzeitschriften über Supermütter berichten, müssen sie jemanden wie Cricket meinen. Sie konnte gleichzeitig ihre vierjährige Tochter versorgen, als Sekretärin arbeiten, wie ein Teufel tippen, das ganze Büro schmeißen und in ihrer Freizeit als Prostituierte arbeiten. Als sie in die Karibik kam, hatte ich Gelegenheit, etwas mehr über sie zu erfahren.

Cricket und ihr Bruder waren als Kinder schwer vernachlässigt worden. Mit zwölf Jahren hatte Cricket keinen Grund mehr gesehen, zu Hause zu bleiben. Mit sechzehn wurde sie schwanger. Sie zog mit einigen Freunden zusammen, ging aber weiter zur Schule. Ihren Lebensunterhalt verdiente sie mit dem Verkauf von fertiggedrehten Joints, und sie trennte sich von dem Typen, der sie geschwängert hatte. Was sie wirklich antrieb, war der Wunsch, die Schule zu beenden. Sie erzählte mir, sie sei mit ihrem Kind so unauffällig schwanger gegangen, daß überhaupt niemand etwas davon mitbekommen hatte — bis die Wehen einsetzten. Drei Tage später war sie wieder in der Schule.

Cricket begann als Prostituierte zu arbeiten, um ihr Leben zu retten. Sie hatte eine Wohnung gefunden und verzichtete auf alles, weil sie für die Möbel sparte. Und dann kam Cricket eines Tages von der Arbeit nach Hause und stellte fest, daß ihr Mitbewohner seit Monaten die Miete nicht bezahlt hatte. Crickets Möbel befanden sich auf der Straße, ebenso all ihre Kleidung. Ihre Tochter war bei einer Nachbarin. Ihre Wohnungstür war versiegelt, und die Hälfte ihrer Sachen war geklaut worden.

Schließlich saß sie an einer Straßenecke, und während sie ihre Tochter streichelte, blieb ein Mann bei ihr stehen und fragte: »Was ist los?« Als Cricket es ihm erzählte, sagte er: »Wenn du wirklich Geld brauchst — ich kenne Leute, die einen Escort-Service betreiben. Mach das doch für eine Weile.« Und so kam sie ins Geschäft. Sie brauchte eine Menge Geld, denn sie mußte wieder von vorn anfangen. Sie wußte, daß sie so viel Geld als Schreibkraft nicht würde verdienen können. Cricket fragte mich, ob ich nicht eine Mitbewohnerin haben wolle. Sie hatte ihre Tochter bei Verwandten in Atlanta untergebracht, war also frei.

»Warum arbeiten wir nicht zusammen?« fragte ich. »Wir könnten hier in San Juan einen Escort-Service einrichten. Du weißt, wie das funktioniert, es gibt hier eine Menge Touristen, und niemand ist hier bisher auf die Idee gekommen, so etwas zu machen. Wir könnten einen Haufen Geld damit verdienen.« Das war meine kapitalistische Erziehung.
Wir fanden ein geeignetes Apartment für unser Geschäft, im achten Stock eines sehr hübschen Gebäudes direkt auf der Condado, wo das Geschäft am üppigsten blühte. Das Apartment befand sich in der Nähe des Holiday Inn, hatte einen Balkon mit Blick auf den Ozean und — war das zu ideal oder was? — bereits ein Telefon, was in San Juan nur schwer zu organisieren war; und es lag für eine Escort-Agentur sehr zentral. Das Apartment kostete ungefähr siebenhundert Dollar im Monat. Ich bat meinen Freund in Kalifornien, mir als eine Art Geschäftsanleihe umgehend telegrafisch Geld zu überweisen. Dann schrieben Cricket und ich eine Annonce, die wir unter den »Tips für Touristen« in *El Mundo*, einer Lokalzeitung, veröffentlichen ließen: »American Pie Escort Service, englischsprachig. Nur Blondinen und Rothaarige. Rufen Sie Cynthia unter der Nummer XXX-XXXX an.« Wenn jemand anrief und diesen Namen nannte, wußten wir, daß er über die Annonce kam.
Schon bald kamen täglich Dutzende von Anrufen. Wir verlangten hundert Dollar pro Stunde, und wir hatten so viel zu tun, daß wir ins La Riviera und ins Black Angus gehen mußten, um weitere »Blondinen und Rothaarige« zu rekrutieren, die begeistert waren von der Möglichkeit, für hundert Dollar die Stunde zu arbeiten. Während ich dieses Geschäft noch aufbaute, ging ich weiterhin im Black Angus anschaffen, und manchmal traf ich dieselben Kunden an beiden Orten. Wenn diese Männer mir im Black Angus begegneten, fragten sie: »He, warte mal. Hier verlangst du nur dreißig Dollar, und wenn ich in der Agentur anrufe, kostet es hundert?« Ich erklärte ihnen, daß der Unterschied zwischen dreißig Dollar für zwanzig Minuten (insbesondere, da es nicht einmal zwanzig Minuten waren) und hundert Dollar für eine Stunde nicht so groß sei und daß ich beim Escort-Service Kosten hätte und daß sie keine Zimmergebühr zahlen müßten — und daß sie beim Escort-Service einen Termin mit mir vereinbaren könnten, während sie im Black Angus nur hoffen könnten, mich zu treffen.

Cricket und ich bekamen die übliche Mischung von Kunden: ortsansässige Geschäftsleute, Touristen und Matrosen, Matrosen und Touristen. Einer der seltsamsten Kunden, die ich hatte, war ein Pilot, der von mir wollte, daß ich auf ein Stück Zeitungspapier schiß. Aber er zahlte mir hundertfünfzig Dollar, und da ich sowieso aufs Klo mußte, klappte es.
Doch die Anzeige für den Escort-Service brachte uns schließlich Schwierigkeiten mit dem Hausverwalter ein. Er erkannte die Telefonnummer, und fast schien es ihm leid zu tun, daß er uns rauswarf. »Warum haben Sie sich nicht eine extra Telefonnummer besorgt?« fragte er.
Cricket und ich fanden ein anderes Apartment, aber ich mußte Schmiergeld zahlen, um einen Telefonanschluß zu bekommen. Einer der Kunden vom Black Angus arbeitete bei der Telefongesellschaft. Er erzählte uns, daß es normalerweise zwei Jahre dauerte, bis man einen Telefonanschluß bekam. Wenn wir schneller einen haben wollten, müßten wir dafür bezahlen.
So überlegten Cricket und ich, bis zu welcher Höhe wir Schmiergeld zahlen wollten. Wir beschlossen, nicht mehr als achthundert Dollar dafür auszugeben. Nun, vielleicht tausend Dollar, aber das war die absolute Obergrenze. Eintausend Dollar und keinen Penny mehr. Wir sprachen unseren Freund von der Telefongesellschaft im Black Angus an und baten ihn, in unser Apartment zu kommen, damit wir die Telefonangelegenheit besprechen könnten.
Er benahm sich sehr wichtigtuerisch, als er zur Tür hereinkam, und wir behandelten ihn wie eine höchst bedeutende Persönlichkeit. Wir gingen davon aus, daß wir mit ihm einen heißen Draht zu diesem Telefonanschluß hatten und daß die ganze Sache in aller Stille abgewickelt werden müßte. Er setzte sich, und wir gaben ihm einen Drink. Nach einer Menge höflichen Geschwafels sagte er: »Sie können mir das Geld geben. Ich werde mich darum kümmern.«
»Wieviel?« wollten wir wissen.
»Dreißig Dollar«, antwortete er, und wir waren wie vom Donner gerührt.
Wir sahen uns an und versuchten, nicht vor Erleichterung beim Gedanken an die übrigen neunhundertsiebzig Dollar hysterisch loszuprusten. Wir waren so verblüfft, daß keine von uns beiden

irgend etwas sagte. Deswegen vermutete der Telefonmensch sofort, daß die dreißig Dollar zuviel für uns wären, und er sagte: »Nun, für euch Mädels könnten wir es vielleicht auch für zwanzig machen.«

»Gut«, sagten wir wie aus einem Mund, denn wir hatten schon Angst, daß er sagen könnte: »Nein, nein, das ist zuviel Geld für euch, ihr solltet das besser lassen.«

Bevor er mit unseren dreißig Dollar ging — es stellte sich heraus, daß er gehofft hatte, für die zehn Dollar eine Gegenleistung zu bekommen, aber wir sagten ihm, daß wir diese Sache auf einer geschäftlichen Ebene belassen wollten —, erzählte er uns, wohin *dieses ganze Geld* ging. Bei der Telefongesellschaft von San Juan wurde ein Antrag auf einen neuen Telefonanschluß von ungefähr zehn verschiedenen Leuten bearbeitet. Jemand mußte zu jedem Tisch gehen und jedem einzelnen zwei Dollar geben, um die Sache zu beschleunigen. Und derjenige, der mit dem Geld herumging, bekam zehn Dollar.

Neun Zehntel der Inselbewohner hatten kein Telefon — und das alles aus Mangel an einem Schmiergeld von zwanzig Dollar.

Cricket blieb insgesamt vier Monate und verließ San Juan mit einer Rolle von Banknoten, um in Arizona ihre eigene Boutique zu eröffnen. Ich habe keine Ahnung, ob das Unglück, das einst wie eine dunkle Wolke über ihr geschwebt hatte, fortan jemand anderem folgte oder ob es sie immer noch plagt.

An ihrer Stelle zog eine wundervolle, schöne schwarze Frau aus New York ein. Sie hieß Yvette und war eine der wenigen schwarzen Amerikanerinnen, die im Black Angus arbeiteten. Das Bemerkenswerteste an Yvette war dieses Flair von Weltgewandtheit, das sie bei der Arbeit ausstrahlte. So, wie sie ging, und so, wie sie sich benahm, hatte Yvette mehr Schliff als Prinzessin Di.

Das folgende Erlebnis, das ich mit Yvette hatte, war so seltsam, daß ich mich sofort danach hinsetzte und es aufschrieb:

San Juan, Puerto Rico, 21. Oktober 1981. Als ich eine Pizza für Yvette holte, bemerkte ich einen Mann mit einer großen Papiertüte. Er überquerte die Straße und kam auf mich zu. Oh, gut, dachte ich, ein typischer amerikanischer Geschäftsmann.

Wie immer reagierte ich mit einem freundlichen und höflichen Nicken und der Andeutung eines Lächelns, während ich jedoch meinen Schritt keineswegs verlangsamte. Der Mann folgte mir

und fragte wie fünfundsiebzig Prozent der Männer, die mich auf der Straße ansprechen: »Wohin gehen Sie?«
»Nur die Straße hinauf«, antwortete ich und blieb stehen. Dieser Mann sah so aus, als hätte er gerade das gefunden, wonach er suchte.
»Wie lange sind Sie schon in Puerto Rico?« fragte er.
»Ungefähr eine Woche«, erwiderte ich. »Wie lange bleiben Sie denn?«
»Ein paar Tage.«
»Wohnen Sie im Hotel?«
»Nein, ich bin auf Urlaub hier.«
»Was haben Sie da in der Tüte?«
»Meine Wäsche.«
Höflich fragte ich nun: »An was haben Sie denn gedacht?«
»An etwas leicht Dominantes«, antwortete er.
»Wollen Sie, daß ich Sie dominiere, oder wollen Sie mich dominieren?«
»Ich möchte von Ihnen dominiert werden«, sagte er.
»Okay«, erklärte ich. »Für eine halbe Stunde nehme ich fünfzig Dollar und für eine ganze Stunde einhundert.« (Die Leute in Puerto Rico verstehen es anscheinend nicht, daß besondere Praktiken mehr kosten; ich hatte aufgehört, mich darüber zu streiten. Außerdem hatte ich nicht viel Erfahrung als Domina. Ich brauchte Übung.)
»Ich nehme eine halbe Stunde.«
»Okay, warten Sie auf mich. Ich muß noch zur Toilette.«
»Heben Sie es für mich auf.«
»So lange kann ich nicht warten«, erklärte ich ihm. »Aber da, wo es herkommt, gibt es noch viel mehr.«
»Wo soll ich warten, Herrin?«
Du meine Güte, dachte ich, er fängt jetzt schon damit an, und ich habe noch nicht einmal das Geld von ihm bekommen.
»Irgendwo.«
»Nein, sag mir, wo.«
»Da«, sagte ich und zeigte auf eine Bank in der Nähe der Bushaltestelle, wo einige Leute saßen.
Er muß ungefähr fünfzig gewesen sein. Sein Haar war halb ergraut, modisch kurz geschnitten und etwas nach vorn gekämmt, um eine lichte Stelle am Kopf zu überdecken. Er hatte ein freundli-

ches, aber schwer zu beschreibendes Gesicht. In seinem Verhalten lag etwas ganz verhalten Weibliches. Seine Stimme hatte etwas boshaft geklungen — bis zu dem Moment, da ich mich zur Domina bereit erklärt hatte; von da an war sie schüchtern und unterwürfig.
Als ich zurückkam, saß er nicht dort, wo zu warten ich ihm aufgetragen hatte, sondern er stand ganz in der Nähe. Ich verzog böse das Gesicht und fragte: »Warum sitzt du nicht auf der Bank?«
»Weil die Leute da so merkwürdig aussehen«, erwiderte er und verzog schmollend den Mund wie ein Kind, das etwas angestellt hat, wofür es gleich Ärger bekommen wird.
Ich warf ihm einen Blick zu und dachte, o Junge, und du meinst, die anderen sind merkwürdig!
Er folgte mir zum Taxistand auf der anderen Straßenseite. Auf dem Weg zur Wohnung erkundigte ich mich nach seinen haushälterischen Fähigkeiten.
»Kannst du abwaschen?«
»Ja, Herrin.«
»Kannst du Wäsche waschen?«
»Ja, Herrin.«
»Kannst du einen Fernseher reparieren?«
»Nein, tut mir leid, Herrin. Darf ich dein ständiger Sklave werden, Herrin?«
»Ich weiß nicht. Wahrscheinlich nicht.«
»Du bist so schön und so überlegen, Herrin. Ich würde alles für dich tun. Einfach alles. Gib mir nur die Befehle.«
»Halt den Mund.«
»Ja, Herrin.«
Das hasse ich an Sklaven — diesen ganzen Verbalscheiß. Und sie machen es alle. Das Wort *Herrin* mochte ich noch nie besonders gern hören, und ich wollte es ganz gewiß nicht alle paar Sekunden hören.
Als wir beim Apartment ankamen, bezahlte er den Taxifahrer und folgte mir ins Haus. Ich ließ ihn mit seiner großen »Wäsche«-Tüte und Yvettes Pizza am Fahrstuhl warten.
Yvette war entzückt, daß ich einen Sklaven mit nach Hause gebracht hatte, der den Haushalt machte. Ich forderte ihn auf, seine Tüte in mein Schlafzimmer zu stellen und dann in die Küche zu kommen. Dort erteilte ich ihm genauso höflich, wie ich einem

Hausmädchen die Hausarbeiten erklärt hätte, Anweisungen, was er sauberzumachen habe. Yvette und ich aßen Pizza, während er sich mühsam durch den Abwasch von einer Woche arbeitete.
Obwohl ich einige dominante Sitzungen bei Elaine mitgemacht hatte und ins Black Angus gelegentlich ein Kunde kam, der geschlagen werden wollte, wußte ich eigentlich nicht sehr viel darüber. Jemanden zu schlagen, auf ihn zu pissen oder ihn verbal zu beschimpfen hatte mich noch nie sonderlich begeistert. (Die Kunden erzählten mir ständig, ich wäre ein Naturtalent von Domina; vielleicht wollten sie mir nur schmeicheln. Andererseits aber mag ich unterwürfige Männer.)
Während unser Gentleman-Sklave die Unordnung beseitigte, die wir mit unserer Pizza angerichtet hatten, gingen Yvette und ich ins Schlafzimmer, um einen Blick in seine braune Papiertüte zu werfen. Wir führten uns wie Teenager auf, die vor Neugier auf das, was sie in der Tüte finden würden, hysterisch kicherten.
Yvette griff unter die Kleidungsstücke, die obenauf lagen.
»O Scheiße! Was zum Teufel war das denn?« fluchte sie und sprang gleichzeitig lachend und entsetzt mit einem Satz zurück, als hätte sie jemand mit einer Erdnußdose, in der eine Springfeder versteckt ist, erschreckt. Während sie hektisch mein Zimmer nach Kleenex oder irgend etwas, woran sie sich die Hand abwischen konnte, durchstöberte, erklärte sie: »Da war Vaseline dran!«
»Oooo, woran?« fragte ich.
»Ich weiß nicht! Ein Dildo oder so was«, sagte sie.
»Hier! Hier, Yvette, nimm das.« Ich reichte ihr ein sauberes Hemd aus seiner Tüte.
Unsere Neugier war nicht länger zu bremsen. Ich zog die restlichen Sachen heraus und listete den verbleibenden Inhalt auf: »Ein Dildo mit Anschnallgurt, ein großer Arschpfropfen, Wäscheklammern, ein Dosenöffner, Katzenfutter, eine schwarze Lederhaube. Oh, gut, eine Peitsche [zumindest wußte ich, wofür die wahrscheinlich benutzt wurde], ein Hundehalsband, Vaseline, das ist alles.«
»Katzenfutter?« fragte Yvette. »Wofür braucht man Katzenfutter?«
»Keine Ahnung, vielleicht hat er eine Katze.«

Ich war so unschuldig.
Kurz darauf tauchte unser Sklave an der Schlafzimmertür auf.
»Ich bin fertig mit dem Abwasch, Herrin. Möchtest du kommen und die Küche inspizieren, Herrin?«
»Gleich«, fuhr ich ihn an. »Bringst du mir bitte ein Glas Apfelsaft mit zwei Würfeln Eis?«
»Ja, Herrin. Soll ich kriechen, Herrin?«
»Ja, sicher.«
»Soll ich meine Sachen für dich ausziehen, Herrin?«
»Natürlich. Das habe ich ganz vergessen. Beim Kriechen nutzen sich die Knie der Hose ab. Leg sie dahin«, wies ich ihn an und zeigte auf einen Stuhl in meinem Schlafzimmer. Er hatte schon einen Steifen.
»Soll ich deine Füße lecken, Herrin?«
»Nein. Kriech in die Küche und hol meinen Apfelsaft, du schleimiger, minderwertiger Sklave. Runter auf die Knie.«
»Ja, Herrin.«
Yvette, die auf meinem Bett lag, rollte sich von einer Seite auf die andere und versuchte, ihr Lachen mit beiden Händen zu unterdrücken, woraufhin mein Drang zu lachen fast unkontrollierbar wurde. Dieser Kerl suchte Erniedrigung, aber irgendwie schien es nicht richtig zu sein, ihm direkt ins Gesicht zu lachen. Ich drehte einen Joint für Yvette und mich. (Es dauert lange, in die Küche zu kriechen und auf Knien einen Drink zuzubereiten.)
Yvette nahm einen tiefen Zug und sagte: »O Mann. Du hast so was schon mal gemacht, nicht wahr?« Sie schien beeindruckt.
»Na klar«, prahlte ich, doch dann gab ich zu: »Aber nur ein paarmal. Wenn er mir nicht ab und zu einen Wink geben würde, wüßte ich nicht, was ich tun soll. Allerdings würde ich wirklich gern besser darin werden. Das hier ist eigentlich nur eine gute Übung. Ich weiß nicht, wie es funktioniert, aber irgendwann werde ich es wissen.«
Da merkte ich, daß ich wieder pinkeln mußte. Als er, den Apfelsaft in einer Hand, mit leise raschelnden Geräuschen auf uns zugekrochen kam, sagte ich, es sei Zeit für ihn, ins Badezimmer zu gehen und sich in die Badewanne zu legen. (Zum Glück hatten mich Leute schon dafür bezahlt, daß ich auf sie pinkelte, und so wußte ich, was zu tun war.)
»Kann ich erst etwas Poppers nehmen, Herrin?«

»Oh, du hast Poppers dabei?« meinte ich. »Klar, nimm es. Möchtest du hiervon etwas?« fragte ich und hielt ihm den Joint hin.
»Nein danke, Herrin.«
Sobald er sich in die Badewanne gelegt hatte, stellte ich mich quer über die Wanne, mit beiden Füßen auf den Wannenrand, und zielte auf sein Gesicht. Zuerst kam es nur tröpfelnd, aber dann spritzte ihm ein kräftiger Strahl in den Mund, während er sich masturbierte. »Sag mir, daß ich es trinken soll, Herrin«, bat er.
»Natürlich sollst du es trinken. Ich dachte, das muß ich wohl nicht extra erklären.« Anscheinend muß man Sklaven alles sagen, was sie tun sollen. »Komm schon, trink!« Ich hörte kurz auf zu pinkeln, und dann begann ich, auf verschiedene Stellen zu zielen, so daß er wie ein hungriger Nestvogel danach schnappen mußte. Er mußte die Augen offen halten, um zu sehen, wohin ich zielte, und ein Teil meiner Pisse landete bestimmt in seinen Augen; es muß gebrannt haben. Er keuchte und stöhnte wie jemand, der kurz vor dem Orgasmus steht. Jedesmal, wenn ich sagte: »Trink alles, vergeude keinen Tropfen«, wurde sein Schwanz dicker und vibrierte, als würde er durch Stimmen aktiviert.
Ich hörte auf zu urinieren. »Du sollst nicht kommen«, befahl ich ihm.
»Ich komme nicht. Ich verspreche es«, sagte er. »Hör bitte nicht auf. Ich möchte deine erhabene Pisse trinken, Herrin.«
»Bist du sicher, daß du dann nicht kommst?«
»Bestimmt nicht, ich verspreche es, Herrin. Bitte laß mich den Rest trinken.«
»Nun gut, aber wenn du kommst, werde ich wirklich böse.«
Nach der Pisserei wollten Yvette und ich den Mann unsere Wäsche nach Farben sortieren und ein paar Ladungen waschen lassen, aber wir hatten kein Waschmittel mehr. Da wir im Haushalt nichts mehr für ihn zu tun hatten, blieb nur noch die sexuelle Mißhandlung und Erniedrigung. Ich ließ ihn all seine Sachen auspacken und auf den Tisch neben meinem Bett legen, so daß ich mir aussuchen konnte, welches Instrument ich benutzen wollte — und vielleicht ein paar Hinweise bekam, wofür man sie benutzte.
»Wofür ist der Dosenöffner?« fragte ich.
»Für das Katzenfutter.«
»Und wofür ist das Katzenfutter?«

»Damit kannst du mich füttern, wenn ich Hunger bekomme.«
Gott bewahre mich, dachte ich und entschied mich für die Peitsche. Damit hatte ich zumindest etwas Erfahrung. Ich nahm die Peitsche und erklärte: »Ich brauche Geld.«
»Wieviel, Herrin?«
»Soviel, wie du hast, Idiot.«
»Ich habe nur fünfzig Dollar«, antwortete er. »Die und ein paar Dollar, um zum Schiff zurückzukehren, Herrin.«
Mehr mußte ich nicht hören, um mich wirklich in meine Rolle hineinzufühlen.
»Was!« fuhr ich ihn an. »Fünfzig Dollar, du Hundesohn? Seit zwei Stunden bist du hier — hast meinen Abwasch gemacht und auf dich pissen lassen —, und du hast nur fünfzig Dollar? Jetzt bekommst du aber wirklich Schwierigkeiten.«
Ich schlug ihm mit der Peitsche auf den nackten Rücken, und er wimmerte und jammerte: »Bitte tu mir nicht weh, Herrin.«
Striemen schwollen auf seinem Rücken an. Es war ein erschrekkender Anblick. Sein Schwanz war so hart, daß er an der Spitze blau anlief. Ich war mittlerweile nackt, schritt auf und ab und schimpfte darüber, wie wenig Geld er mitgebracht hatte. Ich strich mit der Peitsche über seine Striemen, aber ich traute mich nicht, ihn nochmals zu schlagen. Trotzdem war ich sehr in Wut geraten. Verrückt an der Sache war, daß ich dabei auch naß wurde. Dieser Mann war so wehleidig und armselig, daß ich ihn nur verachten konnte. Es brachte mir richtig Spaß, ihn zu quälen. Ich ergriff den Dildo mit dem Gurt und dachte, dieses Ding ist ungefähr fünfundzwanzig Zentimeter lang; es wird beim Eindringen weh tun, und dieser Kerl wird es genießen. Ich kann jede gemeine, unfreundliche und beleidigende Sache sagen, die mir in den Sinn kommt, und er wird es lieben. Meine Klitoris begann zu pochen. Wie bizarr. Gleichzeitig dachte ich, wie unangenehm es mir wäre, wenn jemand herausfände, wie mich das alles anmachte. Ich legte den Dildo auf die Kommode hinter ihm, so daß er sich vorstellen konnte, daß ich ihn bald benutzen würde. Wie krank das alles erschien. Aber ich hatte mich immer gefragt, was die Menschen am Sadomasochismus fanden, und jetzt würde ich es herauskriegen.
»Gefällt es dir, in den Arsch gefickt zu werden?« fragte ich.
»Nein, Herrin.«

»Zu schade, denn ich werde dir trotzdem in den Arsch ficken, und du wirst so tun, als gefiele es dir.«
Ich legte den Gurt mit dem rosa Plastikdildo an und fettete den Dildo mit Vaseline ein, während ich dem Mann erzählte, wie sehr ihm das gefallen würde. Sein Schwanz war so naß, daß es auf den Boden tropfte. Das kam mir nicht länger wie Arbeit vor. Meine Klitoris schwoll zwischen den Schamlippen an, und ich war ganz naß.
Er hockte auf den Knien auf dem Bett. Ich kniete hinter ihm und reizte ihn einen kurzen Augenblick mit der Spitze des Dildos, den ich an seinen Eiern und um sein Arschloch rieb. Ich tauchte die Finger in die nassen Tropfen an seiner Schwanzspitze und ließ ihn meine Hand ablecken, während ich ihm sagte, wie ekelhaft das sei. Da ich ihm nicht ernsthaft weh tun wollte, unterließ ich es, ihm den ganzen Dildo ohne Warnung in den Arsch zu rammen. So arbeitete ich mich langsam hinein, wie ich einen Schwanz eigentlich auch gern langsam in meinen Arsch eindringen fühle. Ich war überrascht und enttäuscht, wie widerstandslos der Dildo in seinen Arsch glitt. Offensichtlich hatte er es schon sehr oft gemacht. Ich fragte ihn, ob es weh tue, und er sagte ja, was mich wirklich ärgerte. Er war ein sehr verwöhnter Sklave. Es konnte ihm unmöglich weh tun.
»Oh, Herrin, es tut weh«, sagte er mit sanfter Stimme.
»Nein, das tut es nicht, du verwöhnter Bastard.« Ich versuchte, meinen Zorn über sein herablassendes Verhalten in jeden Stoß zu lenken, denn dafür bezahlte er mich ja schließlich.
»Sag mir, wie sehr es dir gefällt«, forderte ich ihn auf.
»Es gefällt mir, Herrin.«
»Sag mir, es fühlt sich gut an.«
»Es fühlt sich gut an.«
»Tut es weh?«
»Nein, Herrin.«
»Doch, es tut weh«, sagte ich. Es hatte keinen Zweck, ihn selbstgefällig werden zu lassen. »Sag mir, wie sehr es weh tut.«
»Es tut sehr weh.«
»Aber das gefällt dir, nicht wahr?«
»Ja, es tut weh, aber es gefällt mir.«
Mittlerweile war sein Schweiß zu Schaum geworden. Ich war allein von der körperlichen Anstrengung klitschnaß. Meine Klitoris

pochte immer noch, und meine Schenkel waren jetzt naß von meiner eigenen Geilheit. Ich warnte ihn davor zu kommen und erinnerte ihn daran, daß ich noch die Peitsche hätte und ihn bei der geringsten Provokation schlagen würde.
»Sag mir, daß du gern in den Arsch gefickt wirst.«
»Ja, das mag ich, Herrin.«
Ich hörte auf. »Bitte mich darum. Ich mache es nicht, wenn du mich nicht darum bittest.«
»Bitte, Herrin, bitte.«
»Härter?«
»Ja, härter.«
»Sag es noch mal.«
»Härter.«
»Sag es noch mal!«
»Härter.«
»Sag, daß es dir gefällt.«
»Ja, Herrin, es gefällt mir.«
Ich verpaßte ihm noch ein paar harte Stöße, und dann zog ich den Dildo aus seinem Arsch. Ich legte mich auf das Bett und forderte ihn auf, sich ein Gummi über seinen immer noch harten Schwanz zu ziehen und mich zu ficken. Er hatte solch einen dicken Schwanz, daß ich mich auf dessen anbefohlene Leistung schon richtig freute, aber er blieb nicht hart.
»Wenn du mich anspuckst, wird es helfen«, sagte er.
Na, wunderbar. Ich lag unten, was bedeutete, daß ich nach oben spucken mußte. Sicher, wenn ich ihn anspuckte, fühlte ich, wie sein Schwanz in mir größer wurde. Aber mittlerweile war ich von der Spucke genauso naß wie er, was mir überhaupt nicht gefiel.
»Sag mir, was für ein Scheißkerl ich bin«, sagte er.
Das funktionierte auch, aber er mußte permanent beschimpft werden, wenn es etwas nützen sollte. Allerdings war es interessant zu beobachten, wie schnell sein Schwanz darauf reagierte. Ein Wort der Beschimpfung, und sein Schwanz wurde steifer, genauso wie wenn man den Schwanz oder die Eier eines Mannes genau richtig anpackte.
Ihn ständig zu beschimpfen lenkte mich jedoch zu sehr ab, als daß ich einen Orgasmus hätte bekommen können. So stand ich schließlich auf und sagte ihm, er solle sich selbst einen runterholen. Er schmollte und saß so lange trübsinnig da, bis ich ihm aus Ärger

half. Seine Frustration interessierte mich nicht, aber ich war frustriert, weil ich keinen Orgasmus gehabt hatte. Er wollte meine Brüste anfassen und an meinen Brustwarzen saugen, während ich ihn anspuckte und niedermachte. Ich schimpfte und zeterte, wie furchtbar es sei, mit ihm zu ficken. Das gefiel ihm, aber es gefiel ihm deutlich besser, angespuckt zu werden.

(Jetzt kommt ein interessanter Teil.) Sobald er seinen Orgasmus hatte, begann er, sich zu verändern. Es dauerte ungefähr zwei Minuten, und es war ein erstaunlicher körperlicher Prozeß. Er hockte sich kurz auf die Füße, zuerst mit gesenktem Kopf, dann hob er den Kopf. Die Augen hatte er geschlossen. Seine Gesichtszüge schienen sich zu verändern: Die Wangenknochen hoben sich. Ich schwöre, daß seine Nase größer zu werden schien. Auch sein Haar schien länger zu werden. Und ganz allgemein schien er größer zu werden. Er wurde ein ganz anderer Mensch. Als er endlich vom Boden aufstand, war er eine selbstbewußte Persönlichkeit, und sein Energielevel stieg dramatisch an.

Er sah in den Spiegel, nahm meinen Kamm und begann, sich auf eine superselbstzufriedene Art das Haar zu kämmen. Er bewegte sich plötzlich mit so viel Schwung, als hielte er sich selbst für Mr. Show Business. Er war wirklich ein recht sexy aussehender Kerl. Obwohl seine Metamorphose mich sehr beeindruckte, war ich immer noch sauer, weil ich keinen Orgasmus gehabt hatte.

»He, Baby, sei nicht böse«, bemerkte er jovial.

»Ich bin nicht böse.«

»Ich bin nicht böse«, ahmte er mich mit fast genau der gleichen Stimme nach. Es war unheimlich, meine eigene Stimme so zu hören.

Er fing an, sich anzuziehen, und dann hielt er inne und sagte: »Du hast nie gefragt, womit ich mein Geld verdiene.«

»Das stimmt. Es interessiert mich nicht, was du machst.«

»Ach, komm schon«, sagte er. »Rate mal.« Fast knuffte er mich in die Rippen, um mich zu einem Lächeln zu bewegen. Mittlerweile strahlte er nur noch.

»Du bist ein Bandenchef, der sein Geld in Cabarets wäscht«, erwiderte ich.

Er sah mich verärgert an. »Nein, rate noch einmal.« Doch dann fügte er höflich und auf kindliche Weise sorglos hinzu: »Komm, rate noch mal.«

»Du bist eine Garderobenfrau.«
»Nun bist du albern.« Er sah jetzt bewundernswert hübsch aus.
»Ich gebe auf.«
»Ich bin Entertainer«, sagte er. »Ich singe, tanze und imitiere Leute.« Er drehte sich vor dem Spiegel und begann, Leute zu imitieren: Walter Brennan, Jimmy Cagney, Ethel Merman, Ronald Reagan, Jimmy Carter.
»Nun«, meinte ich, »dabei wirst du jede Menge Gelegenheiten haben, erniedrigt zu werden.«
»Überhaupt nicht«, entgegnete er. »Die Leute lieben mich. Du hast mich auch noch nicht nach meinem Namen gefragt. ————. ————. Hast du schon von mir gehört?«
»Nein.«
»Ich werde dir eine Videoaufnahme von meinem Auftritt bringen«, sagte er. »Es wird dir gefallen.«
»Warum hast du mich heute abend ausgesucht?« wollte ich wissen.
»Wie meinst du das?«
»Auf der Straße waren sehr viele Leute. Aber mich hast du aus der Menge ausgesucht. Ich war nicht einmal für die Arbeit angezogen. Woher wußtest du, daß ich das alles machen würde?« fragte ich.
»Ich war nicht sicher, ob du mitmachen würdest«, antwortete er, »aber du hast eindeutig eine dominante Persönlichkeit.«
»Woran erkennst du das?« beharrte ich.
»Ich weiß nicht«, sagte er. »Ich spürte es einfach. Nun, meine Süße, ich muß gehen.« Er zog sein Hemd an und beugte sich vor, um mich zu küssen.
»Küß mich nicht.«
»Du willst nicht, daß ich dich küsse?«
»Nein«, sagte ich, plötzlich müde und verwirrt.
Er knöpfte sein Hemd zu und sah mich an. »Du hältst mich für eigenartig, weil ich Leute dafür bezahle, daß sie mich anspucken, erniedrigen und mißhandeln. Aber sieh mal, ich bin ein ganz normaler Mann. Ich habe einfach nur meine Neurosen erkannt, und ich kann mit ihnen umgehen. Ich entledige mich ihrer und führe mein Leben weiter. Ich muß nicht jeden Tag von morgens bis abends dominiert werden. Es ist vorbei. Heute bin ich genug mißhandelt worden, um die nächste Woche zu überstehen. Aber du trägst diesen dominanten Charakter stets mit dir herum, er wird

immer ein wenig unterdrückt und birgt ständig die Gefahr eines Amoklaufes. Siehst du, ich habe mein Problem in wenigen Stunden für fünfzig Dollar bearbeitet. Aber du, du mußt dein Problem in einem Lebensstil verpacken, um es zu verbergen.«
Er ging ohne jedes weitere Aufheben.
Am nächsten Tag rief er aus Saint Thomas an, mit Ronald Reagans Stimme, um mir zu sagen, was für eine großartige Zeit er bei mir verbracht habe. Er fragte, ob er nächste Woche wiederkommen könne. Ich sagte, daß ich das jetzt noch nicht entscheiden könne. Ich würde darüber nachdenken ...

Die Kondomanie erreichte San Juan. Yvette und ich wurden aus unserem zweiten Apartment hinauskomplimentiert. Wir verbrachten viel Zeit mit der Suche nach einem neuen Ort fur unseren Escort-Service. Als wir schließlich eine Wohnung fanden, schlug das Problem mit dem Telefon wieder zu. Diesmal reichte ein Dreißig-Dollar-Schmiergeld jedoch nicht aus. In dem Gebäude gab es technisch keine Möglichkeit für einen neuen Telefonanschluß. Es war egal, wieviel Geld wir anboten. Solange es keine Leitung gab, hatten wir keine Chance. Wir versuchten, jemanden zu bestechen, damit er versehentlich den Anschluß von jemand anderem unterbrach und uns dafür einen gab, aber es war nichts zu machen. Für das Apartment hatten wir achthundertfünfzig Dollar Kaution gezahlt, zuzüglich Miete und Betriebskosten für zwei Monate im voraus. Wir hatten über dreitausend Dollar in ein Apartment investiert, in dem es kein Telefon gab und das daher nutzlos für uns war.
Mittlerweile war ich die Art und Weise leid, wie in San Juan alles funktionierte oder nicht funktionierte. Man bekam keine normalen, alltäglichen amerikanischen Dinge wie beispielsweise Granny Smith Äpfel. Und wenn neue Filme in der Nähe liefen, was nützte das schon? Sie waren alle spanisch synchronisiert. Nur wenige Leute sprachen tatsächlich fließend englisch. Die *New York Times* vom Sonntag konnte ich am Dienstag kaufen. Der Fernsehempfang war schrecklich. Und die puertoricanische Politik war nicht witzig.
Ich vermißte Atlanta.
Natürlich kamen meine Freunde aus Atlanta zu Besuch. Es war eine wunderbare Gelegenheit für die Leute, Puerto Rico zu besu-

chen und in einer Wohnung mit Blick auf den Ozean zu wohnen. Anfangs war ich alle drei Wochen nach Atlanta geflogen, dann alle fünf, sechs Wochen. In der letzten Zeit vergingen acht bis zwölf Wochen, ehe ich wieder nach Hause fuhr. Kein Wunder, daß es mir von Mal zu Mal schwerer fiel zurückzukehren.

Den letzten Rest gab mir ein Junge auf einem Motorrad auf der Condado. Ich ging gerade am Dupont Plaza Hotel vorbei, das eine hufeisenförmige Auffahrt hat. Ich befand mich auf dem Mittelstück der Auffahrt, als sich mir von hinten ein Junge mit einem Motorrad näherte. Er hatte wahrscheinlich eine Weile gewartet, bis jemand vorbeikam. Als ich das Motorrad hinter mir hörte, dachte ich, okay, hinter mir kommt ein Motorrad und jemand wird versuchen, mir die Handtasche zu entreißen und wegzufahren. Ich drehte mich einmal im Kreis, so daß der Kerl unmöglich meine Tasche ergreifen konnte, und ging einfach weiter. Er fuhr direkt an mir vorbei, und das war's.

Ich dachte, wenn ich es hinnehme, daß das ein normaler Bestandteil des Alltags ist, dann bin ich schon zu lange hier.

»Es reicht«, erklärte ich Yvette. »Ich fahre nach Hause.« Ich packte eine Tasche und fuhr zum Flughafen. Ich wollte meine Familie zu Thanksgiving sehen und in Atlanta sein, um ein letztes Wochenende mit ein paar Freunden zu verbringen, die in verschiedene Erdteile verreisen wollten.

Ich dachte, ich würde am Sonntag nach Thanksgiving in die Karibik zurückkehren, um vor Weihnachten noch ein bißchen extra Geld zu machen.

Aber eine Gruppe von Prostituierten aus Atlanta hatte Margo St. James von COYOTE um Hilfe bei der Organisierung gebeten. Ich kannte keine der Frauen, aber sie hatten von mir gehört und starteten einen Feldzug, um mich zum Bleiben zu bewegen. Sie boten an, mir zu zeigen, wie sie arbeiteten. Sie sagten, sie bräuchten mich, und ich war geschmeichelt. Sie berichteten, die Kunden, die sie in Atlanta hätten, seien sauber, sprächen Englisch, trügen selten eine Waffe und bissen nicht.

Es schien möglich, wieder in meiner vertrauten Umgebung zu arbeiten und meine politischen Aktivitäten mit meiner Karriere zu verbinden. Und ich kannte eine phantastische Escort-Agentur, für die ich arbeiten konnte.

Ein neuer Lebensabschnitt begann.

Ich gab einem Freund ein Rückflugticket nach San Juan, zwei große Koffer und die Schlüssel für das Apartment. Ich sagte: »Fahr runter und hol alle meine Sachen her. Laß die Schlüssel einfach auf dem Küchentisch und schließ die Tür hinter dir.« Ich kehrte nie zurück.

I'M FOR HIRE

Nirgends wird die Frau nach dem Wert ihrer Arbeit beurteilt, sondern nur als Geschlechtswesen. Es ist daher unvermeidlich, daß sie für ihr Existenzrecht bezahlen muß ... mit sexuellen Gefälligkeiten. Also macht es nur einen graduellen Unterschied, ob sie sich innerhalb oder außerhalb der Ehe an einen Mann verkauft oder an viele Männer.

EMMA GOLDMAN
The Traffic in Women, 1917

Ich sei die ideale Kandidatin, um für die Prostituiertenrechte zu kämpfen, sagten die Prostituierten von Atlanta. Zehn Jahre lang habe ich mich an politischen Kampagnen in Atlanta beteiligt, habe bei der Wahl von Stadträten, von Richtern, des Bürgermeisters, von Senatoren des Staates und Senatoren der US-Regierung geholfen. Ich habe mich für das Gesetz zur Gleichstellung von Mann und Frau engagiert und bei Julian Bonds Präsidentschaftskampagne mitgearbeitet. Ich habe Kontakte zu mindestens einem Dutzend politischer Gruppen, von der Schwulen- und Lesbenbewegung bis hin zur Georgia Civil Liberties Union und der Natio-

naldemokratischen Partei. Ich sei in der Lokalpolitik aktiv gewesen, sagten sie. Jetzt könnte ich auch für die Prostituiertenrechte aktiv werden.
Ich hatte mit dem Gedanken gespielt, nach San Francisco zu ziehen, und Margo wollte mich dort haben. San Francisco war eine sehr leistungsorientierte Stadt. Die Mieten waren hoch, und viel zu viele Frauen arbeiteten dort als Prostituierte. Soweit ich es beurteilen konnte, *mußten* die Frauen sogar als Huren arbeiten, um sich das Leben dort leisten zu können. Aber selbst dann war ihre Lebensqualität nicht besonders. Meistens wohnten die Frauen in kleinen, beengten Apartments, und nicht viele konnten sich einen Pelzmantel leisten. Die Frauen dagegen, die ich in Atlanta kannte, wohnten in luxuriösen Apartments, hatten sich von ihrem eigenen Geld Pelzmäntel und edlen Schmuck gekauft und fuhren nagelneue Autos.
Im allgemeinen entscheide ich mich in meinem Leben für das, was mir am einfachsten erscheint oder wobei jemand bereit ist, mir zu helfen. Diese Frauen machten es mir sehr leicht.
Ich hatte das Gefühl, eine großartige Chance geboten zu bekommen. Ich konnte gleichzeitig viel Geld verdienen, anderen Menschen helfen und in Atlanta bleiben. Die Frauen in Atlanta wollten mich haben. Und was ist schon verführerischer, als gewollt oder gar gebraucht zu werden? Die Polizei von Atlanta machte ständig Razzien bei Callgirls. Telefonisch bestellten sie Huren und versuchten, ihnen eine Falle zu stellen, und wenn sie dabei scheiterten, belästigten sie sie auf der Straße und in den Hotels. Die Frauen hatten angefangen, sich zusammenzuschließen, um etwas dagegen zu unternehmen, aber sie hatten das Gefühl, daß sie eine Anführerin brauchten, die mit Stadtteilgruppen und bei Gemeinderatssitzungen sprach. Sie suchten eine Frau, die in anderen Städten gearbeitet hatte und mit Callgirls *und* den Frauen auf dem Strich reden konnte — weil ihnen klar war, daß beide Gruppen in den Augen des Gesetzes gleich waren.
Die politische Sichtweise der Frauen, die mich ansprachen, war einfach: Frauen haben genausogut das Recht, sexuelle Dienstleistungen zu verkaufen, wie sie das Recht haben, ihren Verstand an ein Anwaltsbüro zu verkaufen, wenn sie dort als Anwältin arbeiten; oder ihre Kunst an ein Museum zu verkaufen, wenn sie Künstlerin sind; oder ihr Bild an einen Fotografen zu verkaufen,

wenn sie als Modell arbeiten; oder ihren Körper zu verkaufen, wenn sie Tänzerin sind. Da die meisten Menschen Sex ausüben können, ohne ins Gefängnis zu gehen, gab es — abgesehen von altmodischer Prüderie — keinen Grund, bezahlten Sex für verboten zu erklären. Darum forderten sie die Entkriminalisierung der Prostitution (*nicht* die Legalisierung, denn dann wäre sie wie der Tabak und der Alkohol staatlichen Regulierungen unterworfen — womit die Körper der Frauen wie andere kontrollierte Waren behandelt worden wären); sie wollten den Anspruch von Prostituierten auf einen rechtmäßigen Platz innerhalb der Frauenbewegung durchsetzen und ein umfangreiches Unterstützungsprogramm für andere Prostituierte anbieten.

Zusätzlich zu dem Reiz, in Atlanta an der Entkriminalisierung von Prostituierten mitzuarbeiten, boten die Frauen mir noch etwas an. Sie nannten mir den Namen von Sarah, einer wunderbaren Agentin und Besitzerin der Magnolia Blossoms Modeling Agency. Sie klärte mich über die Gegebenheiten der Prostitution in Atlanta auf; sie erklärte mir, wie man sicher und vorsichtig arbeitete, wie man den Cops aus dem Weg ging und die Freier genau überprüfte — und das erzählte sie mir alles am Telefon. (»Es ist sicherer für mich, wenn du mich nie siehst«, sagte sie, »und es ist sicherer für dich, wenn du lernst, am Telefon zuzuhören.« Sie hatte in jeder Hinsicht recht.)

In San Juan hatte ich die Kunden nicht mehr überprüfen müssen, denn ich fühlte mich im Bordell beschützt; auf der Straße konnte ich mir die Männer ansehen, bevor ich mit ihnen irgendwohin ging, und außerdem konnte ich mich immer bei einer der anderen Frauen über sie erkundigen; und bei Elaine war ich naiv gewesen — völlig naiv —, was die wirklichen Gefahren betraf, denen wir ausgesetzt waren. Ich war jetzt älter und erfahrener und entsetzt, wenn ich daran dachte, wie wir bei Elaine mit manchen Dingen umgegangen waren. Häufig hatten wir die Kunden direkt in Elaines Apartment mitgenommen; nur selten waren wir so vernünftig gewesen, die Ausweise zu überprüfen, und wir ahnten nicht, wie leicht wir hätten verhaftet werden können.

Sarah kannte das Modellagenturgeschäft in- und auswendig; sie hatte einen sehr gesunden Menschenverstand; sie war geschäftstüchtig, sie hatte ein Gespür für Cops, und außerdem hatte sie eine wunderbare Stimme. Am Telefon konnte ich nicht sagen, ob sie dreiundzwanzig oder zweiundfünfzig war. Sie hatte eine wohlklingende, angenehm hohe Stimme. Was sie auch von mir verlangte, ich tat es, weil ihre Stimme mich dazu inspirierte. Wenn sie in ihrem lebhaften Ton sagte: »Ich brauche dich in zwanzig Minuten in dem und dem Hotel. Beeil dich und mach dich fertig«, dann beeilte ich mich und machte mich fertig. Wenn ich ihr aber sagte, daß ich aus irgendeinem Grund keinen Hausbesuch machen wollte, akzeptierte sie es; sie versuchte nie, mich zu etwas zu überreden, was ich nicht wollte. Sie war eine gute Agentin, von der ich das Gefühl hatte, daß sie sich um meine Karriere kümmerte.

Magnolia Blossoms war der Grundstein von Sarahs Geschäften, aber sie führte noch weitere Escort- und Modellagenturen von AAA bis ZZZ. (Dadurch konnte man fünf bis zwanzig Anzeigen in den Gelben Seiten unterbringen, jede mit einem anderen Namen, und jede versprach eine andere Spezialität — junge Mädchen, orientalische Schönheiten, Massagen von Blondinen, Brünetten, Rothaarigen; Englischsprachige. Manche von den aufgeführten Agenturen hatten unterschiedliche Telefonnummern, aber alle Anrufe wurden von derselben Person entgegengenommen. In den Gelben Seiten von Atlanta standen ungefähr sechzig Escort- und »Modell«-Agenturen, aber tatsächlich waren es nur zirka fünf verschiedene Services. Auf diese Weise bekamen die Agenturen Kunden, die alle Anzeigen durchgingen — von A bis Z. Jedes Jahr gab es einen großen Wettstreit darin, einen Agenturnamen zu erfinden, der entweder als erster oder als letzter auf den Gelben Seiten stand.)

Sarah führte ihr Geschäft in einem großen Haus, aber ich bin sicher, daß sie ihr Telefonzimmer nie verließ. Sie arbeitete rund um die Uhr. Sie schlief mit ihren Telefonen sieben Tage die Woche. Sie lebte Tag und Nacht für das Geschäft, was ein Grund dafür war, daß die Frauen ihr so treu blieben. Sie war immer da, wenn sie sie brauchten.

Wenn ein Kunde eine der Nummern vom Escort-Service anrief und sagte: »Ich möchte für heute abend eine Begleiterin haben«, erklärte Sarah mit ihrer lebhaften Stimme: »Wir haben verschiedene reizende Modelle zur Verfügung.« (Sie hatte entschieden, uns als Modelle auszugeben, da die Agenturen Schwierigkeiten hatten, eine Lizenz für Begleiterinnen zu bekommen.) Meistens verstanden die Anrufer das und sagten: »Schön, haben Sie Brünette? Oder Rothaarige? Oder Blondinen?« Aber wenn sie anfingen, Fragen zu stellen wie: »Sind diese Mädchen ... äh, äh ...«, erklärte Sarah vorsichtig: »Unsere Modelle stehen nur als Modelle zur Verfügung, Sir — für Damenwäsche, oben ohne, unten ohne oder ganz nackt.« Die Frauen, die mit ihr arbeiteten, mußten einen Vertrag unterzeichnen, wonach sie als Modelle vermittelt wurden und über die Modelltätigkeit hinaus nichts taten; außerdem war laut diesem Vertrag das Berühren nicht gestattet. (So konnte im Zweifelsfall alles geleugnet werden: Sarah *dachte*, die Frauen stünden nur als Modelle zur Verfügung; die Frauen *glaubten*, von ihnen würde nichts anderes als eine Modelltätigkeit erwartet, wenn sie angefordert wurden.)

Sarah vermittelte Modelle im Alter von neunzehn bis achtundvierzig Jahren. Die Neunzehnjährige war die Tochter eines Arztes und einer Krankenschwester. Eine andere Frau, Anfang Dreißig, war geschieden, arbeitete als Sekretärin und war Mutter von zwei Kindern. Eine Frau verkaufte tagsüber Büroartikel und Kopierer.

Nachdem Sarah dem Anrufer erklärt hatte, die Agenturgebühr betrage fünfzig Dollar, sagte sie noch, daß die Mindestgebühr des Modells mindestens der Agenturgebühr entspräche und vielleicht noch höher liege. Dann stellte sie mindestens ein Dutzend Fragen: Aus welcher Stadt der Herr käme? In welchem Hotel er wohne? Welche Zimmernummer er habe? Ob er mit dem Flugzeug gekommen sei? Ob er einen Mietwagen habe? Für welche Firma er arbeite? Wie lange er in der Stadt bleibe? Wenn er in der Stadt wohne, dann wie lange schon? Ob er in einem Eigenheim oder einem Apartmenthaus lebe? Ob er eine Eigentumswohnung oder eine Mietwohnung habe? Ob er einen Führerschein habe? Ob er andere Personalpapiere habe, um sich auszuweisen? Ob er bar bezahle oder mit einer Kreditkarte?

Dann erklärte sie dem Anrufer, daß das Modell ihn bei der Ankunft bitten würde, sich auf drei Arten auszuweisen. Sie sagte mir, ich sollte mich von einem Führerschein, einer Kreditkarte oder einer Versicherungskarte nicht beeindrucken lassen; jeder könne sich die auf irgendeinen Namen ausstellen lassen. Überzeugender seien Jagdlizenzen, Büchereiausweise und Mitgliedsausweise vom Country Club — die Frage danach sei so ungewöhnlich, daß die Polizei vielleicht nicht darauf vorbereitet sei. Mitgliederausweise von Nachtclubs waren für Polizisten zu leicht zu bekommen. Aber eigentlich seien alle Ausweise nutzlos. Ein sorgfältiger Beamter von der Sittenpolizei könnte möglicherweise mehr Ausweise haben, als irgend jemand sich auch nur erträumte. Wir sollten uns die Ausweise ansehen, um Zeit zu gewinnen. Wir sollten die Fotos und die Adressen überprüfen und versuchen festzustellen, ob irgend etwas ungewöhnlich war. Wenn ein Mann beispielsweise von sich aus eine Jagdlizenz, den Mitgliedsausweis eines Nachtclubs, den Führerschein und eine Versicherungskarte anbot, um sich auszuweisen, wüßten wir, daß er mit großer Wahrscheinlichkeit ein Cop war. Außerdem mußten wir uns den Zustand des Ausweises ansehen. War er zu neu? War er vollständig? Gab es irgendwelche Ungereimtheiten? Wußte der Mann, was darin stand? Zunächst einmal müßte ich in jeder Hinsicht mißtrauisch sein.

Es gehörte zu Sarahs Regeln, dem Kunden am Telefon zwei von drei Ausweisen zu nennen, die er möglicherweise vorzeigen müßte. Es stand den Modellen frei zu entscheiden, welche dritte Form sie sehen wollten. (Dadurch hatten wir viel Spielraum. Wenn an dem Mann irgend etwas verdächtig war, verlangten wir irgendeinen wirklich ungewöhnlichen Ausweis, um zu sehen, was er uns anbot. Es gab Leute, die dann vielleicht einen Geschenkgutschein von McDonald's vorzeigten, den ihr Neffe ihnen geschenkt hatte, und das war immer beeindruckend. Es war ein Test, wieviel Phantasie der Mann besaß.)

Wenn der Kunde sich mit der Agenturgebühr und der Mindestgebühr des Modells einverstanden erklärt und Sarahs Fragenkatalog bestanden hatte, wenn er dargelegt hatte, wie er bezahlen würde und welche Ausweise er hatte, sagte Sarah ihm, das Modell würde in zwanzig bis dreißig Minuten bei ihm sein. (Wenn sie einem Anrufer eine größere Zeitspanne genannt hätte, hätte er vielleicht eine andere Agentur angerufen.) Dann sagte sie: »Ich glaube, Heather steht zur Verfügung«, oder Marlena, Penny, Jasmine, Mimi, Taffy, Veronika, Noelle, Kristin, Suzie oder Bibi.

Alle anderen müssen mit den Namen leben, die ihre Eltern ihnen gegeben haben, doch Schauspieler, Modelle, Nonnen und Huren überlegen sich neue Namen — weil sie einfach einen schöneren Namen haben wollen oder weil sie ihre Familien nicht in Verlegenheit bringen wollen, aus rechtlichen Gründen oder als eine Maßnahme, um ihr berufliches und ihr privates Leben voneinander zu trennen. Als ich klein war, saß ich oft mit meinen Freundinnen zusammen und wir redeten darüber, wie wir unsere Kinder nennen würden. Es stellte sich heraus, daß meine Lieblingsnamen aus irgendeinem Grund allesamt Hurennamen waren, Namen, die süß und sexy klingen wie Cheri, Tiffany, Chastity [auf deutsch: Keuschheit] — was ironischerweise ein typischer Hurenname ist. Wenn ich Zwillinge hätte, wollte ich sie Candy und Brandy nennen.

Als ich in der Karibik war, nannte ich mich Sylvia Adams. Es fiel den Leuten relativ leicht, den Namen Sylvia auszusprechen, aber es gab ein Problem. Immer wenn ich etwas unterschreiben mußte, sagen wir, die Quittung einer Kreditkarte, begann ich, ein *D* zu schreiben. Deshalb suchte ich mir später einen neuen Namen aus — Debra Grant. Debra ist in jeder Sprache leicht auszusprechen; für Grant entschied ich mich, weil eine Gegend von Atlanta so heißt.

Als ich bei Sarah anfing, kam mir Debra jedoch zu gewöhnlich vor; es wurde Zeit, daß ich mir einen neuen Namen ausdachte. Dolores French ist kein schlechter Name für eine Prostituierte, aber ich wollte wie alle anderen einen Künstlernamen.

Ich wollte keinen typischen Hurennamen, aber es sollte ein Name sein, an den die Leute sich erinnerten und der meinem richtigen Namen ähnlich war. Ich werde Ihnen meinen Arbeitsnamen jetzt nicht nennen, weil ich noch unter diesem Namen arbeite. Aber sagen wir mal, ich nannte mich Delilah Fox. Delilah beginnt mit einem *D*, und Fox könnte ein guter Hurenname sein. Wenn ein Kunde die Agentur anrief und mich wiedersehen wollte, war der Name Fox hilfreich. Er sagte beispielsweise: »Sie hatte rotes Haar, und ihr Name hatte etwas mit einem roten Tier zu tun.« Wenn der Kunde und die Agentin nicht so beschränkt waren, auf *Rotes Eichhörnchen* oder *Irischer Setter* zu kommen, fiel ihnen *Fox* ein.

Delilah Fox hat übrigens Kreditkarten, und sie gilt als weitaus kreditwürdiger als ich.

Wenn Huren und Agentinnen einander kennenlernen, kommt es häufig vor, daß sie aus Vertraulichkeit und professionellem Respekt beides sagen: den richtigen Namen und den Arbeitsnamen. Ich weiß eigentlich nie, welchen Namen ich nennen soll. Manche Frauen wollen nur unter ihrem Arbeitsnamen bekannt werden; manche fühlen sich verletzt, wenn du ihren Arbeitsnamen benutzt. Eine Frau, die in diesem Buch erwähnt wird — Sunny —, wurde mit ihrem Arbeitsnamen genannt, weil sie es so wollte. In allen anderen Fällen habe ich die Arbeitsnamen der Frauen geändert, um ihren Lebensunterhalt zu schützen, und in keinem Fall habe ich den richtigen Namen einer Frau erwähnt. (Wenn mein richtiger Hurenname bekannt würde, könnte mich übrigens keine Escort-Agentur mehr unter dem Namen vermitteln. Escort-Agenturen müssen sich vorsehen, daß sie keine »bekannte« Prostituierte vermitteln. Prostitution ist, wie Sie sehen, hauptsächlich ein Verbrechen von Worten.)

Wenn Sarah mich anrief, sagte sie in etwa: »Delilah, ich habe einen Kunden in dem und dem Hotel. Er möchte um halb zwei ein Wäschemodell. Bist du in der Zeit fertig?«

Fertigwerden hieß nicht nur, sich anzuziehen, sondern auch, die richtige Perücke herauszusuchen (wenn er eine Blondine wollte, konnte ich eine Blondine sein; wenn er eine Rothaarige wollte, voilà, dann war ich eine Rothaarige), ein passendes Paar Schuhe zu finden (wenn er eine kleine Frau wollte, mußte ich flache Schuhe anziehen; wenn er etwas Statuenhaftes wollte, waren die dreizehn Zentimeter hohen Stöckel dran) und bis halb zwei im Hotel zu sein. Wenn ich einverstanden war, ließ Sarah mich den Mann anrufen, um eine endgültige Verabredung zu treffen. Sarah lehrte mich, jeden Anruf, den ich mit Kunden tätigte, aufzunehmen — um mich selbst zu schützen. (Es ist durchaus legal, ein Telefongespräch aufzunehmen, solange der andere Teilnehmer weiß, daß das Gespräch aufgenommen wird.) Wenn ich wußte, daß ich auf ein Band sprach, achtete ich besonders darauf, daß ich nichts sagte, woraus sich schließen ließ, daß ich Sex für Geld anbot. Und wenn sich herausstellte, daß ich mit einem Polizisten sprach, konnte ich später beweisen, daß ich keinen Akt der Prostitution begangen hatte — denn ich hatte alles auf Band. Es ist ziemlich schwer, eine Bandaufnahme zu widerlegen. Sarah lehrte mich auch, alle Informationen über den Menschen, den ich besuchen ging, aufzuschreiben, ehe ich das Haus verließ. Es war viel Schreibarbeit, aber ich hatte einen Fünfzig- bis Fünfhundert-Dollar-Job. Schließlich verkaufte ich keine Zeitschriftenabonnements zu vier Dollar das Stück. Für fünfzig bis fünfhundert Dollar konnte ich es mir leisten, mir die Zeit für Schreibarbeiten zu nehmen.

Nach ein paar Jahren Prostitutionstätigkeit geben viele Frauen dieses Leben entweder für immer auf, oder sie bleiben für immer dabei. Zu diesem Zeitpunkt weiß jede Frau, wie gefährlich die Arbeit ist, nachdem sie es selbst erlebt oder von Prostituierten gehört hat, die beraubt, angegriffen oder verhaftet wurden. Ihr wird klar, daß sie nicht so gut bezahlt würde, wenn es nicht so gefährlich wäre. Sie sieht, daß es ein Gleichgewicht zwischen den Risiken des Jobs und dem Lohn gibt. Sie kommt an den Punkt, wo sie entweder nicht mit der Angst leben kann oder nicht ohne sie.
Ich fand es irgendwie aufregend, diese Angst zu spüren. Jeder Job war wie eine geheime Mission. Ich fühlte mich wie ein geschmückter Rambo, wie eine diamantenbesetzte Draufgängerin, wenn ich spätabends loszog, um einen Kunden zu besuchen.
Mein Herzschlag beschleunigte sich, wenn ich von der Schnellstraße aus das Hotel entdeckte. Wenn ich in die Garage des Hotels einbog, hatte ich das Gefühl, jetzt müßte eine Musik spielen, die für einen Thriller geschrieben wurde, um die *Larry King Show* zu übertönen, die ich im Radio hörte. Mein weißer Cadillac bäumte sich vorn auf, um sich über die Bodenschwellen in der Garagenauffahrt zu heben, und dann blickte ich in die Tiefe einer verlassenen Garage, in der gelbbraunes Licht alles braun tönte, und es gab keinerlei freundliche Töne, nicht einmal von mir.
Der Hall verstärkte jeden Laut: das Zuschlagen der Wagentür, das Klappern der Stöckelschuhe auf dem Betonboden, jedes Kratzen und jeden Schlag. Wenn ich zu der Zeit jemanden in der Garage traf, war ich sehr wachsam. Schließlich wußte ich, warum ich hier war, aber du, Junge, was machst du hier? Parkplätze, Auffahrten und Garagen sind gefährliche Orte.
Der Kunststoffteppich vor dem Fahrstuhl war ein willkommenes Zeichen von Zivilisation, genauso wie die Leuchtstofflampen, auf denen sich die Umrisse toter Insekten abhoben. Wenn ich nach dem Fahrstuhlknopf langte, um in die Lobby zu fahren, hatte ich das Gefühl, als höbe sich meine Hand und drückte den Knopf von ganz allein.
Ich war nicht auf dem Weg in ein Bordell, wo es unten Rausschmeißer und oben Wäschejungen gab. Abgesehen von Sarah war ich ganz auf mich gestellt, wenn ich in das Hotel ging. Ich rief sie an, wenn ich mich dem Hotel näherte, um ihr zu sagen, daß ich fast da war und daß ich sie aus dem Zimmer wieder anrufen würde.

Es war wichtig, daß sie wußte, wann ich im Begriff war, ins Hotel und nach oben ins Zimmer zu gehen. Wenn ich nicht zurückrief, konnte sie dort anrufen, um herauszufinden, was los war. Wenn sie nach dem Anruf den Eindruck hatte, etwas stimme nicht, konnte sie ein anderes Modell, das vielleicht im Hotel war, anrufen oder — als letztes Mittel — den Hotelsicherheitsdienst, ihn konnte sie bitten, in das Zimmer zu gehen oder den Parkplatz zu überprüfen. Wenn sie den Hotelsicherheitsdienst anrief, sagte sie vermutlich die Wahrheit: daß eine Frau von der Agentur dort sei. Denn lieber gab sie das zu, als daß uns etwas Schreckliches geschah. Und dem Hotelsicherheitsdienst war es lieber, den Anruf einer Agentur entgegenzunehmen, die fragte, ob etwas nicht stimme, als später festzustellen, daß jemand in seinem Hotel umgebracht oder von dort entführt worden war.

Zu manchen Hotels, insbesondere jenen am Flughafen, fuhr ich zehn- oder fünfzehnmal die Woche. Was mich betraf, so hatte der Hotelsicherheitsdienst die Aufgabe, dafür zu sorgen, daß das Hotel nicht beschädigt und die Menschen im Hotel nicht verletzt wurden. In freundlichen Hotels ging ich nach meiner Ankunft direkt zum Sicherheitsdienst, sagte, wer ich sei, wohin ich ginge und wie lange ich bliebe. Es gab ein Hotel, in dem mich der Wachmann zum Zimmer des Kunden begleitete. Er ging diskret damit um. Sobald der Kunde die Tür öffnete, entfernte er sich und verschwand. Es war eine berufliche Gefälligkeit; der Wachmann behandelte mich wie eine Arbeitskollegin.

Dann gab es noch die unfreundlichen Hotels. Hotels neigen dazu, Wachleute aus den unteren sozialen Schichten anzuheuern, und vielen von diesen Leuten gewährt der Job als Wachmann die größte Macht, die sie je gehabt haben oder jemals im Leben haben werden. Eine Prostituierte davon abzuhalten, ihr Ziel zu erreichen, kann viel aufregender sein, als jemanden daran zu hindern, ein Handtuch zu klauen. Darum hielten manche übereifrige Wachmänner jede Frau an, die ohne Begleitung spätabends das Hotel betrat. (In manchen Hotels wird die Lobby als öffentlicher Ort betrachtet, so daß die Wachleute Frauen ohne Begleitung erst aufhalten, wenn sie in einem der oberen Stockwerke aus dem Fahrstuhl treten.) Doch das Bürgerliche Gesetz untersagt das Zutrittsverbot zu öffentlichen Einrichtungen, wenn dieses Verbot aufgrund der Rasse, der Religion oder der nationalen Herkunft

erfolgt. (Beachten Sie, daß das Geschlecht nicht genannt wird.)
Nach den Gesetzen über das unbefugte Betreten von privaten oder halböffentlichen Grundstücken muß eine Person diese im allgemeinen auf Verlangen verlassen. Sie muß jedoch nicht gehen, wenn sie aus berechtigten Gründen dort ist und beispielsweise einen Gast besucht, vorausgesetzt, sie verstößt gegen keine der Regeln, die auf dem Grundstück herrschen, und tut nichts offenkundig Illegales.
Wenn die Frau kein Gast ist und auch keiner rassischen Minderheit angehört, kann der Wachmann sie auffordern zu gehen. Oft versuchen die Wachmänner, eine Frau einzuschüchtern, damit sie mit ihnen ins Sicherheitsbüro kommt, wo sie sie zwingen, eine Erklärung zu unterschreiben, und sie fotografieren. (Die unterschriebene Erklärung kann als Beweis dafür benutzt werden, daß diese Frau schon einmal zuvor aus dem Hotel verwiesen wurde, so daß sie wegen unbefugten Betretens angezeigt werden kann, falls sie das Hotel ein weiteres Mal betritt.)
Mein Anwalt erklärte mir jedoch, daß mich im Hotel niemand zwingen könne, in das Sicherheitsbüro zu gehen. »Wenn sie dich auffordern, ins Sicherheitsbüro zu kommen, sag ihnen: ›Sie können mich zum nächsten Ausgang begleiten.‹ Wenn sie versuchen, dich irgendwohin zu zerren, ist das eine Entführung, und du hast einen wunderbaren Klagegrund in der Hand.«
Alle Wachleute, die ich kennenlernte, wußten so viel, daß sie mich nicht anfaßten — Hilfe! Polizei! —, solange ich mich kooperativ verhielt. Sie wußten, daß sie mich nicht ins Sicherheitsbüro zerren oder aus dem Hotel stoßen konnten. Sie wußten auch, daß ich sie nicht anfassen durfte — Hilfe! Polizei! —, so daß sie Abstand hielten, wenn sie mich zur Tür brachten; gleichzeitig umzingelten sie mich dabei wie ein kleines Kraftfeld, bis ich schließlich draußen war.
Wenn sie mich aufhielten, fragten sie gewöhnlich als erstes: »Wohin gehen Sie?« (Offensichtlich ist »Wohin gehen Sie?« eine weltweit tolerierte Frage, solange man sie Frauen stellt.)
Wenn ich dem Wachmann antwortete: »Ich gehe zum Zimmer tausenddreihundertdreizehn«, fragte er: »Sind Sie Gast in diesem Hotel?«
Wenn ich nein sagte, verlangten sie meinen Ausweis, und sobald sie nach meinem Ausweis fragten, holte ich mein Tonbandgerät

heraus und schaltete es an. Ich sagte: »Ich besuche einen Gast«, und dann wollten sie den Namen des Gastes wissen und woher er kam. An dem Punkt riefen sie die Rezeption an und überprüften die Information, die ich ihnen gegeben hatte.
Eines Nachts war ich in einem Hotel, und dieser junge Wachmann hielt mich auf. Ich zog mein Tonbandgerät heraus, und ein komisches Lächeln trat auf sein Gesicht, als wollte er sagen: »Dich hab ich. Jetzt habe ich eine Prostituierte gefangen.«
»Was ist das, ein Pieper?« fragte er.
»Das ist ein Tonbandgerät«, antwortete ich.
»Wofür ist das?« fragte er nun verblüfft.
»Warten Sie«, sagte ich, »es funktioniert erst, wenn ich es anschalte. Da. Mein Anwalt hat mir geraten, wenn ein Gespräch mit einer Klage oder einem Prozeß enden könnte, sollte ich mit einem Tonbandgerät immer genau aufzeichnen, was gesagt wird, so daß kein Mißverständnis möglich ist.« Der junge Wachmann war noch am Verdauen dieser Information, als einer seiner Kollegen auftauchte.
Der Mann war etwas weltgewandter. »Ich begleite sie zu dem Zimmer«, sagte er zu dem Jüngeren. »Warum gehst du nicht in die Lobby und kühlst dich etwas ab?« Als ich zu dem Zimmer kam, machte ich mir Sorgen, ich könnte wieder auf den Jüngeren stoßen, wenn es für mich Zeit zum Gehen war. »Begleiten Sie mich in die Lobby hinunter, wenn ich fertig bin?« fragte ich den älteren Wachmann. »Klar«, sagte er, »rufen Sie beim Empfang an und verlangen Sie nach Chip.«
Als wir in die Lobby hinuntergingen, erzählte mir Chip, der Jüngere sei nervös gewesen, weil ich das Tonbandgerät angeschaltet hätte. »Noch nie hat jemand meinetwegen ein Tonbandgerät angestellt«, habe der Jüngere gesagt. »Glauben Sie, ich habe etwas gesagt, das mich in Schwierigkeiten bringen könnte?«

Sobald ich ins Hotelzimmer kam, rief ich wieder bei Sarah an, damit sie wußte, daß ich angekommen war. Dann sah ich mir das Zimmer, den Kunden und seine Ausweise an. Wenn alles stimmte, erzählte ich ihm meine kleine Geschichte. Ich hatte gelernt, daß das Wichtigste beim Abschluß eines Geschäfts war, die Preise mehrmals zu wiederholen. Mit freundlicher Stimme rasselte ich sie herunter: »Die Agenturgebühr beträgt fünfzig Dollar; die gehen

ausschließlich an die Agentur. Die Modelle bekommen von den fünfzig Dollar keinen Anteil. Alle Modelle bestimmen ihre Preise danach, was du für Wünsche hast. Normalerweise beträgt die Gebühr eines Modells ungefähr hundert Dollar. Die kannst du bar oder mit Visa, MasterCard, American Express, Diners Club oder mit Reiseschecks bezahlen. Wenn du mit einer Kreditkarte bezahlst, kostet das eine Extragebühr. Und davon erhalten die Modelle auch nichts. Meine Gebühr beträgt einhundert Dollar.«
Wenn ich meinen Text in der richtigen Geschwindigkeit aufsagte, meinte der Kunde am Ende vielleicht: »Sehr gut.« Aber manchmal sagte er auch: »Kannst du das noch mal wiederholen?« (Was ich konnte. Auf dieselbe Art.) Oder er sagte vielleicht: »Das ist zuviel«, oder: »Was bekomme ich für einhundert Dollar?«
Nach meinem Aufenthalt in San Juan, wo jeder Kunde bereit war, um fünf Dollar zu feilschen — wo das Feilschen um den Preis mehr Zeit und Energie in Anspruch nahm als der Sex selbst —, stellte ich nun mit Erstaunen fest, daß die meisten Kunden in den Vereinigten Staaten bereit waren, fünfzig Dollar für Sarah und hundert Dollar für das Modell zu bezahlen, ohne irgendeine Frage. Ich war so verblüfft, daß ich nach zwei Wochen beschloß, meinen Preis auf hundertfünfzig Dollar zu erhöhen. Ich dachte, die Kunden würden versuchen, mich auf hundertzwanzig Dollar herunterzuhandeln, aber die wenigsten taten das. Sie bezahlten hundertfünfzig Dollar.
Ich dachte mir: Nun gut, wenn sie bereit sind, hundertfünfzig zu bezahlen, versuchen wir es mit zweihundert Dollar. Darauf reagierten sie auch ziemlich gut. Ich wußte, daß das über den regulären Preis hinausging, deshalb sorgte ich stets dafür, daß der Kunde wußte: Für das Extrageld gab es auch Extraleistungen, ein Schaumbad, eine Massage, eine volle Stunde statt einer Vierzig-Minuten-Stunde. (Sarah zählte die Zeit von dem Augenblick, da ich sie anrief, um zu sagen, daß alles in Ordnung sei, bis zu dem Zeitpunkt, da sie anrief und fragte: »Ist Delilah fertig zum Gehen?« — was hieß, daß ich normalerweise nur vierzig Minuten auf dem Zimmer war.) Bei meinem »Volle-Stunde«-Angebot erklärte ich den Kunden, daß die anderen Modelle weniger verlangten, aber auch kürzere Zeit da seien. Ich würde sechzig Minuten im Zimmer bleiben, sagte ich. Für Sarah hatte ich ein besonderes Kennwort, um ihr zu sagen, daß ich volle sechzig Minuten

blieb. Wenn ich sagte: »Ich mache eine komplette Sitzung«, wußte sie, daß ich mehr Geld bekam, und rief dann erst nach sechzig Minuten zurück.
Nachdem ich den Preis ausgehandelt und Sarah angerufen hatte, um ihr zu sagen, daß alles okay sei, packte ich meine Arbeitstasche aus. Ich habe diese Tasche so oft ausgepackt, daß ich es blind hätte tun können. Ich verstaute meine Sachen in dieser Tasche auf eine bestimmte Art, so daß ich, wenn ich sie auspackte, nicht herumfummeln und lange suchen mußte. Ich nahm die Sachen heraus und legte sie auf das Bett oder auf eine Kommode — als wäre ich ein Chirurg bei den Operationsvorbereitungen. Es faszinierte die Männer, mich zu beobachten, wie ich die Sachen aus der Tasche holte. Ich hatte immer meinen Kreditkartendrucker dabei, verschiedene Sorten von Reizwäsche, mehrere Paare Strümpfe, einen Panasonic Panabrator-II-Vibrator, etwas Schaumbad, Lotionen und Babypuder (falls ein Kunde eine Massage wollte und auch für mich selbst), einen extra Waschlappen und ein Handtuch, zwei Paar Schuhe, eine Perücke, Tampons, ein Diaphragma, eine Augenbinde, meine Make-up-Utensilien, Kosmetikschwämme, Verhütungsmittel und gewöhnlich noch eine Reihe von Seifenproben und Shampoos, die ich aus Hotels mitgenommen hatte.
Außerdem hatte ich meine Jonglierbälle dabei. Ich benutzte sie mehrmals pro Woche, meistens wenn ich länger als eine Stunde da war. Dann holte ich sie heraus, sagte: »Wetten, daß du so was noch nie gesehen hast«, und begann zu jonglieren. Manchmal jonglierte ich ganz am Anfang, während sie über Geld redeten. Die Leute waren fasziniert von einer jonglierenden Hure. Sie dachten sich: Wenn sie jonglieren kann, wer weiß, was sie noch alles macht? Außerdem erschien dadurch alles, was noch in der Tasche war, um so seltsamer und magischer.
Manche Männer bekamen beim Anblick des Vibrators Angst. (Anmerkung: Es war kein vibrierender Dildo, sondern ein Vibrator für den externen Gebrauch. Er eignete sich hervorragend zum Massieren von schmerzenden Muskeln, aber er war auch für vieles andere gut.) Der Vibrator war ungefähr fünfunddreißig Zentimeter lang, und ich hatte immer ein fast drei Meter langes Verlängerungskabel daran angeschlossen. Manchmal sagte ein Mann: »Was zum Teufel ist das denn?« Oder: »Willst du mich damit behandeln?« Und ich sagte: »Das ist ein Vibrator, und ich

käme niemals auf die Idee, dich damit zu behandeln. Keine Chance. Wünschst du dir nicht, daß ich es täte?« Normalerweise wendete ich ihn bei mir an, während sie zuschauten.
Ich forderte sie auf, sich auf das Bett zu legen, stellte mich neben das Bett und führte ihnen einen erotischen Akt mit dem Vibrator vor. Vibratoren machen Geräusche, nicht so laut wie ein Lastwagen oder ein Motorrad, sondern eher ein Geräusch wie von einem großen Rasierapparat. Es scheint Männer zu faszinieren, einer Frau zuzusehen, die einen Vibrator benutzt. Ich benutzte ihn zur Schau und auch um mich selbst zu befriedigen, bevor ich Geschlechtsverkehr mit ihnen hatte, so daß ich mich auf ihren Orgasmus und nicht auf meinen konzentrieren konnte.
Das funktionierte jedoch nicht mit japanischen Kunden. Nach Atlanta kamen ziemlich viele japanische Geschäftsleute, und ziemlich viele riefen beim Escort-Service an. Egal, was ich machte — und wenn ich beispielsweise meinen Rock aufhängte —, japanische Kunden fragten meistens, *was* ich mache. Nicht daß die japanischen Kunden meinten, ich mache etwas falsch, sie wollten einfach nur alles wissen. Wenn ich meine Handtasche öffnete: »Was ist da drin?« Wenn ich meine Tasche auspackte: »Was hast du da drin?« Eines Nachts zeigte ein älterer Herr auf meinen Kreditkartendrucker, als wäre es irgendein orientalisches Folterinstrument. »Was machst du sonst noch damit? Was hast du noch da drin? Extras? Verlangst du dafür extra Geld? Ich bezahle keine Extras.« Wenn ich Japaner besuchte, fand ich, ging die meiste Energie dafür drauf, alles zu erklären.
Meine erste Arbeitstasche war eigentlich nur eine große Schultertasche. Aber die Schuhe, der Drucker und der Vibrator waren schwer, und ich beulte alle meine Taschen damit aus. Mir fiel ein, daß manche Piloten, die ich getroffen hatte, ihre Bordbücher in großen Taschen trugen, die mir perfekt erschienen. Es waren Aktentaschen, wie sie auch Anwälte zum Transport ihrer Akten benutzen. Sie waren am Boden mit Riemen verstärkt, und selbst wenn sie alt und abgenutzt waren, behielten sie noch die Form. Also ging ich zu dieser Art Aktentasche über.
Wenn ich die Tasche ausgepackt hatte, wartete ich ab. Ich fragte die Kunden nie, was sie machen wollten. Was immer sie machen wollten, es war wahrscheinlich sowieso illegal, darüber zu diskutieren. Außerdem sind Amerikaner zu schüchtern, um über sexuelle

Angelegenheiten zu reden, und vor allem wollen Amerikaner nicht darauf hinweisen, daß sie für Sex bezahlen. (Was mir recht war, denn ich wollte auch nicht darauf hinweisen, daß sie mich für Sex bezahlten.)
Manchmal, wenn ich meinen Text heruntergesagt, das Geld genommen und angefangen hatte, mich auszuziehen, stellte ich fest, daß der Kunde überhaupt keine sexuellen Dienstleistungen wollte. Er wollte mich nicht anfassen, sondern einfach zusehen, wie ich in einem schwarzen Spitzenbody in seinem Hotelzimmer herumtanzte. Die Agentur zog es sogar vor, wenn keine sexuellen Dienstleistungen stattfanden. Sarahs Einstellung zu Kunden war: »Es ist uns egal, was Sie wollen oder was Sie bekommen. Wir wollen nur das Geld. Und wir wollen, daß beide Seiten bei der Übergabe zufrieden sind.«

Bevor ich das Hotelzimmer verließ, rief ich Sarah wieder an, um ihr zu sagen, daß alles in Ordnung sei, und um zu hören, ob es an diesem Abend noch weitere Kunden gebe. Außerdem hatte ich einen Pieper, damit Sarah mich im Auto erreichen konnte. Das war vor der Einführung von Autotelefonen, die das Leben der Prostituierten so viel einfacher gemacht haben.
Wenn ich das Hotel verließ, rief ich sie nochmals an, um ihr zu sagen, daß alles in Ordnung sei. Einmal habe ich ausgerechnet, daß Sarah und ich bei jedem Kunden zwischen fünf- und fünfzehnmal telefonierten.
Später in der Nacht oder am nächsten Tag fuhr ich zu Sarahs Büro, um ihr Geld einzuwerfen: die Agenturgebühr und die Kreditkartenabschnitte. Ihr Büro befand sich auf der Rückseite eines zweistöckigen Bürogebäudes, zu dem man über einen Verbindungsgang mit einem schmiedeeisernen Geländer kam. Von dort aus konnte man alles ziemlich gut überblicken, was mir recht war, denn meistens trug ich eine Menge Geld bei mir, und ich hatte keine Lust, ausgeraubt zu werden. Von der Polizei wollte ich allerdings auch nicht beobachtet werden. Ich klopfte an die Tür und steckte meinen Umschlag in einen Briefschlitz. Mittwoch war der reguläre Zahltag, dann fuhr ich am Büro vorbei, um das Geld abzuholen, das mir von den Kreditkartenabschnitten zustand.
Obwohl Sarah die gesamte Abrechnung machte, arbeitete ich nicht für sie. Wenn überhaupt, dann arbeitete Sarah für mich, denn

die Agenturgebühr hatte mit meinem Verdienst nichts zu tun. Sie werden feststellen, daß ich immer sage, ich arbeitete *mit* Sarah und nicht *für* sie. Wenn Sie mich fragen, *für wen* ich arbeitete, werde ich Sie korrigieren: Ich bin eine unabhängige Unternehmerin, und ich arbeite für mich selbst.

Manchmal wollten die Kunden mich wiedersehen und baten mich um meine Telefonnummer. Ich gab ihnen immer die Agenturnummer. Ich zahlte Sarahs Agenturgebühr, auch wenn ich mich mit einem Kunden ein weiteres Mal verabredete. Was mich betraf, bezahlte ich sie schließlich dafür, daß sie über meine Kunden Bescheid wußte, daß sie dafür sorgte, daß mir nichts passierte und ich wieder heil nach Hause kam. Solange ich nicht versuchte, ihr Kunden auszuspannen, wußte ich, daß Sarah mir vertrauen und mich oft vermitteln würde. Und da ich nicht losging und mich auf eigene Faust mit Leuten traf, wußte sie auch, daß irgend etwas nicht stimmte, wenn sie mich nicht erreichen konnte.

Manchmal traf ich an dem Briefschlitz andere Frauen, die ihr Geld einsteckten, und das war der einzige Kontakt, den ich zu anderen Frauen von Sarahs Magnolia Blossom hatte — es sei denn, Sarah schlug mir vor, eine Frau zu treffen, oder sie arrangierte einen Dreier.

Viele Leute glauben, die meisten Prostituierten seien Lesben, aber das ist nicht wahr. Wahr ist allerdings, daß viele Männer zwei Frauen zusammen sehen wollen, obwohl es sie dreihundert Dollar und mehr kostet. Häufig wollen Kunden einen Dreier mit einem, wie ich es nenne, Gute-Hure-Schlechte-Hure-Duo, das heißt: Eine Frau soll süß und unschuldig wie ein Lämmchen aussehen und die andere »nuttig«, mit schwarzer Spitze und roten Fingernägeln. Manchmal machte es Spaß, mit einer anderen Hure zusammenzuarbeiten. Einmal bestellte ein Mann zwei Frauen und sagte dann: »Macht irgendwas, worauf ihr Lust habt.« Wir beide setzten uns hin und hatten ein langes Gespräch.

Es ist schön, mit Freundinnen zusammenzuarbeiten — und oft ist es interessanter, weil die Männer so langweilig sind —, aber ich arbeite eigentlich nicht gern zu zweit, weil die Wahrscheinlichkeit, einen Fehler zu begehen, größer ist und weil das Risiko, verhaftet zu werden, zunimmt. Die meiste Zeit mache ich mir dabei nur Sorgen, die andere Hure könnte etwas sagen, das möglicherweise zu unserer Verhaftung führt.

Kurz vor Weihnachten 1981 setzte die Polizei viel Zeit, Geld und Energie ein, um Callgirls zu schnappen. In manchen Nächten konnte ich keinen einzigen Auftrag erledigen, weil alle Anrufe von Cops kamen. Ich war mir nicht sicher, ob sie zu viel Geld hatten, das sie noch ausgeben mußten, ob sie vor Jahresende versuchten, noch möglichst viele Überstunden zu machen, oder ob sie nur gern den Geizkragen spielten. Auf jeden Fall ruinierten sie mein Weihnachtsfest, weil ich kein Geld verdienen konnte, und anderen Frauen ruinierten sie nicht nur das Weihnachtsfest, sondern das restliche Leben, indem sie sie wegen Prostitution verhafteten.
Ich war so sauer, daß ich morgens halb sieben meinen Stadtratsvertreter anrief, um mich über das Verhalten der Polizei zu beschweren. Ich wolle eine offizielle Erklärung über das Ziel dieser Maßnahmen haben, sagte ich. Wer hatte diese Razzien angeordnet? Wer bezahlte das? Ich wollte nicht, daß *meine* Steuern dafür verwendet wurden, Prostituierte einzufangen.
In der Nacht trafen wir uns, fünfzehn Frauen, und diskutierten, ob wir uns offiziell zu einem nichtprofitorientierten Verband zusammenschließen sollten. Die Frauen waren alle begeistert von der Idee, sich zusammenzuschließen, aber wahrscheinlich gibt es auf der Welt nichts so Desorganisiertes wie Prostituierte. Es war, als versuchte man, rohe Eier zu gruppieren — aber andererseits läßt sich aus geschlagenen Eiern eine Form bilden.
Die Frauen arbeiteten gern als Prostituierte und wollten weiterarbeiten. Aber sie wollten, daß die Belästigungen durch die Polizei ein Ende nahmen. Sie wollten die Möglichkeit haben, sich an die Gesetze zu halten und die Gesetze zu verändern. Doch dafür mußten sie die Macht einer Organisation hinter sich wissen.
Wir sprachen nicht nur darüber, wie die Polizei mit uns umgegangen war, sondern auch darüber, was in den Gerichten vor sich ging, was passierte, wenn Prostituierte in Kurkliniken und Hotels gingen, und welche Preise wir verlangten. Ich möchte nicht den Eindruck erwecken, daß wir Preisabsprachen trafen. Wir einigten uns nur, die Preise zu erhöhen — wir verlangten nicht alle denselben Preis, aber als ein paar Frauen ihren Preis erhöhen wollten, beschlossen fast alle anderen, auch hochzugehen. Keine wollte die anderen unterbieten.
Wir überlegten uns einen Namen für unseren Verband. Es wurde HOA vorgeschlagen, und das stand für Hookers of Atlanta

[Huren von Atlanta]. (Für diesen Begriff sprach die Tatsache, daß die Südstaatler das Wort für Hure, *whore*, wie ›ho-a‹ aussprachen.) Wir überlegten auch, ob wir uns Atlanta Division of the National Task Force on Prostitution nennen sollten, was sich würdevoll anhörte, aber nicht gerade leicht zu behalten war. Schließlich einigten wir uns auf HIRE – Hooking Is Real Employment [Prostitution ist Arbeit]. Wir fragten Margo St. James, ob wir eine Schwesterorganisation von COYOTE werden könnten, und sie schickte uns Unterlagen, die wir beim Entwurf unseres Positionspapiers verwenden konnten.

In diesem Positionspapier erklärten wir, daß Prostituierte ihren Kunden nicht nur sexuelle Dienstleistungen anbieten, sondern ihnen außerdem als Therapeutinnen, Mutterersatz und Gesellschafterinnen dienen. Wir forderten die Entkriminalisierung der Prostitution, nicht die Legalisierung. Und wir veröffentlichten einige Fakten und Zahlen, um unsere Position zu unterstreichen: Es gab ungefähr 1,3 Millionen Prostituierte in den USA.

1981 waren hunderttausend Menschen wegen Prostitution verhaftet worden: 70 Prozent davon waren weibliche Prostituierte, 20 Prozent waren männliche Prostituierte und Transvestiten, und nur 10 Prozent waren Kunden.

Während nur 10 bis 15 Prozent aller Prostituierten der Straßenprostitution nachgingen, handelte es sich bei 90 Prozent der Verhafteten um Straßenprostituierte.

Die nahezu einzige Möglichkeit der Polizei, Prostituierte verhaften zu können, bestand darin, ihnen eine Falle zu stellen oder in ihr Privatleben einzudringen.

1978 kostete es den Steuerzahler von San Francisco allein zweitausendvierhundert Dollar, nur eine Prostituierte zu verhaften und zwei Wochen ins Gefängnis zu sperren.

Frauen, die wegen Prostitution verhaftet wurden und ins Gefängnis kamen, eigneten sich im Gefängnis häufig kriminelle Fähigkeiten an. (In anderen Worten: Das Gefängnis förderte eher kriminelle Handlungen, als daß es davor abschreckte).

Und 1973 war auf dem Nationalen Kongreß der National Organization of Women (NOW) eine Resolution verabschiedet worden, die die Entkriminalisierung der Prostitution forderte.

Wir machten deutlich, daß wir gegen die Kinderprostitution und natürlich gegen jede Form der erzwungenen Prostitution waren.

Die Frauen wählten mich zur Präsidentin; HIRE bekam eine Telefonnummer und einen Anrufbeantworter, und als die ersten Anrufe und Anfragen kamen, begann ich, als offizielle Vertreterin von HIRE aufzutreten. Wir gingen auf die Straße und verteilten Flugblätter an die Straßenprostituierten. Wir wollten so viele Frauen wie möglich so schnell wie möglich informieren.

Ich ging zu Stadtratsversammlungen. Ich sprach mit Prostituierten, die verhaftet worden waren, versuchte, Anwälte für sie zu finden und ihnen zu erklären, daß sie mit ihrem Fall vor Gericht gehen und sich nicht nur einfach für schuldig erklären sollten. Ich beantwortete die Fragen von Leuten, wenn sie anriefen, und ich versuchte, anderen Prostituierten bewußt zu machen, welche Rechte und Möglichkeiten sie hatten. Und wir begannen, das offizielle T-Shirt, das ich entworfen hatte, zu verkaufen und zu verteilen: I'M FOR HIRE [Ich bin zu mieten].

Unsere Organisation war nicht bei allen anschaffenden Frauen in Atlanta beliebt. Eine Frau, Penny, rief an und ließ mich wissen, daß wir dem Geschäft einen sehr schlechten Dienst erwiesen. »Ich bin Callgirl, und was ich mache, ist keine Prostitution«, sagte sie.

Ich erwiderte: »Spätestens wenn du festgenommen wirst, wirst du feststellen, daß eine Hure eine Hure ist. Du wirst dieselbe Strafe bekommen wie jede andere Hure von der Straße.« Sie glaubte es nicht, und kurz danach wurde sie festgenommen. Sie besaß ein phantastisches Apartment, einen Flügel, Pelzmäntel und ein schönes Auto, und sie mußte alles verkaufen, um ihre Anwälte und ihren Lebensunterhalt während des Ermittlungsverfahrens zu bezahlen. Sie ging vor Gericht, aber ihr Urteil schuf einen schlimmen Präzedenzfall. Sie wurde schuldig gesprochen, obwohl sie sich niemals direkt bereit erklärt hatte, Sex für Geld zu machen. Das Urteil ging in die nächste Instanz, und das Gericht entschied, Penny habe nicht die Absicht gehabt, als Modell zu dienen, sondern Sex anzubieten, als sie ihre Kleidung ausgezogen habe, unter die Bettdecke gehüpft sei, das Licht ausgeschaltet und gesagt habe: »Komm, Schätzchen, laß uns anfangen«.

Penny endete als Straßenprostituierte in Cleveland. Sie hatte nicht geglaubt, daß es ihr passieren könnte, und als es passierte und sie wie alle anderen behandelt wurde, zerbrach sie daran.

Ihr Fall machte mir klar, wie wenig von dem stimmte, was Elaine mir drei Jahre zuvor erzählt hatte: Um mich wegen Prostitution belangen zu können, mußte ein Cop mir nicht zuerst Geld übergeben, er konnte sich ausziehen und sogar Sex mit einer Prostituierten haben; und nun, nach dem Urteil der höheren Instanz, mußte ich mich nicht einmal mehr zum Sex bereit erklären, um angezeigt zu werden. Da ich durch Pennys Verfahren aufgefallen war, versuchte der Beamte von der Sitte, der sie verhaftet hatte, auch mich einzufangen: ab und zu an Verkehrsampeln, zweimal aber auch, als er mich gegen zwei Uhr morgens beobachtete, wie ich meine Einkäufe ins Auto lud. Er dachte wohl: Wer anderes als eine Hure könnte sich mitten in der Nacht so anziehen — Stöckelschuhe, Rock, Angorapullover und eine schwarze Federboa?
Da ich eine Sprecherin für die Prostituiertenrechte geworden war, wurde ich jetzt also zur Zielscheibe der Polizei.

Weihnachten verbrachte ich in jenem Jahr bei meiner Familie, und ich kaufte eine Menge Geschenke für sie. Sie konnten sehen, daß es mir gesundheitlich besser ging als jemals zuvor. Ich war schlank, nahm Vitamine und joggte. Während ich zu Hause war, führte meine Mutter eines dieser Gespräche von Frau zu Frau mit mir:
»Ich hoffe, es geht dir gut«, begann sie.
»Es geht mir bestens.«
»Was ich sagen will, ist, daß dein Vater und ich nicht so genau wissen, wie du derzeit deinen Lebensunterhalt verdienst. Wir wünschen uns einfach nur, daß das, was du machst, sicher und die Sache wert ist.«
»Aber ja«, sagte ich, »ich male und halte viele Reden über die Rechte von Frauen.« (Das stimmte — ich sagte ihnen nur nicht, um welche Rechte von Frauen es ging.)
»Und ich arbeite ein bißchen beim Radio und schreibe«, fügte ich hinzu.
»Nun, ehe wir uns versehen, werden wir dich noch im Fernsehen sehen«, meinte sie.

Männer bekommen offensichtlich eine Erektion, wenn sie die Musik von *The Tonight Show* hören; jedenfalls rufen schrecklich viele zwischen halb zwölf und Viertel vor zwölf bei Escort-

Agenturen an. Bis ich dann die Verabredung getroffen hatte und im Hotel angekommen war, war die Carson-Show zu Ende. Aber da gab es noch diesen anderen Typ, der immer im Fernsehen auftrat. Während ich dem Kunden einen blies oder ihn wusch, fing ich regelmäßig ein paar Fetzen von seinem Programm auf. Es waren merkwürdige Dinge für eine Fernsehsendung — seltsame Gäste taten seltsame Dinge, es gab sonderbare Kameraeinstellungen, und das Ganze war geprägt von einem jugendlichen Humor. Die Lautstärke war meistens heruntergeschaltet, so daß ich neben dem Rascheln der Laken, dem Klatschen der Haut, dem Stöhnen, dem schweren Atmen und — manchmal — dem Brummen des Vibrators nicht richtig hören konnte, was die Leute sagten. Aber ständig überlegte ich: Wer ist bloß dieser Typ mit der Lücke zwischen den beiden Schneidezähnen? Manchmal hielt ich mitten in meiner Arbeit inne und fragte: »Wer ist dieser Typ?« Er machte beispielsweise mit dem echten Mr. Wizzard wunderliche wissenschaftliche Experimente. Ich fing an, meine Arbeitszeit so einzuteilen, daß ich um halb eins im Hotelzimmer war, und bezog eine Stellung, bei der ich fernsehen konnte, aber ich wußte immer noch nicht, wer dieser Kerl war. Er fuhr mit einem Bulldozer über irgendwelche Gegenstände und machte ständig Dinge, die visuell sehr eindrucksvoll waren. Letterman, erklärte mir ein Kunde. Das ist David Letterman.

In dem Augenblick, als ich das Hotelzimmer betrat, wußte ich, daß ich mit dem Kunden irgendwelche Schwierigkeiten haben würde. Da war etwas an ihm, das einfach nicht paßte. Ich betrachtete seinen Ausweis. Das Foto sah ihm irgendwie ähnlich. Aber er hatte mehr Haar als der Kerl auf dem Bild. Und der Kerl auf dem Bild hatte ein Grübchen im Kinn, das er nicht hatte. Also bekam ich leichte Zweifel. Ich war allein mit ihm im Zimmer, und ich fühlte mich wie in einem Vakuum. Ich war an einem fremden Ort mit einem fremden Menschen, und so sah ich diesen Kerl an und fragte auf eine verschmitzt scherzhafte Art: »Hast du dir eine Gesichtschirurgie machen lassen?« Eigentlich hoffte ich, er würde ja sagen. Dann hätte ich gesagt: »Nun, das sieht sehr natürlich aus.«

Aber er sagte nein.

»Hast du deine Ernährung umgestellt?« fragte ich weiter.
Ich war so unschuldig.
Wieder sagte er nein, aber er begann, ungeduldig zu werden, und griff nach dem Ausweis. Richtig mißtrauisch war ich immer noch nicht, und trotzdem wollte ich mir den Ausweis einfach noch einmal ansehen. »Nein. Warte, warte, warte«, sagte ich. »Du hast viel mehr Haar als auf diesem Bild. Und du hast kein Grübchen am Kinn. Auf diesem Bild hast du ein Grübchen am Kinn.«
»Das bin ich, das bin ich«, wiederholte er nur, und dann fragte er: »Wie wäre es, wenn wir mal anfingen?«
Dann drängte er mich immer wieder zum Geschlechtsverkehr, während ich immer wieder sagte: »*Darüber* haben wir am Telefon nicht gesprochen.« Und er antwortete: »Ja, aber wir wissen doch alle, worum es *wirklich* geht.« Ich beschloß, Sarah anzurufen und ihr ein Signal zu geben, daß ich in Schwierigkeiten war. Sarah hatte mir bestimmte Decknamen genannt, die wir für Cops und Verrückte benutzen sollten, falls ein Wahnsinniger uns den Revolver an den Kopf hielt und uns aufforderte: »Los, ruf die Agentur an und sag, daß alles in Ordnung ist.« Wir verwendeten Frauennamen, denn das kam den Kunden ziemlich harmlos vor. »Judy« stand für einen Cop; »Phyllis« stand für einen Verrückten. Keine Hure der Welt hieß Judy oder Phyllis — zumindest keine in Atlanta.
Also rief ich Sarah an und sagte: »Hier ist alles okay. War *Judy* übrigens in letzter Zeit im Büro? Nun, wenn *Judy* kommt, sag ihr, daß ich mich mit ihr zum Kaffee verabreden will.«
»Du brauchst keinen Decknamen zu nennen«, erwiderte Sarah. »Ich höre es schon an deiner Stimme, daß du mit einem Cop auf dem Zimmer bist. Wenn du Angst hast, geht sie zwei Oktaven höher. Hat er einen Ausweis?« fragte sie.
»Mmmh.«
»Hat er dich zum Geschlechtsverkehr aufgefordert?«
»O ja, er ist sehr lustig.«
(Jede positive Antwort, die ich gab, stand für ein Ja, jede negative Antwort, wie »Oh, ich glaube, es wird spät werden«, stand für ein Nein. Es war erstaunlich, wie prima das funktionierte. Sobald Sarah begriff, daß eine Gefahr bestand, war sie in Alarmbereitschaft. Es war sehr dramatisch. Sie wußte, daß ich mich in einer schlimmen Situation befand und daß es ihre Aufgabe war, mich da

herauszuholen. Ihre Sorge um mich war so groß und so ernsthaft, daß sie fast zum Greifen spürbar war. Wenn Sarah einen solchen Anruf bekam, ließ sie alles andere stehen und konzentrierte sich hundertprozentig auf die Frau, die in Schwierigkeiten steckte. Niemals sagte sie: »So 'n Mist aber auch. Dann ruf mich an, wenn du da raus bist.« Sie ließ mich nicht allein, sondern sie versuchte, mir aus der Klemme zu helfen.)

»Steht er zwischen dir und der Tür?« fragte sie, um sich ein Bild davon zu machen, wieviel Schaden bereits entstanden war, und um einschätzen zu können, ob ich da herauskäme, ohne verhaftet zu werden. Sie wußte allerdings, daß ich nicht viele Fragen würde beantworten können.

»Ist noch jemand im Zimmer?« fragte sie. »War draußen auf dem Flur irgend etwas verdächtig?«

»Oh, ich glaube, ich werde nachher müde sein.«

»Gibt es eine Verbindungstür zum Nebenzimmer? Kannst du sagen, ob sie abgeschlossen ist?«

»Warte nicht auf mich«, erwiderte ich, während ich mich beiläufig umschaute.

»Hat er Gepäck?« (Damit wollte sie mir helfen festzustellen, ob er ein Polizist war oder nicht. Sie hatte ein Punktesystem, das sie mir genau erklärt hatte. Auf einem Blatt Papier machte sie Kreuze — manche in der Ja-Spalte und manche in der Nein-Spalte. Am Telefon hörte ich sie leise zählen; eins, zwei, drei, vier, fünf. Eins, zwei, drei, vier. Bei den Sachen, die sie abfragte — Gibt es eine Verbindungstür zum Nebenzimmer? War draußen auf dem Flur irgend etwas verdächtig? —, konnte es sich um Zufälle handeln. Aber Sarah war der Meinung, es gäbe eine Grenze für Zufälle; zu viele Zufälle ergäben ein Komplott.)

Sie fand, daß dieser Kerl mehr negative als positive Kreuze habe.

»Mmmh«, sagte ich. »Weißt du, dieser Typ hat einen wirklich interessanten Ausweis. Er ist in Ordnung, aber auf dem Bild hat er ein Grübchen am Kinn, und er sagte, er sei da herausgewachsen. Hast du so was schon jemals gehört? Und er hat mehr Haar als auf dem Bild, aber er sagt, er esse neuerdings besser. Oh, er will seinen Ausweis zurückhaben.«

»Ist er noch angezogen?« (Er trug nur Unterwäsche — Boxershorts und ein T-Shirt —, aber so war er schon gekleidet, als ich ankam.)

»Oh, am Freitag habe ich zu tun.«
»Das reicht«, sagte Sarah. »Nimm kein Geld und verschwinde aus dem Zimmer.«
»Ach, hier ist alles in Ordnung. Ich rufe dich noch mal an und gebe dir Bescheid, wie lange ich bleibe«, sagte ich und legte den Hörer auf. Er stand zwischen mir und der Tür, und ich wußte, ich konnte ihn nicht zur Seite stoßen, um nach draußen zu kommen — das wäre ein tätlicher Angriff auf einen Polizisten gewesen. Auch wenn ich bisher nichts anderes getan hatte, als anzukommen, nach seinem Ausweis zu fragen und meine Agentur anzurufen, durfte ich ihn nicht anfassen.
Er trat von einem Fuß auf den anderen, so daß ich nicht sah, wie ich an ihm vorbeikommen sollte. Jetzt sagte er: »Laß uns Sex machen«, und ich antwortete: »Oh, ich bin hier nur als Modell, was anderes mache ich nicht.« Ich wolle das Geld, das er mir anbiete, nicht nehmen, weil er so klinge, als versuche er mich für etwas anderes als das Modellstehen zu bezahlen. Darauf meinte er aber: »Ach, das ist doch nur Wortklauberei. Dann gebe ich dir das Geld eben fürs Modellstehen.« Zwinker, zwinker.
Ich überlegte, wie ich aus dem Zimmer kommen könnte. Auf der anderen Seite des Zimmers lag unter einem Aschenbecher Geld. Er trug Boxershorts, so daß er mich wahrscheinlich nicht bis in die Lobby verfolgen würde. Ich dagegen war vollständig angezogen. Ich dachte, wenn ich mich bereit erklärte, das Geld fürs Modellstehen zu nehmen, müßte er sich bewegen, um das Geld zu holen. So sagte ich: »Also gut, in Ordnung.«
Als er auf mich zukam, um das Geld zu holen, tat ich so, als sei ich überrascht, und trat einen Schritt zurück. Es war eine große Prüfung für mich, so zu tun, als sei alles in Ordnung. Schließlich versuchte dieser Mann, den Rest meines Lebens zu ruinieren. Immer wieder sagte ich mir, daß die nächsten paar Sekunden entscheidend für den Rest meines Lebens sein würden. Es war aufregend, aber — ähnlich wie ein Herzinfarkt — etwas zu aufregend. Er hielt mir das Geld hin, und ich sagte: »Moment mal, du hast noch nicht entschieden, wofür du bezahlst. Leg es noch mal hin.«
Ich bewegte mich ein wenig zur Tür, und er schien leicht gereizt zu werden. Plötzlich gewährte er mir einen Durchschlupf. Ich stürzte zur Tür und riß sie auf — und dann drehte ich mich zu ihm um und erteilte ihm eine Lektion:

»Wenn ich als Zivilbeamtin hier wäre, könnte ich dich sofort wegen Verführung verhaften — weißt du das? Ich kam als Modell her, und du versuchst, mich zur Prostitution aufzufordern.« Und scherzhaft fügte ich hinzu: »O ja, und wegen Diebstahls eines Ausweises.« Ich wußte, daß es egal war, in welchem Ton ich es sagte. Wenn er mich verhaftete, würden vor Gericht nur meine Worte aktenkundig sein, nicht die Art, wie ich sie sagte.
Ich hatte das Tonbandgerät in meiner Tasche angestellt und alles aufgenommen.
Ich verließ das Zimmer, das Hotel, rief Sarah an und fuhr für den Rest der Nacht nach Hause. Ich war sehr erregt, aber du tust alles, was du kannst, um dir nicht dein Leben oder den Rest der Nacht kaputtmachen zu lassen. Es war bestimmt nicht das letzte Mal, daß ich mit einem Cop auf einem Zimmer war und mich darüber aufregte. Aber nicht bei diesem Kerl; über den brauchte ich mich schon gar nicht aufzuregen.

Ich fahre gern in Apartments und Privathäuser, aber die meisten Frauen mochten das nicht gern. Sie fühlten sich dort weniger sicher. Ich fuhr gern hin, weil ich mich dort *sicherer* fühlte. Wenn ich in ein Apartment oder ein Haus fuhr, wußte ich, daß der Ausweis korrekt sein mußte, wenn ein Bild darin klebte und die richtige Adresse darin stand. Außerdem war es sehr unwahrscheinlich, daß ein Bulle von der Sitte ein Privathaus oder ein Apartment für eine Verhaftung benutzte. Und ich machte mir auch nicht allzu große Sorgen wegen irgendwelcher Wahnsinniger, denn sogar Wahnsinnige haben selten die Absicht, bei sich zu Hause eine Fremde umzubringen. Die meisten Menschen benehmen sich zu Hause respektvoll und spielen sich dort nicht auf.
Es gab allerdings ein Problem bei Hausbesuchen; in Atlanta brachen manchmal irgendwelche Herumtreiber in Häuser ein und wohnten dort für eine Woche oder so, während die Hausbesitzer weg waren. Zu den ersten Dingen, die so jemand machte, gehörte es, eine Escort-Agentur anzurufen. Aber es gab verschiedene Möglichkeiten herauszufinden, ob der Mensch, der die Tür öffnete, tatsächlich dort wohnte oder nicht.
Zunächst einmal besaß er vielleicht einen Ausweis mit der richtigen Adresse, aber ohne Bild. (Es ist ein leichtes, ein Haus zu durchsuchen und einen Büchereiausweis, eine Kreditkarte, Rech-

nungen, Briefe und so weiter zu finden.) Und ich lernte ziemlich schnell, um ein Glas Wasser zu bitten. Wenn der Typ in mehr als drei Schränke gucken mußte, um ein Glas zu finden, und wenn er keine Ahnung hatte, wo der Wäscheschrank war, wenn ich nach einem Handtuch verlangte, konnte ich davon ausgehen, daß er dort nicht wohnte. Es waren keine ungewöhnlichen Dinge, wonach ich fragte. Ich fragte ja nicht danach, wo sie Tesafilm aufbewahrten. Ich fand es bedenklich, wenn jemand, der in ein Haus einbrach, sich nicht wenigstens mit dem Ort vertraut machte, ehe er jemanden einlud. Denn wenn es jemandem derart an gesundem Menschenverstand mangelte, hielt er es vielleicht auch nicht für problematisch, wenn er auf dem orientalischen Teppich etwas Blut verspritzte.

Viele Kunden verließ ich unverrichteterdinge. Als Grund gab ich etwa an: »Ich fühle mich hier nicht wohl«, bis zu: »Ich habe etwas im Auto vergessen«, oder: »Ich glaube nicht, daß Sie hier wirklich wohnen oder auch nur die Leute kennen, die hier wohnen.« Im allgemeinen fand ich heraus, daß Offenheit die beste Politik ist. Selbst wenn Leute versuchen, dich auszutricksen, kann es sehr unangenehm werden, wenn du deinerseits versuchst, sie auszutricksen.

Ein alternder Hippie rief an und verlangte nach einem Modell für Reizwäsche, Strümpfe und Straps. Sarah nannte mich immer die Wäschekönigin, und darum glaubte sie, ich sei am besten geeignet für diesen Job. Bei meiner Ankunft traf ich auf einen Mann, der so lebte, als wäre die Zeit für ihn stehengeblieben. Sein langes Haar trug er in einem Pferdeschwanz, und ein Teil der Tätowierung auf seinem Arm, irgendein geometrisches Muster, war noch nicht fertiggestellt.

Es war wie eine Reise in die Vergangenheit. An der Wand hingen Poster von Jim Morrison, Jimi Hendrix und Janis Joplin, und auf dem Bett lag eine indische Decke. Der Typ trug ein mit Kringeln eingefärbtes T-Shirt und benutzte noch Wörter wie *far-out* und *groovy*. Er sagte, er sei Zimmermann, und mir ging der Gedanke durch den Kopf, daß die Zimmerei und die Prostitution zwei Bereiche sind, die es den Menschen ermöglichen, die Zeit stillstehen zu lassen und sich darin vor der Außenwelt zu isolieren.

Es überraschte mich, daß dieser Typ eine Hure mit Reizwäsche haben wollte. Ich hätte mir eher vorstellen können, daß er jeman-

den mit langem, natürlichem Haar mit Mittelscheitel und in Hosen mit weitem Schlag haben wollte. Aber es gibt Menschen, die Reizwäsche nun mal anmacht, und das beschränkt sich nicht auf bestimmte Männer oder gar eine begrenzte Zahl von Männern.
Sobald ich meinen Rock und meinen Pullover ausgezogen hatte und anfing, in Straps und Strümpfen herumzuspielen, zündete er einen Joint an. Dann nahm er die indische Bettdecke und legte sie auf den Boden. Er wollte eine Hure, die für hundertfünfzig Dollar pro Stunde, plus Agenturgebühr natürlich, Woodstock mit ihm spielte. Und er wollte nicht, daß ich mich wie eine Hure benahm. Er wollte mich verführen und überall küssen. Er machte sich schrecklich viele Gedanken darüber, ob ich erregt sei oder nicht. Ich überlegte, ob ich meine Sexspielzeuge auspacken sollte, aber dann dachte ich mir, daß dieser Kunde sich die Rückkehr zur Unschuld wünschte: ein Mann, eine Frau, eine Bettdecke, Jim Morrison an der Wand und ein Joint.
Er war nett, lustig und süß, und er war nur ein paar Jahre älter als ich. Nachdem wir »uns geliebt hatten« — wie er es bezeichnete —, sagte ich zu ihm: »Schade, mein Süßer, daß wir uns nicht vor zehn Jahren kennengelernt haben.« Denn zehn Jahre früher hätte mir jemand wie er wirklich gefallen.

Vielleicht zwanzig Prozent der Kunden, die in Sarahs Agentur anriefen, waren Schwarze. (Sarah fragte nicht nach Rasse oder Nationalität; meistens erkannte sie am Akzent, ob der Typ Afroamerikaner, Spanier, Cajun [Einwohner von Louisiana mit Abstammung von französischen Einwanderern aus Akadien, historisches Gebiet im nördlichen Nordamerika, Anm. d. Übers.] oder Westinder war.) Schwarze Freier gingen mit der Situation häufig so um, als handelte es sich um ein Rendezvous. Wenn es mir zu gefallen schien, sagte ein Schwarzer vielleicht: »He, du hast ja Spaß daran. Warum soll ich noch dafür bezahlen?« Gefolgt von: »Warte mal, Baby, du hast *zuviel* Spaß daran. Du müßtest mich bezahlen.« Bevor es vorbei war, bekam ich wahrscheinlich noch zu hören: »He, du bist eine schlaue Mama. Nach einer Frau, wie du eine bist, habe ich gesucht — nach einer, mit der man länger was machen kann.« Das konnte alles heißen, vom Sex bis zum Rendezvous, vom Zusammenziehen bis zur Hochzeit. Bei schwarzen Freiern, sogar bei den ganz alten, kam ich nie vor Ablauf der vollen Zeit weg — und das hieß sechzig Minuten Penetration.

Durch meine Arbeit in der Karibik war ich all diesen Unsinn gewohnt, aber die meisten amerikanischen Frauen fanden, die Kunden sollten sich geschäftsmäßig verhalten – kühl, reserviert und formal, vielleicht sogar demütig. All diese Diskussionen und Komplimente, Küsse und Anträge waren den einheimischen Huren lästig. Die schwarzen Huren wollten die schwarzen Freier sogar noch weniger aufsuchen. Manche Hure, die neu im Geschäft war, ging ein- oder zweimal hin. Dann schloß sie sich gewöhnlich dem Chor an: »Schick eine andere hin.«

Alles, was Sie über die großen Schwänze von schwarzen Männern gehört haben, ist wahr. Schwarze Männer sind etwas gröber, aber nicht in dem Sinn, daß sie einen schlagen, sondern eher so, daß sie mehr athletischen Sex machen. Für eine Frau, die das mag, sind sie die besseren Liebhaber. Ich hätte bestimmt viel Spaß gehabt, wenn ich mich jemals mit einem dieser Kerle gut vertragen hätte. Aber ich ging immer weg und dachte: »Du meine Güte, war der gut. Schade, daß er so viel Scheiße im Kopf hat.«

Wir hatten eine emsige Woche, was vor Weihnachten ungewöhnlich war. Ich war gerade mit einem Besuch im Flughafenhotel fertig und rief Sarah von der Lobby aus an, um zu hören, ob es in der Nähe des Flughafens weitere Jobs gab. Sarah gab mir drei Nummern — sowie Informationen über die drei Männer — gleichzeitig. Gewöhnlich überprüfte Sarah jeden Kunden gründlich und gab mir über jeden einzelnen eine Menge Informationen. Aber in dieser Nacht hatte sie die übliche Überprüfung nicht durchgeführt, weil wir so beschäftigt waren und weil sie mich so gut ausgebildet hatte. (Mittlerweile hatte ich Erfahrung. Sarah wußte, daß ich wahrscheinlich keine Fehler machte. Daß Sarah sich keine Sorgen um mich machen mußte, war einer der Gründe, warum ich so viel arbeitete.)

Von den drei Kunden, die sie mir nannte, wohnte einer im Flughafenhotel, zwei wohnten im selben Hotel in der Stadt. »Delilah, du mußt diese Leute noch überprüfen«, erklärte sie. Ich rief den Mann vom Flughafen zuerst an, aber er hatte sich bereits mit einer anderen Frau verabredet. (Wir waren so beschäftigt, daß er zwei

Stunden gewartet hatte.) Dann rief ich die zwei Männer in der Stadt an: Einer war zu Konsultationen mit Boeing da. Der andere Mann sagte, er käme aus Columbus, Ohio, und arbeite für eine Fluggesellschaft.

Als er mir erzählte, er käme aus Columbus, Ohio, sagte ich: »Oh, ist das nicht die Heimat von diesem jugendlichen Bürgermeister — wie heißt er noch? David Snitowitz oder so was? Der erst achtundzwanzig ist?« Und sobald er sagte: »Genau, da hast du richtig geraten«, erinnerte ich mich laut daran, daß dieser Bürgermeister in Cleveland und nicht in Columbus lebte. Dann fragte ich: »Sind in Columbus nicht Larry Flint und das *Hustler*-Magazin ansässig?« Und er sagte: »Nun, ich bin sehr viel unterwegs. Ich weiß nicht genau, was dort los ist.«

Mehr mußte ich über diesen Kerl nicht erfahren. »Okay«, sagte ich, »ich komme in zwanzig Minuten.« Dann rief ich Sarah an und erzählte ihr: »Er ist ein Bulle. Niemand ist so viel unterwegs, daß er nicht weiß, ob der Firmensitz vom *Hustler* in seiner Heimatstadt ist oder nicht. Und er glaubt, er habe einen jugendlichen Bürgermeister.«

Ich war in großer Eile, weil ich dem ersten Mann gesagt hatte, ich käme in zwanzig Minuten. Ich eilte hinaus zu meinem Wagen, flitzte in die Stadt, rief Sarah an, parkte und ging direkt nach oben zu dem Zimmer des Cops, denn ich hatte meine Zettel durcheinandergebracht. Ich klopfte an die Tür, und als er öffnete, dachte ich: O nein. Er sah wie ein alternder Hippiedrogenhändler aus — in anderen Worten: Er sah wie ein Cop von der Sitte aus, denn es ist sehr schwer, einen Cop von einem Drogenhändler zu unterscheiden.

Ich verstand selbst nicht, warum ich nicht einfach sagte: »Huch, das ist das falsche Zimmer.« Statt dessen ging ich hinein. Vermutlich lag es an meiner Abenteuerlust, und ich wollte, daß er mir bewies, er sei kein Cop.

Ich sah mir seinen Ausweis an, der ziemlich neu war. Ich fragte ihn, warum er in diesem Hotel wohne, wenn er bei der Fluggesellschaft arbeite. Warum er dann nicht im Flughafenhotel wohne? Er sagte, seine Sekretärin habe das Zimmer reserviert, es müsse ein Irrtum gewesen sein. »Warum ziehen wir nicht in das richtige Hotel um? Ich weiß, daß sie Zimmer haben, weil ich gerade dort war«, schlug ich vor.

Nein, meinte er, jetzt habe er sich hier eingerichtet.
Am Telefon hatte ich ihm gesagt, daß ich zwei Ausweise sehen wollte: einen Führerschein und ein Flugticket. Und daß ich bei meiner Ankunft einen dritten verlangen würde. Auf eine nette und flirtende Art fragte ich nach den Mietwagenpapieren. Er erklärte, daß er keinen Mietwagen habe und vom Flughafen im Taxi hergekommen sei, was überhaupt keinen Sinn ergab. Immer noch freundlich fragte ich: »Machst du hier in der Stadt noch etwas anderes?« Ich wollte ihn sich winden sehen — wie er hektisch überlegte, was ein Mann von der Fluggesellschaft in der Stadt zu tun haben könnte.
Dann rief ich Sarah an, um ihr mitzuteilen, daß ich einen Fehler gemacht hatte.
»Hallo«, sagte ich, »hier ist Delilah. Sag *Judy*, daß ich bei dem Mann von der Fluggesellschaft bin.«
»Delilah, wie konntest du das nur machen?« fragte sie. »Hat er eine Kreditkarte? Er sagte, er würde mit einer Kreditkarte bezahlen.«
Ich fragte ihn, und er sagte: »Ich habe sie vergessen, aber ich habe Bargeld.«
Ich sagte zu Sarah: »Er hat seine Kreditkarte vergessen. Kannst du dir das vorstellen?« Ich begab mich rückwärts zur Tür und erklärte ihm, er müsse, da er vereinbart habe, mit einer Kreditkarte zu bezahlen, nochmals die Agentur anrufen und wegen der Barzahlung eine neue Vereinbarung treffen. »Wenn du deine Zahlungsmittel änderst«, erklärte ich ihm allen Ernstes, »mußt du wieder ganz von vorn anfangen und einen neuen Termin machen.«
Ich hatte meine Handtasche in der einen Hand und die Arbeitstasche in der anderen. Er wollte mir Geld in die Hand drücken, aber glücklicherweise hatte ich beide Hände voll. »Vielleicht sehen wir uns ja später«, sagte ich und verließ das Zimmer.
Dann fuhr ich mit dem Fahrstuhl hoch zum richtigen Kunden.

Es gibt mindestens vier Dinge, die ich bereits am Telefon feststellen kann. Meistens kann ich an der Stimme des Kunden erkennen, ob seine Kreditkarte gültig ist oder nicht. Ständig versuchen die Männer bei Huren, geklaute Kreditkarten zu benutzen. Sie denken wohl: Solange ich mit einer Hure zu tun habe, wird das niemand überprüfen. Aber ich spüre es, ob ein Mann nervös ist oder bezüglich seiner Kreditkarte lügt. Er versucht, ganz sorglos zu klingen. Schneller als der gewöhnliche Kunde ist er mit einem Preis einverstanden. Er stimmt einem Preis zu, als habe das nichts mit ihm zu tun. In solchen Fällen rief ich Sarah an und sagte: »Seine Kreditkarte ist ungültig. Ich fahre nicht.« Manchmal dachte Sarah, ich müsse mich täuschen, und schickte jemand anderes; und meistens stellte sich heraus, daß die Kreditkarte in der Tat ungültig war. Gewöhnlich kann ich auch feststellen, ob ein Mann auf Koks ist. Ich erkenne es daran, wie schnell er spricht, an einem bestimmten rauhen Flüstern und an dem dauernden Geschniefe. Männer, die auf Koks sind, erwarten von einer Hure, daß sie sofort und wie eine astrale Projektion auf der Bildfläche erscheint. Ihre Vorstellung von einer Autofahrt durch die Stadt ist absolut realitätsfern. »Du kannst in fünf Minuten hier sein.« Wenn ich mich bereit erkläre, einen Kokainbenutzer aufzusuchen, lasse ich ihn alles aufschreiben, was ich sage, weil er sich nie an das erinnert, was ich ihm am Telefon gesagt habe.

Manche Frauen gehen gern zu Dauer-Kokainbenutzern, weil die Chance besteht, daß ein solcher Typ, bis sie dort ankommen, so erledigt ist, daß er nichts mehr machen kann. Die Frau bekommt ihr Geld, vielleicht wird sie high und fährt nach Hause. Aber ich bin nicht scharf auf Kokser, denn wenn sie nicht erledigt sind, erschöpfen sie einen mit ihrem Gerede, ihrer Paranoia und ihren ständigen Neuverhandlungen. Ein Kokssüchtiger hat mir das meiste bezahlt, was ich jemals in einer Nacht verdient habe, und das war zugleich das am schwersten verdiente Geld, das ich jemals bekommen habe — dabei habe ich von Frauen gehört, die für solche Nächte zehntausend Dollar bekommen haben. Er fing mit dem üblichen Preis an, und als ich gehen wollte, bot er mir weitere zweihundertfünfzig Dollar an. Ich blieb noch eine Stunde und sagte dann: »So, nun muß ich aber wirklich gehen.« Doch er war aufgedreht und hatte Angst vor dem Alleinsein. Er zahlte mir fünfhundert Dollar für die nächste Stunde, und danach war ich wirklich fest entschlossen zu gehen. Also bezahlte er noch mehr für eine weitere Stunde. So ging es die ganze Nacht, und es war geistig und körperlich erschöpfend. Er wollte eigentlich gar keine sexuellen Dienstleistungen; er wollte nur, daß ich bei ihm blieb. Es brachte nichts, daß ich so viel Geld verdient hatte, denn anschließend war ich so müde, daß ich eine Woche lang nicht arbeiten konnte.

Ich kann auch feststellen, ob ein Mann fett ist. Wenn er richtig fett ist und sich hinsetzt, hat er Schwierigkeiten zu atmen. Dann höre ich ein Nebengeräusch: uh-uh-uh. Ich brauchte eine lange Zeit, um herauszubekommen, was das war. Erst dachte ich, der Kerl hole sich einen runter, während ich mit ihm redete. Sie wissen schon: uh-uh-uh. Dann dämmerte mir, daß der gemeinsame Nenner dieser Männer ihr Fett war, jene Art von Fett, die es einem schwer macht zu atmen.

Und meistens kann ich auch vorhersagen, ob ein Kunde alt ist oder nicht. Oft wünschte ich mir, ich hätte einen Kursus in Herz-Lungen-Wiederbelebungsmaßnahmen gemacht. Aber glücklicherweise ist mir noch nie jemand gestorben.

Viele Kunden sind alt und nicht wenige von ihnen sind häßlich, aber es stört mich nie, mit alten und häßlichen Kunden zusammen zu sein. Sie brauchen auch Unterhaltung und Gesellschaft. Ich habe nie Unbehagen empfunden, weil ein Kunde so oder anders aussah. Es ist natürlich etwas anderes, wenn ein Mann nicht ungefährlich — also verrückt oder krank — aussieht. Aber wenn er nur alt und häßlich ist — nun, ich bin nicht dazu da, sein Aussehen zu beurteilen. Wenn ich etwas Schönes sehen will, gehe ich ins Museum oder nehme das Geld des Mannes und gehe bei Neiman-Marcus einkaufen.

DIE BEKANNTESTE PROSTITUIERTE IN DEN USA

Letztendlich heißt das: Der Gemüsehändler, der Fleischer, der Bäcker, der Kaufmann, der Drogist, der Weinhändler, der Polizist, der Arzt, der Einflußreiche und der Politiker — das sind die Leute, die an der Prostitution Geld verdienen.
POLLY ADLER
A House is Not a Home, 1953

Die politische Arbeit ist viel anstrengender als die Prostitution. Wenn ich als Prostituierte arbeite, dann deshalb, weil der Kunde mich will. Wenn ich mit jemandem unter vier Augen über die Prostitution rede, sind die Leute meistens interessiert, und es macht sie nicht verlegen, mit mir zu sprechen.
Aber in Gesellschaft anderer Menschen macht es die Leute verlegen, sich für die Prostitution zu interessieren. Ständig höre ich dieselben Antworten, dieselben Routinefragen, egal, wie ernst das gesellschaftliche oder politische Thema ist, das ich diskutieren möchte. Wenn ich über die Verfassung sprechen will, hebt jemand

die Hand und fragt: »Wie stehen Sie zur Kinderprostitution?« Ich beantworte die Frage kurz: »Wir sind gegen jede Form von Zwangsprostitution. Ich persönlich finde, keine Frau, die jünger ist als Mitte Zwanzig, sollte als Prostituierte arbeiten. Man muß sich seines Verhältnisses zu sich selbst und zur eigenen Sexualität voll bewußt sein.« Dann komme ich auf die Verfassung zurück, und jemand anderes hebt die Hand. »Wie oft hatten Sie schon eine Geschlechtskrankheit?«

»Ich habe nie eine Geschlechtskrankheit gehabt. Wie oft hatten Sie denn schon eine? Nun, was ich zu dem ersten Zusatzartikel sagen wollte —«

»Wie *fühlt* man sich denn als Prostituierte?«

»Wunderbar. Es ist die ehrlichste und einträglichste Arbeit, die ich je gemacht habe. Nun, zu dem Artikel —«

»Fühlen Sie sich dadurch nicht beschmutzt und entwürdigt?«

Ständig muß man gegen eine Unmenge von Zwischenrufen ankämpfen. Alles Positive, was ich über die Prostitution sage, wird von den meisten Leuten einfach überhört.

Das Ärgerliche an diesen Fragen ist, daß sie auf Klischeevorstellungen beruhen und daß fast jeder im Raum bestätigen kann, daß es Klischees sind. Vergleichbar wäre, wenn ein Schwarzer vor ihnen auf dem Podium säße und sie ihn fragen würden: »Stimmt es denn nicht, daß alle Schwarzen steppen können? Und riechen Sie nicht anders?«

Es kostet mich viel Kraft, diese Fragen zu beantworten, ohne wütend zu werden und die Leute, die diese Fragen stellen, in Verlegenheit zu bringen. Ich hätte oft Lust zu sagen: »Wie können Sie es wagen!« Oder: »Woher haben Sie denn diese Weisheit, aus Fernsehfilmen?« Die Leute haben falsche Vorstellungen nicht nur von mir, sondern von allen Frauen, mit denen ich gearbeitet habe — von Cricket und Sunny und Elaine, Margueritte (der Straßenprostituierten aus San Juan) und sogar Sarah. Aber ich darf nicht wütend werden. Ich bin eine Referentin und muß höflich bleiben. Ich darf den Humor nicht verlieren. Jedesmal, wenn ich zu einer Veranstaltung oder in einen Vortragsraum gehe, denke ich: Genau so muß es sein, wenn man nach Johannesburg fährt, um über die Menschenrechte zu sprechen.

Ich besuchte Stadtteilversammlungen in der Innenstadt, wo die Leute über die Stadtsanierung oder, genauer gesagt, über die Säuberung ihres Stadtteils reden wollten — durch die Anpflanzung von Bäumen und andere Maßnahmen wollte man die Huren, die Armen, die Obdachlosenheime und die Drogenberatungsstellen loswerden. Ich ging ins Feministische Frauengesundheitszentrum, um über den Umgang mit Prostituierten zu reden, die eine ärztliche Behandlung suchten. Ich wollte, daß die Ärztinnen und Krankenschwestern sich um die Gesundheit dieser Frauen kümmerten und nicht um ihren gesellschaftlichen Status. Ich wollte erreichen, daß bei jeder Frau, die dorthin ging und sagte, sie sei Prostituierte, alle notwendigen medizinischen Untersuchungen durchgeführt und alle Erkrankungen behandelt wurden, von Chlamydien bis zu Ballenentzündungen. Ich ging ins Krisenzentrum für vergewaltigte Frauen im Grady Hospital, um zu erzählen, wie dringend notwendig es sei, sensibel mit Prostituierten umzugehen, die Opfer von Vergewaltigungen oder anderen Gewalttaten waren. Ich wollte den Menschen verständlich machen, daß auch Prostituierte bedroht und umgebracht werden können, ohne es selbst provoziert zu haben, und daß Prostituierte jeden, auch den Kunden, verklagen können und sollten, der ein Verbrechen an ihnen begeht. Daß Prostituierte, auch wenn sie sich vielleicht nicht wie andere Frauen verhalten, die vergewaltigt oder geschlagen werden, trotzdem Verständnis und Unterstützung brauchen — selbst wenn sie wütend oder entrüstet statt verängstigt sind.

Ich ging sogar zur Polizei, um über die Rechte von Prostituierten zu sprechen. Manchmal schmunzelte man über mich, aber meistens erntete ich Respekt.

Ich sprach mit einer Gruppe von Therapeuten, um ihnen zu sagen, daß sie es in der Therapie von Prostituierten vermeiden sollten, sich auf die Entscheidung der Frau, Prostituierte zu werden, zu konzentrieren, und daß sie statt dessen einige grundsätzliche Probleme betrachten sollten. Prostituierte haben nämlich spezielle Probleme. Sie müssen lernen, mit Verhaftungen, mit der Angst, mit der Stigmatisierung und mit der Sorge, daß man ihnen ihre Kinder wegnimmt, umzugehen. Frauen entscheiden sich, anschaffen zu gehen, weil sie Geld brauchen und flexible Arbeitszeiten haben wollen, um die alltäglichen Probleme bewältigen zu können: beispielsweise die Kinder zur Schule zu bringen oder eine kränkelnde Mutter zu unterstützen. Die Prostitution ist nicht das

Problem, schärfte ich diesen Therapeuten ein. Das Problem ist, daß die Kinder krank sind oder in Mathe durchfallen, daß die Waschmaschine kaputt ist, der Vater an Krebs stirbt, daß die Frauen in Scheidung leben oder die Polizei ihnen auf die Spur kommt. Das sind die wirklichen Probleme.
Manche Gruppen, vor denen ich sprach, hörten durch die Bank sehr aufmerksam zu, denn das war ein großartiges Gesprächsthema für die nächste Cocktailparty: »Gestern hörte ich von einer Prostituierten, wir sollten uns, wenn wir mit Frauen zu tun haben, die Prostituierte sind, auf ihre wirklichen Probleme konzentrieren — beispielsweise darauf, daß ihre Kinder in Mathe durchfallen.«
»Ach, wirklich?«
Ich ging auch zu Versammlungen von Organisationen wie der Unitarier-Kirche, um über Prostitution und die Rechte von Prostituierten zu reden. Ich sprach über die Zahl der Frauen, die verhaftet worden waren, darüber, was mit den Frauen geschah, wenn sie in Haft waren, und was aus ihrem Leben wurde. Und am Ende meiner Rede sagte ich: »Diese Frauen sind keine Romangestalten wie Moll Flanders. Diese Frauen sind keine Schauspielerinnen aus dem Film *Klute*. Prostituierte sind keine Plage wie Eichhörnchen oder Tauben, die man loswerden muß. Sie sind echte Menschen. Ich kenne sie. Ich bin eine von ihnen. Sie, die Sie hier sitzen, Einwohner dieser Stadt, Bürger dieses Staates, haben die Macht, die Gesetze zu verändern und die Prostitution zu entkriminalisieren. Es ist eine Verschwendung Ihrer Steuergelder und eine Verschwendung der Polizeikräfte, sich auf die Prostitution zu konzentrieren. Setzen Sie sich im Stadtrat ein. Schreiben Sie an Ihren Abgeordneten. Atlanta ist vom Bürgerkrieg über die Bürgerrechtsbewegung und bis heute immer eine wandlungsfähige Stadt gewesen. Wir in Atlanta könnten einen juristischen Präzedenzfall für das ganze Land schaffen. Es liegt in ihrer Hand.« Dann gab es höflichen Applaus, und schließlich hob jemand die Hand und fragte: »Und was ist mit den Zuhältern?«
Bei einer Versammlung im Schwulenzentrum, wo ich über die Prostituiertenrechte sprach, lernte ich den Anwalt kennen, der HIRE bei der Vereinsgründung helfen sollte. Michael Hauptmann, der ursprünglich aus New York kam, arbeitete als Strafverteidiger in Atlanta und setzte sich für die Prostituiertenrechte ein. Er hatte eine Reihe von Prostituierten verteidigt und war entsetzt

darüber, wie die Gerichte mit ihnen umgingen. Und wie sich herausstellte, war er extra meinetwegen zu der Versammlung gekommen.
Ich mochte Michael auf der Stelle, aber unsere persönliche Beziehung begann erst eineinhalb Jahre später. Ich fand ihn klug und witzig; ebenso wichtig war, daß er mich klug und witzig fand. (Es macht mich total an, wenn mich jemand für geistreich und klug hält.) Offensichtlich hatte er keinerlei Probleme damit, daß ich Prostituierte war. (Die Leute haben oft Probleme damit, aber ich stellte fest, daß die Männer, die ich außerhalb meiner Arbeit kennenlernte, es interessant und aufregend fanden.) Und er interessierte sich sofort dafür, HIRE bei der Gründung zu helfen. Ich hatte mehrere Anwälte um Unterstützung gebeten und eine Reihe von ablehnenden Antworten erhalten. Einer hatte doch tatsächlich gesagt: »Wovon soll ich denn leben, wenn die Prostitution entkriminalisiert wird?« Als ich Michael davon erzählte, war er absolut empört und sagte: »Wie kann jemand nur wegen des Geldes Anwalt sein? Wie kann er nur die Gelegenheit von sich weisen, eine Ungerechtigkeit aufzuheben?« Michael kümmerte sich umgehend um die Vereinsgründung von HIRE.
Ich setzte unterdessen meine Kampagne fort. Ich ging zu einer Haushaltsberatung des Stadtrates, um darüber zu diskutieren, wieviel Geld genau der Sittenpolizei aus dem städtischen Haushalt zugewiesen werden sollte. Sie sprachen über sofortige Gefängnisstrafen bei der ersten Verhaftung und sofortige Gefängnisstrafen, falls die Prostituierten irgendein Bußgeld nicht bezahlen konnten. Es war gegen die Verfassung, daß manche Leute sich aus dem Gefängnis freikaufen konnten und andere vielleicht ins Gefängnis kamen, weil sie eine Strafe nicht bezahlen konnten; das roch stark nach Arbeitslagern und schien auf jeden Fall nicht fair zu sein.
Ich hatte einen Anwalt beauftragt, nach frühen amerikanischen Aufsätzen zu forschen, die als Reaktion auf das englische Gewohnheitsrecht geschrieben worden waren und genau jene Diskussionen vor der Verfassungsgebung widerspiegelten, in denen es darum gegangen war, wie unfair es sei, Menschen, die eine Geldstrafe nicht bezahlen können, zu Gefängnisstrafen zu verurteilen. Als ich aufstand, mich als Prostituierte vorstellte und diese Punkte ansprach, merkte ich, daß ein paar Leute etwas verle-

gen wurden, während andere lediglich amüsiert reagierten. Es war so schockierend, daß eine Prostituierte bei einer Stadtratsversammlung auftauchte, daß sie nicht wußten, was sie tun sollten. Für die meisten war es vielleicht das erste Mal, daß sie eine Prostituierte in der Öffentlichkeit sahen. Für manche war es überhaupt das erste Mal, daß sie eine Prostituierte sahen.

Ja, sie hatten mich beim Fundraising und auf Streikposten, in ihren Wahlkampagnenbüros und bei ihrem eigenen Amtsantritt gesehen — aber da war ich Dolores French, die Gemeindeaktivistin, gewesen. Bis zu diesem Zeitpunkt waren Prostituierte für sie *diese Leute* gewesen. Bis zu diesem Zeitpunkt war Prostitution nicht einmal ein Thema gewesen. Der Stadtrat hatte immer geglaubt, er könne mit Prostituierten machen, was er wollte, weil niemand es jemals in Frage stellte. Und nun war ich da und erklärte, daß ich nicht nur Prostituierte sei, sondern auch eine Vertreterin von HIRE und daß HIRE den Standpunkt vertrete, Prostituierte hätten Rechte.

Die Mitglieder des Stadtrats fühlten sich unbehaglich, deshalb benahmen sie sich, als wäre es ein Witz. Aber sie schickten ihre Empfehlung für sofortige Gefängnisstrafen zurück in den Beratungsausschuß und ließen die Idee, entweder Geldstrafe oder Gefängnis, fallen. Das Engagement für die Interessen der Prostituierten war kein Scherz. Jetzt nicht mehr.

Immer mehr Frauen riefen bei Sarahs Escort-Agentur an und äußerten den Wunsch nach sexuellen Dienstleistungen. Sie waren keine Lesben, sondern normale heterosexuelle Frauen, meistens älter als fünfundvierzig, die nicht wußten, wie sie einen Mann für Sex finden sollten, oder es auch nicht wollten.

Sie hätten auch Gigolos anrufen können, aber die meisten Frauen hatten Angst vor männlichen Prostituierten. Eine Frau befürchtete, sich anzustecken, weil »diese Männer vielleicht schwul sind«. 1982 fingen einige Leute in der heterosexuellen Bevölkerung an, AIDS wahrzunehmen. Einige Frauen befürchteten auch, die Männer könnten gewalttätig werden und sie berauben. Die meisten fühlten sich einfach unwohl mit einem fremden Mann in ihrem Haus oder Hotelzimmer. Viele waren verwitwet oder geschieden; einige behaupteten, sie hätten niemals Sex mit einem anderen als ihrem Ehemann gehabt. Andere sagten, sie hätten Affären gehabt,

seien aber von ihren Liebhabern enttäuscht gewesen. (Eine Kundin erklärte mir: »Die Männer sind zu sehr mit sich selbst beschäftigt, es interessiert sie nicht, was ich will.«)
Einige Frauen waren jahrelang sexuell frustriert gewesen, hatten aber keine Ahnung gehabt, wo sie sich sexuelle Dienstleistungen hätten holen können. Andererseits wollten viele Prostituierte nichts mit weiblichen Kunden zu tun haben, und viele Agenturen wiesen sie ab, weil sie entweder glaubten, die Frauen hätten nicht genug Geld, oder weil sie die Erfahrung gemacht hatten, daß weibliche Kunden manchmal schwierig waren. Aber ich suchte sie gern auf. Schon allein deshalb, weil sie fast alle verrückte Lebensgeschichten hatten. (Männliche Kunden hatten manchmal auch verrückte Lebensgeschichten, aber bei denen war es dann meistens besser zu gehen.)
Außerdem besuchte ich gern Frauen, weil allein der Umstand, eine Prostituierte zu bestellen, für sie so neu war. Die Männer benahmen sich meistens so, als wäre es eine ganz gewöhnliche, alltägliche Sache, ob sie nun wirklich dieser Ansicht waren oder nicht. Meistens war ich die erste Prostituierte, die diese Frauen überhaupt kennenlernten. Über dieses Thema hatte keine von ihnen jemals mit einer Freundin gesprochen, so daß sie nicht wußten, was sie sagen oder wie sie sich verhalten oder was sie verlangen oder was sie erwarten sollten. Es konnte ein wunderbares Theater sein, aber manchmal war es auch ein sehr zeitaufwendiges.
Zunächst einmal schienen weibliche Kunden grundsätzlich nicht zu verstehen, warum eine Prostituierte zur Bestätigung der Verabredung einen Identitätsnachweis sehen mußte. »Ich *wohne* hier«, erklärte eine Frau. »Wer soll ich denn sonst sein?«
Dann mußte ich ihr erklären, daß auch jeder Verkäufer in einem Kaufhaus ihren Führerschein zu sehen verlangte, wenn sie mit einer Kreditkarte oder einem Scheck bezahlen wollte. Die weiblichen Kunden, die immer sehr gut erzogen waren und der gediegenen Mittelschicht oder der Oberschicht angehörten, konnten es anscheinend nicht verstehen, daß Prostituierte sich sogar angesichts einer anderen Frau vor Gewalt schützen wollten. Diese Frauen betrachteten andere Frauen nicht als gefährlich, und so kam es einem verbalen Balanceakt gleich, sie über die Gefahren aufzuklären, ohne sie zu beleidigen oder gar den Eindruck zu erwecken, *ich* könnte gefährlich sein.

Häufig verging schon eine Stunde, bis die Identitätskontrolle erledigt war. Für mich war diese Stunde reine Zeitverschwendung, denn ich wurde nicht dafür bezahlt, daß ich ihnen erklärte, warum sie einen Identitätsnachweis brauchten, selbst wenn sie bar bezahlten.
(Die Frauen schienen lieber bar zu bezahlen. Sie befürchteten, daß eines Tages ihr Zahlungsbeleg von der Escort-Agentur auftauchen könnte und sie sich schämen müßten. Die Männer dagegen genossen es offensichtlich, eine Hure über eine Kreditkarte abzurechnen. Ich bin sicher, daß eine Reihe von ihnen die Zahlungen an Agenturen mit eher doppeldeutigen Namen als Geschäftsessen absetzte. Wer wußte schon, daß das »Zebra« kein afrikanisches Restaurant war?)
Und dann waren da noch die Probleme mit der Sprache und den Gewohnheiten. Die meisten Frauen waren zu höflich oder zu schüchtern, um zu sagen, was sie wollten. Von ihnen bekam ich dann lange Geschichten zu hören: über ihre Arbeit, ihre Ehemänner und Männer im allgemeinen. Eine Frau, die in der Agentur eine »Massage« bestellt hatte, war eine reiche Erbin. Den größten Teil ihres Lebens hatte sie damit verbracht, ihrem Mann zu dienen. Ihr ganzes Erwachsenenleben lang hatte sie die streng definierte Rolle der First Lady ihres Familienimperiums gespielt, über das natürlich ihr Mann geherrscht hatte. Ihr Lebensstil war wahrscheinlich ohnegleichen für Südstaaten-Verhältnisse: charakterisiert durch präzise Verhaltensregeln, detaillierte Aufgabenbeschreibungen, klare Machtverteilung und umfangreiche Verhaltensrituale. Sie besaß ein Etikettenbuch für jede Gelegenheit. Mit jedem kleinen Ding im Leben wußte sie umzugehen, nur nicht mit der Frage, wie sie ihre sexuellen Bedürfnisse ausleben konnte.
Sie gestand, sie habe einmal versucht, in ein Männerstriplokal zu gehen. Ich spornte sie an, mir davon zu erzählen, als ich mit ihrer »Massage« begann. Während sie davon erzählte, wurde ihr klar, warum sie nicht fähig gewesen war, bei einem Mann einen Annäherungsversuch zu unternehmen. Der Grund lag darin, daß sie sich überhaupt nicht vorstellen konnte, wie sie die Aufmerksamkeit eines Mannes erregen sollte. »O ja, natürlich«, sagte ich, »eine Frau mit deinem Status und deinem Hintergrund hat unter solchen Umständen natürlich Hemmungen. Was hättest du denn zu ihm gesagt, wenn du doch irgendwie versucht hättest, seine Auf-

merksamkeit zu erregen?« Mit ihrer tiefen, matronenhaften Südstaatenstimme antwortete sie: »Genau deshalb hatte ich ja keinen Mut dazu, weil ich mir absolut nicht vorstellen konnte, wie man einem Mann einen angemessenen Antrag macht. Ich wollte nicht, daß er mir einen Drink ins Gesicht schüttet, so, wie es die Mädchen im Fernsehen mit ungehobelten Männern machen.«

Dann erzählte sie mir, daß sie gerade von einer Reise durch Japan zurückgekehrt sei. Zunächst erfuhr ich etwas über die Teehäuser und Gärten, dann über die Untergrundbahnen und anschließend über Mode und Make-up. Schließlich, nachdem ich sie schon eine halbe Stunde lang massiert hatte, erwähnte sie, daß in Japan klitorale Manipulationen in der Massage inbegriffen seien. Diese Frau sprach sehr umständlich über ihre japanische »Massage«. Zunächst schwärmte sie einfach nur davon, als wären wir zwei Frauen in einem Schönheitssalon, die sich über eine neue Handlotion austauschen. Dann sagte sie, sie habe nie gelernt, wie man masturbiert, und fragte, ob ich ihr helfen könne.

Als ich jedoch anfing, ihre Klitoris zu streicheln, erklärte sie, in Japan würde man Cunnilingus machen. (Was ich bezweifle, aber für diese Frau schien dies die einzige Möglichkeit zu sein zu sagen, was sie wollte.) Kein Wunder, daß Männer so frustriert sind, wenn sie eine Frau befriedigen wollen, dachte ich mir; Frauen können so rätselhaft sein.

Frauen brauchen auch viel Zeit, um Befriedigung zu erlangen. Meistens ist es eine heikle Angelegenheit, und oft ist es mysteriös. Und wenn alles vorbei ist, klammern die Frauen. Wenn ich schon im Begriff war zu gehen, wollten sie noch einen Kaffee kochen und plaudern. Wenn ich dann sagte: »Ich würde gern noch etwas bleiben und plaudern, aber dann mußt du mich für eine weitere Stunde bezahlen«, schienen sie enttäuscht zu sein. Nach allem, was wir miteinander geteilt hatten, glaubten sie, wir wären jetzt Freundinnen. Anders als bei männlichen Kunden bedeutete Sex für diese Frauen Intimität. Männer wollen nach dem Sex schlafen; Frauen wollen reden. Meistens fühlte ich mich schrecklich, wenn ich weibliche Kunden verließ. Häufig war ich versucht zu bleiben und zu reden, aber ich fand es auch nur fair, weibliche Kunden genauso zu behandeln wie männliche.

Es war eine sehr befriedigende Arbeit, Frauen Vergnügen zu bereiten und ihnen etwas über ihre eigene Sexualität beizubringen.

Die Frau, die in Japan gewesen war, schwärmte beispielsweise davon, wie gut ich verstanden hätte, was sie wollte.
Und warum sollte eine Frau nicht auch für Sex bezahlen können, genauso wie ein Mann?

Ich traf Margo St. James auf dem Hurenkongreß in San Francisco. (Schweißer, Stewards und sogar Hühnerrupfer haben Kongresse, warum also nicht die Huren?) Ungefähr fünfzig Frauen aus dem ganzen Land versammelten sich, um über die Prostitution zu reden: über Gesetze, Geschlechtskrankheiten, Preise und soziale Fragen. Die Frauen, die zu diesem Kongreß kamen, hatten alle eine gute Ausbildung, eine bessere Ausbildung als der Durchschnitt. Es waren politisch engagierte, starke und mutige Frauen, die in ihren Städten als Kuriositäten galten und auf dem Hurenkongreß unter ihresgleichen sein durften.
Es war allein schon ein Akt der Tapferkeit, überhaupt zum Kongreß zu kommen. Vielen Frauen machte die Teilnahme Angst, weil die Möglichkeit bestand, daß es dort Polizeispitzel gab. Wir paßten auf, was wir sagten und wie wir es sagten; so erklärte keine: »Komm doch nach Atlanta. Ich helfe dir, Arbeit zu finden.« Das wäre Kuppelei oder Menschenhandel gewesen.
Als es auf dem Kongreß um unsere Politik ging, beschlossen wir, uns in zwei Gruppen zu teilen — diejenigen, die noch anschaffen gingen, und diejenigen, die nicht mehr als Prostituierte arbeiteten. Wir waren uns alle darüber einig, daß sich die Gefühle und Interessen verändern, wenn man mit dem Job aufhört — auch wenn es nur für ein paar Wochen ist —, und daß man dann nicht Politik für Frauen machen sollte, die noch anschaffen gehen. Die Frauen, die sich auf diesen Kongressen treffen, entwickeln aufgrund ihrer Angst und Not eine Art von Zusammenhalt, wie es unter Menschen üblich ist, die gemeinsam eine Woche auf einer verlassenen Insel überlebt haben.
Was mich bei diesem Kongreß überraschte, war der Mangel an Frauen, die mit ihrer Prostitution an die Öffentlichkeit gegangen waren. Margo, die durchaus mutig war, sagte, sie arbeite nicht mehr als Prostituierte. Soviel ich wußte, war ich die einzige Prostituierte, die öffentlich zu ihrer Arbeit stand. Ich erkundigte mich im Laufe des Kongresses danach und erfuhr, daß es in der Tat keine andere Frau gab. Xaviera Hollander war erst an die Öffentlichkeit

gegangen, als sie sagen konnte, sie sei eine *ehemalige* Prostituierte. Sogar Polly Adler ging erst an die Öffentlichkeit, als ihre Tage als Puffmutter vorbei waren. Ich aber ging noch anschaffen. Dadurch wurde ich zur Vorzeigefrau.

Als die Phil-Donahue-Show im Januar 1982 bei Margo anrief, weil für eine bevorstehende Sendung »Teilzeithuren« gesucht wurden, dachte Margo sofort an mich. Sie rief mich an, um sich zu erkundigen, was ich davon hielte. »Das ist eine wichtige Entscheidung«, sagte sie. »Du solltest darüber nachdenken, ehe du zusagst.«

Ich war bereits als Prostituierte bekannt. Die Stadtratsmitglieder von Atlanta wußten, daß ich Prostituierte war. Die Frauen von HIRE wußten, daß ich Prostituierte war. Meine Freunde wußten, daß ich Prostituierte war. Und alle, die meine Vorträge gehört hatten, wußten, daß ich Prostituierte war. Aber das alles war immer noch etwas ganz anderes, als zum Fernsehen zu gehen und der ganzen Welt — also auch meinen Eltern — zu erzählen, daß ich Prostituierte war.

Ich sagte Margo, daß sie der Fernsehproduzentin meine Nummer geben könne und daß ich in der Zwischenzeit darüber nachdenken würde.

Ich schlief gerade, als die Produzentin mich anrief — was jedes Callgirl, das etwas auf sich hält, tagsüber macht. Eine Stimme sagte: »Hier ist Darlene Hayes von der Phil-Donahue-Show. Margo St. James sagte, ich könne Sie anrufen. Margo meint, Sie hätten vielleicht Interesse daran, an der Show über Prostitution teilzunehmen.«

Darlene versicherte mir, daß sie mich natürlich hinter einem Wandschirm filmen, einen anderen Namen verwenden und meine Stimme verzerren würden. »Ich muß noch ein paar Tage darüber nachdenken«, erklärte ich, und sie sagte, das verstehe sie. »Aber wenn ich es mache, dann ganz bestimmt nicht hinter einem Wandschirm. Dafür können Sie ja jede andere bekommen.«

Während der nächsten beiden Tage sprach ich mit Margo, meinem Freund Paul Krassner, mit Sarah, meinem Freund Berl Boykin, mit Michael Hauptmann, dem Anwalt von HIRE, und mit meinem persönlichen Anwalt. Paul sagte genau das Richtige: »Entweder entschließt du dich wirklich, es zu machen, oder du läßt es ganz.« Margo sagte: »Das wird Auswirkungen auf dein ganzes Leben haben, und es ist etwas, was du nicht wieder rückgängig machen

kannst. Wenn du es machst, wird das die größte Entscheidung deines Lebens sein.« Berl sagte: »Wenn du es machen willst, ist dies der richtige Augenblick.«
Meine Eltern würden nicht nur erfahren, was ich machte, sondern sie würden auch in der Öffentlichkeit damit umgehen müssen. Außerdem machte ich mir Sorgen um meine Zukunft. Trotz meiner Vorträge und Auftritte bei Stadtratsversammlungen befand ich mich noch an einem Punkt, an dem ich entscheiden konnte: Nein, ich will nicht für den Rest meines Lebens eine Verfechterin der Rechte von Prostituierten sein. Ich wußte, sobald ich an der Donahue-Show teilnahm, würde ich nie wieder einen soliden Job bekommen.
Wenn ich mir genauer vorstellte, daß meine Eltern es erfahren würden, dachte ich: Nein, ich kann das nicht machen. Dann wieder überlegte ich mir, wie viele Prostituierte sich fühlten — beschämt, allein, ängstlich und stigmatisiert. Mir fielen Filmszenen aus den fünfziger Jahren ein, in denen bei öffentlichen Versammlungen über ein schwieriges Thema entschieden und dann abgestimmt werden sollte. Zunächst gab die Menschenmenge — all diese Frauen in ihren karierten Kleidern und mit dem straff geknoteten Haar und all diese Männer mit ihrem kurzgeschorenen Haar und den allzu losen Krawatten — keinen Laut von sich, und dann hob eine mutige Person nicht nur die Hand hoch, sondern stand auch auf. Einer nach dem anderen, erhob sich dann langsam der Rest der Menge. Genau so kam ich mir vor, als ich beschloß, an der Donahue-Show teilzunehmen.
Ich erklärte Darlene Hayes, daß ich es machen würde, wenn ich Geld dafür bekäme. Daraufhin folgte einiges Gemurmel, aber schließlich war sie damit einverstanden. Und ich sagte, daß mein richtiger Name genannt werden sollte und daß ich vor der Kamera erscheinen wollte.
Darlene erwartete mich in einer Limousine am Flughafen, zusammen mit den drei anderen Frauen, die an der Show teilnehmen sollten — eine aus Kalifornien, zwei aus New York. Darlene brachte uns zum Hotel, wo wir einander kennenlernen konnten. Wir waren nervös, da es für uns alle der erste Fernsehauftritt war. Die anderen drei hatten beschlossen, hinter einem Wandschirm zu sitzen und ihre Stimmen verzerren zu lassen, was ich sehr gut verstehen konnte. Mary, die mit ihrer Tochter gekommen war, hatte

Angst, sie oder ihre Tochter könnten erkannt werden. Deshalb bat sie Darlene ausdrücklich darum, daß ihre Tochter der Show von der Garderobe aus zusehen konnte. Die andere Frau war überzeugt, ihre Schwiegermutter würde ihr Profil erkennen. Und die dritte Frau machte allein der Gedanke daran nervös, daß sie am Tag der Show das Studio betreten würde.
Wir wußten nicht, was wir von den Zuschauern in Chicago, die wir als ziemlich konservativ einschätzten, zu erwarten hatten. Aufgrund meiner öffentlichen Vorträge hatte ich etwas Übung, aber ich machte mir Sorgen, daß ich mich vielleicht nicht zurückhalten könnte, falls ich wieder so eine blöde Frage wie »Aber wie *fühlen* Sie sich denn dabei, fühlen Sie sich nicht *schmutzig*?« hören würde. Vielleicht können sich manche Leute heute gar nicht mehr vorstellen, was für ein Ereignis es vor ein paar Jahren noch war, daß vier Prostituierte übers Anschaffen redeten.
Ich weiß noch, wie ich selbst damals dachte: Das wird alle von einer Last befreien. Ich wußte, ich würde es für Hunderttausende von Frauen tun. Ich würde vor der Kamera sitzen und beweisen, daß Prostituierte nicht unbedingt Hot pants oder Tammy Faye Mascara oder zehn Zentimeter lange Fingernägel tragen. Ich wollte zeigen, daß eine Frau, die reif, intelligent und hübsch ist, trotzdem sagen kann: »Ich bin stolz, eine Prostituierte zu sein. Ich liebe diese Arbeit. Es gibt andere Dinge, die ich tun könnte, und es gibt andere Dinge, die ich getan habe, aber diese Arbeit mache ich lieber.«
Ich war keine Zwölfjährige, die man durch Täuschung oder Gewalt zur Prostitution gezwungen hatte, und ich war kein Junkie. Ich war nicht gesellschaftlich zur Unterwerfung genötigt worden. Ich würde nicht sagen: »Es ist die Schuld der Gesellschaft, daß ich so endete. Ich hasse die Prostitution.« Sondern ich würde sagen: »Es war meine Entscheidung, das zu tun; ich leiste eine gute Arbeit, und sie gefällt mir.«
Bis zu dem Augenblick, in dem wir auf Sendung gingen, sagte Darlene immer wieder: »Sie können Ihren Entschluß jederzeit rückgängig machen, wenn Sie das Gefühl haben, daß Sie doch nicht mitmachen wollen.« Sie war sehr direkt und sehr mütterlich. Sie erklärte, daß ich etwas sehr Mutiges und sehr Wichtiges täte, aber es sei nicht unbedingt notwendig, daß ich es mache oder in diesem Augenblick mache.

Die Show sollte in Chicago live ausgestrahlt werden, aber überregional sollte sie erst einige Wochen später gesendet werden, und so hatte ich noch Zeit, es meinen Eltern zu erzählen und sie vorzuwarnen. Ich hatte keine Schwierigkeiten zu erwarten, wenn ich mich hinstellte und erklärte, ich sei eine Prostituierte. (1962 hatte das Oberste Gericht in dem Verfahren *Robinson gegen den Staat Kalifornien* entschieden, daß niemand verurteilt werden könne, nur weil er drogenabhängig sei. Die Tatsache, daß jemand Alkoholiker, Drogenabhängiger, Homosexueller oder eine Prostituierte ist, bietet vielleicht die Grundlage für eine Verhaftung. Aber niemand kann verhaftet werden aufgrund dessen, was er *ist*, sondern nur aufgrund dessen, was ein Zeuge ihn *tun* sieht.)

Trotzdem wußte ich, daß ich mich vorsehen mußte, mit allem, was ich sagte, denn eine Live-Sendung wird nicht redigiert. Wenn ich sagte: »Das ist mein Preis, hier ist meine Telefonnummer, wir können uns treffen und uns amüsieren«, wäre das Kundenanwerbung. Wenn ich irgendwie zu verstehen gab, daß Leute sexuelle Dienstleistungen erhalten könnten, wenn sie mich anriefen, könnte ich ebenfalls Schwierigkeiten wegen Kundenanwerbung bekommen. Wenn ich irgendwann sagte: »Auch Sie können durch Prostitution Geld verdienen«, könnte ich Schwierigkeiten wegen Kuppelei bekommen. Aber Sarah und meine Anwälte hatten mich sehr gut trainiert, auf das, was ich sagte, zu achten. Ich hatte mich daran gewöhnt, mich mit Rücksicht auf meinen Kassettenrekorder zu äußern. Jetzt würde ich mich einem Videorekorder gegenüber äußern.

»Die Frauen in diesem Geschäft haben schon viel zu lange im Verborgenen leben müssen«, sagte ich zu Darlene, »und ich will nicht eine von ihnen werden.«

Wir gingen hinaus und fingen mit der Show an.

Im Laufe der Fernsehsendung stellte ich fest, daß die Dinge einerseits nie so ablaufen, wie man es erwartet. Andererseits wieder laufen sie immer genau so ab, wie man es erwartet. Da ich ganz vorn saß und voll zu sehen war, während die anderen drei Frauen im Schatten saßen, stand ich im Mittelpunkt des Zuschauerinteresses. Tatsächlich wurde mir die Frage gestellt, wie ich mich als Prostituierte *fühle*, und als ich antwortete, ich fühlte mich dabei gut, bekam ich die übliche Aber-das-können-Sie-doch-nicht-wirklich-meinen-sondern-wie-fühlen-Sie-sich-*wirklich*-Antwort zu hören, an die ich mich schon gewöhnt habe. Eine Frau fragte mich, ob ich an Gott glaube, und ich sagte nur nein, ohne hinzuzufügen: »Aber ich suche regelmäßig einen Priester und einen Rabbi auf.« Ich zeigte mich von meiner besten Seite und versuchte, keine Witze zu reißen. Allerdings sah ich auch keinen Anlaß, meine religiösen Überzeugungen zu offenbaren. Ich machte keine Fehler hinsichtlich der Kundenanwerbung oder der Kuppelei, und ich fand, daß ich mein Temperament ziemlich gut unter Kontrolle hatte.

Wie ich schon erwähnte, hatte Mary, eine der Frauen im Schatten, ihre neunjährige Tochter mit nach Chicago gebracht. Sie hatte die Show-Mitarbeiter gebeten, ihre Tochter aus dem Kreis der Kamera herauszuhalten, aber irgendwie geriet das Mädchen unter die Zuschauer. Eine Frau, die am Gang neben dem Mädchen saß, stellte der Kleinen ständig Fragen und sagte, wie furchtbar diese Frauen seien. Schließlich erwiderte das kleine Mädchen: »Diese Frau ist meine Mutter, und sie ist eine wunderbare Mutter. Sie haben kein Recht, so über sie zu sprechen.« Daraufhin stand die Frau auf und erklärte vor der Kamera, daß das kleine Mädchen neben ihr die Tochter einer dieser Prostituierten sei. Dann stellte sie Mary eine dieser Wie-können-Sie-nur-Fragen, und Mary brach in Tränen aus.

Ihre Tochter wurde, bevor der nächste Teil der Sendung begann, eilig aus dem Zuschauerraum befördert. Aber während der Pause unterhielten die drei Frauen und ich uns über den Vorfall. Wir fanden, daß die Verantwortlichen der Show mit ihrer Sorglosigkeit ein äußerst wichtiges Persönlichkeitsrecht verletzt hatten. Mary war verzweifelt.

Nach der Pause kanzelte ich die Frau im Zuschauerraum ab, weil sie die Identität von Marys Tochter offengelegt hatte. Ich konnte den Zorn in meiner Stimme nicht verbergen — einen Zorn, der sich nicht erst in dieser Show zusammengebraut hatte, sondern der in mir gewachsen war, seit ich mich überhaupt öffentlich engagierte. Mich machte die Vorstellung wütend, daß anscheinend andere Regeln gelten, wenn man mit einer Prostituierten zu tun hat. Daß man alles zu ihr oder über sie sagen kann, nur weil die Frau als Prostituierte und nicht als Krankenschwester arbeitet.

Nach der Sendung waren wir vier Frauen alle der Meinung, die Zuschauer hätten sich uns gegenüber feindselig verhalten. Den-

noch hatte ich das Gefühl, daß es zumindest ein Fünkchen von Verständnis gegeben hatte, daß vielleicht irgend etwas von dem, was wir gesagt hatten, zu manchen Menschen durchgedrungen war. Darlene zeigte wegen des Vorfalls viel Verständnis für Mary und ihre Tochter und entschuldigte sich dafür, aber damit konnte das Geschehene nicht ausgelöscht werden.
Mary weinte beim Mittagessen, und sie weinte am Nachmittag, als wir einkaufen gingen. Als ich mich am Flughafen von Mary und ihrer Tochter verabschiedete, weinte sie immer noch darüber. Es ging uns hinterher allen schrecklich und nicht nur wegen Mary und ihrer Tochter, sondern weil wir es als eine solch traumatische Bloßstellung empfunden hatten.

Nachdem ich Mary zum Flugzeug gebracht hatte, ging ich zum Art Institute of Chicago. Es schneite, ein typisches Chicagoer Erlebnis. Dann kehrte ich ins Hotel zurück. Die Donahue-Show hatte mich im Mayfair Regent, dem schönsten Hotel, in dem ich je gewohnt hatte, untergebracht. In meinem Zimmer gab es fünf Telefone. Ich dachte sofort: Hier könnte ich leben.
An dem Abend wollte ich mir etwas Besonderes leisten, als Ausgleich für den schlechten Tag. Ich zog einen schwarzen Samtrock und ein sehr enganliegendes schwarzes Top an. Dazu trug ich meine goldene Paillettenjacke und sehr hohe, goldene Stöckelschuhe. Ich kämmte mein Haar, schminkte mich, legte meinen gesamten Schmuck an und ging nach oben ins Restaurant.
In dieser Nacht wollte ich wie eine Königin behandelt werden, einfach nur weil ich nett und kultiviert aussah. Ich wollte allein an einem Tisch sitzen und ein wunderbares Menü bestellen. Ich wollte total in Ruhe gelassen werden und sagte das dem Oberkellner. Ich war noch überwältigt von der Menschenzahl, die mich an dem Tag im Fernsehen gesehen hatte.
Als ich am Tisch saß, fühlte ich mich besser. Ich bestellte weißen Spargel und ein Glas Lacrima-Christi. Ich war die einzige Frau, die allein an einem Tisch saß, und es gab eine Menge Männer in dem Raum. Aber das war okay, weil ich meinen eigenen Tisch hatte und mein Essen selbst bezahlte. Ich dachte darüber nach, wie schön es war, eine Hure zu sein; so konnte ich es mir leisten, in einem Restaurant wie diesem zu essen. Ich schwelgte gerade in diesem angenehmen Gefühl, als der Kellner an meinen Tisch kam.

»Entschuldigen Sie«, sagte er, »ich weiß, daß Sie darum gebeten haben, heute abend allein zu sein, aber die Herren an dem Tisch dort haben mich schon dreimal gerufen und gebeten, Sie zu fragen, ob Sie sich nicht zu ihnen gesellen wollen.« Dort saßen acht gut gekleidete Typen zusammen — Geschäftsmänner mit Engelsgesichtern —, und sie winkten und zwinkerten und nickten mir alle zu. Das brachte mich zum Lachen.
»Sagen Sie ihnen, daß ich ihr Angebot zu schätzen weiß«, erklärte ich dem Oberkellner, »aber heute abend möchte ich wirklich allein sein. Danken Sie ihnen in meinem Namen.«
Ungefähr zehn Minuten später kam der Oberkellner, sich umständlich entschuldigend, zurück. »Ihr Essen geht natürlich auf Kosten des Hauses, Mademoiselle«, sagte er. »Es tut mir leid, daß diese Männer sie belästigen. Sie schicken Ihnen eine Flasche Champagner. Es ist eine Nachricht dabei«, erklärte er diskret.
Ich schüttelte ablehnend den Kopf und versuchte, meinen Spargelsalat zu essen. Der Oberkellner kam noch einmal zurück und sagte: »Wäre es nicht einfacher, wenn Sie an ihren Tisch gingen? Ich muß sagen, daß ich es den Herren nicht übelnehmen kann. Sie sind sehr schön.«
Was mich betraf, mir war mein Essen mittlerweile vergällt. Ich hatte nicht die Absicht gehabt, in dieser Nacht zu arbeiten, aber anscheinend war ich schon dabei.
Die Männer forderten mich auf, mich zu setzen, und dann fragten sie, was ich in Chicago täte. Ich war nicht bereit, es ihnen zu erzählen, und so sagte ich: »Ich mache ein Geschäft mit Ihnen. Ich bleibe ein paar Minuten hier, aber ich stelle die Fragen. Was machen *Sie* alle denn hier?«
Wir machten die Runde, und sie nannten mir ihre Berufe: Architekt, Bauunternehmer, Bankier, Fabrikant. Jeder einzelne von ihnen versuchte, mich zu beeindrucken und charmant zu sein. Keiner war eine Schlafmütze. Sie berichteten, daß sie sich wegen eines großen Projekts getroffen hätten, und erzählten, aus welchen Städten sie kämen. Unser Essen kam, und schließlich fragte einer: »Würde es Ihnen etwas ausmachen, wenn wir Ihnen ein paar Fragen stellten? Woher kommen Sie, was machen Sie hier?«
Ich erzählte Ihnen, daß ich das Museum besucht hätte und früher einmal Art-director gewesen sei.
»Sind Sie geschäftlich hier oder aus Vergnügen?«

»Es war amüsant«, erwiderte ich, »aber man kann wohl sagen, daß es geschäftlich war.«
Dann erzählte ich ihnen, daß ich Gast in der Donahue-Show gewesen war.
»Warum?« fragten sie.
»Ich bin die Vorsitzende von HIRE, und ich bin Prostituierte.«
Ich erlebte die unterschiedlichsten Reaktionen. Drei Männer schienen absolut entzückt zu sein. Vier wirkten höflich interessiert. Und ein Mann, ein Effektenbankier, der um einiges älter war als die anderen, machte einen absolut entrüsteten Eindruck. Ich verteilte meine Visitenkarten und schrieb meine Zimmernummer darauf. Sie fragten mich, ob ich hinterher mit ihnen einen trinken ginge. Ich sagte nein, ich wolle auf mein Zimmer gehen.
So ging ich zurück auf mein Zimmer, zog meine Arbeitswäsche an und wartete auf das Klingeln des Telefons. Statt dessen klopfte es an der Tür. Es war der Effektenbankier. Seitdem weiß ich, daß es, wenn man eine Gruppe von Männern trifft und mit ihnen über Prostitution spricht, am Ende immer der Spielverderber, der Prüde unter ihnen, ist, der am meisten Geld ausgibt.
Drei andere Männer aus der Gruppe riefen mich an oder steckten Nachrichten unter meiner Tür durch, aber ich hatte nur noch Zeit für zwei von ihnen. Dann holte ich etwas Schlaf nach und begab mich zu meinem Frühflug zurück nach Atlanta.

Den Brief an meine Mutter zu schreiben war das Unangenehmste, was ich je getan habe. Wenn ich später mal mit Schwierigkeiten konfrontiert wurde, sagte ich mir immer: »Du hast einen Brief an deine Mutter geschrieben, in dem du ihr nicht nur erzählt hast, daß du Prostituierte bist, sondern auch, daß du im Fernsehen auftreten und *sagen* würdest, daß du eine Prostituierte bist. Wenn du das kannst, kannst du alles andere auch.«
»Liebe Mom«, schrieb ich.

Erinnerst Du Dich? Als ich acht war, schlug ich diesem Jungen (ich glaube, er hieß Frosch) in unserem Vorgarten mit dem Baseballschläger auf den Kopf, weil er seine kleine Schwester verkloppte. Wenn es um die Rechte der Frauen geht, haben sich meine Taktiken seither nicht sehr ver-

ändert. Manchmal muß man den Leuten eins auf den Kopf geben, damit sie begreifen, daß man es ernst meint.
Während der letzten paar Jahre, als ihr, Du und Daddy, Euch gefragt habt, was ich mache, habe ich über die Rechte der Frauen — insbesondere die Rechte der Prostituierten — Vorträge gehalten und mich sachkundig gemacht. Deshalb bin ich so viel herumgereist.
Als ich das letzte Mal zu Hause war, sagtest Du aus irgendeinem Grund, den ich nicht verstehe, Du rechnetest damit, mich bald im Fernsehen zu sehen. Ich werde am neunundzwanzigsten, am kommenden Freitag also, in der Phil-Donahue-Show auftreten. Sie ist bereits aufgenommen worden. Ich möchte eigentlich nicht, daß Du sie Dir ansiehst, weil bei dieser Show eine Menge schiefgelaufen ist. Wenn Du sie Dir doch ansiehst, wirst Du und werden alle anderen einen falschen Eindruck von dem bekommen, was ich mache. Ich möchte nur, daß Du weißt, daß ich in der Show war, so daß Du, falls einige Deiner Freunde und Kunden sie sehen, es nicht von ihnen erfahren mußt. Die Maskenbildnerin und die Friseuse haben ihren Job großartig gemacht, so daß ich schön aussehe. Ich hoffe, Du wirst darüber glücklich sein.
Eine kurze Erklärung, wie das alles kam: Als ich Mitte der Siebziger an der Ratifizierung des Gleichstellungsgesetzes mitarbeitete, fiel mir auf, daß in den Südstaaten niemand für die Aufhebung der Prostitutionsgesetze kämpfte. Vielen Leuten war darüber hinaus nicht einmal bewußt, wie viele Prostituierte verhaftet und wie die Rechte von Prostituierten mißachtet wurden. Als die Leute von meiner Besorgnis darüber erfuhren, bekam ich immer häufiger Anrufe von Frauen, die meine Hilfe suchten. Meistens ging es darum, sie aus dem Gefängnis zu holen.
Die wenigsten dieser Frauen waren starke Menschen wie Du oder ich. Ihre Leben waren zerstört durch diese Verhaftungen und durch die Angriffe auf ihre Integrität. Es brach mir das Herz mitzubekommen, wie diese Frauen von den Richtern, der Polizei und sogar von ihren eigenen Anwälten behandelt wurden. Es macht mich heute genauso wütend wie damals — als Frosch seine Schwester schlug —, wenn ich sehe, wie Frauen mißhandelt werden.

Starke Menschen können darüber hinwegkommen, wenn sie schlecht behandelt worden sind. Aber diese Frauen fühlten sich alle schuldig und vollkommen allein. Mir wurde schließlich klar, daß ich eine von ihnen werden mußte, wenn ich diese Frauen verstehen wollte. Du wolltest immer, daß ich Missionarin werde. Diese Erfahrung hatte große Ähnlichkeit mit der eines Missionars, der in den Dschungel geht, um Seelen zu retten, und schließlich selbst wie ein Eingeborener wird.
Die Arbeit mit Prostituierten war eine der lehrreichsten Erfahrungen meines Lebens. Sie sind die interessantesten Frauen auf der Welt. Sie sind stärker, klüger, schneller und beweglicher als andere Frauen. Unglücklicherweise benutzt die Polizei sie, um ohne Rücksicht auf das Leben der Frauen ihre Verhaftungsstatistiken aufzubessern. Diesen Frauen zu helfen, das ist meine Mission.
Übrigens, wenn ich mit Leuten spreche, werde ich oft nach Dir gefragt. Ich erzähle ihnen, wieviel Energie Du hast. Ich sage ihnen: Wenn Du für das Gleichstellungsgesetz zuständig gewesen wärest, dann wäre es schon so lange durch, daß selbst der Streit darum schon längst vergessen wäre.
Ich wünschte, Du und Daddy, ihr könntet etwas stolz auf das sein, was ich mache. Aber ich kann mir vorstellen, daß Ihr es vielleicht nicht seid.
Ich habe mich dem Kampf für die Prostituiertenrechte verpflichtet, und es gibt jetzt keinen Weg mehr zurück. Das, was ich mache, ist sehr schwierig. Wenn Du das Gefühl hast, mich nicht unterstützen zu können, verstehe ich das. Wenn Du nichts zu meiner Unterstützung zu sagen hast, sag bitte überhaupt nichts. Dieses Leben ist auch dann noch hart genug, wenn alle, die ich liebe, auf meiner Seite sind.

Unter den Brief schrieb ich »In Liebe« und unterzeichnete mit meinem vollen Namen, um zu zeigen, daß es eine Erwachsene war, die ihn geschrieben hatte.
Beim Schreiben des Briefes versuchte ich, meiner Mutter alles so deutlich wie möglich zu erklären, ohne sie jedoch zu schockieren. Ich kam nicht sofort zur Sache, sagte nicht sofort, daß ich als Prostituierte arbeitete, sondern nur, daß ich »eine von ihnen geworden« sei.

Ich schickte den Brief so ab, daß er am Tag vor der Sendung in Louisville sein würde. Meine Schwester war im Laden meiner Mutter, als der Brief ankam. Yvonne sah den Absender und sagte: »Oh, großartig, ein Brief von Dolores. Vielleicht kommt sie nach Hause.« Sie begann, den Brief laut vorzulesen, während all die Kunden herumstanden und zuhörten. Meine Mutter war draußen gewesen, und als sie zurückkam, stand sie für einen Augenblick am Rande der Gruppe von Menschen und hörte zu. Yvonne war gerade an der Stelle angekommen, wo ich geschrieben hatte, daß ich »eine von ihnen geworden« war, als meine Mutter sagte: »Das ist genug, Yvonne«, und ihr den Brief wegnahm.

Meine Schwester fand es einfach nur toll, daß ich in der Donahue-Show auftrat. Sie war so aufgeregt, daß sie gar nicht richtig darauf achtete, um welches Thema es ging.

Meine Mutter rief mich an dem Nachmittag an. Sie war hysterisch, womit ich eigentlich auch gerechnet hatte. Sie sagte so ziemlich alles, was jede Mutter wohl jemals gesagt hat. Was habe ich falsch gemacht? So haben wir dich nicht erzogen. Was werden die Leute denken? Wie konntest du das nur tun?

Sie schwankte zwischen Bestürzung und Stolz. Ich hörte an ihrer Stimme, daß sie am meisten gegen jede Tendenz, stolz zu sein, anzukämpfen hatte.

»Ich habe es deinem Dad erzählt«, sagte sie, »und du weißt ja, wie er ist. Er redet nicht viel. Er sagte nur: ›Nun, sie ist erwachsen. Sie hat ihre eigene Entscheidung getroffen. Ich wußte nicht, daß wir sie dazu erzogen haben, so etwas zu machen, aber vermutlich war es so.‹«

Ich erklärte ihr, daß niemand jemals Partei für diese Frauen ergriffen habe und daß ich das, was Prostituierte täten, im Vergleich zu anderen Dingen nicht für so schlecht hielt. Sie stimmte mir zu, wandte aber ein: »Ich habe alles getan, was ich konnte, um dir ein gutes und besseres Leben zu ermöglichen, als ich es hatte, und jetzt ...«

Ich erklärte ihr weiter, ich sei, als ich damit anfing, davon ausgegangen, daß ich es nur ein paarmal machen würde. Aber ich hätte schnell festgestellt, daß es eine wunderbare Beschäftigung sei. Ich erzählte ihr, daß ich den Brief geschrieben hätte, damit sie etwas in der Hand habe, wenn unser Telefongespräch vorbei sei.

Ich bat sie, den Brief noch einmal zu lesen. Darin seien wirklich alle wichtigen Punkte enthalten.
Sie sagte, sie und Daddy hätten sich Weihnachten, als ich zu Hause war, Sorgen um mich gemacht. »Daddy und ich wollen doch nur, daß du glücklich bist«, sagte sie. »Wie konntest du uns das antun?«
Und ich versicherte, daß ich mir viele Gedanken darüber gemacht hätte, daß sie und er, wenn ich an die Öffentlichkeit ginge, damit leben und vielleicht das Geschwätz der Leute ertragen müßten.
»Du hast mich so erzogen, daß ich nun stark genug bin, um das zu tun, was ich jetzt tue«, sagte ich. »Und ich weiß, daß ihr beide stark genug seid, um dem ebenfalls standzuhalten. Es tut mir leid, daß ich es euch nicht leichter machen kann. Aber für diese Frauen ist das Leben jeden Tag hart.«
»Aber du *mußt* das doch nicht machen«, wandte sie ein. »Du könntest von uns Geld bekommen.« Ich versuchte, ihr zu erklären, daß ich es nicht wegen des Geldes machte. Ich machte es, weil ich daran glaubte, weil ich es nicht für schmutzig oder beschämend hielt, sondern für etwas Edles und Hilfreiches. Ich verbesserte die Lebensqualität meiner Kunden. Ich hatte die Gelegenheit, das Selbstwertgefühl von Menschen wiederherzustellen. Ich verbesserte die Lebensqualität der Prostituierten, indem ich für ihre Rechte kämpfte. Solange Frauen nicht das Recht hätten, freiwillig ihren Körper zu benutzen, um ihren Lebensunterhalt zu verdienen, würde man uns auf einer bestimmten Ebene immer das Recht verweigern, unser Leben selbst zu bestimmen. Für alle sei der Körper ein Gebrauchsartikel, sagte ich, für die Ballettänzerin, für den Bauarbeiter. Alles andere sei doch falsch verstandener Puritanismus.
Gegen Ende unseres Gesprächs sagte meine Mutter: »Ich bewundere, was du sagst, Dolores, und ich glaube, daß du aufrichtig und ehrenhaft bist und daß du etwas Wundervolles gemacht hast. Aber ich möchte nicht, daß du es noch mal machst. Versprichst du mir, daß du es nicht noch mal machst?«
»Ich möchte, daß du eins weißt, Mom«, erwiderte ich, »ich bin immer noch deine Tochter, die Tochter, die du aufgezogen hast. Ich mache das mit den Lebensansichten und Wertvorstellungen, die du mir beigebracht hast, Mom. Aber ich werde nicht damit aufhören.«
Am Ende sagte sie: »Nun, vermutlich ist das nicht das Schlimmste, was du hättest tun können. Ich muß darüber nachdenken. Im

Augenblick möchte ich das eigentlich nicht, aber ich werde wohl darüber nachdenken müssen.«
Und ich sagte: »Ja, wahrscheinlich wirst du darüber nachdenken, ob du willst oder nicht.«

Sie sah sich die Show an und rief mich hinterher an. Sie meinte, die ganze Sache sei in Ordnung gewesen und ich hätte wirklich hübsch ausgesehen. »Aber als du anfingst, darüber zu reden, daß du mit einer Frau Sex hattest, dachte ich, ich müßte sterben«, sagte sie. Das ist ein neuerlicher Beweis dafür, daß Mütter schwerer umzubringen sind, als sie immer behaupten.
Wir überlebten es alle, und ich zumindest hatte das Gefühl, daß es uns besser ging.
Meine Mutter sprach nie darüber, ob sie von Freunden, die die Show gesehen hatten, angerufen worden war. Sie sagte allerdings, sie habe, als sie in den Schönheitssalon ging, gewußt, daß alle dort die Show gesehen hatten. Sie spürte es einfach.
Nachdem die Show ausgestrahlt worden war, bekam ich Briefe und Telefonanrufe von Frauen aus dem ganzen Land. Sie schrieben mir, wie froh sie seien, daß ich das gemacht hätte. Sie schrieben: Ich liebe es auch, als Prostituierte zu arbeiten, aber ich habe noch nie eine erlebt, die den Mut hatte, sich hinzustellen und es in der Öffentlichkeit zu sagen. Obwohl sich mein Leben dadurch verändert hat und ich viel Geld verdiene, hatte ich immer das Gefühl, sagen zu müssen: »Es stinkt, es gefällt mir nicht.« Für mich war es ebenso eine freie Entscheidung, und zumindest in meinem Fall war es eine gute Entscheidung. Viele Frauen, die auf dem College gewesen waren, schrieben, sie seien froh, daß ich das Klischee der Prostituierten endlich durchbrochen hätte.
Manche Frauen schrieben, daß sie nicht die Wahl gehabt hätten wie ich, daß sie aber trotzdem froh gewesen seien, eine Frau zu sehen, die sagte, Prostitution sei ein ehrenhafter Beruf. Die Briefe und Anrufe kamen nicht nur ein paar Tage oder Wochen lang, sondern über Monate hinweg.
Leute im Lebensmittelgeschäft oder auf der Straße fingen an, mich zu erkennen. Bei der Donahue-Show hatte ich weder eine Perücke noch sonst irgend etwas getragen, das eine Verkleidung gewesen wäre. Ich war also ziemlich gut wiederzuerkennen. Meine Nachbarn erfuhren, womit ich meinen Lebensunterhalt wirklich ver-

diente, und sie mußten einfach akzeptieren, daß Dolores von nebenan eine Hure war. Sie konnten nicht leugnen, daß ich derselbe Mensch wie vorher war. Jedesmal, wenn die Müllabfuhr kam, trug ich immer noch meinen Müll raus. Ich pflanzte immer noch Gladiolen und Azaleen und Narzissen vor meinem Haus.
Einige Leute verhielten sich nach der Show jedoch anders. Julian Bonds Frau, Alice, war immer freundlich zu mir gewesen, wenn ich bei den Wahlkampagnen ihres Mannes mitgearbeitet hatte. Aber sobald die Nachrichten über mich publik waren, verhielt sich Alice sowohl distanzierter als auch, wie ich fand, intriganter.

Die Publicity begann mit der Donahue-Show, und als sie einmal begonnen hatte, hörte sie nicht mehr auf. Ich bekam Anrufe von Zeitungen und Zeitschriften, von Radiosendern und Fernsehshows. Es ging so weit, daß ich vorhersagen konnte, wann sich die Woche näherte, in der die Sender mit besonderen Programmen um höhere Einschaltquoten kämpften — plötzlich fing mein Telefon an zu klingeln. Jedes *Good Morning, Small City USA*-Programm kam auf die Idee, oh! mein Gott!, wenn sie nur eine Prostituierte bringen, könnten vielleicht die Einschaltquoten steigen. Dieser wirtschaftliche Aspekt störte mich natürlich. Während die Fernseh- und Radiosender an der Prostitution Geld verdienten, war es gleichzeitig verboten, durch Prostitution direkt Geld zu verdienen. Das war wieder einmal typisch, fand ich.

Die Polizei hatte Frauen von der Magnolia-Blossoms-Agentur verhaftet, und ich sagte Sarah, daß es wohl klüger sei, den Laden zu schließen und eine andere Agentur aufzumachen. Sie aber fühlte sich sicher.
Zu der Zeit ungefähr bekam ich einen Anruf für einen Hotelbesuch im Holiday Inn am Flughafen. Sarah versicherte, der Mann könne sich hinreichend ausweisen, und als ich dort ankam, überprüfte ich ihn gründlich. Er kam aus Chicago und erzählte, er besäße dort ein Chemieunternehmen. Er war sehr elegant. Ich hatte den Eindruck, daß er in Ordnung war.
Er war sehr nett, höflich und angenehm. Ich rief Sarah an, um ihr zu sagen, daß ich dort sei und sie wieder anriefe, wenn wir ein paar Dinge geklärt hätten, womit mein Preis gemeint war. Er fragte nach meinem Preis, und ich begann meinen Text herunterzusa-

gen: »Die Agenturgebühr beträgt fünfzig Dollar. Die Modelle bekommen keinen Anteil von der Agenturgebühr. Zusätzlich zu den fünfzig Dollar für die Agentur, beträgt der Preis für das Modell normalerweise —«

»Halt«, unterbrach er mich, »reden Sie nicht weiter. Ich möchte nicht, daß Sie sich in Schwierigkeiten bringen.«

Das fand ich ziemlich merkwürdig. Er zeigte mir einen Dienstausweis mit seinem Bild und erklärte, er sei von der Bundeskriminalpolizei. Ich sagte: »Oh, Scheiße.« Dann zog er einen wirklich großen Revolver unter dem Kopfkissen hervor und sprang auf die Füße. Als ich den Revolver sah, hob ich den linken Fuß, stemmte ihn gegen mein rechtes Knie und legte beide Hände auf die Stuhllehnen, so daß er sehen konnte, daß ich nichts Aggressives unternehmen würde, wie zum Beispiel zur Tür zu laufen. »Halten Sie den Revolver wirklich für notwendig?« fragte ich. »Das ist unhöflich.«

Daraufhin nahm er eine John-Wayne-mäßige Männerpose ein. »Ich will nur ein paar Informationen«, erklärte er. »Wir können uns gleich hier unterhalten oder nach unten gehen.«

Ich lehnte mich in meinem Stuhl zurück und konzentrierte mich auf meine Haltung und meine Stimme. Möglichst ruhig sagte ich: »Ob Sie nun von der Bundeskriminalpolizei sind oder ein Idiot, auf jeden Fall ist Ihr Adrenalinspiegel zu hoch und meiner, glaube ich, auch. Darum werde ich jetzt einfach eine Minute oder zwei dasitzen und ein paarmal tief Luft holen, um mich etwas zu beruhigen. Ich schlage vor, daß Sie in der Zwischenzeit überlegen, ob Sie nicht diesen Revolver weglegen können; er macht mich nämlich nervös. Nach unseren Atemübungen werden wir sehen, ob uns nach einer kleinen Unterhaltung zumute ist.«

Ich schloß die Augen. Rein kommt die gute Luft; raus geht die schlechte, leierte ich vor mich hin, während ich Luft holte und wieder ausatmete. Nach einigen Malen öffnete ich die Augen und sah, wie er mich neugierig anstarrte — als wollte er sagen: Was man nicht alles erlebt ... Den Kopf hielt er zur Seite geneigt, die linke Hand auf der Hüfte abgestützt. Sein Gewicht lagerte auf einem Fuß.

»Nun kommen Sie schon, versuchen Sie es auch einmal«, sagte ich. (Was interessierte es mich, ob er mich für schrullig hielt?) Er versuchte es nicht, aber er ließ den Revolver sinken.

»Ich möchte mit Ihnen über Ihre Agentin reden«, begann er. Er zeigte mir ein Bild von einer Frau und sagte: »Das ist Betty Roth. Haben Sie diese Frau jemals gesehen?«
Und ich sagte nein. Wie Sie sich vielleicht erinnern, hatte ich Sarah nie gesehen, weil wir alles am Telefon erledigten, und ich hatte keine Ahnung, wie sie wirklich hieß. »Diese Frau habe ich in meinem ganzen Leben noch nicht gesehen, und ich habe noch nicht einmal etwas von Betty Roth gehört«, antwortete ich.
»Nun gut«, meinte er. Dann stellte er mir sehr detaillierte Fragen über die Arbeit.
Er war ziemlich humorlos. »Erzählen Sie mir, wieviel Geld Ihre Agentin verdient und wie viele Frauen für sie arbeiten.«
»Ich arbeite nicht für *sie*«, erklärte ich, »sondern sie arbeitet für *mich*. Und diesmal«, fügte ich hinzu, »hat sie bei der Überprüfung des Kunden keine gute Arbeit geleistet.«
Ungefähr zu dem Zeitpunkt rief Sarah wieder an, um herauszufinden, was vor sich ging. Er nahm den Hörer auf und sagte: »Oh, wir haben alles geklärt. Stimmt's Delilah?« Er hielt den Hörer hoch, damit ich »Alles ist in Ordnung« piepsen konnte. Dann sprach er wieder mit Sarah und legte schließlich den Hörer auf.
Er stellte mir weitere Fragen, auf die ich keine Antworten wußte, beispielsweise, wo meine Agentin wohne und seit wann sie Escort-Agenturen betreibe und wer *für* sie arbeite und ob sie Einkommenssteuer bezahle. Nachdem ich ungefähr ein dutzendmal »Ich weiß es nicht, ich weiß es wirklich nicht, ich habe keine Ahnung« gesagt hatte, schlug ich vor: »Soll ich Ihnen nicht lieber mal ein paar Antworten geben, und dann können Sie zusehen, ob Ihnen dazu passende Fragen einfallen?«
Er schien das für eine großartige Idee zu halten und lehnte sich zurück, um sich ein paar richtig gute Informationen anzuhören. Also erzählte ich ihm meine Lebensgeschichte — angefangen bei meiner Mutter und meinem Vater, die in einem Maisschuppen wohnten, als sie heirateten, und meinen Erfahrungen in der Grundschule und als Little Miss Ferncreek und als Humphrey-Girl und daß ich zur Tanzschule und zur Kunstschule ging — und daß wir in der Kunstschule viele *Aktmodelle* sahen — und daß ich bei Julian Bonds Kampagne zur Präsidentschaftskandidatur mitgearbeitet hatte und zu Andrew Youngs Siegesparty gegangen war und für das Gleichstellungsgesetz und die Menschenrechte einge-

treten war. Ich erzählte, wie es war, für einen Radiosender zu arbeiten, und wie lange es dauert, die Pointillismus-Malerei zu lernen, und daß die Tatsache, mit zwei Mädchen, die ich die Doublemint-Zwillinge nannte, zur Schule zu gehen, von größerem Einfluß auf mich gewesen war als Seurat. Ich war höflich und lustig zugleich. Ich erzählte ihm, daß ich gern als Modell arbeitete und wirklich gute Arbeit leistete. Ich erklärte ihm, daß ich eine Vereinbarung unterschrieben hätte, derzufolge ich mit den Kunden keinen Sex triebe, und daß meine Agentin keine Möglichkeit habe, das zu überprüfen. »Meine Agentin mag vermuten, daß wir uns gelegentlich auf Sex einlassen«, sagte ich, »denn so etwas kommt immer wieder mal vor; aber ich habe das meiner Agentin nie erzählt, wenn es so gewesen war, und sie hat mich noch nie danach gefragt. Meine Agentin hat mir sogar geraten, sofort das Hotelzimmer zu verlassen, wenn jemand mich zu sexuellen Handlungen aufforderte. Sie fordern mich doch nicht zu sexuellen Handlungen auf, oder?«

»Nein«, erwiderte er und schien überrascht.

»Nun, das wär's dann«, sagte ich.

Er wollte mir hundertfünfzig Dollar geben, damit ich meine Agentin bezahlen könnte, aber ich wollte sie nicht haben. Er bat mich, meiner Agentin nicht zu erzählen, was vorgefallen sei, und ich sagte: »Okay, ich werde ihr nur sagen, daß Sie ein Ekel waren und den Revolver auf mich gerichtet haben — und daß sie niemanden mehr schicken soll, falls Sie noch mal anrufen.«

Sobald ich das Zimmer verlassen hatte, fuhr ich zu einer Telefonzelle, um Sarah anzurufen und ihr zu erzählen, was vor sich ging und daß diese Leute es ernst meinten. Diesmal handele es sich nicht um die örtliche Polizei, sagte ich, sondern um die Bundeskriminalpolizei.

Aber Sarah wollte sich nicht darüber aufregen. »Sie sind nur am Rumsuchen«, meinte sie. »Sie haben nichts gegen mich vorliegen.«

Ich habe festgestellt, daß Agentinnen und Huren manchmal einen großen Teil ihres Lebens in Paranoia verbringen, jeden verdächtigen und derart in Angst leben, daß sie für ernste Gefahren unempfänglich werden. Es hatte schon so häufig falschen Alarm gegeben, so oft hatten sie geglaubt, jetzt würde man sie fassen, und dann war nichts geschehen. Sie hatten so viele Menschen

verdächtigt und dann festgestellt, daß diese keine Verdächtigungen wert waren.
An Sarahs Stelle hätte ich meine Sachen gepackt und die Stadt, wenn nicht sogar das Land verlassen. Das gehört zu diesem Geschäft. Solange die Gesetze so sind, wie sie sind, müssen die Huren und Agentinnen bereit sein, zu packen und alles hinter sich zu lassen.
Aber Sarah sagte: »Delilah, mach dir keine Sorgen, alles wird gutgehen.«
Es ging nicht gut. Die Nachforschungen wurden fortgesetzt, und die Bundeskriminalpolizei sprach mit anderen Modellen und Agenturen. Die Polizei schien überall zu sein. Und schließlich wurde Sarah festgenommen. Ihr Haus wurde durchsucht und auf den Kopf gestellt, aber sie war mit ihrem Geschäft bereits in ein Apartment umgezogen. Sie verfolgten sie dorthin und nahmen sie fest.
Ich sprach mit ihr, als sie ihre Kaution bezahlt hatte, und keck wie immer sagte sie: »Mach dir keine Sorgen, Delilah, ich werde das schon packen.«
Ich weiß nicht, ob sie das glaubte oder nicht, aber sie sprach so, als wäre sie davon überzeugt.

Wie Sie sich vielleicht vorstellen können, fing ich an, viel zu reisen. Unter anderem fand ich, daß es an der Zeit war, die aufgeschlossene Stadt Amsterdam, die westliche Hauptstadt des kommerziellen Sexes kennenzulernen.
In Holland wurde ein Kongreß über die sexuelle Sklaverei von Frauen organisiert, und Margo St. James fragte mich, ob ich Lust hätte, mit ihr dorthin zu fahren. Als wir in Rotterdam ankamen, wurde uns jedoch mitgeteilt, daß Prostituierte unerwünscht seien. Die Organisatorin des Kongresses, Kathy Barry, die Autorin von *Die sexuelle Versklavung der Frau*, fand, daß Prostituierte zu sehr der Gehirnwäsche unterzogen und unterdrückt worden seien, um sich selbst zu vertreten, und daß wir alle Sklavinnen unserer Zuhälter seien. Ausgeschlossen vom Kongreß, trafen wir Huren uns also informell, um Informationen auszutauschen. Ich erfuhr, daß Prostituierte, obwohl die Prostitution in Holland offiziell nicht erlaubt war, sich registrieren lassen und eine »Sondersteuer« zahlen mußten. Diese Sondersteuer schien ihnen keine Vorteile zu

bringen: Den Frauen wurde keine Gesundheitsvorsorge garantiert, es sei denn, die Unternehmen, in denen sie arbeiteten, sorgten dafür. Andererseits wurde die Registrierung als Prostituierte im Reisepaß der Frauen vermerkt, so daß sie in manchen Ländern, einschließlich der Vereinigten Staaten — wo einer aktenkundig gemachten Prostituierten automatisch sogar ein Touristenvisum verwehrt wird —, keine Einreisegenehmigung erhielten. (Einige Holländerinnen bezahlten deshalb eine »Extrasondersteuer«, um nicht registriert zu werden.

Wir erfuhren auch von den Problemen, die Prostituierte in Asien hatten. Junge Frauen aus dem gesamten pazifischen Raum strömten beispielsweise nach Manila, um in der Elektroindustrie Geld zu verdienen. Sie arbeiteten in Ausbeuterbetrieben und montierten unter mangelhaften Lichtverhaltnissen winzig kleine Teile für Computer und Telefone. Nach drei oder vier Jahren, wenn sie fast blind geworden waren, konnten sie nicht mehr genug sehen, um diese Arbeit zu machen, erzählte man uns. Dann gingen die Frauen in die Sexfabriken von Manila. Da so viele von ihnen versuchten, als Prostituierte zu arbeiten, bekamen sie den geringsten Lohn auf der Welt. Und es gab in Asien wirklich Orte, wo die Frauen wie Sex-Sklavinnen gehalten wurden.

Als ich an die Reihe kam, schämte ich mich, über die Bedingungen in den Vereinigten Staaten zu sprechen, wo die Prostitutionsgesetze weit hinter den europäischen zurücklagen. Ich fühlte mich wie eine häßliche Amerikanerin, die eine reiche Gesellschaft repräsentiert und darüber spricht, wie wundervoll und kurios die Situation in Europa sei.

Auf der ganzen Welt betrachten die Menschen die Vereinigten Staaten als das Land der unbegrenzten Möglichkeiten. Sie glauben alle, daß jede amerikanische Frau eine Ausbildung und einen guten Job bekommt, wenn sie es nur will. Deshalb wundern sie sich, warum Amerikanerinnen sich entscheiden, Prostituierte statt Geschäftsfrau zu werden. Sie glauben nicht, daß die Frauen in Amerika durch den Mangel an anderen Möglichkeiten zur Prostitution gezwungen werden. Warum sollte sich eine Frau in Amerika entscheiden, Prostituierte zu werden?

Ich mußte ihnen erklären, daß die Frauen in Amerika in den meisten Berufen noch immer deutlich unterbezahlt würden — und daß es in unserem Land viele Arme gäbe, von denen die meisten

Frauen seien. Ich erklärte, daß manche Frauen, wie ich auch, sich für die Prostitution aus demselben Grund entschieden wie unsere europäischen Kolleginnen — weil uns das Leben gefiel und weil es für uns die beste Art war, unseren Lebensunterhalt zu verdienen. Dann erklärte ich die Gesetzgebung in den Vereinigten Staaten. Ungeachtet der europäischen Gesetzesvorschriften, sagte ich, herrsche bei ihnen dennoch nicht dieses Katz-und-Maus-Spiel zwischen der Polizei und den Huren wie in den Vereinigten Staaten. In Europa gäbe es viele Länder, wo die Prostitution illegal sei, aber den Leuten würde diese Tätigkeit erlaubt, solange sie niemanden störten. Sobald die Huren in den Vereinigten Staaten aber lernten, sich im Rahmen der Gesetze zu bewegen, änderten die Behörden die Gesetze, um die Frauen festnehmen zu können. Es sei, als lebe man mit Scheinvorschriften. In Europa neigten die Behörden eher dazu, die Gesetze zu verbiegen, um den Prostituierten, die absolut gute Bürgerinnen waren, ihre Arbeit weiterhin zu erlauben.

»Aber wer wird durch eure Prostitutionsgesetze geschützt?« fragten sie. »Wem nützen sie?«

»Nun«, sagte ich, »bestimmt nicht den Prostituierten und auch nicht den Kunden. Ihr erinnert euch bestimmt an die Geschichte, daran, daß viele religiöse Fanatiker in die Staaten zogen, um ihre Religion dort frei ausüben zu können. So wurden die Prostitutionsgesetze durch einen Haufen religiöser Fanatiker beeinflußt, die versuchten, die Monogamie und die Jungfräulichkeit zu bewahren, indem sie es den Menschen nicht gestatteten, sich für Sex bezahlen zu lassen.«

»Aber ist der amerikanischen Regierung nicht bewußt, daß sie eine Menge Geld verdienen könnte, wenn sie Prostituierte registrierte und besteuerte?« wollte eine holländische Hure wissen.

»Nun, die Politiker, Polizeibeamten, Kautionsbeschaffer und Anwälte verdienen alle Geld daran, Prostituierte zu bekämpfen oder zu verteidigen, und das sind die Leute, die Gesetze machen.«

Die Frauen waren sprachlos. Amerika schien in ihren Augen ein wirklich merkwürdiges Land zu sein. Margo lud alle ein, in die Vereinigten Staaten zu kommen und unsere Gesetze selbst zu studieren. Der Termin für den nächsten Hurenkongreß in San Francisco traf zeitlich mit dem Nationalkongreß der Demokraten im Sommer 1984 zusammen.

Ich machte mich auf den Weg, um mehr von Amsterdam kennenzulernen. Die ersten Tulpen blühten. Auf dem Markt gab es wunderschöne afrikanische Blumen, die ich nie zuvor gesehen hatte. Jan Visser, der Direktor der Mr. A. de Graaf Stitching, einer Stiftung, die Prostitutionsforschung betrieb und versuchte, die holländische Regierung in der Prostitutionsgesetzgebung zu beraten, bot sich an, mich auf einem Rundgang durchs Rotlichtviertel zu begleiten. Ich wollte die berühmten Fenster von Amsterdam sehen, und er erzählte mir vom Molens Feeg, einer Straße, in der die Prostituierten arabische Kunden bedienten. Er erklärte, daß die Araber viel Geld hätten, aber keine Gummis benutzen wollten, daß sie verächtlich mit Prostituierten umgingen und in dem Ruf stünden, sie grob zu behandeln. Das reichte, um zu wissen, daß ich den Molens Feeg vermeiden müßte.

Bei den »Fenstern« handelte es sich um winzige Schaufenster oder Hauseingänge mit Fenstern, die zur Straße führten. Er ging mit mir durch die Dam Straat, wo die »besseren« Fenster waren, aber er riet mir davon ab, dort zu arbeiten. »Wenn ein nettes Mädchen wie Sie arbeiten will, sollte es ins Yab Yum gehen«, sagte er.

Er erklärte mir, das sei das eleganteste und erstklassigste Bordell in Holland. Er gab mir Adresse und Telefonnummer und schlug mir vor, ich sollte noch am selben Abend dorthin gehen.

Ich wohnte in der Nähe, aber außerhalb des Rotlichtviertels, ungefähr drei Querstraßen vom Anne-Frank-Haus entfernt. Ich ging abends halb zehn zu der Adresse und fand ein geschmackvolles, konservatives, vierstöckiges Backsteingebäude mit grüngefärbten Glaslaternen zu beiden Seiten des Eingangs vor. Auf einem kleinen Messingschild stand in winzigen Buchstaben MEN'S CLUB und darüber YAB YUM. Die Tür war rot und so groß, daß sich die Klinke fast in Schulterhöhe befand. Auf dem Gebäude war eine Videokamera installiert, die auf die Tür gerichtet war. Über der Klinke befand sich eine Klingel.

Ein großer, arrogant aussehender Mann öffnete die Tür, sah auf mich herab und fragte: »Kann ich Ihnen helfen?« Ich schaute an ihm vorbei ins Yab Yum, um zu erspähen, wie es drinnen aussah. Rot und gold, ziemlich schick. Ich trug rote Stöckelschuhe und einen Flanellmantel von Norma Kamali und war der Meinung, daß ein erstklassiger amerikanischer Akzent mit einem bodenständigen Touch genau das Richtige sei, um dem Schwall von

Anmaßung, der wie die Hitze aus dem Ofen meiner Mutter aus dieser Tür schlug, etwas entgegenzusetzen.
Ich richtete mich auf und erklärte: »Ja, ich möchte gern den Manager sprechen.«
»Haben Sie einen holländischen Paß?« fragte er.
»Nein.«
»Nun, das tut mir leid, aber wir können nur holländische Mädchen einstellen. So ist das Gesetz.«
Das war eine Überraschung. Ich brachte nur noch ein schwaches »Warum?« über die Lippen.
Er erklärte, daß die Polizei das »Geschäft« überwache und diese Regel vorschriebe. Da die Prostitution nirgendwo in Holland verboten war und fast alle der Meinung waren, für eine Hure sei es zum Arbeiten das beste Land der Welt, fand ich es verständlich, wenn man hier die Prostitution auf holländische Frauen beschränkte, damit das Land nicht von Sexarbeiterinnen überrannt wurde. Aber immerhin hatten Herr Visser und verschiedene andere Leute mir das Yab Yum empfohlen; also gab es bestimmt doch eine Möglichkeit für mich, dort zu arbeiten. Und ich wollte herausfinden, wie es war, in einem Laden zu arbeiten, der das absolute Gegenteil vom Black Angus war, also hielt ich stand und stellte meine Frage anders: »Ist der Manager da?«
»Ich bin der Manager«, sagte er. »Hören Sie, es liegt nicht daran, daß Sie nicht schön genug sind oder nicht der richtige Typ. Aber selbst wenn Sie Holländerin wären, hätte ich keine Arbeit für Sie. Hier arbeiten schon fünfunddreißig Frauen. Aber warum kommen Sie nicht rein und schauen sich um?«
Heuft, ein anderer offiziell wirkender Typ, tauchte auf, und ich begann, mich mit ihm zu unterhalten. Wir setzten uns auf ein Samtsofa, und er bestellte mir Perrier. Er schien dem Typen an der Tür irgendwie gleichgestellt zu sein, und so dachte ich mir, daß ich noch eine Chance hätte. »Um ehrlich zu sein ...«, begann ich und wartete, was als nächstes aus meinem Mund käme. Es war, als wäre ich von einer Automatik ferngesteuert, als hätte ich mein Schicksal dem Teil meines Gehirns überlassen, der für Reflexe wie die Atmung, den Herzschlag, den Orgasmus und den Stepptanz zuständig ist.
»Um ehrlich zu sein«, setzte ich neu an, »mir wurde erzählt, dies hier sei das luxuriöseste Bordell in Holland. Wir wissen noch

nicht, was wir genau machen wollen, aber — haben Sie schon vom Kabelfernsehen in Amerika gehört? Ja? Gut. Nun, ich möchte gern ein paar Tage hier und in ein paar anderen Läden arbeiten, und dann können wir entscheiden, wie das Drehbuch aussehen soll. Ich weiß, das wirkt sehr voyeuristisch, aber das Kabelfernsehen in den Vereinigten Staaten verzehrt sich nach Material über Sex.«

Heuft war sofort interessiert, als ich über das amerikanische Fernsehen sprach. (Ich bin sicher, daß er die Handelsbilanz im Kopf hatte und an die hübschen, frischen amerikanischen Dollars dachte, die nach Holland kommen würden. Sofort begann er, mir die Regeln des Hauses zu erklären.

An meinem ersten Abend dort trank ich Perrier, und da das Geschäft ruhig lief, sprach ich mit den anderen Frauen. Ich erfuhr, daß die Männer ungefähr fünfundzwanzig Dollar Eintritt bezahlten. Dafür bekamen sie alle Getränke außer Champagner umsonst. Die Frauen erhielten fünfzehn Prozent von dem Geld, das die Männer für Champagner ausgaben, so daß die Frauen Champagner bevorzugten. Eine Stunde auf dem Zimmer kostete die Männer ungefähr einhundert Dollar, aber dafür bekamen sie nur einen sexuellen Akt. Die regulären Angestellten bekamen davon fünfzig Dollar plus Trinkgeld. (Es verstieß jedoch gegen die Regeln, um Trinkgeld zu bitten.) In jedem Zimmer gab es einen eigenen Fernsehanschluß und eine Spiegelwand gegenüber vom Bett. Alles war mit roten Teppichen oder Spiegeln ausgestattet, die Türen waren aus solider Eiche, die Türgriffe aus reinem Messing, und das Licht war regulierbar. Jedes Zimmer hatte ein Telefon und war so eingerichtet, daß sich, wie eine Frau sagte, »ein Millionär wie zu Hause fühlen konnte«.

Um Mitternacht wurde den Frauen ein »Snack« serviert: Spargel, kleine Sandwiches, Krabbensalat, eine Auswahl europäischer Käsesorten, Schinken, Truthahn und Roastbeef. Es war ohne jeden Zweifel luxuriös. Mir wurde erzählt, ein silberner Mercedes-Benz stünde zur Verfügung, um die Frauen am Ende ihres Arbeitstages nach Hause zu bringen. Jeden Dienstag kamen ein Gynäkologe und ein Dermatologe; alle sechs Wochen wurden Blutuntersuchungen vorgenommen. Und die ganze Nacht spielte Musik: von Bob Dylan über Brecht und Weill bis Marimba alles.

Es wäre toll gewesen, wenn es eine Party gewesen wäre, aber ich war zum Arbeiten da, und der Laden war tot. Um drei Uhr morgens langweilte ich mich so sehr, daß ich beschloß zu gehen. An der Haustür traf ich einen Chinesen, und er fragte mich, ob ich für zwanzig Dollar mit ihm ins Hotel käme. Ach, zum Teufel, dachte ich, in diesem glamourösen Schuppen hatte ich nicht einen Cent verdient, und ich rechnete damit, daß ich mit ihm in zehn Minuten fertig wäre und mir dann das Taxi nach Hause würde leisten können. Aber dann stellte ich fest, daß er für zwanzig Dollar die ganze Nacht mit mir verbringen wollte. Ich erklärte ihm, daß wir uns mißverstanden hatten, und ging nach Hause.

Am nächsten Tag nippte ich Champagner und hatte einen Routinejob mit einem Deutschen, der kein Englisch sprach. Ich machte ihm ein Schaumbad und eine Körpermassage, blies ihm ein Gummi auf, hatte Geschlechtsverkehr, und das war's. Er bezahlte seine Rechnung mit einer Kreditkarte, und am Ende der Nacht reichte Heuft mir vierzig Dollar. Da ich kein Japanisch, Holländisch, Deutsch, Französisch, Dänisch oder Schwedisch sprach, war ich im Vergleich zu den anderen Frauen deutlich im Nachteil. Im Yab Yum wurden die Frauen nach Typus (der Laden wollte den Kunden eine Vielfalt von Frauen anbieten), nach Sprachkenntnissen (die meisten Frauen sprachen mindestens drei Sprachen), nach ihrer Fähigkeit, sich zu unterhalten, und nach ihrer Teamfähigkeit ausgesucht. Die Frauen, die dort arbeiteten, waren sehr sorgfältig selektiert und motiviert wie japanische Führungskräfte.

Wenn ein Mann ins Yab Yum kam, wurde er sofort mit Aufmerksamkeit überschüttet — was er sicherlich auf seinen ganz eigenen unwiderstehlichen Charme zurückführte. Die Angestellten, die Möbel, die Einrichtungsgegenstände, der Champagner und die Frauen gingen eine Verschwörung ein, um jeden Mann, der eintrat, zu verwöhnen und zu schlucken. Obwohl der Mann am Ende mit einer Frau in einer privaten Suite verschwand, arbeiteten alle anderen Frauen mit ihr zusammen — indem sie dem Mann erzählten, wie schön und charmant sie sei, und ihm halfen, sich angenehm und entspannt zu fühlen.

Es war wie eine riesige Jet-set-Party im vornehmen Teil der Stadt, gegeben zu Ehren jedes zahlenden Gastes. Es standen Fertigmahlzeiten zur Verfügung, eine vollendete Bar, Drogen (was Marihuana und Kokain betraf, war Amsterdam absolut freizügig) und

Unterhaltung. Alles, was ein Mann sich wünschte, konnte er im Yab Yum für hundertfünfzig Dollar haben. Für tausend Dollar hätte er die fabelhafteste, luxuriöseste Nacht seines Lebens verbringen können.
Das Yab Yum bot alles: perfekte Hygiene, regelmäßige Arbeitszeiten (sechs Tage die Woche, acht Stunden am Tag), medizinische Versorgung, Sicherheit, Intimität, keine Angst vor Bullen, Mahlzeiten, und wenn man hart arbeitete, einen Lebensunterhalt. Aber es langweilte mich zu Tode. Nach ein paar Tagen war ich bereit, übers Kopfsteinpflaster zu trotten und mir mein eigenes Fenster im Rotlichtviertel zu suchen.

Es regnet *sehr viel* in Holland, und es ist kalt, und Stöckelschuhe bleiben im Kopfsteinpflaster hängen. Die Straßenprostitution kann also gefährlich sein. Um den Elementen und dem Kopfsteinpflaster auszuweichen, mieten die Frauen, die sonst vielleicht auf der Straße gearbeitet hätten, winzige Ladenschaufenster. Manche Frauen besaßen eine kunstvolle Dekoration und Kostüme. Eine schwarze Frau hatte als Motiv das tiefste und dunkelste Afrika gewählt. Sie trug einen knappen Leoparden-Bikini wie Jane im Dschungel und hatte ihren Raum mit Bananenblättern, Zebrahäuten, afrikanischen Masken und Schnitzereien geschmückt. Ihre Gardinen — die geschlossen waren, wenn sie einen Kunden hatte — waren aus afrikanischen Druckstoffen hergestellt.
Ich hörte, daß die Frauen mit Motiven am meisten Geld machten, und so begann ich sofort mit der Planung meiner Dekoration. Ich dachte, ein amerikanisches Wildwest-Motiv würde am besten funktionieren. Ich könnte ein indianisches Prinzessinnenkostüm tragen, wie man es vielleicht für Buffalo Bills Wanderzirkus entworfen hätte, und ich überlegte, daß ich in dem Fenster mit Keulen jonglieren könnte. Ich würde mir ein großes Messingbett besorgen und es mit Laken und Kopfkissenbezügen aus Satin und Spitze drapieren. Auf einen antiken Tisch würde ich einen Krug und eine Waschschüssel stellen. He, dachte ich, vielleicht könnte ich eine Bockmaschine organisieren und die Kunden darauf reiten lassen. Oder vielleicht könnte ich ein ausgestopftes Pferd aufstellen und die Kunden fotografieren, wie sie mit einem Cowboyhut und einer Fransenjacke neben dem Pferd stehen. Die meisten Leute, die durch das Rotlichtviertel gingen, waren Touristen, und

amerikanische Sachen waren in. Eine Kette von McDonald's Restaurants war in Europa eröffnet worden, und die Europäer strömten in Scharen dorthin. Ich könnte ein total amerikanisches Fenster einrichten, Andenkenfotos verkaufen, T-Shirts mit meinem Foto und dem Spruch DIESE FRAU HAT MEINEN SCHWANZ GELUTSCHT, oder Aschenbecher und Postkarten. Es gingen auch eine Menge Touristen durch das Rotlichtviertel, und es gab nichts, absolut gar nichts, wofür sie ihr Geld ausgeben konnten. Ich überlegte, daß ich auch für sie etwas bereit halten könnte: Hurenkostüme zum Kaufen oder zumindest, um sich darin fotografieren zu lassen — dafür würde ich eine kleine Laterne und einen Rotlichtviertel-Hintergrund besorgen und sie davor in Pose stellen.
Ich behielt mein Phantasiefenster in Erinnerung, aber ich arrangierte mich schließlich mit etwas weniger Großartigem, einem kleinen Fenster, das mit ein paar Tüchern und Schals drapiert war. Ich erfuhr, daß die kleinen Imbißläden an jeder Ecke des Viertels von den Leuten betrieben wurden, die die Fenster vermieteten. Die Fenster kosteten zwischen acht und vierzig Dollar für einen Acht-Stunden-Tag. Ich suchte mir eins für sechzehn Dollar.
Dann zog ich mir eine indianische Bluse und einen indianischen Rock an und stellte fest, daß ich etwas verkaufte, das die Leute suchten. Ich mußte mich nicht anbieten, sondern einfach nur in dem Fenster sitzen. Wenn jemand mich wollte, wenn er es sich leisten konnte, ich ihm gefiel und er mich brauchte — dann war's das. (Etwas lernte ich jedoch, als ich auf den Straßen von Amsterdam arbeitete. Ich lernte, wie wichtig tatsächlich Stöckelschuhe sind. Wenn ich auf die Straße ging, trug ich immer flache Mokassins, um meine Füße und meine Stöckelschuhe zu schonen. Wenn ich die Mokassins trug, hielt mich niemand an. Zog ich meine Stöckelschuhe an, kamen die Männer direkt auf mich zu. Schlüpfte ich wieder in die Mokassins, verschwanden die Männer. Es war, als würde ich ein Außer-Betrieb-Schild aufstellen, wenn ich meine Stöckelschuhe auszog.)
Ich liebte es, im Fenster zu arbeiten. Das war Kapitalismus in seiner reinsten Form, und das Schauspiel auf der Straße war erstaunlich. In dem Viertel arbeiteten mehrere tausend Frauen. Es war, als wären sie vom Himmel gefallen. Nie zuvor hatte ich solche Menschenmengen gesehen, außer beim Mardi Gras, beim Kentucky

Derby oder sonntags vor dem Vatikan. Überall waren Menschen, und die Frauen übertrafen die Männer zahlenmäßig. Die Preise waren demzufolge niedrig, ungefähr zwanzig Dollar pro Mann. Okay, dachte ich, in den Staaten verdiente ich vielleicht hundert Dollar, aber achtzig davon war allein der Verdruß über die Sorge wert, daß der Mann ein Cop sein könnte. Hier gab es keine Sorgen.

Besonders beeindruckt war ich von den Frauen in Holland, die über fünfzig waren. In den Staaten gab es wenige Huren über fünfzig, und ich wollte mir selbst beweisen, daß es möglich war, so lange zu arbeiten, wie ich wollte.

Eine der ältesten Frauen auf der Straße hatte sich wie eine Hure gekleidet und zurechtgemacht: sie trug ein schlauchförmiges Oberteil, das ihre hängenden Brüste hochhielt, enge Stretchhosen, die ihre plumpen Oberschenkel zeigten, und abgetragene, leuchtend rosa Stöckelschuhe, die aussahen, als wären sie aus den sechziger Jahren übriggeblieben. Sie trug einen häßlich abgeblätterten roten Nagellack, und ihr kurzes, braunrotes, ausgefranstes Haar wurde von einem mit Kunstdiamanten geschmückten Kamm zurückgehalten. Sie war nicht speckig dick, sondern nur alt und aus der Form geraten. Sie sah aus, als würde sie fett, grauhaarig und zahnlos werden, wenn sie sich nur gehen ließe. Sie hatte einen ähnlichen Gesichtsausdruck wie die alten Frauen, die ihr Leben lang an einem Obststand gearbeitet haben — irgendwo draußen, ob im Regen oder bei Sonnenschein. Nach so vielen Arbeitsjahren bestand einfach kein Interesse mehr an der Arbeit. Sie war eine Frau, die darauf wartete, sich zur Ruhe setzen zu können.

»Was für Kunden kommen zu dir?« fragte ich.

»Jungen, die davon träumen, ihre Großmutter zu ficken«, erwiderte sie halb scherzend.

»Wer noch?«

»Männer, die Sex mit Frauen in ihrem Alter haben wollen«, sagte sie. »Männer, die Frauen mit *viel* Erfahrung suchen. Männer, die bemuttert werden wollen. Jeder will etwas anderes.«

»Wie lange machst du das schon?« fragte ich.

»Seit ich sechzehn war. Ich war mit fünfzehn verheiratet, und dann wurde mein Mann getötet und ließ mich mit einem kleinen Kind zurück. Ich war keine Jungfrau mehr, also ...«

»Hast du schon immer hier gearbeitet?« wollte ich wissen und meinte damit die Fenster.
»Oh, früher arbeitete ich dort oben«, antwortete sie und zeigte nach Norden, zum Bahnhof. »Aber dort waren zu viele Kinder, weißt du, die Dope rauchten und die Kunden belästigten. Das war nicht gut fürs Geschäft, und so kam ich hierher.«
Ich bin sicher, daß diese Frau den Touristen in den letzten vierzig Jahren oder so unzählige Male dieselben Fragen beantwortet hatte, denn sie verlor schnell das Interesse an mir. »Wie lange willst du noch weiterarbeiten?« fragte ich. »Gibt es irgendein staatliches Rentenprogramm für dich?«
Sie schenkte mir einen Blick, als wollte sie sagen »Hau ab«, aber dann antwortete sie: »Ich werde mich in ungefähr zwei Jahren zur Ruhe setzen, wenn ich fünfundsechzig bin.«
Ich erklärte ihr schnell, daß ich selbst anschaffen ginge, auch im Fenster arbeite, aber ursprünglich in den Staaten angeschafft habe. Ich sagte ihr, wie toll ich es fände, daß sie noch arbeitete und daß die Huren in den Staaten innerhalb von vier Jahren aus Angst vor Verhaftungen ausgebrannt seien.
»Gefällt dir das Anschaffen?« fragte ich.
Sie stand auf und klappte ihren Stuhl zusammen, um hineinzugehen. Solange sie sich mit mir unterhielt, verdiente sie kein Geld. Aber sie hielt noch einmal inne und sagte: »Ja, die Leute sind nett. Es ist ein gutes Leben. Für mich war es gut. Ich habe meine Kinder großgezogen.«
Bevor sie die Tür schloß, zog ich sieben Dollar heraus. Ich weiß nicht, warum mir nicht gleich eingefallen war, sie zu bezahlen. Ich bedankte mich für das Gespräch und gab ihr das Geld. Sie nahm es, bedankte sich mit einem Nicken und schloß die Tür.

Wenn ich den Rest meines Lebens in Europa hätte verbringen müssen, wäre ich bestimmt ein oder zwei Jahre in Amsterdam geblieben. Aber ich machte mir Sorgen um HIRE und hatte das Bedürfnis, meine Familie und meine Freunde zu sehen; ich vermißte mein Haus und meinen Garten. Nach einem Monat beschloß ich, nach Hause zurückzukehren.
Bei meiner Rückkehr fand ich auf meinem Anrufbeantworter massenhaft Nachrichten vor: jede Menge von der Presse, ein paar von irgendwelchen Sonderlingen und Verrückten, die mich in der

Donahue-Show gesehen hatten, ein paar von Elaines alten Kunden, die immer noch versuchten, mich zu treffen (zum alten Preis natürlich), und ganz viele von den Frauen von HIRE, die mir mitteilten, daß die Situation mit den Cops in Atlanta schlimmer als je zuvor sei. Sarahs Gerichtstermin war festgesetzt worden. Einige von uns würden vielleicht als Zeuginnen geladen werden. Und die Cops hatten nicht aufgehört, die anschaffenden Frauen dauernd zu belästigen — nein, sie hatten ihr Programm der Einschüchterung, des Austricksens und der Verhaftungen sogar verstärkt. Nach einer kurzen Stippvisite bei meiner Mutter, meinem Vater und meiner Schwester und dem Besuch einiger Theaterstücke in Atlanta, nach ein paar Einkäufen und einem Besuch bei meinem Friseur fuhr ich nach Saint Thomas.

Eine Zeitschrift hatte mich gebeten, einen Artikel über Bordelle in der Karibik zu schreiben. Was ich für den Artikel bekommen würde, war nicht einmal annähernd vergleichbar mit dem, was ich in der Prostitution verdienen konnte, aber ich hatte noch nie versucht, einen Artikel über dieses Thema zu schreiben, und ich dachte mir, es könnte eine gute Erfahrung sein und sich letztendlich vielleicht als nützlich erweisen. (So war es auch. Daß ich hier die tatsächlichen Namen der Bordelle in der Karibik genannt habe, rührt daher, daß sie bereits vorher veröffentlicht worden waren.)

Es gab noch einen weiteren Grund, nach Saint Thomas zu fahren. Die USS *Nimitz* sollte dort anlegen, das hieß, daß ungefähr siebentausend geile amerikanische Matrosen an Land gehen würden. Soviel ich von meinen Freundinnen wußte, hatte die Ankunft eines großen Marineschiffes ziemlich spektakuläre Auswirkungen auf einen kleinen Hafen wie Charlotte Amalie. Huren aus der ganzen Karibik und den südlichen Vereinigten Staaten versuchten, nach Saint Thomas zu kommen, bevor das Schiff anlegte. Ich hatte nie für die Flotte gearbeitet und dachte mir: Ah, das ist noch etwas, das ich kennenlernen sollte.

Ich hatte das Gefühl, als würde ich in ein Ritual eingeführt, von dem seit langem gesprochen wurde und über das die Männer Witze rissen, eine Situation, die in der ganzen Geschichte als ein Recht der Männer betrachtet wurde — eine Schiffsladung von Männern, die auf die ortsansässigen (und nicht so ortsansässigen) Huren niederging. Doch soviel ich wußte, hatte noch keine Prostituierte aus ihrer Sicht darüber geschrieben.

Die *Nimitz* ist einer der größten Flugzeugträger der Welt. Das Schiff fuhr jeweils monatelang ins Manöver. Wenn es anlegte, bekamen die Matrosen im Rotationssystem Landurlaub, so daß immer nur zweitausend bis dreitausend von ihnen gleichzeitig an Land waren. Die Marine behauptet, die Anlegetermine der Flotte seien absolut geheim (zumindest eine Schraube hält die Scharniere der nationalen Sicherheit zusammen), aber ein Anruf in irgendeinem Bordell in der Nähe eines Hafens oder eine Anfrage bei den ortsansässigen Händlern genügt, um genau zu erfahren, wann ein Schiff ankommt und wie lange es bleibt.

Die Jungs in Weiß wurden von ungefähr vierhundert Huren erwartet. Wenn man die Zahlen vergleicht — siebentausend Männer, wenn auch in Schichten, und vierhundert Huren —, bekommt man einen Eindruck davon, welch eine Gelegenheit das war. Doch dafür, daß ich mehrere Tage lang praktisch rund um die Uhr arbeitete, verdiente ich nicht besonders viel Geld. Aber die Erfahrung an sich war Gold wert.

An dem Nachmittag, als mein Taxi sich der Stadt näherte, war ich beim Anblick so vieler potentieller Kunden absolut entzückt. Ich wußte, daß die unbedeutende Zahl von Zivilisten, die inmitten der Matrosen und Huren herumlief, innerhalb weniger Stunden verschwinden würde. Dann würden nur noch Tausende von Soldaten und Hunderte von Huren übrigbleiben, um über das Leben in seiner historisch reinsten Form, die ich je erlebt hatte, zu verhandeln. Es war ein Karneval des Fleisches.

Ich ließ mich vom Taxi direkt vor dem Windward Passage Hotel absetzen. Eine Freundin hatte mir das Las Astronautas, das sich unmittelbar neben dem Schiffsanlegeplatz befand, als das beste Bordell auf Saint Thomas empfohlen. Doch zu meinem Entsetzen stand vor dem Las Astronautas die Militärpolizei und erklärte den Matrosen, daß sie dort nicht reingehen könnten. Es war zum Sperrbezirk erklärt worden. Offensichtlich war ein Matrose dort beim letzten Mal, als ein Schiff im Hafen anlegte, böse zusammengeschlagen worden. (Später erfuhr ich, daß beim letzten Mal, als ein Schiff im Hafen lag, einer Frau in einem anderen Bordell die Kehle »von hier bis da«, wie alle sagten und dabei eine Geste von einem Ohr zum anderen machten, aufgeschlitzt worden war. Der Matrose hatte außerdem ihr ganzes Geld geklaut, und sie hatte es überlebt, um davon zu erzählen, wenn sie auch für immer einen

Schal um ihren Hals drapiert trug. Dieses Bordell blieb für die Besucher der *Nimitz* geöffnet. Hmmmmm.)

Die Besitzerin des Las Astronautas machte ein langes Gesicht, aber sie erzählte mir, daß sie schon einmal zum Sperrbezirk erklärt worden seien und sich trotzdem alles irgendwie noch habe arrangieren lassen. »Warum probierst du nicht das Clarysol aus?« schlug sie vor. Ich fragte, ob ich meinen Rucksack bei ihr lassen könne, aber sie sagte, daß sie dafür nicht die Verantwortung übernehmen wolle. Also wanderte ich mit meinem Rucksack durch die Stadt und sah aus wie eine Mischung aus Hippie und Hure: Stökkelschuhe, rotes, lockiges Haar unter einem breitrandigen Strohhut, lange, sorgfältig manikürte Fingernägel, eine indische Bluse und ein indischer Rock und ein Rucksack. Glücklicherweise war die Clarysol Bar mit Billardsalon, die unmittelbar zwischen einer Hühnerbraterei und der katholischen Kirche lag, nicht sehr weit weg.

Als ich auf die Clarysol Bar zuging, war deutlich, daß die Party bereits ohne mich begonnen hatte. Soldaten hingen, laut rufend und pfeifend, aus Hotelfenstern. Sie fingen an, mir zuzuwinken, und ich hob zum Zeichen, daß sie einen Moment warten sollten, den Finger und hoffte, daß sie warten würden, bis ich einen Platz gefunden hatte, wo ich meine Sachen lassen konnte. Betrunkene Matrosen strömten auf die Straße, und die schwarzen und braunen Inselbewohner, die Huren und die Stammkunden aus den Bars beobachteten sprachlos das Ungestüm dieser guternährten, kurzgestutzten, saubergeschrubbten amerikanischen Jungs auf Landurlaub. All diese weißen Matrosen stürzten Bier in sich hinein, blieben gelegentlich stehen, um eine Aluminiumdose mit der bloßen Hand zu zerquetschen, spielten Billard, brüllten, sangen und feierten allgemein ihre Freiheit und die gute Zeit, die sie hier verbringen würden, bis sie betrunken umfielen.

Eine Frau namens Conchata, die aus Santo Domingo stammte, führte das Clarysol, eindeutig das schlampigste Bordell, in dem ich je gearbeitet hatte. Conchatas Schlafzimmer war mit einer geblümten, für die fünfziger Jahre typischen Küchentapete tapeziert und mit bunten tropischen Inselikonen dekoriert, so daß der Raum wie ein Museum aussah. Als ich hineinging und nach Arbeit fragte, wirkte ich so gutbürgerlich, daß Conchata mich anstarrte, als wollte sie sagen: Weiß diese Frau überhaupt, wovon sie spricht?

Dann sah ich, wie sie mich noch einmal musterte und wohl dachte: Nun, vielleicht kann sie uns nützlich sein, wenn sie hier arbeiten will.
Sie erklärte mir die Hausregeln und zeigte mir ein Zimmer. Die Zimmer kosteten drei Dollar für zwanzig Minuten, und die Laken wurden jeden Abend gewechselt. Sehr sanft und höflich fragte ich: »Könnte ich ein Kissen haben?« Sie taumelte auf ihren Absätzen zurück und sagte: »Nein, wir haben keine Kissen.« — »Okay«, sagte ich, »fein.« Dann fragte ich: »Gibt es eine Klimaanlage?« Es war höllisch heiß. Und sie stemmte eine Hand in die Hüfte, spreizte ein wenig die Beine und sagte: »Wir sind nicht hier, um es luxuriös zu haben, sondern um *Geld zu machen.*«
Ich lachte und erwiderte: »Du hast recht.«
Und sie machte wirklich Geld. Sie wußte, daß sie nicht die Beste war. Aber Junge, sie machte vielleicht Geld. Ich mochte sie wirklich gern. Sie wußte, was sie verkaufte. Ich beschloß, meine Sachen dortzulassen und rauszugehen, um die Flotte unten am Dock zu empfangen.
Die *Nimitz* zu machen war so, als würden Mardi Gras und eine Bruderschaftsparty gleichzeitig stattfinden. Bis ich endlich zum Rekrutenlager der Frauen zurückkehren würde, war ich bereit, dort zu arbeiten und mich auf alles einzulassen, was auf mich zukam. Ich ging zu einem Platz direkt am Wasser. In Touristenbroschüren wurde damit geworben, daß in einem Laden dort Filme sofort entwickelt wurden und die Kunden zehn Prozent Rabatt bekamen. Nicht geworben wurde für die Tatsache, daß man beim Warten auch einen geblasen oder eine Handmassage bekommen konnte.
Nebenan war ein Hotel, in dem es vor Jungmatrosen nur so wimmelte. In der Lobby war die Hölle los. Dutzende von Matrosen wetteiferten darum, in einem richtigen Bett zu schlafen, in einem Zimmer, das nicht schaukelte, und eine lange heiße Dusche zu nehmen. Da ich die einzige Frau dort war, wichen sie auseinander, als ich eintrat, als wäre ich Moses, der das Rote Meer teilt. Dann schloß sich das Meer hinter mir, und die Party ging erst richtig los. Die meisten Jungs sahen aus, als hätten sie für ein Norman Rockwell-Gemälde Modell stehen können. Ich wurde mit nach oben gerissen und schaffte es in den nächsten vierundzwanzig Stunden nicht mehr nach unten in die Lobby. Sobald ich in einem Zimmer

fertig war und auf den Flur hinausging, wartete dort eine Schlange Matrosen auf mich. Ich wählte den nächsten aus, als wäre ich das einzige Mädchen auf einer Tanzveranstaltung, und dann führte er mich den Flur hinunter zu seinem Zimmer, und der Rest der Jungen folgte uns, um dort zu warten. Als ich mich beklagte, daß ich Hunger hätte, und erklärte, als nächstes würde ich denjenigen nehmen, der mir etwas zu essen bringe, standen vier Jungen mit Tabletts vor dem nächsten Zimmer. Und, Gott sei Dank, die Navy der Vereinigten Staaten hatte diesen Jungs etwas über Kondome beigebracht. Für die Zeit, die ich in dem Hotel war, hätte ich niemals genug bei mir gehabt. Glücklicherweise hatten die meisten Matrosen ihre eigenen dabei.

Ich blieb noch, nachdem die Flotte abgefahren war, um Sarahs Prozeß aus dem Weg zu gehen und mich etwas auszuruhen und zu erholen. Ich arbeitete im Clarysol und bediente ein paar von Conchatas Kunden, um wieder seefest für karibische Bordelle zu werden. Ich kehrte auch ins Las Astronautas zurück, um Rosa zu trösten, deren Bordell wegen der *Nimitz* geschlossen worden war. Und vor dem Las Astronautas ging ich ein bißchen der Straßenprostitution nach.

Eines Tages, als ich draußen auf der Straße war, schickte Rosa einen Barjungen heraus, um mich zu holen. Offensichtlich waren zwei Stuntmen aus Hollywood in der Stadt und hatten Rosa gefragt, ob sie für ein kleines Vergnügen nicht ein paar nette Amerikanerinnen kenne, die Englisch sprächen. So lernte ich die Stuntmen kennen.

Pete und Sam erzählten mir von ihren Stuntjobs, die sie in den Staaten für Fernsehfilme machten. Sie waren beide gutaussehend und wahrscheinlich Mitte bis Ende Vierzig, aber ihre Körper waren schöner als die von Zwanzigjährigen. Ich finde, es gibt etwas außergewöhnlich Sinnliches und Attraktives an älteren Menschen, die schöne Körper haben. Wenn sie ein Gesichtslifting gemacht hätten, hätte man sie für fünfundzwanzig halten können. Pete und Sam suchten eigentlich zwei Damen, aber da ich die einzige englischsprechende Amerikanerin in der Gegend war, einigten wir uns dahingehend, daß ich sie beide bedienen würde.

Wir nahmen ein Taxi und fuhren zu ihrem Bungalow. Wir unterhielten uns eine Weile und tranken ein Glas Wein. Sie waren wirk-

lich lustige Typen, mit denen ich mich auch privat verabredet hätte. Wir verbrachten eine wundervolle Zeit, unterhielten uns über die Staaten und alberten miteinander rum. Dann bemerkten sie, daß ich ab und zu das Gesicht verzog.
»Stimmt etwas nicht?« fragte Pete.
Ich hatte einen Schmerz im Rücken, als würde jemand in mein rechtes Schulterblatt stechen. Ich war bereits bei einer Chiropraktikerin gewesen, aber das hatte überhaupt nichts genützt. Ich versuchte mein Bestes, um eine gute Spielgefährtin zu sein und zu verbergen, wie sehr meine Schulter mich quälte.
»Nun komm schon«, sagte Pete, »stimmt irgend etwas nicht?«
»Ja, es tut mir hier weh.« Ich zeigte über meine Schulter. »Direkt im Muskel.«
Und sie sagten: »Okay, das ist der —«, und sie nannten einen richtig klingenden Muskelnamen. Dann sagte Pete: »Sam hat das auch oft. Wir wissen, wie man das in Ordnung bringt.« Ich war natürlich begeistert.
Dann sagten sie: »Leg dich mit dem Gesicht nach unten auf den Boden.«
Das machte mir Sorgen, denn eine der ersten Hurenregeln lautet: Dreh einem Kunden niemals den Rücken zu. Und war das nicht die Stellung, in die Bankräuber einen brachten, bevor sie einem in den Kopf schossen?
Aber sie schienen so nette Jungs zu sein, und es war einleuchtend, daß sie bei ihrer Arbeit viele Verletzungen erlitten. Sie erklärten mir, daß sie zugelassene Chiropraktiker seien und es für mich keinen Grund gäbe, ihnen nicht zu glauben.
Ich legte mich mit dem Gesicht nach unten auf den Boden und fragte: »So?«
Jaaa, sagten sie in einem Ton, der etwas zu behaglich klang. Dann ergriff einer von ihnen mein rechtes Bein, der andere stellte den Fuß mitten auf meinen Rücken und ergriff meinen linken Arm, und dann wrangen sie mich aus wie ein Tischtuch.
Ich rief: »Wartet einen Augenblick, Jungs —« Dreh, Knirsch »— wenn das etwas Bizarres sein soll« — Knirsch, Dreh — »werde ich dafür extra bezahlt.« Alle Knochen und Muskeln in meinem Rücken ächzten und stöhnten. Auch ich gab Laute von mir wie »*Arrgh, agggg, ummmpf, aaaaaaa, eeee.*« Wenn jemand an der Tür gelauscht hätte, hätte er es wohl für eine Orgie gehalten.

Aber als die Jungs aufhörten und mich losließen, war mein Rücken geheilt.
Dann hatte ich Sex mit beiden, sehr viel Sex, und die beiden waren großartig. Sie waren eineinhalb mal besser als alle Nummern, die ich je geschoben hatte, was heißen soll, daß Pete einfach nur ziemlich gut und Sam phantastisch war.
Ach, Jungs, ich habe übrigens wieder denselben Schmerz. Aber ich versichere euch, daß er jahrelang verschwunden war.

DAMEN BRAUCHEN KEINE KRONEN ZU TRAGEN

Eine Prostituierte ist ein Mädchen, das es versteht, zu geben und zu nehmen. Sie weiß, wie man einem Mann Wohlbehagen bereitet, selbst wenn er unbegabt, ein lausiger Liebhaber und nur vier Fuß groß ist und ein Gesicht hat, das nur eine Mutter lieben kann.

XAVIERA HOLLANDER
The happy Hooker, 1972

Sarah wurde wegen Zuhälterei und Kuppelei verurteilt. Außerdem wurde sie des Postbetrugs beschuldigt, denn sie hatte, damit die Kreditkartenabschnitte bearbeitet wurden, bei der Bank ein anderes Unternehmen als die Escort-Agentur angeben müssen. Ich weiß nicht genau, was sie der Bank erzählt hatte, aber ich erinnere mich, daß einer meiner Kunden einmal »Flugzeugteile« auf die Quittung geschrieben hatte (Sie können sich vorstellen, wie hoch die Summe war) und Sarah mich sofort anrief. »Tennisschuhe sind okay, auch Autowartung oder Geräteleihgebühr«, sagte sie, »aber nicht Flugzeugteile.«

Egal welches Geschäft sie angegeben hatte, in dem Augenblick, als Sarah den Vertrag mit der Bank unterzeichnete, beging sie einen Bankbetrug. Und wenn sie Kreditkartenabschnitte mit der Post schickte, beging sie Postbetrug.

Sarah wurde zu zwei Jahren Gefängnis verurteilt, und sie mußte sie bis zum letzten Tag absitzen. Als ich sie im Fulton County Gefängnis besuchte, zog ich mich konservativ an — ein Jackett, einen Rock und Stöckelschuhe — und ich trug ein hübsches Make-up und etwas Schmuck.

Ich zeigte meinen Ausweis und ging davon aus, daß die Wärterinnen meine Tasche oder irgend etwas durchsuchen wollten. Als ich sie fragte, was ich tun solle, benahmen sie sich, als wollte ich ihnen das Leben schwermachen. Eine hob ihren Gummiknüppel, schlug damit gegen das Gitter vor mir und sagte unhöflich: »Stellen Sie sich dorthin!« Ich hatte einige Geschenke für Sarah mitgebracht: Bücher, Parfüm, kleine Haarshampoofläschchen und Nerzölseife — Dinge, von denen ich glaubte, daß sie ihr Freude machen würden. Ich machte mir Sorgen wegen der Bücher, die ich mitgebracht hatte, denn Sarah hatte mir am Telefon erzählt, sie habe eine beschränkte Literaturliste. Da sie wegen eines Vergehens gegen das Sexualstrafrecht — Verbot der Zuhälterei — verurteilt worden war, durfte sie keine Bücher lesen, in denen es um Sex ging. Es ist ziemlich schwierig, Bücher ohne Sex zu finden, mit Ausnahme von Garten- und Kochbüchern — und ich wußte nicht, was sie damit hätte anfangen sollen. Ich versuchte zwar nicht, *Die Lust am Sex* einzuschleusen, aber ich versuchte doch, ihr eine Ausgabe von Rosemary Daniells Buch *Fatal Flower* mitzubringen.

Die Wärterinnen fanden, daß es in allen Büchern — ausgenommen eines mit Kreuzworträtseln — zu sehr um Sex ginge. Ich hatte Sarah ein HIRE-T-Shirt mitgebracht, aber auch das wurde zurückgewiesen, weil Wörter darauf standen. Die Wärterinnen befahlen mir: »Stellen Sie sich hierhin, gehen Sie dorthin.« Sie durchsuchten mich und wühlten die Sachen durch, die ich mitgebracht hatte. Sie benahmen sich sehr schlecht. Ich war schockiert, daß sie im Umgang mit der Öffentlichkeit kein besseres Benehmen zeigten. Ich sagte, daß ich ihnen beim nächsten Mal einen Benimm-dich-Führer mitbringen würde, damit sie das Kulturgefälle zwischen sich und den Gefangenen verringern könnten.

Schließlich wurde ich ins Besucherzimmer geführt. Dort gab es kleine Kabinen, die durch Glasscheiben noch einmal geteilt waren und jeweils auf beiden Seiten Telefone hatten. Sarah wurde hereingeführt, und für eine Frau, die im Gefängnis saß, sah sie großartig aus. Sie war eine außergewöhnlich hübsche, große, schlanke Frau Mitte Dreißig, mit dunklem, naturgelocktem Haar, das vorzeitig ergraute. Selbst in der Gefängniskleidung sah sie glamourös aus. Solange ich nicht durch die Trennscheibe unserer kleinen Kabine schaute, konnte ich mir einbilden, daß ich zu Hause saß, daß Sarah immer noch die Magnolia Blossoms führte und wir einfach am Telefon plauderten. Sie war sehr fröhlich, wenn man ihre Situation berücksichtigte, und ohne jede Reue begann sie sofort, über das zu reden, was wir als nächstes machen würden. Sie hielt es für das Beste, wenn ich ein paar neue Städte auskundschaftete, in denen wir arbeiten könnten, und sobald sie aus dem Gefängnis käme, könnten wir umziehen und unsere neue Agentur aufbauen. Sie kam auf New York zu sprechen. »In New York gibt es keine guten Agenturen«, sagte sie, und ich erzählte ihr von San Francisco. Als ich das Gefängnis verließ, hatte ich das Gefühl, Sarah und ich würden genau das machen, was sie gesagt hatte ... sobald sie ihre Gefängnisstrafe abgesessen haben würde.

Ich war bereits mehrmals in New York gewesen. Ich hatte dort Freunde besucht, war in ein paar Fernsehshows aufgetreten und ein Kunde von mir, ein bolivianischer Geschäftsmann, der angeblich mit Autoalarmanlagen handelte, war mit mir dort einkaufen gegangen. Ramón hatte nicht nur mich mitgenommen, sondern auch seinen Leibwächter Feliz, seinen Partner Carlos und eine andere Hure namens Debbie.

Ein fetter, zur Glatze neigender Italiener erwartete uns am Flughafen und führte uns zu einer silbernen Limousine, um uns in die Stadt zu bringen. Der Italiener und Ramón begannen bald eine intensive Diskussion über ... irgend etwas. Ich weiß nicht, worum es ging, denn sie sprachen wie ein Schnellfeuergewehr in diesem besonderen New Yorker Spanisch, und ich hatte das Gefühl, daß es eine Geheimsprache war. Ich hörte sie kein einziges Mal über Autos oder Autoalarmanlagen reden. (Ich hatte den Verdacht, daß Ramón etwas anderes als Autoalarmanlagen verkaufte, aber schließlich war es nicht meine Aufgabe, *Miami Vice* zu spielen.)

Ramón checkte uns im Hotel ein und sagte dann, daß wir einkaufen gingen. Sowohl Ramón als auch Carlos waren verheiratet, und sie hatten beschlossen, daß es an der Zeit war, ihren Frauen ein paar Diamanten zu kaufen. Ramón zauberte irgendwie dreißigtausend Dollar in bar hervor. Er wollte, daß ich sie trage, aber ich war nicht gewillt, dreißigtausend Dollar in der Stadt herumzutragen. Meiner Meinung nach hieß »Diamenten für die Frau kaufen« verschlüsselt, »ein paar Uzis [israelische Schnellfeuergewehre] zu kaufen«.
Wie sich herausstellte, gingen wir tatsächlich Diamanten kaufen. Die Limousine setzte uns im Diamantenviertel ab. Ich bekam dafür tausend Dollar am Tag. Das Leben ist hart.
Debbie und ich waren total aufgedonnert. Ich trug Stöckelschuhe und einen wunderschönen Mantel über dem Seidenkleid und dazu meine charakteristische schwarze Federboa. Debbie trug weiße Stiefel, gelbe Hot pants und ein paillettenbesticktes Top — mit einem Pelzmantel darüber. Carlos war groß und dünn, trug enge Jeans und eine schwarze Lederjacke. Mit seinen dunklen, tiefliegenden Augen, dem Schnurrbart und der großen Narbe im Gesicht sah er aus wie das Mitglied einer Straßenbande. Ramón war klein, ungefähr einsfünfundsechzig groß. Er versuchte, sich wie ein Collegeboy zu kleiden — Pullover, Kordhose, Lederschuhe, keine Socken. Aber dazu trug er mehr glitzernden Schmuck als jeder Las Vegas-Komödiant.
Hinzu kommt, daß wir alle seit drei Tagen auf Koks waren. Wir waren nervös, schreckhaft und führten uns merkwürdig auf, indem wir schubladenweise sehr teure Uhren vorgeführt haben wollten. Es überraschte mich nicht, als der Juwelier die Polizei rief. So, wie die Männer in ihren blauen Uniformen durch die Tür stürzten, hatten sie offenkundig mit einem Raubüberfall gerechnet. Als sie jedoch nichts Ungewöhnliches vorfanden außer einem Paar möglicher Gangster und zwei vermutlichen Huren, die auf Koks waren und Uhren anschauten, schlichen sie eine Weile herum und unterhielten sich dann mit dem Manager des Ladens. Ramón und Carlos fuhren fort, sich Uhren für ihre Frauen anzuschauen. Dann und wann wandten sie sich an uns und fragten: »Glaubt ihr, die könnte ihr gefallen?« Debbie und ich fingen an, uns zu langweilen. Es ist langweilig, in einem tollen Laden zu stehen und jemandem dabei zu helfen, Schmuck für seine Frau zu

kaufen. Ich versuchte mein Bestes, um charmant und reizend zu sein, aber Ramón merkte, daß ich mich nicht wirklich amüsierte. »Such dir irgend etwas aus«, sagte er, und so suchte ich mir das wertvollste Stück in dem Laden aus, eine wunderschöne Platinuhr, die mit Diamanten und Rubinen besetzt war. Nachdem er mir die Uhr gekauft hatte, entschied er sich für weitere Stücke für seine Frau — für ein Paar Ohrringe. Dann kaufte er eine Uhr für seine Tochter. Wieder fing ich an, mich zu langweilen. Ich wollte kein Spiel mit ihm treiben oder beleidigt tun, aber ich langweilte mich wirklich und fühlte mich müde und gerädert. Also forderte Ramón mich auf, mir ein Halsband auszusuchen. Ich zeigte auf das mit den größten Diamanten.

Carlos fragte Debbie, was sie haben wolle, und sie zeigte auf ein Halsband mit Goldmünzen. Sie ist schlau, dachte ich. Sie konnte die Münzen eine nach der anderen verkaufen, wenn sie Geld brauchte. Das Halsband, das ich mir aussuchte, besitzt einen riesigen Diamanten; ich trage es häufig, wenn ich fotografiert werde. Aber eigentlich ist es unbequem zu tragen. Doch in dem Augenblick überlegte ich nicht; ich suchte mir einfach das teuerste Stück aus.

Wir verließen das Juweliergeschäft und gingen ins nächste Kaufhaus. In der Pelzwarenabteilung suchte Ramón einen knöchellangen Nerzmantel aus und sagte: »Der ist für dich.« Das Problem war, daß ich ihn nicht leiden konnte. Meiner Großmutter hätte er gefallen, aber ich haßte ihn.

»Warum schauen wir uns nicht ein paar andere Mäntel an?« schlug ich vor. Ramón sah mich scharf an. »Was ist los?« fragte er. »Gefällt er dir nicht?«

Als ich sagte: »Ach, ich weiß nicht, ob mir der Stil gefällt«, erwiderte er: »Wir werden einen anderen finden.« Aber er verlor das Interesse daran.

An diesem Tag lernte ich eine Lektion: Wenn du nicht nimmst, was dir angeboten wird, ist es verloren. Ich hätte den Mantel ändern lassen können. Ich hätte zumindest den Pelz gehabt. Es war ein sehr teurer Pelzmantel. Im täglichen Leben sollte man vielleicht besser keine Kompromisse eingehen, was das Lebensniveau betrifft. Aber das trifft für Pelzmäntel nicht zu.

(Allerdings zog ich ein paar Monate später los und kaufte mir einen Fuchsmantel. Wenn ich diesen häßlichen Nerz genommen hätte, säße ich jetzt bestimmt mit einem Nerz fest, den ich nicht leiden kann, so daß letztlich alles sein Richtiges hatte.)

Im Sommer 1983 gehörten öffentliche Auftritte, Fernseh- und Radiotalkshows und Collegevorträge mittlerweile zu meinem Alltag. Jede Zeitschrift und jede Zeitung vom *Hustler* bis zum *Wall Street Journal* schien mindestens einmal meinen Namen gedruckt zu haben. Was Darlene Hayes gesagt hatte, war wahr: Der Auftritt in der Donahue-Show hatte mein Leben verändert. Und was auf nationaler Ebene galt, traf insbesondere auf Atlanta zu, wo man mich mittlerweile als ein Mittelding zwischen einem Wahrzeichen der Stadt und einer Berühmtheit betrachtete.

Anfangs war es merkwürdig für mich, erkannt zu werden. Die Leute ihrerseits fanden es merkwürdig, daß ich als Prostituierte normale Dinge tat, wie Autoreifen wechseln, Kleider von der Reinigung abholen und zu Vernissagen in Kunstgalerien gehen. Das war für sie fast so ein Wunder wie ein sprechender Hund.

Tatsächlich führte ich ein ziemlich normales Leben. Ich lebte im Stadtzentrum in einer Gegend, wo es hauptsächlich Einfamilienhäuser mit kleinen Vorgärten und großen Gärten nach hinten raus gab. Das große viktorianische Haus mit vier Schlafzimmern teilte ich mir mit verschiedenen Mitbewohnern, unter denen keine Prostituierte war. Ich fuhr einen weißen Cadillac Baujahr 1976. Ich ging bei K mart einkaufen und besuchte Trödelmärkte. Und einige meiner besten Freunde hatten solide Jobs. Ein paar Leute schienen erstaunt zu sein, als sie erfuhren, daß ich nicht in einem Penthouse mit fließendem heißen und kalten Champagner wohnte.

Eines Tages kam eine Frau überraschend zu Besuch und fand mich weinend vor. Ich hatte gerade einen schrecklichen Streit mit meinem damaligen Freund Lou hinter mir. Als die Frau herausfand, warum ich weinte, war sie entsetzt. »Ich kann es nicht glauben«, sagte sie: »Ausgerechnet du — Dolores French — hast Probleme in der Beziehung mit einem *Mann*«

»Ich bin auch nur ein Mensch, weißt du«, schluchzte ich, was sie zu schockieren schien. Sie warf die Arme hoch und ging.

Daß die Leute mich anstarrten und flüsterten, wenn ich Camelia-Binden einkaufte, und daß mich sogar meine Freunde so behandelten, als wäre ich jemand anderes, gab mir das Gefühl, als erwar-

tete man in Atlanta von mir, daß ich mich jederzeit wie eine berühmte Prostituierte benahm. Ich beschloß, irgendwohin zu ziehen, wo die Leute keinerlei Erwartungen an mich hatten.
Da das unmöglich zu sein schien, beschloß ich, irgendwohin zu ziehen, wo jeder jede Menge Erwartungen hatte — an alles und jeden — und zwar Erwartungen, die so verrückt waren, daß letztendlich kein Mensch überhaupt noch irgendwelche Erwartungen hatte: nach New York City.
Ich nahm ein Zimmer im Chelsea Hotel, das meinem Zuhause ziemlich ähnlich war. Die Leute, die in der Lobby herumhingen, sahen genauso aus wie die Leute, die in meinem Wohnzimmer herumhingen. An den Wänden hingen Bilder, die die Bewohner gemalt hatten, alle waren freundlich und vernünftig, und die Rezeption schaffte es sogar, Nachrichten an mich weiterzuleiten.
An einem meiner ersten Abende in der Stadt ging ich in den Pyramid Club, einen Punkrockschuppen. Ein paar Leute kamen rein und setzten sich neben mich. Eine der Frauen wirkte nervös und verstört. Immer wieder sagte sie: »Ich muß Paul anrufen. Ich muß Paul anrufen.«
Ich beugte mich zu ihr hinüber und fragte: »Welchen Paul?« Mir war es oft genauso ergangen, und wenn ich sagte: »Ich muß Paul anrufen«, dann meinte ich Paul Krassner, den Herausgeber von *The Realist*.
»Ach, den kennst du nicht«, sagte sie. »Das ist ein Schriftsteller aus Kalifornien.«
»Doch, den kenne ich«, erwiderte ich. »Paul Krassner, nicht wahr?«
Sie stellte sich vor. Ihr Name war Claudette, und zufällig war sie auch eine Hure. Wir gingen zurück ins Chelsea, um Paul anzurufen und über die Zufälle im Leben zu sinnieren. Danach kamen Claudette und ich aufs Geschäft zu sprechen. Paul hatte Claudette schon vor einigen Jahren von mir erzählt, und sie hatte mich im Fernsehen gesehen, so daß ich nicht wie eine typische Hure behandelt wurde, die aus Atlanta reingeschneit kam, um Arbeit zu suchen, sondern wie eine Freundin und Berühmtheit.
Ich erklärte Claudette, daß ich unter anderem nach New York gekommen sei, um mir einen Überblick über die örtlichen Arbeitsbedingungen zu verschaffen. Ausgelassen schilderte sie mir alle Agenturen, für die sie gearbeitet hatte — und viele von

ihnen kamen dabei ziemlich mies weg. »Es gibt einen Laden, den du ausprobieren solltest, das Cachet«, sagte Claudette. »Er wird von einer Frau namens Sheila Devin geführt, die sich eher wie eine Freundin als wie eine Agentin verhält. In Wirklichkeit heißt sie Sydney, was mir besser gefällt, aber sie möchte anonym bleiben, weißt du. Ihre Familie ist in Neu England wirklich sehr bekannt. Sie behauptet, daß sie mit der *Mayflower* rübergekommen seien; nun ... wenn Sheila das behauptet, stimmt es sicherlich auch, aber wen interessiert das schon, nicht wahr? Jedenfalls«, fuhr Claudette munter fort, »ist das der bestgeführte Escort-Service in New York. Sie haben schöne Büroräume und führen anständig Buch; ich kenne keine Frau, die mit Sheila jemals Probleme hatte. Sie ist fair und ehrlich, und sie hat ein paar recht gute Ideen. Ich möchte, daß du sie kennenlernst. Ihr beiden scheint viele Ähnlichkeiten zu haben.«

Dann senkte sie ihre Stimme um eine Oktave, setzte sich kerzengerade hin, nahm einen entrückten Gesichtsausdruck an und erklärte in sehr ernstem Ton: »Und das Cachet bedient nur die ›erstklassigste Kundschaft‹.«

»Wirklich?« bemerkte ich mit einigem Sarkasmus.

»Nun ...« Sie brach ihre Rolle ab, lachte und zündete sich eine Zigarette an. »Es gibt überall eine Menge ähnlicher Kunden. Aber Sheila behauptet, sie seien mehr ... na ja, du weißt schon.«

»Nein, das weiß ich nicht. Sind Sie kultivierter? Anrüchiger? Kränker? Wohlhabender?«

»Ja, sie haben mehr Geld«, erwiderte sie.

»Und geben sie auch mehr Geld aus?«

»Nein.«

»Nein? Was haben sie dann von ihrem vielen Geld, wenn sie nicht mehr davon abgeben?« fragte ich, und sie stimmte mir zu. »Bringt es mehr Spaß mit ihnen?«

»Nein, nicht besonders. Sie sind nett«, sagte Claudette, »aber was an den Kunden von Cachet zugegebenermaßen wirklich anders ist, haben wir Sheila zu verdanken. Sie kontrolliert sie besser als alle anderen, und sie findet, daß du niemanden bedienen mußt, wenn du es nicht willst. Wenn es einen Streit oder ein Problem zwischen einer Hure und einem Freier gibt, kannst du dich darauf verlassen, daß sie für dich Partei ergreift, was man nicht von allen Agenten in New York behaupten kann. Es ist allerdings lästig«,

beklagte sich Claudette, »daß man ständig zu Cachet muß, um Champagner abzuholen. Man sollte meinen, daß sie einem für den Fall gleich eine ganze Kiste mitgeben könnte.«
»Für welchen Fall?« fragte ich.
»Was du willst. Jeder Kunde hat einen Geburtstag oder Jahrestag, oder jedesmal, wenn der Börsenkurs um fünf Prozent steigt oder seine Katze Junge bekommt, kriegt der Kunde ein Geschenk — eine kleine Flasche Champagner.«
Ich arbeitete nicht lange genug mit Sheila zusammen, um herauszubekommen, ob das übertrieben war, aber beim ersten Job, den ich von der Agentur annahm, mußte ich eine Flasche Champagner abholen.
Während Claudette und ich einander Witze erzählten und uns benahmen, als würden wir uns eher zehn Jahre als zwei Stunden kennen, büßte ich nach und nach alle meine Illusionen über die Arbeit in New York ein. Claudette erklärte, für eine Hure sei es nicht die geeignete Stadt, um viel Geld zu verdienen, auch wenn Cachet den Eindruck erwecke, teuer und exklusiv zu sein. »Manchmal glaube ich, daß Sheila zu wählerisch mit den Kunden ist. Bei den anderen Agenturen bekommt man mehr Arbeit«, sagte sie. Der gängige Preis in New York betrüge immer noch fünfundsiebzig Dollar für eine volle Stunde, erzählte Claudette, und die Agenten legten den Preis fest.
»Warum legen die Agenten den Preis der Frauen fest?« wollte ich wissen.
»Aus Wettbewerbsgründen«, sagte sie.
Bei einigen Agenten gehörte es zur Geschäftspolitik, kein Geld im voraus anzunehmen. Und die meisten wollten, daß man ihnen ihre Gebühr direkt nach jedem Besuch brachte. Das raubte einem wirklich viel Zeit. In Atlanta regte der Wettbewerb die Agenturen vielleicht dazu an, eher so zu arbeiten, wie Claudette das Cachet beschrieb. Aber die Agenten in Atlanta wären sofort aus dem Geschäft gewesen, wenn sie den Preis der Frauen auf fünfundsiebzig Dollar pro Stunde begrenzt hätten.
Die meisten Agenten, die ich in New York kennenlernte, führten ihr Geschäft beinahe so schlecht, wie es in Filmen dargestellt wird. Die Frauen wurden wie eine grenzenlose, unqualifizierte Arbeiterreserve behandelt. Deshalb hatte Claudette recht. Sheila, alias Sydney, unterschied sich von den meisten Agenten in der Stadt.

Claudette erzählte, bei Cachet gäbe es etwas, das ich unbedingt erleben müßte: »Das Einführungsseminar. Das ist echt zum Totlachen«, sagte sie. Claudette bot sich an, mir eine Empfehlung zu geben und mich Sheila vorzustellen.
Sheila führte zu der Zeit Elan, Cachet und Finesse. Ich rief sie an und verabredete einen Termin bei ihr. Sie bat mich, mich für das Interview gut anzuziehen, und so entschied ich mich für mein Norma Kamali-Outfit und den neuen Fuchspelzmantel.
In dem Jahr waren die Kleider von Norma Kamali alle gelb oder schwarz oder beides. Auf dem Weg zu meiner Verabredung ging ich in einen Kamali-Laden, um mir die neuen Sachen anzuschauen, und dachte: »Mein Gott! Wer soll diese Farben tragen?« Dann ging ich zu Sheila und erhielt die Antwort. Da stand sie, von Kopf bis Fuß in Schwarz und Gelb gekleidet. Ich mochte sie auf der Stelle.
An dem Tag warteten noch fünf andere Frauen auf ein Interview. Einige hatten bereits angeschafft, einige nicht. Sie sahen mehr oder weniger aus wie die Frauen bei anderen Escort-Agenturen, für die ich gearbeitet hatte. Sie schienen alle ziemlich gut zu wissen, was es hieß, für eine Escort-Agentur in New York zu arbeiten.
Sheila erklärte, die Gefahr, in New York als Escort verhaftet zu werden, sei relativ gering (es sei denn, man schoß mitten auf dem Broadway jemanden tot).
Bei Sarah hatten wir nicht einmal andeuten dürfen, daß wir mit den Kunden vielleicht Sex ausübten. Sheila, die so gut organisiert und vernünftig war, machte jedoch unmißverständlich klar, daß der Sex ein Teil der Dienstleistung war. Dann sprach sie übers Blasen. Sie sagte, Escorts sollten beim Blasen keine Kondome benutzen, da ihre Kunden nicht zu der Sorte gehörten, die Geschlechtskrankheiten hätten. Und sie zeigte uns, wie wir mit unserem Haar vor dem Kunden verbergen könnten, daß wir kein Sperma schluckten. Das war wahrscheinlich die witzige Situation, die Claudette gemeint hatte: dieser gezierten und korrekten Frau zuzusehen, wie sie übers Blasen sprach und dann ganz genau vorführte, wie man das Ausspucken verbarg.
Sheilas Seminar war eine Erinnerung an Elaines Lehrstunden. Hier in Manhattan erstaunte mich allerdings, daß Sheila vor einem Raum voller fremder Frauen doch tatsächlich Anweisungen gab, wie man als Prostituierte arbeitet und oralen Sex ausführt. Wenn

eine dieser Frauen Polizistin gewesen wäre, hätten wir alle verhaftet werden können.
Vielleicht lief das in New York anders ab. Vielleicht war nichts dabei, offen über Sex zu reden. Vielleicht interessierten sich die Gesetzgeber nicht für Escort-Agenturen. Du meine Güte, dachte ich, die Situation in New York ist wirklich anders als in Atlanta.
Wir bekamen von den Kunden fünfundsiebzig Dollar pro Stunde, und die Agentur kassierte auch fünfundsiebzig Dollar. Claudette erzählte mir, daß die New Yorker Agenturen normalerweise sechzig Prozent des Geldes, das die Frauen verdienten, einbehielten, so daß diese Fünfzig-Fünfzig-Aufteilung für die Frauen noch relativ gut war. Bei Sarah hatte ich mich auf zweihundert Dollar pro Stunde plus Trinkgeld hochgearbeitet; Sarah hatte niemals auch nur annähernd fünfzig Prozent von irgend jemandem verlangt. Aber wo immer ich auch arbeitete, versuchte ich mich den allgemeinen Regeln anzupassen. Wenn die Abgaben in New York so waren, dann waren sie so.
Genau so, wie Elaine und Sarah es mir eingepaukt hatten, erklärte Sheila, daß wir uns kulturell und tagespolitisch auf dem laufenden halten sollten, um die Kunden unterhalten zu können. »Dann verlängert der Kunde vielleicht die Zeit auf zwei Stunden«, sagte Sheila. Auch Sarah und Elaine hatten hervorgehoben, wie wichtig es sei, mit den Kunden über ein breites Themenspektrum sprechen zu können. Meistens sprach ich mit den Kunden über etwas, das für sie interessant war, und das waren in der Regel sie selbst. Nach allem, was ich gemacht hatte — und damit meine ich nicht nur die Prostitution — und wo überall ich gewesen war, war es relativ unwahrscheinlich, daß ich auf jemanden stoßen würde, mit dem ich nicht reden konnte. Meistens versuchte ich, mich auf eine Sache zu konzentrieren, auf die der Kunde stolz war — seinen Beruf, seine Wohnung, seine Erscheinung oder sein Hobby. Alles, was mir greifbar erschien. Wenn ich auf diese Weise erst Zugang zu ihnen bekommen hatte, fand ich, waren sie freundlicher und kooperativer. Dadurch wurden sie angenehmere Kunden. Und mir machte das außerdem Spaß. Meiner Ansicht nach bestand darin sogar der Hauptteil meiner Arbeit.
Die einzigen Lügen, die sie den Kunden auftische, sagte Sheila, seien: »daß ihr Mädchen nur einmal am Abend Besuche macht, nur drei Tage pro Woche arbeitet und keine von euch eine profes-

sionelle Hure ist. Das ist nicht wahr«, meinte sie, »aber das erzähle ich ihnen, weil die Kunden euch dann mehr respektieren, und das ist sehr wichtig, wenn es für euch Zeit wird, das Trinkgeld zu kassieren.«

Sie sprach über Slipeinlagen und die Notwendigkeit, sauber und frisch zu erscheinen, und erklärte, daß sie das nur erwähne, falls eine der Frauen nichts über die weibliche Hygiene wisse. Wenn jemand unserer Meinung nach ein Bad brauche, erklärte sie wie damals Elaine, sollten wir vorschlagen, daß er sich duschen oder wieder gehen solle.

Ich hörte mir ihre Ausführungen bis zum Ende an. Dann bat sie uns alle, in ein kleines Zimmer zu gehen und uns, eine nach der anderen, auszuziehen, damit sie uns in einem Spiegel betrachten könne. Was war das förmlich! Ich fragte mich, ob sie das in einem ihrer früheren Jobs als Verkäuferin gelernt hatte, daß die Kunden in Unterwäsche oder noch weniger in einer Umkleidekabine vielleicht nicht so verlegen sind, wenn man sie im Spiegel betrachtet. Sie erklärte, daß sie sehen wolle, ob jemand Leberflecken, Muttermale oder Tätowierungen habe. Einer ihrer Kunden, gestand sie, habe sie einmal nach einem Termin mit einem ihrer Modelle angerufen und sich darüber beschwert, daß das Mädchen eine Tätowierung auf dem Hintern gehabt habe. Es sei so peinlich gewesen, sagte sie. Dieses Image sei bei Cachet und Finesse unerwünscht. Keine Dame trägt eine Tätowierung auf ihrem Arsch.

Sie machte sich Notizen, während sie die nackten Körper der Bewerberinnen begutachtete, und fragte Dinge wie: »Ist das ein Muttermal auf der rechten Schulter?« Zu jeder Frau, nachdem sie sich aus- und dann wieder angezogen hatte, sagte Sheila schließlich: »Ich werde dich anrufen und dir Bescheid geben, wann wir etwas für dich haben.« Sie war sehr freundlich.

Ich wartete bis zum Schluß, da ich mit Sheila reden wollte. Als ich dran war, sagte ich: »Ich werde mich ausziehen, wenn du es auch tust.« Ich hatte gehört, daß Sheila sich hatte kosmetisch operieren lassen, und ich wollte mir anschauen, wie das aussah, was ich ihr auch erklärte. »Ja, natürlich«, sagte sie. Sie schien es für fair zu halten, daß sie sich auch auszog, wenn ich es tat.

Danach setzten wir uns hin, um zu plaudern. »Mein Arbeitsname ist Delilah. Wenn ich für die Arbeit angezogen bin, ziehe

ich diesen Namen vor. Die übrige Zeit kannst du mich Dolores nennen, wenn du willst.«
»Mir geht es genauso. Mein voller Name ist Sydney Biddle Barrows, alle nennen mich Sydney. Doch im Büro nenn mich *bitte* nur Sheila.«
Sydney wußte, wer ich war. Die Prostituierten fanden es toll, daß ich mich für sie stark machte, und im Gegenzug bemühten sie sich, mich mit den besten Agenturen in Verbindung zu bringen. Die Agenturen arbeiteten gern mit mir zusammen, und meistens gaben sie mir viel Arbeit, da ich den Ruf erworben hatte, zuverlässig und ehrlich zu sein. Manche Agenten fanden, meine Bekanntheit ließe sich jetzt auch noch vermarkten. Es war ein Pluspunkt, wenn man zu einem Kunden sagen konnte: »Oh, sie war in der Phil-Donahue-Show. Wahrscheinlich haben Sie sie im Playboy-Sender gesehen.«
Sydney sagte, sie bewundere, was ich mache — in der Öffentlichkeit zu sprechen, mit Prostitution in Verbindung gebracht zu werden —, aber sie könne so etwas niemals tun. »Vielleicht wirst du keine andere Wahl haben«, sagte ich, »wenn du weiterhin so offen darüber sprichst, was du hier machst. Vielleicht findest du dich im Gefängnis wieder, und dort wirst du keine Gelegenheit haben, darüber nachzudenken, ob du mit Prostitution in Verbindung gebracht werden möchtest oder nicht.«
Ich erzählte ihr von Sarahs Verhaftung und Verurteilung und wie sehr Sarah sich immer davor gehütet hatte, über Sex zu reden. »Du sitzt hier und erzählst Frauen, die du kaum kennst, wie sie Fellatio machen sollen, wenn sie zu einem Termin fahren. Du gibst zu, daß es dabei um Sex geht«, sagte ich. »Was ist, wenn eine dieser Frauen ein Cop ist?«
Sie lächelte. »Sah *irgendeine* dieser Frauen wie eine Polizistin aus?« fragte sie.
»Für mich sahen sie *alle* wie Polizistinnen aus«, antwortete ich.
Sydney fand, ich sei paranoid, aber ich hielt die Situation einfach für sehr gefährlich.
»Nun zum Geld«, fuhr ich fort. »Ich bin es gewohnt, für viel, viel, viel mehr zu arbeiten.«
»Ja, darüber wollte ich auch mit dir sprechen. Du gehörst zu den älteren Frauen, und ich bekomme nicht viele Anfragen nach älteren Frauen.« (Zu der Zeit war ich zweiunddreißig.)

»Ich weiß nicht, wie viele Anfragen ich für jemanden in deinem Alter bekomme«, sagte sie, »aber ich suche eine Frau, die spezielle Techniken anbieten kann. Dafür kannst du viel mehr verlangen. Hast du Erfahrungen mit dominanter Arbeit?«
Die hatte ich in der Tat.

Das letzte Mal war ich nach New York gekommen, um in einer Fernsehshow aufzutreten. Anschließend lud mich ein interessantes Paar aus dem Zuschauerraum zum Abendessen ein. Ich hätte bereits ein Abendessen mit meinem Freund geplant, sagte ich, und der Mann erwiderte: »Gut, laß uns einen Vierer machen. Ich lade euch beide ein.« Das hörte sich gut an.
Wir gingen in ein Lokal in Chinatown. Kaum hatten wir Platz genommen, sprachen Herb und Sylvia, das Paar, über ihr Lieblingsthema: Sadismus und Masochismus. Herb hatte eine sehr laute und durchdringende Stimme, und er hörte nicht auf, über Leute zu quatschen, die er übers Wochenende in Schränken aufhängte, über Männer, die Windeln trugen und eine Nuckelflasche haben wollten, und über die unterschiedlichen Hautbehandlungen, daß unter den Sportsalben Icy Hot heißer sei als Ben-Gay. Ab und zu mischte sich seine Frau ein und erzählte von der Bedeutung verschiedenfarbiger Taschentücher, von Handschellen und Nadeln und Champagnereinläufen, Lederknebeln und Fesseln und diesem S/M-Club, den wir ausprobieren müßten. Die beiden redeten ununterbrochen, und das ganze Restaurant schwieg. Ich bin sicher, daß sie die einzigen waren, die noch sprachen; alle anderen zogen schockierte und neugierige Gesichter und stocherten in ihrem Mu-Shu-Schweinefleisch herum.
Herb erzählte von Golden Showers und von Penisfolter, und mein damaliger Freund, Bob, gab mir unter dem Tisch so heftige Tritte, daß ich am nächsten Tag an beiden Beinen blaue Flecke hatte. Bob war besorgt, diese merkwürdigen Leute könnten uns mit nach Hause nehmen und einige ihrer Spezialitäten an ihm praktizieren wollen. Ihm war merklich unbehaglich zumute, aber meinen Beinen fügte er richtigen Schaden zu. Ich fing an zurückzutreten. Der Tisch wackelte, weil wir ständig mit den Knien dagegen stießen, aber Herb und Sylvia schienen es nicht zu bemerken.
Bob und ich bedankten uns bei unseren Gastgebern für das Essen und machten uns davon, aber schließlich rief ich Herb und Sylvia

an, um mir genauere Informationen zu holen. Ich bekam sehr viele Nachfragen nach S & M, und ich wußte sehr wenig darüber. Herb und Sylvia waren begeistert, daß jemand etwas darüber lernen wollte. Sie luden mich zu sich nach Hause ein, und ich ging hin. Das Haus war von oben bis unten mit Geräten ausgestattet. Die Schränke und Kommoden waren mit Fesseln, Ketten, Fetischschuhen und Kostümen gefüllt. Sie zeigten mir eine aufblasbare Erste-Hilfe-Schiene, mit der man einen Arm oder ein Bein stillegen konnte. Sie sah wie ein Schwimmspielzeug aus, aber wenn man sie aufblies, konnte man damit tatsächlich ein Glied stillegen. (Wie merkwürdig, dachte ich, daß es jemanden antörnt, wenn man ihn an einer aufblasbaren Schiene festbindet. Aber ich hatte schon längst gelernt, daß »jeder etwas anderes will«, wie die alte Hure in Amsterdam gesagt hatte.)
Herb und Sylvia nahmen mich auch in New Yorks besten S/M-Club mit. Obwohl der Eingang ins Erdgeschoß führte und das Gebäude vier Stockwerke hoch war, schienen sich die meisten Aktivitäten im Keller und sogar in einem Bereich unterhalb der Straße abzuspielen.
Der Club war so schmutzig, so verschlampt und so heruntergekommen, daß es mich nicht überraschen würde, wenn Wissenschaftler eines Tages feststellten, daß Aids dort seinen Ursprung hatte. Die Geschäftsführer waren gut gekleidet, aber sie waren alle exzentrisch. Im Erdgeschoß gab es verschiedene Arten von Fesseln, Handfesseln und Folterstühlen. Menschen warteten neben den Folterstühlen darauf, daß jemand zu ihnen kam und sie festband.
Es regnete an dem Abend, und als wir im Keller waren, sah ich, daß von einer Stelle an der Decke, die aussah wie ein Kanalisationsdekkel, Wasser tropfte. Es roch nach Abwasser, und ich bezweifle nicht, daß es Abwasser war. Dort hatten sie die Bar aufgebaut und auch eine Boutique, wo teure Peitschen verkauft wurden.
Im Keller fanden eine Menge merkwürdiger Aktivitäten statt. Kerle lagen ausgestreckt auf ledernen Turnpferden. Es gab massenhaft Leute, die bis auf die Socken und die Schuhe nackt waren und ihre Fünfhundert-Dollar-Anzüge zusammengerollt unter dem Arm trugen. Manche Leute gingen in Unterwäsche umher. Ringsum befanden sich wie auf dem Flohmarkt Ministände mit Spezialitäten. Ein Stand war auf Behandlungen mit heißem Wachs

spezialisiert — die nicht der Entfernung von unerwünschtem Haarwuchs dienten.
Der Club war eines der besten Beispiele, die ich jemals gesehen hatte — dafür, womit Menschen ihren Körper möglichst destruktiv behandeln können: Fesselungen, Folter, Poppers, Alkohol, Marihuana, Speed, Kokain. Die Drogen lagen an jedem Stand aus, und die Leute schienen sie zu nehmen, ohne darauf zu achten, was sie nahmen. Und trotzdem waren die Leute, die ich bei dieser perversen Freak-Show traf, außergewöhnlich gewöhnlich: Börsenmakler und Supermarktkassierer, Lehrer, Rechtsanwälte und Hausfrauen.
Ich hatte Angst gehabt, dort hineinzugehen, und dann stellte ich überrascht fest, daß die Leute, die auf S/M standen, alltägliche Menschen waren.
Am nächsten Tag nahmen Herb und Sylvia mich in einen Laden für S/M-Artikel mit, wo ich zum ersten Mal Windeln für Erwachsene sah. Und sie führten mich zu Lee's Mardi Gras, das auf Damenunterwäsche und -artikel für Männer spezialisiert war — Stöckelschuhe in Größe 47 und exotische Kostüme. Lee's Mardi Gras verkaufte Pumps für Dominas — Stöckelschuhe mit fünfzehn Zentimeter hohen Absätzen und gefährlichen Schuhspitzen wie aus einer Karikatur.
Ich bemerkte in dem Laden einen Kerl, der wie ein typischer grauhaariger Geschäftsmann in einem teuren grauen Anzug aussah. Ich war gerade mit dem Betrachten von Unterwäsche beschäftigt, als der Geschäftsmann aus der Umkleidekabine trat — in einem gelbrosa Bo Peep-Kostüm [Bo Peep ist ein unschuldiges Mädchen aus einem Märchen], komplett mit Kniestrümpfen und Rüschenunterhose, und zwar in einer Größe, die einem Mann passen würde, der ungefähr einsachtzig ist und über zweihundert Pfund wiegt. Es kam mir alles schrecklich eigenartig vor, und ich dachte: Du meine Güte, wenn die Jungs von der Wall Street dich jetzt sehen könnten.
Und um meine Ausbildung zu vervollständigen, nahmen Herb und Sylvia mich in einen Performance-Club mit, wo der Eintritt dreißig Dollar pro Person kostete. Dies war ein Ort, an dem persönliche Sklaven die Phantasien der Zuschauer ausführten: Schlagen, Peitschen, Golden Showers. Die interessanteste Vorstellung gab ein Transsexueller, der gerade sein Coming out vollzog und

einen sehr poetischen Vortrag über Stöckelschuhe hielt. Dann gaben die Leute, die den Laden führten, eine Vorstellung, bei der der Mann seine Frau auf ein ledernes Turnpferd binden ließ und ihr mit einem Paddel aufs Hinterteil schlug, um anschließend den Zuschauern einen Vortrag über die Ethik von S/M zu halten. Er fragte die Zuschauer, ob er sie noch mal schlagen sollte, und sie riefen: »Ja.« Und dann fragte er sie, und sie sagte: »Ja, bitte.« So schlug er sie noch mal. Das ging fort, bis sie auf seine Frage mit »nein« antwortete. Er wandte sich an die Zuschauer und fragte: »Soll ich sie schlagen?«
Sie riefen: »Ja«, und er sagte: »Nein, verstehen Sie das denn nicht? Sie möchte nicht mehr geschlagen werden. Wenn sie das nicht möchte, dann mache ich es nicht, denn alles muß zum gegenseitigen Vergnügen geschehen.«

Als Sydney Barrows mich also fragte, ob ich etwas über spezielle Techniken wüßte, fühlte ich mich mehr als qualifiziert dazu, ja zu sagen.
»Gut«, sagte sie. »Ich bin sicher, daß wir für dich einen Termin finden können.«
Aber es stellte sich heraus, daß es sich bei dem ersten Mann, zu dem sie mich schickte, um einen normalen Job handelte. Dieser Typ, sagte sie, suche »jemand Älteres, eine, die ungefähr in seinem Alter ist.«
Der Kunde war ein Anfänger von der Wall Street, ein gestreßter Wertpapierhändler, und alles, was er wollte, war ein normaler Job. Ich fand nicht, daß die Arbeit in New York sehr viel anders lief als in Atlanta. Wenn es überhaupt einen Unterschied gab, dann den, daß die wohlhabenden Leute in New York einen niedrigeren Lebensstandard zu haben schienen als die Leute in meiner Heimatstadt. Sicherlich, sie hatten teure Möbel und wohnten in der Fifth Avenue oder in der Park Avenue, in Häusern mit Portiers. Aber ihre Wohnungen waren winzig kleine Dinger. Eine Wohnung war so klein, daß wir den Kaffeetisch näher an die Musikanlage rücken mußten, um das Schlafsofa ausziehen zu können. Ich habe in einem Volkswagen Käfer Liebe gemacht, der bequemer war als manche dieser Apartments. Und ich dachte bei mir: Hier schlafen diese Typen also jede Nacht — Typen, die in der Wall Street ein Vermögen machen, aber in Einzimmerapartments wohnen.

Die meisten Freier, die ich aufsuchte, waren Singles. Sie wirkten sehr einsam und isoliert, und bei vielen von ihnen bezweifelte ich, daß sie jemals heiraten würden. Sie arbeiteten, gingen zum Abendessen aus, kamen nach Hause, riefen manchmal den Escort-Service an, gingen zu Bett und standen wieder auf, damit sie pünktlich um acht Uhr im Büro waren. Sobald sie abends am Portier vorbeigegangen waren und in ihr Apartment kamen, benahmen sie sich, als wäre es gefährlich, wieder rauszugehen. Es schien sie zu erstaunen, daß ich nachts allein aus dem Haus ging. Und es war tatsächlich etwas anderes, als in Atlanta herumzufahren. Die Straßen waren leer. In den meisten Gegenden waren die Geschäfte geschlossen. Es war wie eine Stadt der Toten.
Ich arbeitete noch bei drei anderen Agenturen, während ich in New York war. Es gab jede Menge Arbeit. Meine Kunden waren meistens irgendwelche Geschäftsleute — Anwälte, Börsenmakler —, und viele von ihnen schienen Angst zu haben, sie könnten ertappt werden. Sie waren sehr reserviert und benahmen sich, als wäre es für sie eine neue Erfahrung und fast eine Invasion ihres, wie sie es nannten, »Raumes«, wenn jemand in ihre Wohnung kam. Ich traf auch Kunden aus der Gegend von New York wieder, denen ich schon einmal in Atlanta, in der Karibik oder in San Francisco begegnet war. Ich arbeitete fast jede Nacht, und ich hatte sehr viele Termine. Aber ich fand es nicht besonders lukrativ oder sicher oder etwa interessant, als Callgirl in New York zu arbeiten.
Ich war überzeugt, Sydney und die anderen Agentinnen, die ich in New York kennenlernte, könnten jeden Augenblick verhaftet werden. Was mich am meisten erschreckte, war ihr Verhalten: »Wir sind alle nette Mädchen. Unsere Kunden sind nett. Warum sollte uns jemand verhaften?« Die meisten mir bekannten Frauen, die man verhaftet hatte, waren »nette Mädchen«. Sie hatten schwer für ihr Geld gearbeitet, sie waren ehrlich gewesen, sie hatten eine Dienstleistung erbracht, und niemand war dabei verletzt worden. Und doch waren sie verhaftet worden, und manche von ihnen, wie Sarah, waren ins Gefängnis gekommen.
Ich zitierte für Sydney ein paar Statistiken über Verhaftungen wegen Prostitution, und sie sagte: »Das hat mit Geschäften wie diesem nichts zu tun.« Sydney glaubte, ihre Agenturen liefen, weil sie exklusiv waren und Stil hatten. Ich wußte vom Black Angus,

daß der Verkauf oder die Vermarktung von Sex nicht vom Stil abhängt. Sex verkauft sich unabhängig von der Verpackung.
Sydney war eine so gute Geschäftsfrau, daß sie mit ihren Agenturen sehr viel Geld hätte machen können. Ich sprach mit ihr ein wenig darüber, weil ich sah, daß sie das Zeug dazu hatte, aber sie sagte, sie wolle ein Geschäft führen, das exklusiv sei. Für sie waren Finesse und Cachet wie wunderbare, elegante Restaurants, die hervorragendes Essen servierten, aber für nicht mehr als zehn Leute am Abend. Wenn diese zehn Leute um eine Reservierung baten, überprüfte sie sie, um festzustellen, ob sie ihr Restaurant wert waren: »Sir, wo haben Sie vorher schon gegessen?« Wenn sie das Gefühl hatte, ein Kunde würde das Essen, das sie kochen wollte, wirklich genießen, dann würde sie ihn zum Essen kommen lassen.
Ihre Preise waren nicht höher als die der anderen Escort-Agenturen in der Stadt. Claudette erzählte mir, daß Sydney kaum genug Geld einnahm, um ihre Ausgaben zu decken. Aber sie mache sich Sorgen, die Qualität könne nachlassen, wenn sie zu viele Kunden bediente.
Es war richtig, was Claudette behauptete. Bei New Yorker Agenten bekam der Kunde immer recht, während ich es von anderswo gewohnt war, daß der Kunde immer unrecht hatte, wenn es zu einem Streit zwischen ihm und einem Callgirl kam. Wir sollten die Kunden zwar nicht mißbrauchen, aber wenn es einen Konflikt gab, nahmen die Agenturen oder die Puffmutter uns immer in Schutz. In New York waren es immer die Frauen, die unrecht hatten.

Es war Weihnachten 1983, und ich kehrte nach Atlanta zurück. Ich vermißte meine Freunde und mein Haus, und ich hielt New York nicht für eine besonders geeignete Stadt, in der Sarah und ich ein Geschäft würden aufbauen können. Und außerdem wurde es sehr kalt in New York. Ich wollte irgendwohin, wo ich keinen Mantel tragen mußte.
Es gab noch einen anderen Grund, um über Weihnachten nach Atlanta zurückzukehren. Am Neujahrstag gaben Sandy und Marvin Cohen die größte und wichtigste Party des Jahres. Alle Politiker würden dort sein, der Gouverneur und die Senatoren und die Leute vom Stadtrat, all die Politiker, mit denen ich wegen HIRE in

Kontakt bleiben mußte, und all die Leute, mit denen ich in der Bürgerrechtsbewegung und in der Frauenbewegung zusammengearbeitet hatte; alle Presseleute der Stadt. Mit anderen Worten: Jeder aus Atlanta würde dabei sein. Ich wollte auch dabei sein. Da ich so viel gearbeitet hatte und so viel herumgereist war, hatte ich nicht so oft Gelegenheit gehabt, Leute zu treffen. Der Neujahrstag würde meine große Chance sein.

Ich fand eine neue Agentur in Atlanta, die mir gefiel, die größte und älteste Agentur der Stadt. Sie besaß ein hübsches Büro mit drei oder vier Angestellten, die rund um die Uhr arbeiteten, und sie stellten jede Agentur, die ich in New York kennengelernt hatte, in den Schatten. Die Agentur repräsentierte zu jeder Zeit dreißig bis achtzig männliche und weibliche Modelle — im Alter von achtzehn bis fünfzig Jahren. Manche Modelle waren schon seit zehn Jahren bei der Agentur, was ein Zeichen dafür war, daß die Zusammenarbeit ziemlich anständig lief. Wie sich herausstellte, hatte Sarah bei dieser Agentur als Modell angefangen, wodurch sie all die Dinge gelernt hatte, die sie mir beigebracht hatte. Ich glaube, die meisten Leute, die Agenturen führen, haben irgendwann in ihrem Berufsleben als Escorts oder Modell oder Prostituierte gearbeitet, ob sie es nun zugeben oder nicht.

Mittlerweile hatte ich meine Ausbildung zur Prostituierten beendet. Ich wußte eine Menge über das Geschäft — nicht nur, wie man Kunden zufriedenstellt, sondern auch, wie ich mich selbst vor Taugenichtsen, Cops und Verrückten schützen kann. Das Ergebnis war, daß ich mehr als je zuvor arbeiten konnte. Es gibt eine Menge Workaholics unter Prostituierten, und ich war eine von ihnen. Es ging so weit, daß ich sogar Silvester arbeitete, was für Prostituierte die größte Nacht des Jahres ist.

An dem Tag lernte ich, daß es einem das Leben retten kann, wenn man sich im Apartment des Kunden umsieht. Ich besuchte einen neuen Kunden in einem sehr teuren Apartment, womit ich eins meine, das in Atlanta zu der Zeit zwischen tausendzweihundert und tausendfünfhundert Dollar im Monat kostete. Es war eine geräumige Wohnung mit zwei Schlafzimmern und geschliffenen Glastüren zwischen dem Wohnzimmer und dem Eßzimmer. Der Mann hatte mir etwas unkorrekte Weganweisungen gegeben, was mich vorsichtig machte. Als er die Tür öffnete, wußte ich, daß irgend etwas nicht stimmte. Der Typ hatte einen Drei-Dollar-

Haarschnitt und paßte eindeutig nicht in dieses Apartment. So, wie er aussah, hätte er eher in einen Wohnwagen gepaßt.
Er hatte die Schlafcouch ausgezogen, als ich ankam, was mir verdächtig erschien. (Schließlich gab es zwei Schlafzimmer. Warum benutzte er die Schlafcouch?) Ich fragte ihn nach einem Ausweis, und er sagte, er müsse ihn holen. Während er weg war, blätterte ich die Post durch, die auf einem kleinen Tisch im Wohnzimmer lag. Diese Post sah aus wie die Post von meinem Friseur oder wie *meine* Post — Einladungen, zu einem Symphoniekonzert und ins Museum, Ausgaben vom *New Yorker.* Nichts davon paßte zu einem Kerl mit einem Drei-Dollar-Haarschnitt.
Andererseits befand sich das Apartment in einer netten Gegend. Der Typ sah ordentlich aus. Er wirkte nicht so, als hätte er vor, mich umzubringen oder zu überfallen. Ich hielt ihn nicht für einen Verrückten und auch nicht für einen Drogenhändler. Da es im Grunde nur vier Arten von Kunden zu geben schien — Verrückte, Drogenleute, nette Jungs und Cops —, hieß das, daß er entweder ein netter Junge oder ein Cop war. Mein Problem war es, herauszufinden, welches von beidem er war.
Ich schlich in den Flur, was ich gewöhnlich nicht tue, wenn ich in jemandes Wohnung bin, weil man mir vorwerfen könnte, ich hätte versucht, den silberverzierten Krückstock zu klauen. Ich öffnete den Schrank, und darin hing eine schwere SWAT-Uniformjacke. Und auf dem Regal lag eine SWAT-Uniformmütze. Ich versuchte, leise die Tür zu schließen, und während ich noch dabei war, kam er — wie in einem Hitchcock-Film — heran.
Es war eindeutig, daß ich herumgeschnüffelt hatte, und so erkundigte ich mich nach der Jacke. »Mein Mitbewohner ist ein Cop«, erklärte er und behauptete, der Typ sei Verkehrspolizist. Natürlich, ein Verkehrspolizist mit einem Tausendfünfhundert-Dollar-Apartment und einer SWAT-Uniformjacke.
Ich versuchte, cool zu bleiben, aber jede Faser in meinem Körper schrie: »*Hau ab*!«
»Ach, wirklich?« bemerkte ich locker. »Wie ist es, mit einem Cop zusammenzuwohnen?«
Daraufhin meinte er: »Ich habe dir übrigens nicht meinen richtigen Namen gesagt. Ich habe den Namen meines Mitbewohners angegeben.« Er erklärte, er sei aus Tennessee, und ich wußte, daß in den Führerscheinen aus diesem Staat keine Fotos klebten. Die

Punkte, die gegen ihn sprachen, häuften sich. Ich dachte daran, wie Sarah auf einem Blatt Papier ihre Häkchen gemacht hätte und daß sie alle auf der Negativseite gewesen wären.
Deshalb sagte ich, ich müßte meine Agentur anrufen, da er nicht seinen richtigen Namen angegeben habe. Ich rief die Agentur an und sagte das Kennwort für Cops — jede Agentur hatte andere, so daß ich meine Kennwörter nicht durcheinanderbringen durfte. »Ich rufe an«, sagte ich, »weil die Personalangaben hier nicht stimmen. Hast du übrigens meinen Brief abgeschickt?« Ich wußte, daß noch andere Cops im Apartment sein mußten. In dem Schlafzimmer am Ende des Flurs konnte ich schwaches Licht erkennen; die Tür war nur angelehnt. Ich fing mit Maya, der Agentin, mit der ich zusammenarbeitete, am Telefon einen Streit an. »Ach, aber das ist doch so umständlich, wieder auf die Straße zu gehen«, sagte ich. »Nein, das geht sicher in Ordnung. Kann er mich zum Telefon begleiten? Okay, schon gut, ich gehe ja allein und rufe dich von dort aus an. Es wird keine fünf Minuten dauern, bis ich an der Telefonzelle bin. Dann kannst du die ganze Sache klären.« Ich tat so, als wäre Maya immer noch nicht zufrieden mit mir.
»Okay«, sagte ich, »wenn ich in fünf Minuten nicht da bin, kannst du nach mir suchen kommen.«
Ich versuchte, ihn zu beruhigen. »Sieh mal«, sagte ich, »irgendwo müssen Cops ja wohnen, und sie haben Mitbewohner. Du bist zufällig einer von ihnen.« Ich schob ihn zurück ins Wohnzimmer und überzeugte ihn davon, daß ich zurückkommen und so dumm sein würde, mich bereit zu erklären, mit ihm ein paar wirklich interessante sexuelle Akte auszuüben (damit er allen Grund zu meiner Verhaftung hätte), wenn er mich jetzt nur zur Telefonzelle an der Ecke gehen ließe, damit ich meine Agentin anrufen könne (die einfach darauf *bestand*, daß ich das täte). Ich war zwei Meter von der Tür entfernt — es war wie bei Edgar Allan Poe: Dumpf hörte ich mein Herz klopfen —, und dann, in der letzten Minute, kam ich nicht raus. Ich versuchte, die Tür zu öffnen, aber sie war verschlossen, und trotzdem versuchte ich zu gehen.
Es war der reinste Slapstick. Ich versuchte, die Tür zu öffnen und hinauszugehen, obwohl sie verschlossen war. Schließlich kam er und half mir. »Komm schon, komm schon«, sagte er, schloß die Tür auf und ließ mich hinaus. Es war eins der schrecklichsten Erlebnisse, die ich jemals hatte.

Ich rief Maya von der Telefonzelle aus an, und sie merkte, daß ich ziemlich aufgeregt war. Sie schlug vor, daß wir uns in einer nahe gelegenen Bar auf einen Drink treffen könnten, und eine Viertelstunde später war sie da. Ich war sehr aufgeregt und durstig, zitterte und hatte Angst. So trank ich drei Bloody Marys. Ich bin keine besondere Trinkerin, und mein Magen war leer; diese Drinks hatten einen ziemlich starken Effekt.

Maya, sollte ich noch erwähnen, ist behindert. Zum Gehen benötigt sie Krücken, und so brauchte sie sehr lange, um mich aus der Bar in ihr Auto und die Treppen hinauf in mein Schlafzimmer zu bringen. Sie können sich die Szene vorstellen: Eine Frau mit einer Krücke und zwei kranken Beinen, die einer anderen, betrunkenen, torkelnden Frau die Treppe hinauf hilft. Als ich im Bett lag, mußte ich würgen. Ich glaube, daß mir dabei die Ader im linken Auge platzte. Als ich am Neujahrstag gegen Mittag aufwachte, fühlte ich mich nur wenig besser als zu dem Zeitpunkt, als ich ins Bett gegangen war, und ich sah wie der letzte Dreck aus. Aber ich wußte, daß ich einfach zu dieser Party gehen mußte.

Ich betrachtete mich im Spiegel und war schockiert angesichts dessen, was eine Nacht des Schreckens und des Trinkens aus meinem Gesicht gemacht hatte. Ich sah aus, als hätte ich gerade zehn Runden mit dem Boxer Larry Holmes hinter mir. Ein Auge war vollkommen rot. Mein Gesicht war geschwollen. Meine Haut hatte eine andere Farbe angenommen. Irgend etwas Schreckliches war mit meinem Haar passiert — es sah aus, als hätte es einfach aufgegeben und sich zum Sterben hingelegt. Ich nahm ein Bad, wusch mein Haar und trug Make-up auf — der Nachmittag flog nur so vorbei —, und als ich mich wieder im Spiegel betrachtete, sah ich immer noch wie ein Gespenst aus.

Wie kann ich mit diesem Aussehen nur auf eine Party gehen? dachte ich. Was ich im Spiegel sah, war so weit von allem Schönen entfernt, daß es schon wieder zum Lachen war.

Schließlich wurde mir klar, daß ich einfach gehen mußte. Ich ging ja nicht zu der Party, um gesehen zu werden, sondern um meine Freunde zu sehen. Sie würden Verständnis für eine böse Nacht zeigen, oder?

Ich ging, und alle, die mit mir sprachen, sahen mich an und sagten »Mein Gott, was ist denn mit dir passiert?« Ich erklärte ihnen, daß ihre Steuergelder im Einsatz gewesen waren.

Ich holte mir gerade ein Perrier vom Barmann, als Eldrin Bell, ein Schwarzer mittleren Alters und stellvertretender Polizeichef, mich zur Seite zog. »Sie sehen schrecklich aus«, sagte er. »Mit dieser Erscheinung sollten Sie nicht öffentlich herumlaufen. Sie sind eine Repräsentantin ihres gesamten Gewerbes. Sie sind eine verdammt gutaussehende Frau, und die Leute sehen Sie an und sagen: ›So sieht also eine Prostituierte aus.‹ Aber heute sehen Sie schrecklich aus, Dolores.«

»Wenn es nicht solche Leute wie Sie gäbe, Eldrin, würde ich nicht so aussehen.«

»Was wollen Sie damit sagen?«

»Einer Ihrer Männer hat letzte Nacht versucht, mich festzunehmen, Eldrin. Haben Ihre Leute Silvester nichts anderes zu tun, als zu versuchen, mich festzunehmen?«

»Er hat nur seinen Job gemacht, Dolores. Wenn ein Mann Sie erwischt, kann er sich etwas darauf einbilden. Manche Männer glauben, sie könnten Karriere damit machen, wenn sie Dolores French ins Gefängnis bringen«, erklärte er und wandte sich ab, um mit einem Reporter zu sprechen.

Was mir die neue Agentur unter anderem anbot, waren reiche Kunden und berühmte Leute — bei denen es unwahrscheinlich war, daß es sich um Cops handelte. Besonders gern besuchte ich Manager und Promoter von Rockbands — sie hatten Geld zum Ausgeben. Viele berühmte Leute rufen Escort-Agenturen an. Was sie suchen, ist die Anonymität. Ein Rockstar, ein Tennisstar, ein berühmter Autor, Politiker oder Sportler wünscht sich sexuelle Dienstleistungen, aber er hat Bedenken, die Menschen, die er kennenlernt, könnten hinterher darüber sprechen und entweder persönlich oder finanziell mehr von ihm wollen.

Es gibt noch einen anderen Grund, warum berühmte Leute Sex mit einem Callgirl wollen. Sie wollen es auf der Stelle. Sie wollen sich keine Mühe geben, jemanden kennenzulernen oder auch nur zehn Minuten um jemanden zu werben, und sie wollen kein Groupie mit nach Hause nehmen. Sie wollen die Möglichkeit haben, nach dem Telefon zu greifen und zu sagen: »Schicken Sie jetzt jemanden hierher.«

Eines Tages rief eine Frau aus meiner Agentur mich an und sagte, daß sie einen Kunden für mich habe. Sie nannte mir seinen Namen und das Hotel, und ich dachte: Der Name kommt dir bekannt vor. Ich fragte: »Was macht er beruflich?« Die Antwort war: »Irgend etwas mit Musik.« Aber ich glaubte immer noch nicht, daß *er* es war; ich nahm an, es müßte sich um seinen Neffen oder so etwas handeln.

Als er die Tür öffnete, wußte ich, daß es *der Mann* war. Es war zehn Jahre her, daß ich eins seiner Konzerte besucht hatte, aber ich betrachtete mich immer noch als seinen Fan. Trotzdem wartete ich, bis ich seine Personalangaben überprüft, den Preis ausgehandelt und er mich bezahlt hatte, ehe ich ihm erzählte, wie sehr mir seine Musik gefiel.

»Es ist schön, jemandem einen Dienst zu erweisen, der das Leben lebenswerter gemacht hat«, sagte ich. Ich war ein bißchen enttäuscht darüber, daß er nur eine halbe Stunde wollte, aber er erzählte mir, daß er im Laufe seiner Karriere viele Callgirls bestellt habe und genau wisse, was er wolle. Ungefähr fünfzig Wochen im Jahr sei er unterwegs. Zu Hause habe er eine Frau und Kinder, und er wäre lieber mit ihnen zusammen, sagte er. Dieses Dilemma löste er, indem er sich Prostituierte bestellte und beim Sex an seine Frau dachte. Er wollte keine Art von Beziehung, nur Sex.

Er wußte wirklich, was er wollte: einen normalen Job, etwas oralen Sex und dann Geschlechtsverkehr, etwas Schnelles. Er hatte schöne Hände und einen riesigen Schwanz. Als sich die Zeit dem Ende näherte, dachte ich: Vielleicht wird er um eine Verlängerung feilschen.

(Die Kunden überschritten oft die Zeit, die sie bezahlt hatten. So war ich zu den neuen Fußmatten in meinem Auto gekommen, zu zwölf Steakmessern, einem Telefon, einer Kiste Kassetten und vier gefrorenen Enten.) Oh, dachte ich, vielleicht spielt dieser Mann mir etwas Musik vor. Aber er wußte, was er tat, und nach genau dreißig Minuten war er fertig.

Wir unterhielten uns ein wenig, bevor ich ging. »Man muß sich sehr einsam fühlen, wenn man sich ständig in Hotelzimmern aufhält«, sagte ich.

»Ja«, antwortete er, »aber ich werde dafür bezahlt — mich in Hotelzimmern aufzuhalten. Die Musik mache ich umsonst; bezahlen lasse ich mich dafür, daß ich mein Heim verlasse und diese ganze Zeit in Hotelzimmern verbringe.«

»Mir geht es genauso«, sagte ich. »Ich werde nicht für Sex bezahlt, sondern dafür, daß ich meine Zeit in Hotelzimmern verbringe.«
Wir lachten beide.
Er bot mir Eintrittskarten für sein Konzert am nächsten Abend an, aber ich hatte zu tun und lehnte ab.
Dieser spezielle berühmte Mann war freundlich und höflich. Das ist bei den meisten berühmten Leuten der Fall, wenn sie mit Callgirls zusammen sind. Wenn sie eine Escort-Agentur anrufen, handelt es sich um ihr privates Leben. Jedenfalls habe ich niemals eine Orgie oder Party mit vielen Menschen erlebt, wenn ich von einem berühmten Menschen bestellt worden war. Sie wollen jemanden zum Reden haben, denn mehr als die meisten anderen Kunden sind sie einsam.

In der Regel war es für mich eine Frage der Höflichkeit, nicht nur mit dem Mann, sondern auch mit der Frau zu reden, wenn ich zu einem Pärchen bestellt wurde. Nach dem Erlebnis mit Agnes und Bill war es dann nicht mehr eine Frage der Höflichkeit, sondern eine strikte und feste Regel: Niemals würde ich wieder ein Pärchen aufsuchen, ohne vorher mit beiden gesprochen zu haben.
Ich rief die Nummer an, die ich bekommen hatte, und ein Mann nahm den Hörer auf. »Könnte ich bitte mit Bill sprechen?«
»Ich bin am Apparat«, antwortete eine von drei oder vier Bieren leicht angetrunkene Stimme. »Hallo, Darling, komm uns besuchen.«
»Mir wurde gesagt, daß ihr, du und deine Freundin, einen Hausbesuch haben wollt«, sagte ich. »Wie heißt deine Freundin?«
»Ja, das wollen wir. Meine Freundin heißt Agnes. Ich mache das alles nur ihretwegen. Seit Wochen drängt sie mich, eine Frau zu besorgen, aber ich wußte, verdammt noch mal, nicht, wen ich anrufen sollte. Darum habe ich deine Agentur angerufen. Bist du Delilah?«
»Ja, das bin ich«, sagte ich. Dieser Mann sprach in ganzen Sätzen. Das war ein gutes Zeichen. »Ich werde dir erzählen, wie ich aussehe, und dann kannst du entscheiden, ob es das ist, was du dir vorgestellt hast«, erklärte ich. Ich erzählte ihm, wie ich aussah, und er meinte, das sei genau richtig. Er hatte die altväterliche Einstellung, daß jede Frau, die sich badet und noch ihre Schneidezähne besitzt, schön sein.

Dann sagte ich ihm, daß ich gern mit Agnes sprechen würde, um sicherzugehen, daß sie mich auch für geeignet hielt. »Oh«, sagte er, »sie ist gerade nach unten in die Küche gegangen, um irgend etwas zu holen.«
»Okay«, sagte ich, »beschreib sie mir.« Ich wollte hören, welche Einstellung er zu ihr hatte, denn dadurch würde ich erfahren, wie wir drei miteinander zurechtkommen würden.
»Sie ist ein bißchen älter als du, ungefähr fünfunddreißig, aber sie sieht nicht älter aus als dreißig.« Er fuhr fort, sie vorteilhaft darzustellen und hielt sich nicht zu lange mit ihren Brüsten auf. Kurz gesagt, er klang okay, und ich ließ mir den Weg zu ihrem Haus erklären.
Sie wohnten weit draußen in einem Vorort, und ich sagte, daß ich in einer Stunde da sein würde. Als ich ankam, öffnete er, in Bademantel und Hausschuhen, die Tür. »Komm rein«, forderte er mich auf. »Agnes wartet oben auf dich. Sie ist sehr schüchtern, aber glaub mir, sie wartet darauf wie auf den Weihnachtsmann. Ich wußte gar nicht, wieviel es ihr bedeutet, bis ich ihr sagte, daß du auf dem Weg bist.«
»Was meinst du damit?« fragte ich.
»Nun, sie ist richtig aufgeregt. Sie war ganz verrückt darauf, mir zu erzählen, was sie alles mit dir machen will. Ich wußte gar nicht, daß sie so viel Phantasie hat. Komm mit. Sie ist oben. Ich trage deine Tasche.«
»Das geht schon«, sagte ich. »Ich trage sie selbst.«
Ich folgte ihm ins Schlafzimmer, wo eine sanftmütig aussehende Frau an das Kopfteil des Bettes gelehnt saß. Sie hatte die Beine angewinkelt und stützte das Kinn auf die Knie. Als sie mich sah, zog sie sich das Laken bis zum Kinn.
»Bill«, jammerte sie, »ich dachte, es wäre nur ein Spaß, daß ein Mädchen zu uns kommt.«
»Hallo, Agnes«, sagte ich, »Bill hat mir eine Menge netter Dinge über dich erzählt. Ich bin Delilah.« Agnes schien nicht besonders begeistert, meine Bekanntschaft zu machen, und so wandte ich meine Aufmerksamkeit wieder Bill zu.
»Zunächst bekomme ich erst einmal die hundertzwanzig Dollar Termingebühr, und dann muß ich deinen Führerschein, eine Visitenkarte von deiner Arbeit und einen Nachweis über deine Tätigkeit sehen.« Er fummelte eine Weile in seiner Brieftasche herum,

und Agnes sagte immer wieder: »Daß du das gemacht hast, kann ich einfach nicht glauben, Bill.«
Als sie hörte, daß die Gebühr hundertzwanzig Dollar betrug, war sie darüber genauso schockiert wie über die Tatsache, mich in ihrem Schlafzimmer zu sehen. Ich machte ihr hinter Bills Rücken ein Zeichen, als wollte ich sagen: Ich weiß, daß du das nicht willst, überlaß es einfach mir.
Schließlich hatte Bill alle Papiere zusammen, einschließlich der hundertzwanzig Dollar. Ich überprüfte seine Personalangaben, nahm das Geld und sagte dann: »Wie ich schon am Telefon erklärte, beträgt die Agenturgebühr hundertzwanzig Dollar. Ich bekomme eine zusätzliche Gebühr. Normalerweise beträgt meine Gebühr zweihundert Dollar, für euch beide sind das also vierhundert Dollar.«
Wie ich erwartet hatte, sträubte er sich, und auch Agnes war der Meinung, daß das viel zuviel sei. (Offensichtlich hoffte sie, er würde von der ganzen Sache Abstand nehmen.) Aber Bill machte ein Gegenangebot: »Wie wäre es mit dreihundert Dollar für fünfundvierzig Minuten?«
Ich beschloß, ihn mit der Realität zu konfrontieren. »Ich weiß, daß vierhundert Dollar eine Menge Geld sind«, erklärte ich, »aber abgesehen davon, daß das viel Geld ist, glaube ich nicht, das Agnes es wirklich will, nicht wahr, Agnes?«
Eifrig schloß sie sich mir an: »Ja, das stimmt, schon gar nicht für vierhundert Dollar.«
Das war Bills Gelegenheit, etwas Feingefühl zu zeigen; aber er hörte nicht einmal zu, als Agnes redete.
»Sie hat mir geschworen, daß sie es will.«
»Du hast gedacht, wenn ich erst mal hier bin und mein Geld habe, ziehe ich es durch, ob sie es will oder nicht, nicht wahr«
Bill sah Agnes an und sagte: »Nun sag es ihr schon, Liebling. Sag ihr, wie sehr du dir das gewünscht hast.«
Ohne auf ihre Antwort zu warten, wandte er sich wieder mir zu: »Hier, nimm die vierhundert Dollar. Damit Agnes wenigstens einmal in ihrem Leben Sex mit einer Frau hat und aufhört, deswegen mit mir herumzunörgeln.«
Er versuchte, das Geld in den Ausschnitt meines Pullis zu stopfen. Ich fühlte, daß die Dinge mir allmählich entglitten, aber schließlich nahm ich die vierhundert Dollar.

»Agnes«, sagte ich, »ich muß mich etwas erfrischen. Könntest du mir zeigen, wo das Badezimmer ist?« Es bedurfte einiger Überredungskünste, aber schließlich kroch Agnes unter ihrem Laken hervor und begleitete mich ins Badezimmer. Als wir dort waren, schlossen wir die Tür, und ich fragte: »Ist er immer so?« Sie deutete an, daß er nicht immer so sei und daß sie mit ihm nicht zusammen wäre, wenn das der Fall wäre.

»Was würde passieren, wenn ich einfach ginge? Würde das Probleme schaffen?«

Sie glaubte das nicht.

»Okay«, sagte ich, »Ich kann einfach gehen und ihm die vierhundert Dollar zurückgeben ... die Agenturgebühr muß ich behalten, aber den Rest kann ich ihm zurückgeben ... *Oder* ich kann mir das Geld mit dir teilen. Du bekommst zweihundert, und ich bekomme zweihundert. Du mußt dich nur hinlegen. Mir ist klar, daß das für ihn wichtig ist und nicht für dich, und deshalb solltest auch du dafür bezahlt werden. Außerdem wäre ich dann nicht umsonst hierher gekommen. Und du kannst dir für dieses Geld etwas richtig Schönes kaufen, etwas, das du dir immer ansehen kannst, und jedesmal, wenn du es ansiehst, kannst du dich daran erinnern, was für ein Ekel er heute war. Was hältst du davon?«

Sie hielt das für eine tolle Idee. Ein Lächeln erhellte ihr unglückliches kleines Gesicht.

»Ich rate dir, ihm niemals zu erzählen, daß wir dieses Ding gedreht haben«, fügte ich hinzu. Und sie sagte: »Nein, das werde ich nicht.«

»Gibt es etwas, das ich nicht machen soll?«

»Ich weiß nicht, was *ich* machen soll«, erwiderte sie.

»Nun, du legst dich einfach hin und genießt es, in zwanzig Minuten zweihundert Dollar zu verdienen; und dann hilf mir, daß ich in zwanzig Minuten hier raus bin.«

Als ich einige Zeit später ging, hinterließ ich zwei zufriedene Kunden. Es gibt viele Pärchen, die mich mieten und mich immer wieder bestellen. Beim ersten Mal sind sie noch zurückhaltend. Ich glaube, weil sowohl der Mann als auch die Frau Angst haben, der andere könnte mich vorziehen. Aber ich versuche, ihnen verständlich zu machen, daß ich da bin, damit sie mehr Freude aneinander haben. Ich bin wie eine Kellnerin. Das ist ihr gemeinsamer Abend, und ich möchte, daß sie ihn genießen.

Die meisten Pärchen, die ich besuche, wollen einen Dreier. Sie haben das Gefühl, daß zwei Menschen nicht genug Hände und Münder und Öffnungen haben. Sie benutzen mich als eine sexuelle Vorrichtung, die es ihnen erlaubt, etwas zu tun, das sie schon immer miteinander machen wollten, aber nicht konnten.
Sie wollen fast immer Massagen haben. Manchmal wollen Pärchen, daß ich Reizwäsche anziehe oder Reizwäsche für einen von beiden mitbringe, daß ich ihnen Drinks besorge, den Whirlpool fertigmache oder die Vibratoren einschalte. Paare machen viel Arbeit. Manche wollen überhaupt keinen Sex mit mir; die wollen nur jemanden haben, die sich um sie kümmert, während sie sich miteinander amüsieren. Bei der Zeitarbeitsvermittlung kann man nicht anrufen und eine Frau bestellen, die Reizwäsche trägt, Joints dreht und Pausen in der Unterhaltung füllt. Ich kann ehrlichen Herzens behaupten, daß jeder einzelne dieser Einsätze von mir dazu beigetragen hat, die Beziehung der Paare zu verbessern. Es sind die zufriedenstellendsten Jobs in diesem Geschäft.

Ich rief den Anwalt von HIRE, Michael Hauptmann, an, um zu fragen, ob er ein paar Minuten Zeit habe, mir einige rechtliche Fragen zu beantworten. Er unterrichtete damals Recht an der Universität, aber er sagte, er habe wohl etwas Zeit, wenn ich mit ihm essen ginge. Ich traf mich in seinem Büro mit ihm, und er führte mich ins International House of Pancakes. Ich sagte ihm, und es war übrigens nur so eine Bemerkung von mir, daß ich niemals mit jemandem ausginge, der es sich nicht leisten könne, mich in ein besseres Restaurant zu führen, als ich mir leisten konnte.
Außerdem erzählte ich ihm, daß ich mich gerade von meinem Freund getrennt hätte. Ich fand Michael nett, und ich wußte, daß er lustig und klug und geschieden war. In dem Augenblick, als er anfing, über meine Witze zu lachen, ließ ich ihn wissen, daß ich zu haben war.
Schon nach einer Woche oder so lud Michael mich zum Essen ins Abbey ein, eins der schicksten Restaurants in der Stadt, wo man für das Menü vier Stunden braucht. Wir aßen und tranken. Ich trank mehr als je zuvor in meinem Leben. Ich nahm Michael mit nach Hause, und wir liebten uns stundenlang. Es war der beste Fick, den ich jemals gehabt hatte — bis er ohnmächtig wurde. Dann bekam ich einen Anruf von einem Freier, der mir zweihun-

dert Dollar anbot, wenn ich gleich käme. Ich betrachtete den bewußtlosen Mann in meinem Bett, dachte an mein Bankkonto und fuhr zu dem Kunden, nachdem ich das Haus hinter mir abgeschlossen hatte.

Wie sollte ich wissen, daß Michael mitten in der Nacht aufwachen, in meiner Wohnung herumstolpern und feststellen würde, daß alle meine Türen von draußen mit Riegelschlössern versperrt waren? Daß er am Ende aus dem Badezimmerfenster klettern und um drei Uhr morgens nach Hause laufen würde? Als ich zurückkam, stellte ich mit großer Enttäuschung fest, daß er irgendwie geflohen war. Vor unserer nächsten Verabredung ließ ich ihn wissen, daß ich mich nicht mit einem Mann abfinden würde, der erst ohnmächtig wird und dann vor mir wegläuft. Wenn ich von einer persönlichen Beziehung nicht sehr viel mehr bekäme als von Kunden, die mich bezahlten, erklärte ich, würde ich weder meine Zeit noch meine Energie dafür verschwenden, etwas umsonst zu tun, was ich für Geld tun könnte. Er meinte, das leuchte ihm ein.

Ein fünfundvierzigjähriger Mann, der eine Weinhandlung besaß, hielt sich in einer großen Suite in einem der elegantesten Hotels der Stadt auf. Er suchte für drei Stunden eine Frau mit Collegeabschluß. Die Agentur schickte mich. Seine Suite war an jenem Tag Schauplatz einer großen Sitzung gewesen, und es gab Champagner und Blumen, Alkohol und Essen. Für die drei Stunden stellte ich ihm siebenhundertfünfzig Dollar in Rechnung — hundertfünfzig Dollar für die Agentur und sechshundert Dollar für mich. Mir gefiel an ihm, daß er einfach nur »fein« sagte, als ich den Preis nannte. Er bezahlte das Geld aus seiner eigenen Tasche, doch er mußte auf nichts anderes verzichten, um mich empfangen zu können. Er verdiente sehr viel Geld und hatte beschlossen, ein wenig für mich auszugeben. Er fand mich sehr amüsant, und wir verbrachten die meiste Zeit mit Plaudereien.

Er erzählte mir alles über seine Frau, sprach über Politik und über seine Einstellung zum Kapitalismus. Er sagte, er sei ein radikaler Hippie gewesen, aber zu einem bestimmten Zeitpunkt habe er beschlossen, Geld zu verdienen. Dann habe er sich im Weinhandel hochgearbeitet. Er bot mir etwas Dope an, und wir tranken Champagner. Wir sprachen über verschiedene Drogen. Er sagte,

daß er kein Kokain mehr nehme, weil es ihn zu verrückt mache. (Im Gegensatz zum Wein, dachte ich für mich.)
An meiner Arbeit gefällt mir unter anderem, daß die Kunden mir häufig alles mögliche über ihre Arbeit und ihre Firmen erzählen. Zu den meisten Dingen habe ich keinen Draht. Einem Kunden hatte ich folgen können, als er mir erzählte, die Kaffeefirmen würden Kaffee koffeinfrei machen und das Koffein an die Pharmaindustrie verkaufen, damit verdienten sie mehr Geld als mit dem Verkauf des koffeinfreien Kaffees. Der Weinhändler erzählte mir vom Histamin im Wein.
Ich versuchte, ihm das Jonglieren beizubringen. Nach ein paar Gläsern Champagner meinte er: »He, das kann ich auch. Das ist einfach.« Dann fielen ihm ein paar Bälle herunter, und er sagte: »Warum passiert dir das nicht? Du kannst es besser als ich.« Ich wollte nicht länger als drei Stunden bei ihm bleiben, so angenehm er auch war. Mit jemandem, den ich zum ersten Mal sah, konnte ich mich meistens nicht länger als drei Stunden gut unterhalten. In der Tat verbrachten wir zwei Stunden mit guter Unterhaltung und eine Stunde mit gutem Sex. Das war genug, und so waren wir beide zufrieden, als ich ging.
Ich hatte mich mit ihm nicht einen Moment gelangweilt. Und wenn er auch nicht der Typ von Mann war, mit dem ich mich privat verabredet hätte, so war er doch der Typ von Kunde, der mir Spaß an meiner Arbeit bereitet.

Ich war gerade mit einem Job fertig und auf dem Weg zum nächsten, als ich über meinen Pieper eine Nachricht von meiner Mitbewohnerin erhielt. »Hier ist Sheila. Dein Haus brennt. Überall sind Cops und Feuerwehrleute.« Mit quietschenden Reifen machte ich eine dieser verbotenen Totalwenden, und dann fand ich ein Telefon und rief meine Freundin Maria an. Als ich endlich mein Haus erreichte, war alles zerstört, alle meine Kleider, meine Platten, meine Möbel, all die Arbeit, die ich in das Haus gesteckt hatte. Das Haus stand noch, aber es war ausgebrannt. Die Küche war weg, das Eßzimmer war weg, die hintere Veranda war weg. Die Treppe konnte kaum noch gefahrlos betreten werden. Was das Feuer nicht zerstört hatte, war durch den Rauch und das Wasser beschädigt worden, einschließlich meiner Bilder und Zeichnungen, all meiner Fotos und vieler Briefe. Mein Schlafzimmer oben war zerstört. Ich trug meinen guten Schmuck und meinen Fuchspelzmantel, einen engen schwarzen Rock mit einem Schlitz hinten, eine Spitzenbluse und ein Paar rote Stöckelschuhe. Abgesehen von dem, was ich am Körper und an den Füßen trug, hatte ich keinen persönlichen Besitz mehr.

Ich kletterte die Treppe zu meinem Zimmer hinauf und holte das Geld, das ich gespart hatte, aus dem Safe. Ich versuchte immer noch, die positiven Aspekte zu sehen. Immerhin stand das Haus noch. Der neue Teppich war vielleicht hin, aber die aus Holz bestehenden Teile des Hauses unten waren noch intakt. Es hätte schlimmer kommen können, sagte ich zu jedem, der es hören wollte. Dann weinte ich. Meine Freunde kümmerten sich um mich und versuchten, mich zu trösten. Meine Freundin Maria half mir, das Haus mit Brettern zu verschlagen. In einem Fuchspelzmantel und Stöckelschuhen, einem engen Rock und einer durchsichtigen Bluse nagelte ich mein Haus zu. Irgendwann in der Nacht fiel mir ein, daß ich einen Kunden versetzt hatte, und ich rief die Agentur an, um mich zu entschuldigen.

Am nächsten Tag kamen die Untersuchungsbeamten der Feuerwehr und untersuchten das Haus. Sie zeigten mir, wo das Feuer entstanden war — an der Wand gegenüber den Fenstern zum Garten. Das Problem war, daß sich an dieser Wand keine elektrischen Anschlüsse befanden, daß dort keine Geräte standen und überhaupt keinerlei Kabel verlegt waren; es hatten sich nicht einmal Streichhölzer oder Kerzen in der Nähe der Wand befunden. Niemals hätte dort ein Feuer einfach so ausbrechen können. Der Untersuchungsbeamte betrachtete die Fenster und fragte: »Sie haben doch nicht irgendwelche Feinde, Miss French, oder?«

Es wurde nie festgestellt, wodurch das Feuer ausgelöst worden war, was mich davon überzeugte, daß es sich um Brandstiftung handelte. Aber daß jemand vielleicht absichtlich mein Haus in Brand gesetzt hatte, war das letzte, worüber ich nachdenken wollte.

Ich bekam Depressionen, und zwar sehr, sehr schwere Depressionen. Es gab Dinge, die ich erledigen mußte, und ich tat sie. Ich war versichert. Ich hatte nie geglaubt, daß ich eine Versicherung brauchen würde; ich empfand Versicherungen sogar als Erpressung. Aber ich hatte eine Versicherung. Durch den Brand erfuhr ich mehr über Versicherungen, als ich jemals hatte wissen wollen,

denn mein Haus war alt , und meine Versicherungssumme deckte nur fünfzig Prozent dessen, was das Haus wert war. Ich bekam nur die Dinge ersetzt, deren Verlust ich nachweisen und die ich wiederbeschaffen konnte. Es war verrückt.
Die Trauer über den Ruin meines schönen Hauses war ein schrecklich langwieriger und schmerzhafter Prozeß. Einige Tage lang glaubte ich, daß ich mich wieder fangen würde, aber ich hatte weiterhin Alpträume. Ich tat mein Bestes, um mich zusammenzureißen, aber mein Leben erreichte einen Tiefpunkt. Ich konnte nicht mehr arbeiten. Ich versuchte weiterhin, Dinge aus dem Haus zu retten, indem ich immer wieder in den Ruinen herumgrub. Ich fand ein paar Bilder und Zeichnungen von mir, die geschützt gewesen waren, weil sie sich in Kisten befunden hatten. Die Historische Gesellschaft von Atlanta nahm sie und verbrachte Monate damit, die Wasser- und Rauchschäden zu entfernen.
Nach dem Feuer fing ich an zuzunehmen. Ich aß vermutlich, um mich zu trösten. Als ich wieder arbeiten ging, stellte ich glücklicherweise fest, daß mein Gewicht die meisten Kunden nicht störte.
Ich war nicht soweit, daß ich mein Leben ständig mit jemandem teilen wollte, aber ich ging gern mit Michael aus, und er half mir in dieser Zeit. Ich bat ihn jedoch nie um rechtliche Hilfe, denn wenn ich ihn sah, wollte ich Spaß mit ihm haben und keine rechtlichen Probleme bearbeiten. Später erfuhr ich, daß das seine Gefühle verletzt hatte.

Nach dem Brand besuchte ich Sarah im Gefängnis in Macon, Georgia. (Sie war vom Fulton County Gefängnis nach Macon verlegt worden, was es für ihre Familie und ihre Freunde viel schwieriger machte, sie zu besuchen.) Da mein Haus so gut wie weg war, riet sie mir, die Sache positiv zu sehen. Vielleicht sei das ein kosmischer Hinweis für mich, Atlanta zu verlassen. Sie wußte, daß mir die Arbeitsbedingungen in New York City nicht besonders gefallen hatten und daß ich an dem Hurenkongreß und dem Nationalkongreß der Demokraten, die im Sommer gleichzeitig in San Francisco stattfinden würden, teilnehmen wollte. Also schlug Sarah vor, daß wir beide nach San Francisco ziehen sollten, sobald sie aus dem Gefängnis käme. Dort könnten wir eine neue Agentur aufbauen.

Ich brauchte dringend Geld für den Wiederaufbau meines Hauses, und in der Zwischenzeit konnte ich sowieso nicht dort wohnen. Meine Mitbewohner fanden andere Unterkünfte, und ich hatte nichts. Ich fand, daß Sarah recht hatte. Und vielleicht hatte *wirklich* jemand mein Haus angesteckt. Religiöse Fanatiker setzten Abtreibungszentren in Brand, warum sollten sie Gottes Wort nicht auch so verstanden haben, daß mein Haus ebenfalls verschwinden mußte?

Im Mai, zwei Monate vor den Kongressen und einen Monat vor Sarahs Entlassung aus dem Gefängnis, fuhr ich an die Küste. Ich mietete ein Apartment in Haight-Ashburg und fing an zu arbeiten.

Sobald Sarah aus dem Gefängnis kam, rief sie mich an. Sie sagte, sie wohne in einem Hotel in Atlanta, und fragte, wie die Arbeit in San Francisco sei. Ich sagte, ich könnte mir vorstellen, dort Geld zu machen, und Sarah sagte: »Genau das habe ich gehofft, von dir zur hören. Hör zu, ich muß hier noch ein paar Dinge erledigen, bevor ich weg kann. Aber wie wäre es, wenn ich übers Wochenende käme? Kann ich eine Weile bei dir bleiben? Dann können wir mit unserem Geschäft beginnen.«

Sarah und ich besprachen sogar noch, welchen Flug sie nehmen würde. Und bevor sie auflegte, sagte ich: »Bis Sonntag.«

Das war vor vier Jahren, und weder ich noch irgend jemand anderes hat jemals wieder etwas von ihr gehört. Als sie an dem Sonntag nicht kam, rief ich in dem Hotel an, in dem sie angeblich gewohnt hatte. Mir wurde mitgeteilt, daß sie dort nicht bekannt sei. Ich konnte mir nicht vorstellen, daß Sarah sich bewußt abgesetzt haben sollte; aber ich habe nie versucht, sie aufzuspüren, denn ich hatte das Gefühl, daß sie entweder tot war oder absolut nicht gefunden werden wollte. Wenn sie tot ist, möchte ich das lieber nicht wissen. Ich stelle mir lieber vor, daß eine tolle Frau in irgendeiner Stadt in Amerika eine erstklassige Agentur führt und daß Sarah glücklicher ist als je zuvor.

Die Männer in San Francisco kamen mir ziemlich gewöhnlich vor, aber vielleicht verlor ich auch allmählich die Lust auf Abenteuer in der Prostitution. Seit ich aus der Karibik und Europa zurück war, kamen mir alle amerikanischen Männer gleich vor, egal wo ich arbeitete. Ich hatte einen Juden aus New York, der impotent war.

Ich hatte einen Zoowärter, in dessen Wohnzimmer ein Giraffenfell lag. Die wenigsten Kunden in San Francisco waren Geschäftsleute auf Durchreise. Die Kunden, die ich hatte, wohnten dort; sie waren sehr nett, aber sie waren etwas langweilig.

Da sprach mich jemand an und fragte, ob ich Lust hätte, Telefonsex zu machen. Dieser Typ, Alex, führte ganz allein ein Telefonsexunternehmen, indem er eine ganze Reihe von Frauenstimmen imitierte. Er konnte die Schöne aus den Südstaaten nachmachen, eine japanische Geisha, eine adlige englische Lady und eine strenge Deutsche. Neben der emsig klingenden Frauenstimme, die er gebrauchte, um am Telefon das Organisatorische zu regeln, beherrschte er mindestens ein Dutzend verschiedener Stimmen. Das Problem bei dieser Einmannshow war, daß er manchmal frei haben wollte. Da sollte ich einspringen.

Ich verbrachte einen Arbeitstag mit Alex und war erstaunt. Er verlangte fünfzehn bis fünfundzwanzig Dollar pro Anruf, und der größte Teil von diesem Geld ging an die Telefongesellschaft. Nach Abzug aller Kosten verdiente er vielleicht fünf Dollar pro Anruf, ohne Trinkgeld. Und es war harte Arbeit. Er erzählte mir, daß beim Telefonsex Krieg herrsche, und erst wenn er die Konkurrenz überlebt habe, könne er die Preise heben.

Nachdem ich seine Stimme gehört hatte, sagte ich: »Warum gehst du damit nicht auf die Bühne? Dort könntest du viel mehr Geld verdienen.«

Aber er schien in dem Job, den er sich ausgesucht hatte, festgefahren zu sein. »Dafür bräuchte ich Kostüme und Make-up«, sagte er. »Ich müßte einen Agenten suchen und herumreisen, und selbst dann würde es sich wahrscheinlich nicht rentieren. Dieses Geschäft kann ich in meiner Wohnung erledigen. Ich brauche nur ein Telefon, ein Bankkonto, ein paar Kreditkartengesellschaften und genug Geld, um in Zeitungen und Sexmagazinen zu annoncieren. Dann habe ich alles, um loszulegen. Sobald ich ans Telefon gehe, verdiene ich Geld.«

Alex war ein alternder Hippie, ein Mann in den Vierzigern mit einer Nickelbrille und einem Haarkranz über den Ohren. Es war faszinierend, da zu sitzen und ihm beim Telefonsex zuzuschauen. Ich mußte sein Gesicht und seine Lippen beobachten, um zu glauben, daß diese Stimmen — Heidi, Keiko, Mathilde, Sable, Chastity, Hilary, Eva — aus dem Mund eines Mannes kamen.

Die Männer, die anriefen, neigten zu Phantasien, die sie von Angesicht zu Angesicht, bei einer Prostituierten, nie ausgesprochen hätten: Inzestphantasien, Vergewaltigungsphantasien, Sex mit Tieren — die Art von Dingen, die eine Prostituierte persönlich wohl nur schwer erfüllen kann. Alex beantwortete die Anrufe zunächst mit der Telefonistinnenstimme, ließ sich die Kreditkartennummer der Anrufer geben, fragte sie, wieviel Zeit sie am Telefon verbringen wollten, und erläuterte ihnen den Preis. Dann sagte er ihnen, Ginger oder Marlene würden zurückrufen. Er legte den Hörer auf und machte einige kurze Überprüfungen. Er zog ein Buch mit ungültigen Kreditkartennummern hervor, Telefonbücher und Adreßbücher, um die jeweilige Adresse zu überprüfen — und dann rief er als Ginger oder Marlene zurück: »Hallo, ich habe gehört, du hast eine sehr interessante Phantasie ...«
Die meisten Wünsche waren schmutziger als alles, worum ich jemals persönlich gebeten worden bin, schmutziger als alles, was ich jemals in einer Zeitschrift gesehen hatte. (Und ich hatte schon einige ziemlich schmutzige Zeitschriften gesehen.) Ein Mann verlangte Hildegard, die strenge Deutsche, die Alex ihm vorspielte. Übers Telefon machte er dem Kunden vor, daß er ihn an einen hohen Lehnstuhl fesselte. Dieser Mann wollte zusammengekrümmt festgebunden werden, und dann sollte Hildegard beschreiben, wie sie ihm eine Salami in den Arsch steckte und schließlich ihre zwei Dobermänner losband — damit sie das täten, was Dobermänner tun, wenn sie hungrig sind und Salami riechen. Dann war da ein Typ, der Sex mit seiner Tochter haben wollte. Alex sagte, es sei erstaunlich, wie viele Männer anriefen und sagten, daß sie Sex mit ihren Töchtern oder Schwestern oder Müttern haben wollten. Ich hörte diesem Gespräch zu. Der Mann war sehr nervös und sagte, er wolle schon seit langer Zeit Sex mit seiner Tochter haben (sie war jetzt *sieben*), aber er wisse, daß er das nicht dürfe, und er denke, wenn er am Telefon nur so tue, würde diese Obsession vielleicht aufhören. Alex nahm die Stimme eines sexy kleinen Mädchens an und sagte: »Daddy, würdest du mit in mein Zimmer kommen und mir ein Märchen vorlesen?« Und dann ließ er das kleine Mädchen den Anrufer verführen. Dem Mann am anderen Ende der Leitung schien die ganze Sache zu gefallen. Ich weiß nicht, ob es dem Typen half, über seine Inzestphantasien hinwegzukommen, oder nicht; ich weiß nur, daß er in einem der ele-

ganteren Vororte von San Francisco wohnte und den Anruf über seine American Express-Karte abrechnete.
Als ich dort saß, wußte ich, daß ich damit nichts zu tun haben wollte. Ich fand es zu abgefahren ... zu viel Arbeit für zu wenig Geld. Aber Alex dabei zu beobachten war faszinierend.

Die Frauen in San Francisco waren sehr hilfreich, wenn es darum ging, mich mit Kunden zu versorgen. Es gab eine Menge Lieferservices, die mit Prostituierten zusammenarbeiteten. Wenn jemand in San Francisco Drogen oder Mädchen (oder irgend etwas anderes, wie ein Chauffeur zu mir sagte) wollte, mußte er nur gewisse Limousinenservices anrufen.
Ein solcher Limousinenservice, für den ich arbeitete, rief mich an einem Samstagmorgen an, um mir einen Job in Los Angeles anzubieten. Es waren Champagner, Quaaludes [Pferdeberuhigungsmittel], Kokain und Mädchen für eine Gastfootballmannschaft (welche es war, wurde nicht einmal erwähnt) bestellt worden. Sieben andere Frauen und ich wurden abgeholt und zum Flugplatz gefahren, wo wir einen Privatjet bestiegen. Der Chauffeur sprang gleich mit ins Flugzeug. Sobald wir gestartet waren, gab Stanley so routiniert, wie ein Fahrkartenkontrolleur die Fahrkarten locht, jeder von uns fünf nagelneue Hundertdollarscheine.
Als wir auf dem Flugplatz in L.A. landeten, wartete, nur wenige Meter vom Flugzeug entfernt, bereits eine andere Limousine. Wir stiegen aus dem Flugzeug und fuhren mit demselben Chauffeur weiter. Das war ein echter Von-Haus-zu-Haus-Service. Wir wurden vierzig Meilen weit zu einem riesigen Haus mit einem olympiagerechten Swimmingpool und Whirlpools drinnen und draußen gebracht. Wir waren für den ganzen Tag gemietet worden. Es machte irgendwie Spaß. Die Footballspieler waren groß und dumm, aber das Haus war phantastisch. Die Jungs von der Mannschaft konsumierten *reichlich* Koks und Alkohol. Ich persönlich finde Leute, die viel Koks und Alkohol zu sich nehmen, nicht besonders amüsant; niemand findet das, es sei denn, er nimmt selbst viel Koks und Alkohol. Die Kombination von Kokain und Alkohol bringt die Leute dazu, Unsinn zu reden, erst loszuquasseln und dann nur noch zu lallen, in Paranoia auszubrechen und dann wieder völlig geistesabwesend zu sein, abwechselnd hinzufallen und wieder aufzustehen, und das alles in schneller Folge.

Die Männer sagten beispielsweise: »Laßt uns schwimmen gehen.« Wir zogen uns aus, und dann merkten sie, daß ihre Kondition nicht sehr gut war und sie schnell ertrinken würden. Dann hieß es: »Alle raus aus dem Pool.«
Einer wollte, daß ich mit Strapsen und Strümpfen in den Whirlpool stieg. »Klar«, sagte ich. Ich hatte das schon mal gemacht. Was waren schon Strümpfe für acht Dollar im Vergleich zu fünfhundert Dollar, die mir gezahlt worden waren? Aber als ich im Whirlpool stand und schon ganz naß war, änderte er seine Meinung und wollte eine Massage. Nun stand ich in nassen Strümpfen da. *Also bitte*, dachte ich. Schließlich bekamen wir unter anderem auch deshalb so viel Geld, weil andere Frauen bei einer Verabredung so etwas nicht freiwillig mitmachen würden. Es war ermüdend und irritierend — eben fünfhundert Dollar wert.
Die Leute fickten überall im Haus herum. Zu dem Zeitpunkt, als ich für ein Doppel bezahlt wurde und mein Trinkgeld für die Nacht bekam, hatte ich schon tausend Dollar verdient. Wir landeten erst weit nach Mitternacht wieder in San Francisco. Auf dem Weg zu meinem Apartment zeigte mir der Chauffeur, wo er die Drogen, die er auslieferte, versteckte. Zwischen den Vordersitzen befand sich eine Falltür, die direkt zur Straße führte. Wenn ein Cop versuchte, die Limousine anzuhalten, ließ der Fahrer die Drogen durch die Falltür verschwinden.
Stanley, der Chauffeur, schrieb sich meine Telefonnummer auf und sagte, er würde mich bald wegen eines weiteren Termins anrufen. In dem Augenblick klang das nicht sehr verlockend.
Dann trafen die Demokraten in der Stadt ein und mit ihnen um die siebzig Prostituierte zu Margos Kongreß. Ich wußte, daß dreißigtausend Menschen erwartet wurden — Delegierte, Presseleute und Anhänger —, und so rechnete ich damit, zumindest etwas Geld zu verdienen.
Alle Huren in der Stadt hatten unterschiedliche Theorien darüber, warum der Kongreß der Demokraten eine Pleite geworden war. Eine Frau meinte, es läge daran, daß die Demokraten ein geringeres Einkommen hätten als die Republikaner. Eine andere glaubte, das Problem sei, daß die Hälfte der Delegierten Frauen seien. Manche Frauen sagten: »Ach was, die sind viel zu sehr damit beschäftigt, zu Parties zu gehen und zu trinken«, was meiner Meinung nach der Wahrheit näher kam. Ich denke, wenn man um das

Recht kämpft, ein Land zu regieren, läßt man sich nebenbei nicht sehr viel Zeit für Sex. Sex hat man, wenn man das Land *regiert*. Und jeder Mann, der dorthin kam und Sex haben wollte, hatte wahrscheinlich seine eigene Partnerin dabei, entweder seine Ehefrau oder eine Frau, die er zu Hause gemietet hatte. Wieviel kostet es wohl, eine Hure zu einem Kongreß mitzunehmen? Was bedeuten schon ein paar tausend Dollar, wenn man die Absicht hat, das Schicksal der Nation zu lenken?

Es war ein solch arbeitsintensiver Kongreß, es gab so viele Leute, es ging um so viel Macht, es gab so viele Versammlungen, so viele Dinge wurden gekauft und verkauft, daß die Leute kaum noch Zeit für außerplanmäßige Aktivitäten hatten. Aber ich war entschlossen, die Demokraten zu machen.

Da die Delegierten die Services, für die ich arbeitete, nicht anriefen, beschloß ich, die Hotels zu durchstöbern. Zum ersten Mal mußte ich feststellen, daß ich allmählich zu bekannt wurde, um noch effektiv arbeiten zu können. Überall, wo ich hinkam, traf ich Freunde, die als Delegierte dort waren oder im Hintergrund arbeiteten; oder ich traf Leute, die ich durch die Medien kannte. Es ist eine Sache, in eine Bar zu gehen, sich an einen teuer gekleideten Mann heranzuschleichen und ihm zu sagen, daß du Delilah heißt. Es war eine andere Sache, in eine Bar zu gehen und zu erleben, wie die Hälfte der Leute im Raum sich umdreht und brüllt: »Dolores!« Das ist nicht gut fürs Geschäft.

Schließlich fragte mich ein Nachrichtensprecher, den ich aus Houston kannte, ob ich etwas Kokain mit ihm nehmen wolle. »Nun, warum nicht?« meinte ich. »Aber du mußt mich bezahlen.« Und er versprach, es zu tun. Ich dachte, wir würden nach oben in sein Zimmer gehen, aber statt dessen steuerte er auf die Straße los und winkte ein Taxi heran. Es stellte sich heraus, daß dieser Typ überhaupt kein Kokain bei sich hatte. (Vielleicht hatte er geglaubt, ich hätte welches, aber ich habe nie einem Kunden Drogen geliefert.) Wir fuhren zwei Stunden lang herum, und er versuchte abwechselnd, Drogen zu besorgen oder mich zum Orgasmus zu bringen, indem er die Hand unter meinen Rock steckte. Schließlich sagte ich: »Es ist sehr nett von dir, daß du mich zu dieser kosmischen Erfahrung eingeladen hast, aber ich bin müde. Könntest du mich nach Hause fahren?« Es war zwei Uhr morgens, und San Francisco schließt um Mitternacht. Als wir bei mir ankamen, lud der

Typ sich selbst ein und zahlte mir dann hundert Dollar für den ganzen Abend. Das blieb mein einziger Verdienst, der auch nur vage mit dem Kongreß im Zusammenhang stand.

Eine Weile später kehrte ich nach Atlanta zurück, um die Bruchstucke meines Lebens wieder aufzusammeln. Von Claudette, die mich spät nachts anrief, erfuhr ich die Neuigkeit, die es bei Sydney Biddle Barrows gegeben hatte. Eine Reihe von Frauen war mitgenommen worden, aber Claudette hatte Glück gehabt. Sie hatte in jener Nacht nicht gearbeitet. Claudette sagte, die Polizei suche nach Sydney und allen, die jemals mit ihr zu tun gehabt hatten.

Manchmal macht es mir mehr angst, recht zu behalten, als unrecht zu haben. Ich hatte den Leuten in New York gesagt, daß so etwas mit Sicherheit passieren würde, aber sie hatten geglaubt, sie wüßten über alles Bescheid und bräuchten nicht auf jemanden aus Atlanta, Georgia, zu hören.

Sie hatten wie der Vogel Strauß gelebt — in Unkenntnis der meisten Gesetze und im Glauben, daß die wenigen Gesetze, über die sie etwas wußten, sie nicht berührten. Doch der Gedanke, recht gehabt zu haben, bereitete mir kein Vergnügen — sie waren verhaftet worden. Ich fand es nur zu schade, daß Sydney es auf die harte Art lernen mußte.

Ich mochte Sydney, und es tat mir leid, daß sie und die anderen Frauen verhaftet worden waren. Claudette hielt mich über die Ereignisse auf dem laufenden. Ich war überrascht zu hören, daß Sydney sich gestellt hatte und nun glaubte, sie könnte sich aus der Sache herausreden, indem sie behauptete, Cachet sei eine Escort-Agentur gewesen, die nichts mit Sex zu tun gehabt habe. Sydney benahm sich, als würden die Richter ihr schon glauben, wenn sie es nur oft genug behauptete.

Ich sagte ihr, daß das lächerlich sei. Sie könne nicht einfach nur immer wieder sagen, daß Escort-Agenturen nichts mit Sex zu tun hätten.

In dem Jahr hatte ich in vielerlei Hinsicht das Gefühl, daß es zwischen meinem und Sydneys Leben Parallelen gab. Sie wurde wegen Zuhälterei verhaftet; mein Haus brannte ab. Uns beiden war etwas passiert, das wir beide niemals für möglich gehalten hätten.

Meine Einladung zu Sydneys Party kam mit der Post:

Die Freunde von Sydney Biddle Barrows
würden sich freuen über Ihre Teilnahme
beim
Mayflower-Ball zugunsten eines Rechtshilfefonds
am Dienstag, dem 30. April, abends
in
The Limelight
Schwarze Krawatte erwünscht.
Uniform für Offiziere im Dienst.
Damen brauchen keine Kronen zu tragen.
Die Spende beträgt 40 Dollar pro Person mit Einladung.
Bitte erscheinen Sie rechtzeitig um 22.30 Uhr.

Dann bekam ich einen Anruf aus New York, und mir wurde mitgeteilt, daß ich die Einladung aus Freundschaft und geschäftsmäßiger Höflichkeit erhalten hätte. Aber eigentlich wolle Sydney nicht, daß ich zum Ball käme, denn mittlerweile würde ich zu sehr mit Prostitution in Verbindung gebracht. Sydney versuchte, den Schein zu wahren.

Sydney hatte meinen Rat nicht angenommen; ich ging nicht zu ihrem Ball. Aber bedenkt man die Konsequenzen, die möglich gewesen wären, so ging die Sache für Sydney schließlich ganz gut aus.

BETTER SAFE THAN SORRY

Die Krankheit [AIDS] scheint in vielen Fällen durch Prostituierte, die in der Nähe zweier großer amerikanischer Stützpunkte Kontakt zu den Soldaten hatten, auf die Philippinen gebracht worden zu sein, sagten die Ärzte.
The New York Times
25. November 1987

Ich möchte, daß Sie dieses Zitat noch einmal lesen. Entdecken Sie irgendeinen Fehler darin?
Die Ärzte beschuldigten die Prostituierten auf den Philippinen, Aids ins Land gebracht zu haben; sie beschuldigten nicht die amerikanischen Soldaten, die es eigentlich mitgebracht hatten. Diese beiläufige, falsche Behauptung ist nur ein Beispiel dafür, auf welche Weise die Medien sowohl die Prostitution als auch Aids falsch darstellen.
Diese philippinischen Prostituierten haben Aids nicht auf die Philippinen gebracht; sie sind die *Opfer* von Aids.

Ungefähr 1984 tauchten die ersten Berichte über GIs auf, die im Ausland stationiert waren und sich angeblich bei Prostituierten mit Aids infiziert hatten. Die Presse machte sich nur selten die Mühe zu erwähnen, daß das Virus in den meisten Fällen durch intravenösen Drogengebrauch oder durch homosexuellen Geschlechtsverkehr übertragen wurde. (Die Soldaten erzählten den Militärbehörden lieber, ihr einziges Risikoverhalten sei der Kontakt zu einer Hure gewesen. Da sowohl die Homosexualität als auch der intravenöse Drogenmißbrauch als Verstöße gegen das Militärgesetz gelten, hätte das Zugeständnis, einer dieser Gruppen anzugehören, eine unehrenhafte Entlassung, Gefängnis, Stigmatisierung oder den Verlust der Renten oder der Unterstützungen bedeutet. Ein GI dagegen, der behauptete, sich bei einer Hure mit Aids infiziert zu haben, hatte keinen dieser Nachteile zu befürchten.)
Die Presse war nicht sonderlich genau in ihrer Darstellung des Zusammenhangs zwischen Soldaten, Aids und Homosexualität beziehungsweise zwischen Soldaten, Aids und intravenösem Drogengebrauch, aber andererseits war auch das Militär nicht besonders erpicht darauf, diese Zusammenhänge publik zu machen. Und so machte dieses Männerbündnis aus Ärzten, Militärs und männlichen Journalisten die Huren für die heterosexuelle Übertragung von Aids verantwortlich.

Bevor ich weiter über Aids spreche, lassen Sie uns auf den Tag vor drei oder vier Jahren zurückblicken, an dem ich einen Anruf vom Omni International Hotel bekam, einem ziemlich schicken Hotel in Atlanta, wo die Portiers Zylinder tragen. Mr. Höflich öffnete die Tür seines Hotelzimmers. Der gutaussehende Mann, der geradewegs aus einem Männermagazin hätte gestiegen sein können, trug einen teuer aussehenden Tweedanzug, ein frisch gestärktes Hemd mit offenem Kragen und weiche Lederslipper. Als er mich sah, zeigte er sich so begeistert, als sei ich seine älteste und beste Freundin, vielleicht sogar seine Verlobte.
Er nahm mir den Pelzmantel ab und legte ihn auf einen Stuhl, wo ich ihn sehen konnte. Aus dem Radio erklang klassische Musik. Er bot mir ein Glas Champagner an, und die Szene war komplett.
Nach all dem Gerede über Champagner, das es in diesem Buch schon gab, muß ich an dieser Stelle zugeben, daß ich ihn nicht

besonders mag. Für meine Begriffe schmeckt er süß und bitter und sauer zugleich, wie eine Medizin, die versüßt worden ist, damit der bittere Geschmack verborgen bleibt; oder wie etwas, das eigentlich in mein Auto gehört, beispielsweise Frostschutzmittel. Er schmeckt wie etwas, das man nicht freiwillig trinken sollte.

Ich nippte ein paarmal daran, weil ich sonst unhöflich gewirkt hätte. Der Mann stellte sich als Peter vor, ein Firmenberater aus Chicago, der geschäftlich in der Stadt zu tun hatte. Er hatte eine sanfte Stimme und wirkte freundlich und höflich; und selbst bei näherem Hinsehen sah er noch gut aus. Das Licht war gedämpft, und der Raum hatte sehr viel Atmosphäre.

Peter hatte alle seine Ausweise bereitliegen. Sobald ich sie überprüft hatte, kamen wir zum Geschäft: zweihundert Dollar plus fünfundsechzig Dollar Agenturgebühr plus achtzehn Prozent Bearbeitungsgebühr, da er mit Kreditkarte bezahlte. (Die achtzehn Prozent waren die Gebühr für die Geldwäsche; die Agenturen trafen oft Vereinbarungen mit etablierten Geschäften — Restaurants oder Geräteverleihfirmen —, die die Kreditkartenquittungen von Escort-Agenturen gegen eine kräftige Gebühr über die Bücher abrechneten.)

Ich rief meine Agentin an, um mir die Bestätigungskennzahl für die Kreditkarte geben zu lassen. (Ich mußte ihr nicht einmal sagen, wie lange ich bleiben würde; anhand der Summe von 312,70 Dollar wußte sie, daß ich vierzig Minuten bleiben würde.) Und während ich auf die Kennzahl wartete, erzählte mir Peter, was er mit mir vorhatte.

Er wünschte sich eine Szene, in der eine schöne Frau, die er seit langem begehrte, auf einen Besuch in seine Suite käme. Sie würden ein Glas Champagner trinken, und dann würde er ihr sagen, daß er schon lange ihre schönen Brüste bewundert und sich gewünscht habe, sie zu berühren. Doch statt entrüstet zu sein, würde die Frau ihm in die Augen sehen und fragen: »Möchtest du sie jetzt berühren?«

Er würde sagen: »Ja, wenn ich es darf«, und sie würde aufstehen und auf ihn zugehen, bis sie direkt vor ihm stünde. Dann würde er die Hand heben und ihre Brüste durch den Pullover hindurch streicheln. Sie würde seine Hand ergreifen, als wollte sie ihn wegstoßen, doch statt dessen würde sie seine Hand unter den Pullo-

ver schieben und auf ihre nackte Brust legen. »Dann werde ich dich ausziehen und schließlich verführen«, erklärte er.
Ich hatte das Telefon am Ohr, während ich ihm zuhörte. »Kennzahl vierundzwanzig«, sagte ich in den Hörer. »Ich rufe dich an, wenn ich fertig bin. Tschüß.« Dann drehte ich mich zu ihm um und sagte: »Peter, ich bin so froh, daß du mich zu einem Glas Champagner eingeladen hast.« Ich lächelte ihn verführerisch an, um ihm zu signalisieren, daß sein Spiel begonnen hatte. Ich war ziemlich sicher, daß er kein Cop war, weil ich noch nie einen Cop getroffen hatte, der sich so gut benahm. Aber irgend etwas an diesem Typen störte mich. Er war gutaussehend und charmant, und mir gefiel die ganze Sache viel zu gut. Seinen Phantasien zu lauschen, als ich am Telefon saß, hatte mich tatsächlich etwas angetörnt.
Ich ertappte mich bei dem Gedanken: Der ist so nett, warum sollte ich dafür bezahlt werden? Und das ist ein sehr schlechtes Zeichen, Männer mieten Prostituierte aus einem bestimmten Grund. Soweit ich es beurteilen konnte, hätte dieser Typ in die Bar hinunter gehen und fast jede Frau abschleppen können, um diese Szene umsonst zu haben. Sicherlich, manche Männer wollten sich nicht die Mühe machen, wollten keine Abfuhr riskieren oder etwa Gefahr laufen, in eine Affäre verstrickt zu werden. Trotzdem war ich noch mißtrauisch.
So unauffällig wie möglich blickte ich mich in dem Raum um, um zu prüfen, ob ich irgend etwas übersehen hatte. Ich entdeckte nichts Ungewöhnliches. Er begann, mich auszuziehen, und wir gingen hinüber zum Bett. Ich schob das Kissen hoch, als wollte ich mich dagegen lehnen, aber tatsächlich kontrollierte ich, ob darunter eine Waffe oder Injektionsnadel oder irgend etwas anderes versteckt war, das mein Unbehagen an diesem erotischen Spiel gerechtfertigt hätte. Doch dort lag nichts.
Ich stand auf, um einen Waschlappen und ein Handtuch aus dem Badezimmer zu holen. Ich bemerkte, daß dort immer noch etwas Dampf in der Luft hing, als hätte er gerade geduscht. Auch das machte mich mißtrauisch, weil er gekleidet war, als wäre er gerade von der Arbeit gekommen. Warum hatte er sich nicht legerer angezogen, wenn er gerade geduscht hatte?
Er roch wunderbar und war frisch rasiert. Er war sauber und hatte sogar einen wundervollen Atem. Überhaupt war er ein verdammt toller Typ, und ich wurde von Minute zu Minute nervöser. Das

Licht war sehr gedämpft. Er war noch immer angezogen, und als er sich vorbeugte, um mich anzufassen, tat auch ich so, als würde ich ihn voller Leidenschaft berühren und seine Gefühle erwidern. Aber in Wirklichkeit durchsuchte ich ihn. Darin bin ich ziemlich gut. Ich durchsuchte seine Kleidung nach einem Mikrofon, einer Pistole oder einem Messer. Nichts.

Ich griff nach dem Waschlappen, und er sagte: »Muß das sein? Das verdirbt die Stimmung.« Als er sich auszog, benahm er sich so sittsam, als wollte er seinen Penis verstecken. »Ich weiß, daß du gerade geduscht hast«, gab ich zu, »aber das mache ich mit jedem, egal wie sauber er ist. Dadurch fühle ich mich wohler und komme nicht aus der Übung — für den Fall, daß ich auf jemanden stoße, der wirklich gewaschen werden muß. Auf die Weise muß ich nicht beurteilen, was hygienisch akzeptabel ist.«

Während ich den Waschlappen auswrang, versuchte er, mich zu küssen. Es war nicht einfach, ihn zu waschen und ihm gleichzeitig mit dem Mund auszuweichen. Als ich im Badezimmer war, hatte ich mir ein Kondom in die Wange gesteckt, so daß ich es ihm — wie üblich — ohne sein Wissen überstülpen konnte, und deshalb wollte ich keine Zungenküsse. Außerdem ist ein Mund oft viel schmutziger als ein Penis.

Ich bekam keine Gelegenheit, meine übliche, gründliche Wäsche zu beenden. Er wollte unbedingt sofort mit der Penetration beginnen. Ich hatte noch den Waschlappen in der Hand, als er versuchte, mit dem Penis in mich einzudringen, und ich hatte ihm noch nicht einmal das Gummi übergezogen. Ich bemühte mich, leidenschaftlich zu reagieren und mich ihm gleichzeitig zu entwinden, so daß sein Penis mich nirgendwo berühren konnte und ich mit dem Mund an ihn herankam; er dagegen versuchte, mich festzuhalten und seinen Schwanz in mich reinzustecken. Es war wirklich wie eine Szene aus einem Autokino, und ich nahm an, sie käme seinen Phantasievorstellungen von einer leidenschaftlichen Verführung ziemlich nahe.

Schließlich arbeitete ich mich mit dem Kopf zu seinem Schoß durch und stülpte ihm heimlich das Gummi über. Sobald ich das geschafft hatte, ließ ich ihn in mich eindringen. Er war kein sexueller Athlet, nicht vergleichbar mit den beiden Stuntmen auf Saint Thomas, aber er war ein leidenschaftlicher und scheinbar einfühlsamer Liebhaber.

Hinterher lag er auf mir, und wir unterhielten uns. Daher hatte ich nicht den sonst üblichen Spielraum. Wenn ich oben liege, kann ich — während ich die Aufmerksamkeit des Mannes auf etwas anderes lenke — zwischen meine Beine greifen, wenn ich mich dem erschlaffenden Glied entziehe; so kann ich das Kondom entfernen und es wohlbehalten in einem Handtuch neben dem Bett verschwinden lassen.
Als Peter aufsprang, um eine Zigarette zu holen, versuchte ich noch, nach dem Gummi zu greifen, aber ich verpaßte ihn. Ich sah das Ding an seinem Schwanz baumeln, aber er schien es nicht zu bemerken.
Ich schaltete die kleine Nachttischlampe neben dem Bett an, griff nach dem nassen Waschlappen und winkte ihn zu mir heran. Als er sich auf das Bett setzte, schlang ich den Waschlappen um seinen Penis und zog das Gummi ab. Da entdeckte ich, daß er eine Herpesinfektion hatte.
Gott sei Dank habe ich gelernt, wie man einem Mann einen Gummi überstülpt, dachte ich in dem Augenblick und überlegte sofort: Habe ich seinen Penis mit der bloßen Hand berührt? Mit den Lippen? Habe ich mich mit dem Waschlappen berührt, nachdem ich ihn damit gewaschen hatte?
Ich sah ihn an und sagte: »Du solltest damit einen Arzt aufsuchen.«
Er schaute an sich hinunter und erklärte beiläufig: »Oh, das habe ich schon.«
»Weißt du, wie ansteckend das ist?«
Peter zuckte die Achseln und meinte: »Ach, das ist schon am Abklingen.«
Ich wurde ernstlich sauer, denn die Infektion war eindeutig nicht am Abklingen. Mir wurde klar, daß diese ganze romantische Nummer nur eine Ausrede gewesen war, um mich zu ungeschütztem Sex zu verführen.
»Du wußtest es und hast nicht einmal vorgeschlagen, ein Gummi zu benutzen«, sagte ich. »Du hast alles versucht, um mich dazu zu bringen, daß wir ungeschützten Sex machen.«
Obwohl er gesehen hatte, wie ich ihm das Gummi abgezogen hatte, versuchte er, meinen Vorwurf mit einem Lachen abzutun, als hätte er mich überlistet.
»Ist dir klar«, fragte ich, »daß du mich für den Rest meines Lebens hättest arbeitsunfähig machen können, wenn du mich angesteckt

hättest?« Peter, der vorher noch so charmant gewesen war, verwandelte sich nun in einen fiesen Schuft. »Nun«, meinte er nonchalant, »das gehört vermutlich zu den Risiken eures Geschäfts.« »Nein, das bestimmt nicht«, sagte ich. Ich war so wütend, daß ich kein Wort mehr mit ihm sprach.

Ich stand auf, nahm meine Kleider, meinen Pelzmantel, meine Handtasche und meine Aktentasche und ging direkt ins Badezimmer. Ich packte eine neue Gästeseife aus, ließ sehr heißes Wasser laufen und wusch und schrubbte meinen ganzen Körper. Dann wusch ich mich noch mal. Und duschte. Und wusch mich. So, wie jemand sich vielleicht nach einer radioaktiven Bestrahlung waschen würde.

Ich zog mich im Badezimmer an und ging zur Tür, ohne ihn eines Blickes zu würdigen, weil ich Angst hatte, daß ich ihm sonst etwas antun würde. Ich mußte mich sehr zusammenreißen, um die Tür nicht so heftig zuzuschlagen, daß sie aus den Angeln fiel. Ich hatte das Gefühl, wenn ich mich gehen ließe und noch ein Wort zu ihm sagte oder ihn gar ansähe, würde ich einen mörderischen Wutanfall kriegen.

Ich hatte absolut keinen Zweifel daran, daß er beabsichtigt hatte, mich zu infizieren, vielleicht nicht mich persönlich, aber irgendeine Frau. Seit ich mit dem Anschaffen angefangen hatte, machte ich mir Sorgen, jemand könnte eine Krankheit haben und sauer auf die Frauen sein, vielleicht einer Prostituierten die Schuld daran geben und es ausgerechnet an mir auslassen.

Manche Menschen betrachten Prostituierte nicht als Bürgerinnen, die Steuern zahlen, Rechte haben und rechtlichen Schutz bekommen oder verdienen, geschweige denn ein wenig Rücksicht. Fast alle Männer, die wegen Serienmorden an Frauen verurteilt werden, gestehen, daß sie an Prostituierten geübt haben, weil »ich wußte, daß ich damit davonkomme«.

Ich überlegte sofort, ob ich diesen Mann verklagen sollte, wenn ich Herpes bekäme. Ich wollte ihn einfach nicht davonkommen lassen, ob ich nun mit der Klage durchkam oder nicht. Ich bewahrte Fotokopien von Peters Kreditkartenquittungen und seiner Visitenkarte auf für den Fall, daß ich sie als Beweise brauchte. Außerdem hatte ich mir seine Privatadresse vom Führerschein abgeschrieben, seine Führerscheinnummer und den Namen der Fluggesellschaft, mit der er gekommen war.

Zu Hause angekommen, wusch und duschte ich mich nochmals: mit Intimwaschlotion, Essig, medizinischer Seife, Desinfektionsmitteln und sogar mit Mundwasser. Dann führte ich mir etwas Gleitgel, das Nonoxynol-9 enthielt und auf dem Hurenkongreß 1984 verteilt worden war, ein. Ich wußte nicht, welche dieser Chemikalien den Herpesvirus abtöten würde und ob überhaupt, aber ich wußte, daß ich kein Risiko eingehen wollte. Als nächstes ging ich in die Bücherei, besorgte mir sämtliche Literatur über Herpes, die ich finden konnte, setzte mich hin und las. Jeder Artikel, jedes Kapitel, jeder Absatz las sich schrecklicher als der vorhergehende. Ich plante meine Klage gegen diesen Kerl, falls ich die Krankheit bekäme. Und ich weinte.

Am nächsten Tag suchte ich meinen Anwalt und meinen Gynäkologen auf. Mein Anwalt sagte, ich hätte ausreichend Grund zu einer Klage wegen Körperverletzung und er sei bereit, es gegen ein Erfolgshonorar zu versuchen. Er war damit einverstanden, daß ich, falls ich Herpes bekäme und die Geschworenen über meine Geschichte genauso empört wären wie er, versuchen wollte, eine beträchtliche Abfindung für den Rest meines Lebens zu bekommen.

Mein Arzt führte einen Herpestest durch und sagte, er sei fast sicher, daß ich nicht infiziert sei. Er zeigte mir ein paar große Hochglanzfarbfotos von Herpesentzündungen im Frühstadium und nannte einige Symptome, mit deren Beobachtung ich mich in meiner Freizeit beschäftigen könne. Natürlich ging ich noch zweimal zum Test, um sicherzustellen, daß ich nicht infiziert war. Auf jeden Fall gab ich für Arztrechnungen und Laboruntersuchungen mehr aus, als ich an Peter verdient hatte. Und Herpes ist heute gar nichts im Vergleich zu der Gefahr, sich Aids zu holen.

Von den Menschen, die 1987 in den Vereinigten Staaten an Aids starben, waren weniger als zehn Prozent Frauen. Straßenprostituierte, unter denen es anteilig mehr Drogenabhängige gibt, weisen eine höhere Infektionsrate auf als Callgirls oder Frauen, die in einem angesehenen Bordell arbeiten. Im Rahmen einer Studie der Universität von Miami im Jahre 1987 wurde bei fünfundzwanzig weiblichen Callgirls keine HIV-Infektion festgestellt, die Infektionsrate bei den Straßenprostituierten dagegen lag bei einundvierzig Prozent.

Diese Zahlen machen deutlich, daß Prostituierte offensichtlich nicht aufgrund häufiger Sexualkontakte Aids bekommen. Prostituierte sind offenbar deshalb HIV-positiv, weil sie intravenös Drogen gebrauchen, oder weil sie vielleicht ungeschützten Geschlechtsverkehr mit Freunden haben, die intravenös Drogen gebrauchen, oder weil sie vielleicht ungeschützten Geschlechtsverkehr mit Kunden haben. (Je niedriger das sozioökonomische Niveau einer Prostituierten ist, desto größer ist im allgemeinen das Risiko, daß sie keinen Safer Sex praktiziert. Für Safer Sex braucht man Geld für Kondome, Zeit, um dem Kunden gegenüber auf dem Kondomgebrauch bestehen zu können, und einen gewissen Sinn für die Zukunft. Wenn eine Frau das Gefühl hat, sie habe keine Zukunft, und sich ausschließlich auf die Beschaffung der nächsten Droge oder auf das Geld für ihre nächste Mahlzeit konzentriert, erscheint ihr eine Krankheit, die vielleicht erst in drei oder mehr Jahren ausbricht, nicht besonders bedrohlich.)
Wenn Prostituierte die Ursache für HIV-Infektionen bei heterosexuellen Männern wären, gäbe es mittlerweile unter Heterosexuellen einen viel drastischeren Anstieg an Aids-Erkrankungen, die nicht auf intravenösen Drogengebrauch oder auf Bluttransfusionen zurückzuführen wären. Doch die Explosion von Aids-Erkrankungen in der heterosexuellen Bevölkerung hat mit Ausnahme der Drogenabhängigen noch nicht stattgefunden. Das hat die Leute aber in keiner Weise davon abgehalten, die Prostituierten für die Ausbreitung von Aids verantwortlich zu machen.

Wir haben 1984 beim Hurenkongreß in San Francisco über Aids gesprochen, und Priscilla Alexander hat ein wichtiges Papier über Prostituierte und Aids vorgelegt. Wir haben bei diesen Kongressen über Aids geredet, lange bevor sich die Centers for Disease Control (CDC) überhaupt mit der Übertragung von Aids bei Heterosexuellen beschäftigten. Wir wußten, daß die Prostituierten beschuldigt würden, sobald die heterosexuelle Bevölkerung anfangen würde, sich Sorgen um Aids zu machen. Wir wußten, daß wir etwas unternehmen mußten. Einige Frauen gaben Informationen über Nonoxynol-9 weiter, ein spermientötendes Mittel, von dem man aufgrund von Laboruntersuchungen annahm, daß es das Aids-Virus töte oder neutralisiere. Die Huren hatten schon mindestens drei Jahre lang über die Anwendung von Nono-

xynol-9 gesprochen, als das CDC schließlich die Tatsache publik machte, daß dieses Mittel gegen das Aids-Virus wirksam sei.
Wir diskutierten die Frage, wie wir Frauen uns selbst und unsere Kunden schützen könnten. Denn indem wir uns selbst schützten, schützten wir natürlich auch unsere Kunden. Wir überlegten, wie wir die Safer-Sex-Botschaft unter so vielen anschaffenden Frauen wie möglich verbreiten könnten, denn ein Mann, der Prostituierte aufsucht, sucht in der Regel viele Prostituierte auf. Es war daher dringend notwendig, daß wir uns selbst schützten, indem wir alles, was in unserer Macht stand, taten, damit Aids sich nicht unter den Freiern ausbreitete. Und die beste Möglichkeit für uns bestand darin, daß wir uns vor Leuten mit Aids schützten.
Unsere größte Sorge bei dem Kongreß 1984 war, daß die Regierung — falls sie mit der drohenden Gefahr der Übertragung von Aids unter Heterosexuellen konfrontiert würde — versuchen würde, die Prostitution zu legalisieren. Auf diese Weise könnten die Prostituierten kontrolliert, getestet und für die Kunden »keimfrei« gemacht werden. Wir waren besorgt, daß die Regierung die Prostituierten am Ende wie eine Ware behandeln würde. Das, was wir an legalisierter Prostitution in unserem Land — in den ländlichen Gebieten von Nevada — gesehen hatten, erschien uns anschaffenden Frauen überhaupt nicht ideal. Zu der Zeit *durften* die Frauen in den Bordellen von Nevada keine Kondome benutzen. Seitdem die Angst vor Aids umgeht, sind die Prostituierten in Nevada jedoch *verpflichtet*, Kondome zu benutzen, und müssen alle sechs Wochen einen HIV-Antikörpertest machen. Das hört sich alles schön und gut an. Dadurch werden die Frauen und die Männer geschützt, oder? Aber ich befürchte, das eigentliche Anliegen der Regierung ist überhaupt nicht der Schutz der Prostituierten. Warum ich das sage? Weil einer Frau, bei der der Aidstest positiv ausfällt, keine andere Arbeit vermittelt, geschweige denn Lohnausgleich angeboten wird. Sie wird einfach aus dem Staat Nevada 'rausgeschmissen. Die Männer können unterdessen weiterhin mit der Gewißheit in die Bordelle gehen, daß die verbleibenden Frauen »sauber« sind.
Wir hatten mit Frauen gesprochen, die in den legalen Bordellen gearbeitet hatten, und sie hatten uns erzählt, daß die Frauen dort wie Sklaven behandelt wurden. Sie mußten in einem Sperrbezirk wohnen. Sie durften nicht nach Las Vegas fahren, und sie wurden

nicht besonders gut bezahlt. Sie wurden eher wie Zirkustiere denn wie Menschen behandelt. Aus diesem Grunde sind die meisten politisch aktiven Prostituierten eher für die Entkriminalisierung der Prostitution als für ihre Legalisierung.
Im Verlauf des Kongresses 1984 wurde uns klar, daß wir anschaffenden Prostituierten mit einer wahren unüberwindlichen Herausforderung konfrontiert waren. Bereits in der Vergangenheit hatte die Gesellschaft die Prostituierten für die Verbreitung aller möglichen Krankheiten verantwortlich gemacht. Die Prostituierten waren schuld an der Syphilis. Die Prostituierten waren schuld an der Pest. Während des Zweiten Weltkrieges sperrte die Regierung Prostituierte ein, um die Soldaten vor Geschlechtskrankheiten zu schützen. (Die Männer bekamen trotzdem welche, vermutlich von Amateuren oder voneinander.)
In unserem Land war die schwule Bevölkerung aus rätselhaften Gründen zuerst von Aids betroffen. 1984 führten die Heterosexuellen immer noch ihr althergebrachtes fröhliches Leben, ohne sich Gedanken um Safer Sex zu machen oder überhaupt etwas darüber zu wissen, und hielten Aids für etwas, das *diesen Leuten* passierte. Aber wir Prostituierten wußten, daß Aids sich früher oder später in der heterosexuellen Bevölkerung ausbreiten würde und daß wir, wenn es so weit war, nicht nur dafür verantwortlich gemacht, sondern auch — wenn man die Geschichte als Leitfaden nahm — verhaftet oder in Quarantäne gesteckt werden würden und Schlimmeres.

Niemand konnte sich mehr für die mögliche heterosexuelle Übertragung von Aids interessieren als die Prostituierten. Also beschlossen wir, die wir in der Prostituiertenbewegung aktiv waren, soviel wie möglich über die Krankheit in Erfahrung zu bringen. Priscilla Alexander, die dem Beirat der National Task Force für Prostitution angehörte, schien die geeignete Frau zu sein.
Die Prostituiertenorganisationen begannen mit dem CDC und privaten und öffentlichen Gesundheitszentren zusammenzuarbeiten, um sich ein genaueres Bild davon machen zu können, welche Auswirkungen Aids auf die anschaffenden Frauen hatte. Und wir tauschten medizinische Berichte aus, wie wir einst die Beatles-Bilder aus den Kaugummipackungen getauscht hatten.

Uns beschäftigten einige grundsätzliche Fragen: (1) Wie viele Prostituierte in den Vereinigten Staaten hatten Aids? (2) Wo hatten sie sich infiziert? (3) Schützten Kondome vor einer Anstekkung? (4) Was würde mit einer Prostituierten geschehen, bei der der HIV-Antikörper-Test positiv ausgefallen war?
Die erste Frage, die sehr einfach zu beantworten schien, entpuppte sich als äußerst schwierig. Die meisten Frauen, die man auf HIV getestet hatte, waren verhaftet und verurteilt worden und saßen im Gefängnis. Sie ergaben einen sehr guten Querschnitt von Prostituierten, die verhaftet und verurteilt und ins Gefängnis geschickt worden waren. Sie ergaben aber keinen sehr guten Querschnitt von Prostituierten überhaupt, und Ende.
New York City behauptet alle zehn Jahre, daß seine tatsächliche Einwohnerzahl bei der Volkszählung zu niedrig berechnet würde, da es so viele Obdachlose und illegale Einwohner gäbe — die Menschen am Ende der ökonomischen Leiter —, die die Volkszähler nie fänden. Bei den Prostituierten lag das Problem genau andersrum. Die einzigen, die jemals untersucht worden sind, sind diejenigen am Ende der Leiter, diejenigen, die im Gefängnis enden, meistens Straßenprostituierte. Aufgrund von Schätzungen der National Task Force für Prostitution wußten wir, daß die Welt der Prostitution zu neunzig Prozent aus Frauen bestand, die mit Escort-Agenturen und in Massagesalons arbeiteten, als Kurtisanen wie Elaine und in eleganten Bordellen. Nur zehn Prozent waren Straßenprostituierte. Als also die ersten Daten über Prostitution und Aids herauskamen, waren wir skeptisch. Soweit wir wußten, handelte es sich bei den getesteten Prostituierten hauptsächlich um Straßenprostituierte, und von denen gebrauchten praktisch alle, die positiv waren, intravenös Drogen. Die meisten von uns waren der Meinung, daß diese Frauen sich nicht bei ihrer Arbeit infiziert hatten, sondern durch schmutzige Nadeln. Sogar das CDC stimmte schließlich unserer Ansicht zu, daß »die Seroprävalenz [von HIV-Antikörpern] unter Prostituierten ... zum größten Teil auf einen gleichzeitigen intravenösen Drogenmißbrauch zurückzuführen war«.
Damit wurde also die zweite Frage beantwortet: Wo hatten sich Prostituierte mit HIV infiziert? Was die dritte Frage betraf, nun, so schien es klar zu sein, daß Kondome einen gewissen Schutz vor der Ansteckung boten — denn schließlich wurden die männlichen

Homosexuellen aufgefordert, ab sofort Safer Sex zu praktizieren. Da das Aids-Virus unter homosexuellen Männern so weit verbreitet zu sein schien, dachten viele von uns: »Nun, wenn das reicht, um Schwule zu schützen, dann reicht es auch für uns.«
Wir hatten erfahren, daß es besser sei, Kondome aus Schafsdärmen zu vermeiden, da Kondome aus natürlichen Häuten für das Virus durchlässig wären. Und manche Frauen fingen an, zwei Kondome zu benutzen, aus Angst, daß eins zerreißen könnte. Sehr zum Entsetzen mancher Kunden fingen die Prostituierten im ganzen Land an, auch beim Oralverkehr Kondome zu fordern.
Auf die Antwort zur vierten Frage werden wir vielleicht noch etwas warten müssen: Was wird mit Prostituierten geschehen, die Aids haben? Vier Staaten — Nevada, Illinois, Florida und Georgia — erließen sofort Gesetze, die Prostituierte zu HIV-Tests verpflichteten. Manche Städte schlugen vor, HIV-infizierte Prostituierte in Quarantäne zu stecken. Seattle, Washington, beschloß, alle Frauen, die wegen Prostitution verhaftet wurden, zwangszutesten. Verschiedene Städte haben Gesetze vorgeschlagen, wonach jeder, der wegen Prostitution verurteilt wurde, sich einem HIV-Test unterziehen sollte. Diese städtischen Gesetze verlangten keine HIV-Tests bei verurteilten Benutzern intravenös gebrauchter Drogen, bei Vergewaltigern, Kinderschändern oder Haitianern oder bei Gefangenen mit einer homosexuellen Vergangenheit — also bei Leuten, die man als Risikogruppe bezeichnen könnte.
Einige Städte planten, eine Frau, die sich bei einem HIV-Test als positiv erwiesen hatte, wegen lebensgefährlicher Körperverletzung zu verklagen, falls sie später beim Anschaffen erwischt würde. Sie mögen das jetzt für eine gute Idee halten, aber überlegen Sie einen Augenblick, was dieses Gesetz bedeutet. Ein solches Gesetz hätte im wesentlichen zur Folge, daß HIV-positive Prostituierte ermutigt werden, woandershin zu ziehen, so daß diese städtischen Probleme zum Problem anderer Städte werden. Klingt das nach einer guten Lösung?
Spielen wir doch einmal das schlimmste Szenario zu den ersten drei Fragen für Sie, den zweifelnden, moralischen Thomas, durch. Nehmen wir an, die weiblichen Prostituierten sind weitgehend von Aids betroffen. Nehmen wir an, es habe sich herausgestellt, daß Aids von den Kunden auf Prostituierte und von den Prostituierten auf die Kunden übertragen *wird*. Nehmen wir an, daß Kon-

dome *nicht* schützen. Schlimmer kann es wohl nicht kommen. Okay, was werden Sie jetzt dagegen tun?
Glauben Sie, ein solches Szenario wäre das Ende der Prostitution? Bedenken Sie, daß die Prostitution trotz der Gefahr der Schwangerschaft, der Syphilis und des Herpes, trotz der Gesetze, die sie in allen Staaten der USA verbieten, und trotz der Stigmatisierung fortgedauert hat.
Was würde das Gesetz mit Prostituierten machen, die positiv sind? Sie lebenslang ins Gefängnis stecken? (Abgesehen von der Tatsache, daß das eine ungeheuere Verletzung der Menschenrechte wäre, bedenken Sie einmal die Undurchführbarkeit dieser Idee. Denken Sie an die Kosten. Und bedenken Sie auch, daß Inhaftierte mit Aids in manchen Staaten aus humanitären Gründen Freigang bekommen und möglicherweise hinausgehen, um andere zu infizieren.) Würden Sie Prostituierte lebenslänglich in Quarantäne stecken? Ihnen das Versprechen abnehmen, ihr Leben lang keinen Sex mehr zu haben? Und wenn ja, wie?
Das gesetzliche System wird der Bedrohung durch Aids niemals gewachsen sein. Die einzige Möglichkeit, damit fertigzuwerden, besteht darin, die Leute über Safer Sex zu informieren; alternative Arbeitsplätze für infizierte Prostituierte anzubieten (und damit meine ich keine Arbeitsplätze, bei denen man 4,25 Dollar die Stunde verdient); kostenlose medizinische Versorgung und Unterstützung für Prostituierte zu gewährleisten, die an Aids erkrankt sind, damit sie nicht losgehen und sexuelle Dienste anbieten müssen, um ihre medizinische Behandlung bezahlen zu können; einen Impfstoff gegen die Krankheit zu entwickeln und schließlich eine Heilung der Krankheit zu erreichen.

Wenn die Leute wirklich versuchen, mir mit der Gefahr angst zu machen, ich könnte mich als Prostituierte mit Aids infizieren, holen sie die Zahlen über die Aids-Übertragung von Mann zu Frau in Afrika hervor. Priscilla Alexanders Papier über Prostitution und Aids behandelte die Situation weiblicher Prostituierter in Afrika recht einleuchtend. Laut Priscilla sind Gummis in Afrika teuer, und Sex ist billig. Nur wenige Prostituierte können es sich leisten, Safer Sex zu praktizieren. In Afrika herrscht außerdem bei den Männern ein extremer Widerwille gegen Kondome vor, und viele Männer weigern sich, eine Prostituierte aufzusuchen, die auf

Kondomen besteht. Die katholische Kirche in Afrika mißbilligt die Benutzung von »Empfängnisverhütungsmitteln« einschließlich Kondomen. Außerdem herrschen dort Mangelernährung, ein niedriger Stand an medizinischer Versorgung und eine hohe Infektionsrate bei Geschlechtskrankheiten vor. Das alles scheinen Kofaktoren zu sein, die das Immunsystem schwächen und die Menschen anfälliger für die Krankheit machen. Und schließlich wird in Afrika, soweit ich weiß, Analsex häufig als eine Form der Empfängnisverhütung praktiziert. Die meisten Fachleute sind sich einig darin, daß Analsex — was die Übertragung des Aids-Virus angeht — die gefährlichste Form von Sex ist.
Ich persönlich kenne in Amerika nicht viele Prostituierte mit Aids; ich kenne in Amerika keine Prostituierte mit Aids, die nicht auch intravenös Drogen gebraucht hat.
Die überwiegende Mehrzahl der Prostituierten besteht auf dem Gebrauch von Gummis. Prostituierte, insbesondere Straßenprostituierte, verbringen viel Zeit mit Oralsex, wodurch viel eher sie sich die Krankheit von einem Kunden holen können — wenn kein Gummi benutzt wird —, als daß sie die Krankheit auf einen Kunden übertragen können. Habe ich genug gesagt?

Seit es die Angst vor Aids gibt, werden viel häufiger Rollenspiele von mir verlangt als jemals zuvor. Bei Rollenspielen findet wenig oder gar kein sexueller Kontakt statt. Manchmal will ein Kunde nur, daß ich in sexy Unterwäsche herumhüpfe, oder er will an meinem Zeh oder am Stöckel meines Schuhs lutschen. Manchmal will er erniedrigt oder angespuckt werden. Manchmal will er »schmutzige« Gespräche mit mir führen. Bei manchen Szenarien, die die Männer sich ausdenken, muß ich eine Kombination aus Meryl Streep, Laurie Anderson und Nadia Comaneci spielen.
Je besessener und organisierter ein Kunde ist, desto größer ist die Wahrscheinlichkeit, daß er mir ein Drehbuch überreicht, wenn ich zur Tür hereinkomme.
Das folgende Drehbuch habe ich zufällig aufgehoben. Es ist nicht bizarrer oder interessanter als ein Dutzend anderer Handlungsanweisungen , die mir gegeben wurden, aber es ist ein gutes Beispiel.
»Madam«, stand in blauer Tinte auf einem linierten Blatt Papier aus einem Spiralblock.

»Sie kommen voll bekleidet ins Wohnzimmer. Ich sitze völlig nackt am Tisch. Wenn Sie hereinkommen, schauen Sie sich im Wohnzimmer um, dann sehen Sie mich und lächeln. Schauen Sie sich erneut im Zimmer um. Wenn Sie zur Tür gehen, drehen Sie sich um und tun so, als merkten Sie erst jetzt, daß ich nackt bin. Fangen Sie an zu kichern, und beugen Sie sich auffällig vor, um meinen Schwanz zu betrachten. Bleiben Sie ein paar Minuten stehen, betrachten Sie auffällig meinen Schwanz, schauen Sie mich kichernd an und fragen Sie immer wieder: ›Was glaubst du wohl, was du da machst, Junge?‹ Während Sie kichern, zeigen Sie auf meinen Schwanz und sagen: ›Ich kann deinen Schwanz sehen, du Idiot.‹«

Das Drehbuch, das übrigens voller Fehler war, wies mich an, ihn einen Angsthasen und Weichling zu nennen, dann seinen Schwanz zu ergreifen, ihn fest zu drücken, zur Couch hinüber zu gehen und mich hinzusetzen. Dann gab es eine numerierte Liste von Dingen, die ich zu ihm sagen sollte: (1) »Ich habe schon von Jungs gehört, die unter dem Pantoffel stehen, aber du bist ja lächerlich.« (2) »Ich wette, daß du deinen dicken Schwanz und deine dicken Eier an meinen Füßen und meinen Beinen reiben möchtest, nicht wahr, du Idiot?« (3) »Igitt! Guck dir den Schwanz an. Kriegst du vor Mädchen immer einen Steifen, du Angsthase?« Ich mußte zwanzig Sätze dieser Art sagen, mehr, als die meisten Schauspielerinnen für fünf Werbespots lernen müssen.

Auf der dritten Seite stand eine Liste von zehn Dingen, die ich machen mußte, mit der Überschrift: »Bitte machen Sie folgendes:

1. Legen Sie ihre Füße auf den Tisch, an dem ich sitze, und fordern Sie mich auf, meinen Schwanz und meine Eier an ihren Beinen und Füßen zu reiben.

2. Während Ihre Füße auf dem Tisch liegen, fordern Sie mich auch auf, Ihre Füße und Beine zu lecken und zu küssen.«

In diesem Stil ging es weiter. Nummer 8 lautete: »Fordern Sie mich auf, mich vor Sie hinzuknien, während Sie mit Ihren Füßen meinen Schwanz und meine Eier reiben, und dann fordern Sie mich auf, an Ihren Zehen zu lutschen und Ihre Füße zu lecken.« Nummer 9 lautete: »Benehmen Sie sich, als würde Sie das alles belustigen. Benehmen Sie sich, als wäre es schrecklich lustig, einen nackten Angsthasen in Ihrer Gewalt zu haben.« Und Nummer 10, der Zweck des Ganzen, lautete: »Greifen Sie nach meinem Schwanz und schlagen Sie und drücken Sie ihn, während Sie mit mir sprechen.«

Manchmal sagen Männer zu mir: »Ich kann meiner Frau nicht sagen, was mir im Bett wirklich gefällt«, und in den meisten Fällen haben sie recht. Die Ehefrauen sollten dankbar sein, daß es Prostituierte gibt, die sich um solche und andere Kunden kümmern.

Meine Agentin hatte mir erzählt, bei dem folgenden Fall handele es sich um ein Rollenspiel. Es war ein Mann aus einem der Vororte, der sich diskret in einem billigeren Hotel eingemietet hatte.

Als ich an die Tür klopfte, öffnete der Mann und sah mich erleichtert an — wie jemand, der dankbar ist, daß der Klempner kommt, denn er hat einen schlimmen Rohrbruch. Als ich drinnen war, stellte ich die Tasche mit den Spielzeugen auf das Bett, das der Tür am nächsten war. Ich bemerkte, daß der Mann eine Jacke vor die Klappe zum Luftschaft, nahe der Decke, gehängt hatte. Das fiel mir aus drei Gründen auf. Erstens war sie leuchtend blau. Zweitens fragte ich mich, wie in aller Welt er so hoch hatte reichen können, um drei Meter über dem Boden eine Jacke aufzuhängen. Und drittens schloß ich daraus, daß er kein Cop war, denn er suchte Verschwiegenheit und Zurückgezogenheit. Dieser Kerl war paranoid.

Ich verlangte nach seinem Ausweis, und zufrieden, daß er derjenige war, der er zu sein behauptete, erklärte ich ihm dann die Preise: fünfundsechzig Dollar für die Agentur, zweihundert Dollar für mich. Er war überrascht; er hatte geglaubt, die zweihundert Dollar würden alles decken. »Bevor wir den Preis diskutieren«, sagte er, »sollte ich vielleicht erklären, was ich will.«

Er habe lange nach diesem Hotelzimmer gesucht, sagte er. Er habe sich bereits fünf andere Hotels angesehen und behauptet, er suche Zimmer, weil seine Tochter heirate und er geeignete Räume für die Hochzeitsgäste brauche. Wonach er tatsächlich gesucht habe, sagte er, sei ein Hotel mit hohen Decken und einem Deckenbalken gewesen.

Ich schaute hoch und tatsächlich, quer über die Decke verlief ein Holzbalken.

»Haben Sie schon einmal jemanden exekutiert?« fragte er.

»Wie meinen Sie das?«

Er langte unter das Bett und zog ein langes Seil mit einer Schlinge am Ende und ein anderes, kürzeres Seil hervor. Dann ließ er sich auf das Bett plumpsen und sah mich an, als wollte er fragen: Was halten Sie davon?

»Ich habe eine sehr ungewöhnliche Wunschvorstellung«, sagte er. »Haben Sie schon mal jemanden aufgehängt?«

»Nein«, erwiderte ich, »aber das ist keine ungewöhnliche Wunschvorstellung. Die Versicherungsgesellschaften werden sogar mehrmals jährlich zur Kasse gebeten, weil jemand es versucht und sich aus Ungeschicklichkeit tatsächlich dabei umgebracht hat. Also ist es sehr vernünftig von Ihnen, sich eine Frau zu bestellen, die Ihnen dabei hilft.«

»Ich möchte aber durch das Seil keine Schürfungen bekommen«, sagte er, was ich ziemlich witzig fand. Der Typ wollte eine Exekution simulieren, aber er machte sich Sorgen um eine leichte Hautverletzung.

Dann zeigte er auf einen Haken an der Decke. »Den habe ich dort befestigt, bevor Sie kamen«, erklärte er. Er war in einen Eisenwarenladen gegangen und hatte sich einen stabilen Haken gekauft. Er erklärte, was er gemacht haben wollte.

Ich sollte einen Henker spielen. Er erzählte mir, vor Hunderten von Jahren sei es üblich gewesen, daß die Familie eines verurteilten Mannes den Henker dafür bezahlte, daß die Exekution gut ausgeführt wurde — das hieß, daß der Mensch kunstgerecht erhängt wurde und schnell starb. Andernfalls starb der Verurteilte an Strangulierung und nicht an einem gebrochenen Genick. Er wollte ein Spion sein, der erhängt werden sollte, weil er Geheimnisse an eine fremde Regierung verkauft hatte. Wir vereinbarten, daß er mir alles Geld, das er hatte, zahlen würde — zweihundertfünfundzwanzig Dollar. Aber er würde sie nicht auf einmal zahlen.

Er stieg auf einen Stuhl, schlang das Seil durch den Haken an der Decke und prüfte es mit seinem Gewicht. Dann zog er einen zweiten Stuhl für mich heran. Das kurze Seil sollte ich benutzen, um ihm die Hände auf dem Rücken festzubinden.

»Ich zahle Ihnen jetzt hundert Dollar und fünfzig weitere Dollar, nachdem Sie die Schlinge um meinen Hals gelegt haben«, sagte er. »Und dann zahle ich Ihnen im Laufe der Zeit mehr.«

Das war schon etwas ungewöhnlich, aber wie Sie mittlerweile wissen, gehöre ich zu den abenteuerlustigen Typen. So fesselte ich ihm die Hände auf dem Rücken und führte ihn zum Galgen.

»Soll ich ein freundlicher Henker sein oder ein gemeiner?«
»Oh, ein gemeiner, der letztendlich doch noch freundlich wird.«
Offensichtlich dann, wenn ich genug Geld bekommen haben würde.
Er wollte, daß ich ihn um Gnade bitten und um ein schnelles und schmerzfreies Ende flehen ließ. Ich sollte ihm in allen Einzelheiten beschreiben, wie schrecklich es wäre, wenn ich ihn langsam strangulierte.
Besonders machte es ihn an, wenn ich mit dem Seil um seinen Hals hantierte, es von einer Seite — wo er nur stranguliert werden würde — zur anderen zog, wo sein Ende schnell und schmerzlos sein würde. Er sprang nie vom Stuhl, aber er hatte einen spontanen Samenerguß, als ich ihm gegen Ende der Stunde und am Ende seines Geldes sagte: »Es ist soweit. Bereiten Sie sich darauf vor zu sterben.«

Fußfetischisten; Leute, bei denen ich Kostüme tragen sollte; Leute, die Handmassagen wollten; Leute, neben denen ich sitzen sollte, während sie sich schmutzige Filme ansahen und sich einen runterholten; Leute, die gefesselt werden wollten, die Augen verbunden haben und geschlagen werden wollten; Leute, die Windeln tragen und die Flasche bekommen wollten — Leute dieser Art riefen wirklich immer häufiger an, seit Aids in die Medien gekommen war. Das waren Jobs mit sehr wenig sexuellem Kontakt, fast gänzlich ohne genitalen oder analen Kontakt.
Manchmal glaube ich, daß die Männer nicht von allein auf diese Phantasievorstellungen kommen, sondern davon lesen und dann denken: Das ist aber geil, das will ich auch ausprobieren. Nach dem Film *Mommies Dearest* gab es plötzlich Männer, die mit Drahtbügeln geschlagen werden wollten. Wenn ein Sexmagazin eine Geschichte über seltsame Obsessionen veröffentlicht, rufen mich anschließend garantiert vier oder fünf Männer an und verlangen danach. Ich frage mich, ob jemand eine eigene Obsession hat, auf die er selbst gekommen ist und von der er nicht irgendwo gelesen oder die er nicht in einem Film gesehen hat.

Bedeutet Aids das Ende der Prostitution? Sagen wir einmal so: In der jüngsten Geschichte hatte die Prostitution ihre magerste Zeit zu Beginn der siebziger Jahre, als die Zahl der schmutzigen Filme,

der schmutzigen Bücher und der Nacktbars explosionsartig zunahm. Plato's Retreat, eine Sexbar, wurde in New York City eröffnet. Die offene Ehe war in. Swingers waren in. Die Menschen praktizierten die freie Liebe. Wer mußte noch Prostituierte bezahlen? Die Leute boten Sex umsonst an.
Natürlich arbeiteten auch noch Prostituierte, weil es immer Leute gibt, die Sex mit Prostituierten vorziehen oder auf eine andere Art keinen Sex bekommen können.
Doch seit die Angst vor Aids herrscht, betreiben die Filmgesellschaften Selbstzensur, so daß in den Filmen nur noch wenig oder gar kein »freizügiger« Sex mehr vorkommt. Fernsehshows beschränken sich auf »unentgeltlichen« Sex. Einige Sexmagazine werden aus dem Einzelhandel zurückgezogen. Frauenzeitschriften verkünden, der beste Sex außerhalb der Ehe sei überhaupt kein Sex. Gelegenheitssex kommt immer weniger vor, und die Nachfrage nach Prostituierten steigt. Wie James Laver in *Taste and Fashion from the French Revolution until Today* [Geschmack und Mode von der Französischen Revolution bis heute] sagte: »Eine Epoche, die kein Zeitalter der Promiskuität ist, ist zwangsläufig ein Zeitalter der Prostitution.«
Wenn die Menschen keine andere Möglichkeit haben, sich sexuell auszuleben, wenn sie in keine Peep-Show gehen oder kein schmutziges Buch kaufen können, wenn sie in keine Bar gehen und jemanden für einen One-Night-Stand abschleppen können, werden sie sich an Prostituierte wenden. Aids wird die Prostitution nicht aufhalten; im Gegenteil, Aids könnte die Prostitution sogar fördern.

1985 beschloß der Bürgermeister Andrew Young, Atlanta brauche eine Task Force für Prostitution, die die Stadt bei der Formulierung von Gesetzen und der Politik unterstütze. Offensichtlich wollte er Leute, die die Gesetze ausführten, in der Task Force haben und Leute aus dem Stadtrat und dem Stadtzentrum, einem Gebiet, wo die Prostituierten offen arbeiteten. Doch schließlich überraschte er alle, als er bekanntgab, daß er auch mich in der Task Force haben wollte.
Die Task Force bestand aus Jackie Bowles, einer Soziologin, die uns bei der Gründung von HIRE unterstützt hatte; Gale Mull, einem mir bekannten Anwalt vom Vorstand der Georgia Liberties

Union; dem Polizeichef für das Stadtzentrum, den ich auch kannte; meiner Stadtratsvertreterin Mary Davis; und einer Zahl anderer Leute, die ich auch flüchtig kannte. Ich hatte das Gefühl, unter Freunden oder zumindest Kollegen zu sein, und ich wurde freundlich aufgenommen.

Natürlich sprangen die Medien auf meine Beteiligung in der Task Force sofort an und machten eine große Affäre daraus. Andy Young steckte einige Prügel dafür ein, daß er mich in das Komitee gesetzt hatte, aber ich denke, es war ehrenwert und klug von ihm.

Früher einmal, wenn ich einem Kunden vorschlug, ein Gummi zu benutzen, oder wenn ein Kunde bemerkte, daß ich ihm heimlich ein Gummi überstülpte — was vielleicht bei einem von zwanzig Männern der Fall war —, sagte er so etwas wie: »Das brauchen wir nicht zu benutzen. Du siehst okay aus.« Oder: »Ich bin sicher, daß du zu den Leuten gehörst, die sich untersuchen lassen.« Oder, schlimmstenfalls: »Ich bin sicher, daß du bei allen anderen Gummis benutzt, deshalb brauchst du bei mir keins zu benutzen.«

Dann kam Aids im Zusammenhang mit Heterosexuellen in die Schlagzeilen. Im ganzen Land begannen Schulkommissionen den Unterricht über sicheren, oder wie es mit Rücksicht auf die Enthaltsamkeitslobby später hieß, über »sichereren« Sex zu diskutieren. Aids stand in den Schlagzeilen jeder Tageszeitung, auf jeden Fall aber jeder Frauenzeitschrift, und alle Welt war sich darin einig, daß wechselnder Geschlechtsverkehr nur noch mit einem Gummi möglich sei.

Haha. Auf dem Höhepunkt der Aids-Hysterie bemerkte ein Mann, daß ich ein Gummi über seinen Schwanz gestülpt hatte, und riß es herunter. Er war empört darüber, daß ich ihn nicht für »sauber« hielt. Ich war sofort empört über ihn.

»Du könntest jemanden kennen, der Aids hat«, sagte ich in der Hoffnung, die verbreitete Paranoia ausnutzen zu können.

»Nein«, erwiderte er, »keine Chance.«

»Nun, *ich aber*«, sagte ich und gab mir keine Mühe, ihm zu erzählen, daß ich mit keinem dieser Menschen Sex gehabt hatte.

Er zog von ganz allein ein neues Gummi drüber.

So wie ich jeden Kunden behandele, als könnte er ein Cop sein, so behandele ich auch jeden Kunden, als könnte er Aids oder weiß Gott was haben. Ich habe angefangen, mir Sorgen um Aids zu

machen, ehe überhaupt jemand den Begriff kannte. Wenn man sich schon beim Händeschütteln eine Krankheit holen kann, so erschien es mir nicht abwegig, daß man sich erst recht durch sexuellen Kontakt mit einer sehr exotischen Krankheit anstecken konnte. Es gibt eine Menge verrückte und feindselige Menschen. Wenn manche Leute schon so verrückt sind, daß sie Zyanid in Aspirin mischen, dann gibt es auch welche, die so verrückt sind, daß sie versuchen, jemanden durch Geschlechtsverkehr mit einer ernsthaften, vielleicht tödlichen Krankheit zu infizieren.
Ich habe in den letzten sieben Jahren eine sehr rigorose Form von Safer Sex praktiziert. Ich sorge immer, aber wirklich immer, dafür, daß jeder meiner Kunden einen Schutz trägt. Ich berühre seinen Penis niemals mit den Lippen, und ich stecke niemals einen Finger in meinen Mund, nachdem ich seinen Penis berührt habe. Der Samen darf nicht einmal meine Nagelhaut berühren: An den Händen befinden sich immer Risse und Hautverletzungen, und sie können mögliche Eintrittspforten für Viren und Bakterien sein. Ich habe nie eine Geschlechtskrankheit gehabt, und wenn man bedenkt, in wie vielen Ländern und unter welchen Umständen ich gearbeitet habe, würde ich sagen, daß ich ein lebender Beweis dafür bin, daß Kondome schützen.
Haben Männer Angst vor Aids? Mittlerweile ja. Wir sind an einem Punkt angekommen, wo jeder Termin mit einem neuen Kunden zur Aids-Aufklärung wird. Ich glaube, manche Männer bestellen sich Prostituierte, damit sie Fragen über Aids stellen können.
»Was denkst du über Aids?« fragen sie. »Warst du schon jemals geschlechtskrank? Hast du dich auf Aids testen lassen? Machst du dir Sorgen darüber?« Die Männer, die Angst vor Aids äußern, sagen meistens: »Deshalb bezahle ich eine Professionelle, statt ein Mädchen in einer Bar aufzulesen.« Die Männer fragen sich fast immer, ob *ich* Angst vor einer Ansteckung mit Aids habe. Wenn ich nein sage, sind sie überrascht. »Das heißt nicht, daß ich mir *keine* Gedanken darum mache«, erkläre ich ihnen, »aber ich treffe alle Vorsichtsmaßnahmen, die für wirksam erachtet werden.« Meistens erzähle ich ihnen, daß meine Schwester in einem Hospiz in Kentucky als Krankenschwester arbeitet und täglich im Sterben liegende Aidspatienten pflegt.
»Meine Mom macht sich weitaus mehr Sorgen um sie als um mich. Sie könnte sich infizieren. Ich mache mir auch Sorgen um sie. Die

Arbeit als Prostituierte ist viel hygienischer und weniger gefährlich als die einer Krankenschwester.«
Ich wurde gebeten, die Centers for Disease Control darin zu unterstützen, Prostituierte in Atlanta zum HIV-Test zu bewegen. (Die Studie sollte San Francisco, Miami-Dade County, die Stadt Jersey, Newark und Patterson in New Jersey, Los Angeles, Colorado Springs, San Juan und Boston umfassen.) Es gab ziemlich viele Diskussionen über die Politik derartiger Tests. Würde das CDC redlich damit umgehen? Oder waren sie auf der Suche nach hohen Zahlen, indem sie jene Prostituierten untersuchten, die am ehesten positiv waren — die ehemals drogenabhängigen Straßenprostituierten. Wir kamen zu dem Schluß, daß das CDC nur dann ein breites Spektrum von Frauen erreichte, die als Prostituierte arbeiteten, wenn wir es unterstutzten.
HIRE verfaßte Flugblätter und Rundschreiben: »Kostenloser HIV-Test nur für Frauen! Wenn du zur Zeit als Prostituierte arbeitest oder seit 1980 irgendwelche sexuellen Dienstleistungen für Geld angeboten hast, bist du teilnahmeberechtigt an dem kostenlosen HIV-Testprogramm. Du mußt jetzt nicht mehr als Prostituierte arbeiten, um teilnahmeberechtigt zu sein. Kein Name, keine Adresse, keine Versicherungsnummer muß angegeben werden. Die Testergebnisse werden vertraulich behandelt. Der Test kann zu einer Zeit und an einem Ort deiner Wahl stattfinden.«
Einhundertzwanzig Frauen meldeten sich freiwillig zum Test. Als Teil der Studie machte ich meinen ersten Test. Ich muß zugeben, daß es mir angst machte, obwohl ich bei der Arbeit konsequent Safer Sex praktiziert hatte. (Ich hatte jedoch vor einigen Jahren eine Affäre mit einem bisexuellen Mann gehabt.) Ich beschäftigte mich ziemlich ausgiebig mit dem Gedanken, was ich tun würde, falls ich positiv war. Ich dachte über mein Leben nach, vor allem darüber, wie ich es verbringen würde. Ich dachte an Michael, meinen Freund. Und schließlich dachte ich darüber nach, ob ich noch arbeiten würde oder nicht, wenn ich positiv wäre.
Viele dieser Fragen wurden nie beantwortet. Die Antworten, die ich jetzt habe, sind vielleicht anders als die Antworten, die ich damals gehabt hätte. Die Antworten, die ich in Zukunft haben werde, sind vielleicht anders als die Antworten, die ich jetzt habe.

Ich glaube, das war eine von diesen Situationen, in denen man sich nicht vorstellen kann, was wäre, wenn? Zumindest ich konnte es nicht.

Einige Wochen später kamen die Ergebnisse meines Tests: negativ.
Nur eine weibliche Prostituierte in Atlanta hatte bei der Untersuchung ein positives Testergebnis, und diese Frau war erklärtermaßen drogenabhängig.

COPS AND ROBBERS

Die Prostitution bietet ihr die Möglichkeit, Leute kennenzulernen. Sie verschafft ihr frische Luft und wohltuende Bewegung und hält sie frei von Sorgen.

JOSEPH HELLER
Catch-22, 1961

Niemand verstand, wie ich weiterarbeiten konnte, ohne verhaftet zu werden. Mein Foto war oft genug in den Zeitungen gewesen — im Zusammenhang mit der Task Force und mit der Aids-Studie —, so daß jeder in der Stadt wußte, wer ich war. Die Typen von der Sittenpolizei erkannten mich natürlich sofort, aber da ich die Leute von der Sittenpolizei als Zeugen bei Prostituiertenprozessen erlebt hatte, erkannte ich die meisten von ihnen ebenfalls sofort. Einer von der Sitte, ein Typ namens Ernie Hughie, rief mich so oft an, daß ich ihn schon an der Stimme erkannte. Ernie wollte, daß ich gegen eine meiner Agentinnen aussagte. Das ging nun schon seit der Sache mit Sarah so. »Die Agentinnen sind alle Zuhälter«, sagte er. »Sie beuten Sie aus und nehmen Ihr Geld. Sie benutzen Sie einfach nur.«

Ernie gehörte zu der Sorte von Menschen, die sich mit einer ablehnenden Antwort einfach nicht zufrieden geben. Ungefähr alle sechs Monate bekam ich einen Anruf von ihm, und die Anrufe hörten auch nicht auf, als ich in der Task Force für Prostitution mitarbeitete.

Eines Tages, Anfang März, kamen Jimmy Webb, der Rechtsreferent von Fulton County, und Daryl Adams, der Sonderbeauftragte der Drogen- und Sittenpolizei, zu einer Versammlung der Task Force. Da ich die Feindseligkeiten nicht verschlimmern wollte, stellte ich keine Fragen. Aber die anderen fragten viel. So wollte die Task Force wissen, nach welchen Kriterien die Sittenpolizei den Schwerpunkt ihrer Arbeit in Atlanta festlege. Ob sie auf die Beschwerden von Bürgern reagiere? Nein, sagten sie, sie hätten nie Beschwerden bekommen. Warum sie dann Prostituierte verhafteten, wollte jemand wissen.

»Weil Prostitution gegen das Gesetz verstößt«, sagten Webb und Adams, und Adams schien etwas empört zu sein, daß Bürger wissen wollten, wie das Drogen- und Sittendezernat arbeitete.

Ehe sie gingen, bedankte ich mich bei ihnen dafür, daß sie sich die Zeit genommen hatten zu kommen.

Am 27. März 1985 wurde ich zu einem Hotelbesuch bei einem Zahnarzt aus Florida ins Piedmont Inn bestellt. Ich war spät dran, da ich noch mit Rosemary Daniell, der Autorin von *Fatal Flowers* und alten Freundin, telefoniert hatte. Sie hatte sich nach mir erkundigt, da sie mich vor kurzem im Fernsehen gesehen hatte. »Bist du schon einmal verhaftet worden?« waren ihre ersten Worte gewesen.

»Nein, noch nicht, aber ich glaube, es ist bald soweit.« Ich hatte für den Tag einen Mietwagen bestellt — zum ersten Mal hatte ich diese Vorkehrung getroffen —, weil ich das Gefühl hatte, ich würde bald verhaftet werden, und wenn das geschah, wollte ich einen Mietwagen fahren. Ich wollte die ganzen Umstände vermeiden, die man hat, wenn der Wagen beschlagnahmt wird. Ich kann nicht sagen, ich sei sicher gewesen, daß die Polizei mich in der Nacht schnappen würde, aber ich fühlte, daß es bald so weit war.

Durch Rosemarys Anruf war es sehr spät geworden. Der Zahnarzt aus Florida klang so gewöhnlich, daß ich mir keine Sorgen machte und mit meinem eigenen Wagen zum Termin fuhr. Ich dachte mir, daß ich noch genug Zeit haben würde, den Mietwagen abzuholen, wenn ich mit dem Zahnarzt fertig war.
Ich kam in sein Hotelzimmer, und alles sah okay aus. »Wie ich höre, sind Sie Zahnarzt«, sagte ich und fing an, ihm meine Idee von einer völlig neuen Art von Zahnarztpraxis ausführlich zu erläutern. »Wissen Sie, früher haben sich die Frauen nur zweimal in ihrem Leben die Nägel maniküren lassen — wenn sie heirateten und wenn sie zum Seniorentanz gingen; aber heute reicht es den Frauen aus der Mittelschicht nicht, sich nur einmal die Woche die Nägel maniküren zu lassen, und ich verstehe nicht, warum die Zahnheilkunde sich nicht ähnlich entwickelt. Ich finde, die Zahnärzte sollten die Zahnpflege genauso populär machen, wie die Nagelpflegeinstitute die Maniküre populär gemacht haben, indem sie ihre Praxisräume durch sanftes Licht und elegante Einrichtung attraktiver und einladender gestaltet haben. Genauso könnten die Leute einen festen monatlichen Termin vereinbaren, um ihre Zähne reinigen zu lassen, und während sie dort sind, könnten sie eine Gesichtspflege und vielleicht eine Massage bekommen oder sogar ihre Beine enthaaren lassen, so daß die Praxen zu einem Ort der Rundumpflege würden.«
Ungefähr fünf Minuten fuhr ich in diesem Stil fort. Ich fand diese Idee wirklich interessant und hatte schon lange mit einem Zahnarzt darüber reden wollen. Ich ließ mich gerade über die Idee einer Nebenbeschäftigung mit Brustimplantaten und Lidlifting aus, als es an die Tür klopfte. Und eine andere Frau kam herein. Sie bekam einen Anfall, als sie mich sah, und fegte ins Zimmer. »Wir haben am Telefon ein Geschäft über hundertfünfundsiebzig Dollar vereinbart«, sagte sie zu dem Zahnarzt, »und Sie haben mit keinem Wort erwähnt, daß noch jemand hier ist.«
Ich wurde auch stinksauer auf ihn. Natürlich war ich spät gekommen, aber dieses Verhalten gefiel mir nicht. Außerdem war ich schon eine Weile da, und er hatte nicht einmal erwähnt, daß er eine zweite Agentur angerufen hatte.
Ich schloß daraus, daß mit diesem Typen irgend etwas nicht stimmte, und so sagte ich: »Geben Sie mir einfach die Stornogebühr, und dann gehe ich.«

»Ich habe nicht genug Geld«, sagte er.
»Das macht nichts. Wir können das auf die Kreditkarte setzen.«
»Ich habe keine Kreditkarten bei mir.«
»Sie sagen, daß Sie zu einem Zahnarztkongreß in der Stadt sind, und jetzt behaupten Sie, daß Sie keine Kreditkarten haben? Sie lügen. Sie sind zu keiner von uns beiden ehrlich gewesen. Ich weiß, daß ich zu spät gekommen bin, aber Sie hätten meine Agentin anrufen können, um sich nach dem Grund zu erkundigen. Außerdem hatten Sie die Uhrzeit gar nicht festgelegt. Und finden Sie nicht, daß Sie meine Agentin hätten anrufen müssen, um den Termin abzusagen, nachdem sie sich mit jemand anderem verabredet haben?«
Jetzt versuchte der Typ, einen auf sprachlos zu machen. Zumindest glaubte ich, daß er einen auf sprachlos machte. Das war, bevor ich herausfand, was er wirklich im Schilde führte.
Die andere Frau war immer noch sauer, während ich ihm Vorhaltungen machte. So nahm ich meine Tasche und sagte zu ihr: »Zeit ist Geld, deshalb gehe ich. Ich denke, du solltest auch gehen. Irgend etwas stimmt mit diesem Mann nicht. Jemand, der so ein Ding abzieht, ist zu allem fähig. Wenn du bleiben willst, paß auf; dieser Mann ist nicht ehrlich.«
Es kam mir nicht in den Sinn, daß er ein Bulle sein könnte. Ich hielt ihn einfach nur für ein frauenfeindliches Arschloch. Was mir an der Prostitution absolut gefällt, ist, daß ich mich mit niemandem abgeben muß, den ich für ein Arschloch oder für unfreundlich oder respektlos halte. Deshalb war ich auch ziemlich zufrieden mit mir, als ich das Hotel verließ und zum Parkplatz ging.
Auf dem halben Weg zu meinem Wagen kamen, mit steifem Gang und bemüht cool wie zweitklassige Blues Brothers, zwei Bullen von der Sittenpolizei auf mich zu, drehten sich auf dem Absatz um und nahmen mich in ihre Mitte. Ich wußte, daß es Bailey und Bartlett waren. Auch ging ich davon aus, daß ich in Sicherheit war. Ich hatte oben nichts gemacht. Ich hatte mit dem Zahnarzt nicht einmal über meine Arbeit gesprochen. Ich hatte mir nichts zuschulden kommen lassen, das wußte ich, und ich dachte mir, daß sie es auch wüßten.
Sie fragten mich, wohin ich ginge. (Diese Frage kennen wir ja schon.) Ich sagte: »Zu meinem Wagen.« Dann fragten sie mich, ob ich den Mann in Zimmer 331 gesehen hätte.

»Ja, aber nicht nackt«, erwiderte ich.
»Okay«, sagte Bartlett, »wir möchten gern Ihre Papiere sehen.«
Ich lachte und sagte: »Natürlich. Ich würde Ihre auch gern sehen, Dave.«
Ich gab Bartlett meinen Führerschein und sagte zu seinem Partner: »Wir sind einander noch nicht formell vorgestellt worden, aber ich glaube, Sie sind Jim Bailey.« Er bestätigte das.
»Ich freue mich, daß wir uns endlich persönlich kennenlernen«, sagte ich. »Ich habe viel Gutes über Sie gehört.« Er wich ein Stück zurück und bekam einen besorgten Gesichtsausdruck, als wollte er gerade behaupten, er würde nur Parksünder aufschreiben. »Ich habe nur gehört, daß Ihre Zeugenaussagen meistens gut sind«, beruhigte ich ihn. »Bei Ihnen kann man damit rechnen, daß Sie vor Gericht die Wahrheit sagen. Was kann ich also für Sie tun, Jungs?«
Sie sagten, sie wollten mir nur ein paar Fragen stellen, und ich meinte: »Okay, in Ordnung, aber zuerst muß ich meinen Anwalt anrufen. Wollen Sie mir einen Termin für uns beide geben?«
»Nein«, antworteten sie.
»Nun, dann muß ich gehen«, sagte ich. »Ich bin in Eile. Sie haben sicher meine Nummer, falls Sie mich brauchen.«
»Warten Sie«, sagte Jim jetzt hastig. Er zog eine Karte hervor und las laut vor: »Sie haben das Recht zu schweigen; alles was Sie sagen, kann vor Gericht gegen Sie verwendet werden. Sie haben das Recht, einen Anwalt zu konsultieren und ihn zum Verhör mitzubringen. Wenn Sie sich keinen Anwalt leisten können, wird vor dem Verhör ein Pflichtverteidiger für Sie ernannt. Wenn Sie wollen, können Sie jederzeit von diesen Rechten Gebrauch machen und müssen keine Fragen beantworten oder Stellungnahmen abgeben. Verstehen Sie diese Rechte, die ich Ihnen erklärt habe?«
»Wollen Sie damit sagen, daß ich verhaftet bin?« fragte ich. Sie schienen der Ansicht zu sein, daß ich verhaftet war, aber sie wußten nicht, weswegen.

Ich hatte den Zahnarzt schon ganz vergessen, als Jim Bailey und Dave Bartlett mich zum Zimmer 331 führten. Sylvia, die andere Frau, war noch da, und die Wimperntusche lief an ihrem Gesicht herunter. Sie tat mir leid. In dem Augenblick gesellte sich Ray Collins, der Außendienstleiter des Drogen- und Sittendezernats, zu uns. Ich war ziemlich sicher, daß er der Mann war, den ich vor ein paar Jahren aufgesucht hatte und der mir gesagt hatte, er sei aus Columbus, Ohio. Ich hatte diese Typen vom Drogen- und Sittendezernat alle schon einmal gesehen: Collins, Bailey, Bartlett ... und Ernie Hughie. Ich verfluchte mich selbst, weil ich seine Stimme und ihn nicht erkannt hatte. Es war richtig, daß er seinen Bart abrasiert hatte, aber trotzdem hätte ich wissen müssen, wie Ernie Hughie aussah.

Ernie, der, wer weiß wie oft, bei mir angerufen und versucht hatte, mich zu Aussagen gegen Sarah und andere Agentinnen zu bewegen, war der Zahnarzt aus Florida.

Es war wie in der Fernsehsendung *Das ist Ihr Leben* — da traten all diese Menschen auf, die seit so vielen Jahren eng mit meinem Leben verbunden waren. Und jetzt waren wir alle zusammen in einem Raum. Prima.

Ernie hatte bereits Schaum vor dem Mund vor lauter »Aha, ha, ha — ich habe sie!«. Er hatte in seiner Freizeit Jura studiert, aber er war bei der Referendarprüfung durchgefallen. Ernie war ein Möchtegern-Anwalt; kein Wunder, daß die anderen Cops es ihm überließen, etwas zu finden, dessen er mich beschuldigen konnte.

Ich fragte, ob ich das Telefon benutzen könne, um Michael anzurufen, und sie sagten nein. Dann fragte ich, ob ich das Telefon benutzen könne, um meinen Anwalt anzurufen, wobei ich nicht erwähnte, daß mein Anwalt und mein Freund ein und dieselbe Person waren. »Sie werden Gelegenheit bekommen, Ihren Anwalt anzurufen, wenn wir Sie ins Fulton County Gefängnis gebracht haben«, antwortete Jim.

Sie hatten Sylvia bereits gesagt, sie sei wegen Prostitution verhaftet. Doch sie hatten sich noch nicht überlegt, was sie mir anlasten konnten. Ich war nur ein paar Minuten in dem Zimmer gewesen. Ich hatte mit dem Zahnarzt keinen Preis ausgehandelt; ich hatte mit ihm noch nicht einmal über meine Arbeit geredet. Ich hatte über Zahnarztpraxen gesprochen.

Von dem Augenblick an, da sie mich über meine Rechte belehrt hatten, tat ich nur noch das, was von mir erwartet wurde. Ich bat sie, meinen Anwalt anrufen zu dürfen, und sie sagten nein. Sie baten mich, ein paar Fragen zu beantworten, und ich sagte ihnen, ich wolle meinen Anwalt dabei haben. Es gab nichts, womit ich sie hätte aufhalten können.

»Wir brauchen Ihre Wagenschlüssel«, sagte Jim.
»Es tut mir leid«, erwiderte ich. »Sie wissen, daß ich Ihnen nicht helfen kann, ehe ich mit meinem Anwalt gesprochen habe.« (Ich wußte, daß ich, wenn ich ihnen die Schlüssel gäbe, ihnen zugleich die Erlaubnis gäbe, meinen Wagen zu durchsuchen und zu beschlagnahmen. Ich hatte nicht die Absicht, das zu tun.)
»Leeren Sie Ihre Tasche aus«, sagte Ernie.
»Das kann ich auch nicht machen.«
»Leeren Sie sie aus!«
Ohne ein Wort zu sagen, lehnte ich mich auf dem Stuhl zurück und schlug die Beine übereinander. Was ist er nur für ein kleines Nazischwein, dachte ich. Die Situation wurde immer besser und besser. Ich wußte, daß sie unaufhörlich meine Rechte verletzten. Ich versuchte nicht, sie auszutricksen; ich versuchte nur, mich selbst zu schützen — indem ich um einen Anwalt bat und mich freiwillig auf nichts einließ —, und sie verrannten sich immer mehr und mehr. Sie steckten die Köpfe zusammen, um zu beraten, was sie als nächstes tun sollten. Bedenken Sie, daß man mir noch gar keine Straftat zur Last gelegt hatte.
»Ich dachte, das dürften Sie nicht«, sagte ich, als sie meine Tasche durchsuchten. Ich war froh, daß sich so viele Zeugen im Zimmer befanden.
Sie fanden ein paar Autoschlüssel; die warfen sie irgendwelchen Bullen unten zu, die sie an meinem Wagen ausprobierten. Sie paßten nicht.
»Sie müssen noch andere Wagenschlüssel haben«, sagte Jim.
»Könnte ich jetzt meinen Anwalt anrufen?«
»Nein. Geben Sie uns die Wagenschlüssel.«
»Da ich meinen Anwalt nicht anrufen darf, habe ich niemanden, der mich berät oder mir die Sachlage erklärt.«
Sie kamen zu dem Schluß, daß ich die Wagenschlüssel in der Hosentasche haben müßte, aber keiner von ihnen wollte sie sich bei mir holen. »Stülpen Sie Ihre Hosentaschen um«, sagten sie.
»Es tut mir leid«, entgegnete ich, »aber ich glaube nicht, daß ich das machen kann.«
Das schien sie wirklich zu verblüffen, als hätte sich noch niemals zuvor jemand geweigert, seine Hosentaschen umzustülpen. Schließlich faßte einer den Mut, meine Hose zu berühren und die Tasche langsam, Zentimeter für Zentimeter umzustülpen, ohne

irgend etwas anderes als den Stoff zu berühren. Die Schlüssel fielen heraus auf das Bett, und jetzt waren die Typen wirklich aufgeregt. Die Schlüssel wurden zu irgendwelchen Beamten nach unten geworfen, und schon bald kam jemand triumphierend mit meiner großen Arbeitstasche zur Tür herein.
Ernie schien über diese Wende der Ereignisse ziemlich erfreut zu sein. Beweise! Er schüttete den Inhalt meiner Tasche auf den Boden, um zu sehen, ob es irgend etwas gab, womit er mich belasten konnte. (Aha, dachte ich noch fröhlicher. Noch eine illegale Durchsuchung.) Aber als ich sah, wie alle meine Kleider und Dinge auf den Fußboden geschüttet wurden, war ich wirklich empört. Ich hatte alles in Plastiktüten gepackt, damit es sauber blieb. Ich bin fanatisch, was Bakterien auf meinen Sachen betrifft, und jetzt lagen sie ausgebreitet auf dem Fußboden eines Hotels. Ernie hockte auf allen vieren auf diesem dreckigen Boden und hob meine Sachen mit einem Handtuch hoch, als wären sie schmutzig; und ich dachte daran, daß ich alles wieder würde sterilisieren müssen. Ernie amüsierte sich prächtig beim Durchstöbern meiner Sachen, riß Plastiktüten auf und hielt die Sachen hoch wie ein Kind, das niemals ein Weihnachtsgeschenk bekommen hat. Dabei kündigte er jeden Artikel laut an — Strümpfe! Vibrator! Ohrringe! Kleid! Dildo! Schwarze Schuhe! Kon-do-me! —, und Jim fertigte eine Liste darüber an. Ich wandte mich an Jim, der mir recht nett und anständig erschien, und fragte: »Ist es nicht peinlich, mit einem Mann wie diesem zu arbeiten?« wobei ich auf Ernie deutete.
»Ja, manchmal schon«, sagte er.
Ray Collins, der die Angelegenheiten offenbar leitete, kam zurück ins Zimmer und stieg über Ernie hinweg wie ein Vater, der über sein Kind steigt, das eine Spielzeugeisenbahn zusammensetzt. Er stellte genau dieselbe Frage, die ich gestellt hatte: »Was wollen Sie ihr zur Last legen?«
»Ich glaube, wir können sie wegen Schmuggelware anzeigen«, sagte Ernie und wies auf die Dinge aus meiner Tasche. Ray stöhnte leise und erklärte: »Sie können niemanden wegen des Besitzes von Schmuggelware anzeigen.« Ernie sah enttäuscht aus, aber nicht lange. Er rief jemandem draußen im Flur zu — es müssen an die acht Cops gewesen sein, die mit dieser Sache zu tun hatten —: »Blättern Sie ein paar Gesetze durch. *Irgend etwas* muß es doch geben, das wir ihr zur Last legen können.«

Sie müssen viele Seiten im Strafgesetzbuch durchgeblättert haben, bevor sie beschlossen, mich wegen »Escorttätigkeit ohne Lizenz« anzuzeigen. Wegen des Dildos fügten sie noch »Vertrieb von obszönen Materialien« hinzu. Und in letzter Minute schlug jemand vor: »Schreib auch noch auf: wegen Besitzes von Marihuana und Kokain.« Das waren die immer populären, multifunktionalen Delikte in Tateinheit mit anderen Verbrechen. Dadurch sollte dem Staatsanwalt der Eindruck vermittelt werden, es handele sich um ein ernsthaftes Vergehen und nicht um etwas, das vom Gericht abgewiesen würde, weil die Anklage lächerlich war (»Escorttätigkeit ohne Lizenz«).

Lassen Sie mich die Sache mit dem »Vertrieb obszönen Materials« erklären. Wenn Sie im Besitz von irgend etwas sind, das als obszön deklariert worden ist — von einem Magazin mit spärlich bekleideten Mädchen bis hin zu einem Dildo —, können Sie an vielen Orten wegen des Vertriebs von obszönen Materialien angezeigt werden. *Vertrieb* bedeutet in diesem Zusammenhang »Zurschaustellung«. *Zurschaustellung* bedeutet nicht nur, daß etwas gesehen werden kann, sondern einfach, daß es gefunden werden kann. Wenn Gesetze wie diese verabschiedet werden, wird den Bürgern erzählt, damit könnten Schieber, Gangster und Kinderpornographen ins Gefängnis gebracht werden. Doch am Ende werden diese Gesetze gegen die Bürger selbst angewendet. Dieses Delikt gehörte offensichtlich zu Ernies Lieblingsstrafanzeigen; er war der Cop gewesen, der gegen das *Penthouse*-Magazin in Georgia vorgegangen war und versucht hatte, es wegen des Vertriebs von obszönem Material an die Vanessa Williams-Filmgesellschaft verklagen zu lassen. (Ein Fall, den er übrigens verloren hatte.)

Nach dem Ersten Nachtragsgesetz zur Verfassung hat eine Person das Recht, obszönes Material wie Bücher, Zeitschriften und Videos zu besitzen, solange sie der privaten Nutzung dienen. Wenn ich also ein Sexmagazin bei mir gehabt hätte, wäre ich verfassungsrechtlich geschützt gewesen. Aber es gibt kein Recht auf einen Dildo im Ersten Nachtragsgesetz. Natürlich hatte ich ein Recht auf Intimität. Es war legal, Dinge wie Dildos zu besitzen, aber in Georgia durfte eine Person keinen Dildo verkaufen oder »vertreiben«. Ich glaubte nicht, daß die Wahrscheinlichkeit bestand, daß man mich wegen des »Vertriebs« eines Dildos — der in einer Tasche in einem verschlossenen Kofferraum eines ordnungsgemäß geparkten Autos lag — an einen Zahnarzt weit weg im Zimmer 331 verklagen würde.

Sie nahmen mich zur »Bearbeitung« auf die Wache mit. Von dort rief ich Michael an und bat ihn, sich mit einem Kautionsbeschaffer in Verbindung zu setzen. Dann rief ich ein paar Freunde an und bat sie, mein Haus auszuräumen. Ich wußte, was die Polizei gemacht hatte, als Sarah verhaftet wurde. Bei der Durchsuchung hatten sie die Wände aufgestemmt und die Teppiche, ja sogar die Dielen in ihrem Haus herausgerissen. Der Gedanke, daß die Polizei mein Haus durchsuchte, war mir schrecklicher als die Erinnerung an das Feuer. So bat ich meine Freunde, alle meine Notizen, Tagebücher, Briefe, Bücher sowie alle meine Terminkalender und Adreßbücher aus dem Haus zu schaffen.

Zwar wäre die Zerstörung meines Hauses und all dessen, was darin war, angesichts der vorliegenden Beschuldigungen weit über die Grenzen hinausgegangen, aber schließlich hatte die Polizei bereits zwei illegale Durchsuchungen durchgeführt, eine illegale Verhaftung vorgenommen und illegal meinen Wagen beschlagnahmt. Deshalb war ich überzeugt, daß weder das Gesetz noch meine verfassungsmäßigen Rechte sie davon abhalten würden, mein Haus auseinanderzunehmen.

Die Polizei wußte, daß meine Verhaftung Schlagzeilen machen würde. Ich war offizielles Mitglied der Task Force für Prostitution. Mein Bild war im Zusammenhang mit meiner Arbeit in der Task Force wochenlang in den Zeitungen gewesen. Deshalb wurde ich auch vom Augenblick meiner Verhaftung an nicht wie eine typische Prostituierte behandelt. Und ich stellte fest, daß ich an ganz überraschenden Stellen Unterstützung bekam.

Bei meiner Ankunft im Fulton County Jail führten mich die Cops in eine dieser kleinen Gesprächskabinen, und bald stellte sich ein Polizeibeamter nach dem anderen ein, um sich mit mir zu unterhalten: »Oh, ich habe Sie im Fernsehen gesehen. Ich freue mich wirklich, Sie kennenzulernen.« Ein Beamter gestand: »Eins muß ich Ihnen sagen, Sie haben wirklich Mut. Ich bewundere Sie dafür.«

Die Vorsteherin, die meine Fingerabdrücke nahm und Fotos machte, eine nette schwarze Frau, die mich an Conchata auf Saint Thomas erinnerte, sagte, ihrer Meinung nach sei ich eine

Berühmtheit. »Ich finde, was Sie über die Rechte der Prostituierten sagen, stimmt«, erklärte sie. »Was Sie sagen, sollte jede Frau wissen. Jede Frau kommt in ihrem Leben an einen Punkt, an dem sie das, was Sie sagen, wissen sollte.« Sie borgte mir einen Lippenstift und einen Kamm, damit ich auf meinem Foto für die Verbrecherkartei hübsch aussah; sie zeigte mir die Fotos, um sich zu vergewissern, daß ich mit ihnen zufrieden war; und sie bot mir einen kleinen Topf mit Creme an, damit ich die Stempelfarbe von den Händen entfernen konnte. »Wenn Sie es anders wegzukriegen versuchen, scheuern Sie sich nur die Haut von den Händen«, erklärte sie.

Ein Angestellter berichtete mir, ein Anwalt und ein Kautionsbeschaffer für mich seien gekommen. Die Kaution wurde auf 6.500 Dollar festgelegt. Ich war aus dem Gefängnis raus, ehe Ernie seinen Papierkram erledigt hatte. Mein Haus durchsuchten sie nicht. Aufs Ganze gesehen war es nicht die schlimmste Erfahrung in meinem Leben.

Am Tag nach meiner Verhaftung ging ich in Michaels Apartment. Es war einer der wenigen Orte in Atlanta, wo ich mich vor allen verstecken konnte, die mich interviewen wollten.

Die *Atlanta Constitution* veröffentlichte mein Foto mit der Schlagzeile »Mitglied des Prostitutionsausschusses verhaftet«. In dem Bericht wurde behauptet, ich sei angeklagt wegen Betreibens einer Escort-Agentur, wegen des Besitzes von Kokain und Marihuana sowie wegen Vertreibens obszönen Materials. Mein Bild war in allen Mittags- und Abendnachrichtenprogrammen. Ich war der größte Kriminalfall von Atlanta seit Wayne Williams. Aber in Michaels Apartment war ich sicher, weil fast alle Nachbarn in seinem Haus vietnamesische Flüchtlinge waren. Sie hatten ihre eigenen Probleme und kümmerten sich nicht um meine.

Am nächsten Morgen machten Michael und ich uns auf die Suche nach einem Anwalt. Michael ist zwar einer der besten Anwälte in der Stadt, aber er war auch mein Freund. Anwälte vertreten selten ihre Verlobten oder Liebhaberinnen, und obwohl Michael bereit war, meinen Fall zu begleiten, brauchte ich einen anderen Anwalt. Alle in der Stadt wollten mich vertreten, und warum nicht? Es war ein Fall, den jeder kompetente Anwalt mit Sicherheit gewinnen mußte; es war ein Fall, der eine Menge Publizität garantierte. Eine

Reihe bedeutender, politisch engagierter Leute trat sofort auf und ergriff Partei für mich. Gale Mull, der Vorsitzende der Task Force, erklärte, er hoffe, daß ich nicht aus meiner Position entfernt werden würde. »Der Gedanke, daß ihre Position gefährdet ist, entsetzt mich«, sagte er und erklärte dann, wie redegewandt ich sei, welche Kenntnisse ich besäße und wie wertvoll ich für die Task Force sei. Natürlich wurde nach der Verhaftung auch der Bürgermeister Young angesprochen. Er war derjenige gewesen, der mich für die Task Force ernannt hatte. Er war Bürgermeister, ein früherer Kongreßabgeordneter, ein früherer Botschafter der UNO und ein Priester. Alles, was er über eine Prostituierte zu sagen hatte, steigerte den Zeitungsumsatz und die Einschaltquoten.

Ich sah in den Nachrichten, wie er von Reportern verfolgt wurde, als er zu seinem Wagen ging. Würde man Dolores French aus der Task Force entfernen? fragte einer. Und Andy sagte, nein, er würde mich nicht entfernen. »Warum nicht?« hakte der Reporter nach. »Was wir brauchen, ist jemand mit Fachkenntnissen«, erwiderte Andy. »Keine andere hat es bisher gewagt zuzugeben, daß sie Fachkenntnisse hat.«

Er erklärte, was auf der Hand lag: daß ich unschuldig sei, solange meine Schuld nicht bewiesen sei. Und als ihn jemand zu einer Stellungnahme zu meiner Verhaftung drängte, antwortete er bissig: »Sie ist nur ihrer Arbeit nachgegangen.« Es war ein heißes Thema. Michael und ich entschieden, daß Bruce Morris, abgesehen von Michael natürlich, der beste Verteidiger in Atlanta sei. Bruce stellte den Antrag, daß meine Vernehmung verschoben werden sollte, bis er sich mit dem Fall vertraut gemacht habe. Der Staatsanwalt erklärte sich mit dem Antrag einverstanden und teilte es dem Richter beim Gerichtstermin mit. Aber das Verfahren war bereits eröffnet worden, und ein Haftbefehl wegen »Nichterscheinens vor Gericht« wurde ausgestellt. Da rasten die Reporter aus dem Gebäude, um ihre Titelgeschichte zu schreiben: »Dolores French flüchtig«.

Die Zeitungen und Abendnachrichten trompeteten die Nachricht über meine Flucht vor der Justiz heraus. Es war eine erschreckende Erfahrung für mich, im Bett zu liegen, zu glauben, daß ich alles ziemlich gut gemeistert hatte, und dann eine Nachrichtenmeldung mit meinem Bild und dem Wort *flüchtig* auf dem Bildschirm zu sehen.

Ich entschied, daß eine Pressekonferenz die einzig vernünftige Art war, mit all den Journalisten, die mich zu interviewen versuchten, umzugehen.
Ich sah diesem Medienereignis mit denselben Gefühlen entgegen, die wohl eine Nichte vor einem langen und anstrengenden Abendessen mit einer reichen Tante hat, deren Hobby es ist, sie abwechselnd in ihr Testament aufzunehmen und wieder hinauszuwerfen. Es war nicht so schlimm wie eine Hinrichtung auf dem elektrischen Stuhl, aber es war auch nicht gerade etwas, womit ich meine Zeit gern und freiwillig verbrachte. Doch es war wichtig, daß ich nicht verschwand oder den Eindruck erweckte, ich würde von meinem Standpunkt zu den Prostituiertenrechten Abstand nehmen. Ich konnte mir vorstellen, daß einige Frauen dort draußen nicht länger das Gefühl haben würden, ihr Leben sei am Ende, wenn jemand seine Dienstmarke zückte und sie über ihre Rechte belehrte, wenn ich aufstand und öffentlich erklärte: »Ich bin verhaftet worden, na und? Ich lebe noch.«

Zwischen dem Ergehen der Anklage und meiner Vernehmung besuchte ich weiterhin Kunden. Schließlich mußte ich Geld verdienen, um das alles bezahlen zu können. Ich machte mir keine sonderlichen Sorgen, wieder verhaftet zu werden, denn entweder glaubte die Polizei, gegen mich genug in der Hand zu haben, oder nicht. Falls ihnen klar würde, wie dumm diese Verhaftung gewesen war, wollten sie bestimmt nicht noch mehr öffentliches Interesse erregen.
Die Anklage wegen »Escorttätigkeit ohne Lizenz« wurde vor dem Bezirksgericht verhandelt. Die Anklagen wegen Drogenbesitzes und Vertreibens obszöner Materialien sollten gesondert verhandelt werden, da es dabei um Delikte in Tateinheit mit anderen Verbrechen ging, die vor dem Bundesgericht verhandelt wurden. Und da die Sache mit der illegalen Durchsuchung davon abhängig war, ob die Stadt aufgrund ihrer Anklage eine Verurteilung erreichte, wollte die zuständige Staatsanwältin Christina Craddock den Prozeß vor dem Bundesgericht nicht eröffnen, solange das Verfahren vor dem Amtsgericht nicht abgeschlossen war.
Bevor die Verhandlung beginnen konnte, mußten wir in einen größeren Gerichtssaal umziehen, weil so viele Zuschauer gekom-

men waren. Am 11. April 1985 traten für die Stadt Atlanta Ernie Hughie, Dave Bartlett und ein Typ vom städtischen Lizenzvergabebüro vor dem Bezirksgericht auf.
Ernie hatte ursprünglich ausgesagt, er habe die Escort-Agentur »Abenteuerlustige Mädchen« angerufen; die Agentur habe gesagt, daß sie ihm einen »Escort« schicken würde; und ich habe mich als seine »Verabredung« vorgestellt. Nachdem meine Anwälte Ernies Erinnerung mit der Tonbandaufnahme, die ich bei meinem Anruf und der Terminvereinbarung gemacht hatte, »aufgefrischt« hatten, gab er zu, daß meine Agentin und ich mich als Modell und nicht als Escort oder Verabredung bezeichnet hatten.
Dann befragte Bruce Morris Ernie ausführlich, warum Dave Bartlett und Jim Bailey mich beim Verlassen des Hotels verhaftet hätten. Ich sei nur zehn Minuten dort gewesen. Habe es ein Signal gegeben, das Ernie geben sollte, um mitzuteilen, daß in dem Zimmer etwas Illegales vorgefallen sei?
Die Antwort lautete »nein«.
Bruce fragte, ob es dann vorher abgesprochen gewesen sei, daß ich beim Verlassen des Hotels festgenommen und verhaftet werden sollte, unabhängig von dem, was im Zimmer gesagt (oder getan) worden war.
»Sie sollte verhaftet werden, falls die Umstände es rechtfertigten«, erklärte Ernie.
»Welche Umstände waren damit gemeint« fragte Bruce.
»Einfach bestimmte verschiedene Sachen«, erwiderte Ernie auf die für ihn typische Art.
Bruce stellte Ernie auf dem Zeugenstand noch eine Reihe von Fragen zu meiner Verhaftung. »Sie sagen, falls die Umstände es rechtfertigten und falls das Verbrechen begangen worden sei. Können Sie mir sagen, was Sie damit meinen?«
»Nein, Sir, das kann ich nicht.«
»Wissen Sie es nicht?« wollte Bruce wissen.
»Nun, es gibt verschiedene Dinge, die passieren können und die ein Verbrechen sind«, sagte Ernie. »Wenn Miss French mir Sex vorgeschlagen oder mir einen Betrag genannt hätte, den ich bezahlen sollte, dann wäre sie natürlich wegen Prostitution verhaftet worden.«
»Aber das ist nicht passiert. Ist das richtig?« fragte Bruce.

»Das ist richtig.«
Ernie mochte etwas einsilbig sein, aber dumm war er nicht. Er merkte, daß Bruce dem sehr interessanten Punkt näher kam, daß die Beamten, als sie mich vor dem Hotel verhafteten, nicht wissen konnten, ob ich ein Verbrechen begangen hatte. Deshalb ergänzte Ernie seine Zeugenaussage jetzt um die Erklärung, die Beamten hätten sich bereit erklärt, mich beim Verlassen des Hotels »festzunehmen« und in das Zimmer zurückzubringen, wo sie sich »die entsprechenden Paragraphen durchlesen« konnten, ehe sie mir tatsächlich mitteilten, daß ich verhaftet sei.
Dann ging Bruce mit Ernie jene Abschnitte in seiner Zeugenaussage durch, in denen es um die Durchsuchung und Beschlagnahme ging. Wußte Ernie, was sich in meiner Arbeitstasche befand, oder hatte ich es ihm erzählt oder angeboten, es ihm zu zeigen, bevor er sie öffnete? Wußte er, was in meiner Handtasche war, bevor er den Inhalt untersuchte? Hatte er einen Durchsuchungsbefehl zur Durchsuchung meiner Tasche oder Handtasche? Hatte ich ihm die Erlaubnis erteilt, meine Tasche oder Handtasche zu durchsuchen? Hatten sie meine Erlaubnis, meinen Wagen zu durchsuchen?
Nein, nein, nein, nein und nein.
Bruce fragte ihn, ob ich ihn jemals irgendwie persönlich berührt habe, und erklärte, daß Ernie diese Frage so weitgehend auslegen könne, wie er wolle. Ernie sagte nein. Bruce fragte, ob wir jemals über Geld gesprochen oder Geld ausgetauscht hätten, oder ob ich Ernie aufgefordert habe, mich irgendwohin zu begleiten; und wieder antwortete Ernie nein, nein und nein.
Und dann brachte Bruce Ernie dazu einzugestehen, daß er während seiner langen Laufbahn bei der Sittenpolizei noch niemals eine Frau verhaftet habe, weil sie einer Escorttätigkeit ohne Lizenz nachging.
Als Detektiv W. M. Frederick in den Zeugenstand trat, erklärte er, daß er als Lizenzprüfer der Lizenz- und Erlaubnisabteilung der Polizei weder 1985 eine Lizenz für eine Escorttätigkeit ausgestellt habe, noch sei 1984 eine solche Lizenz ausgestellt worden. 1983 habe es einen einzigen Antrag auf eine Escortlizenz gegeben, der abgelehnt worden sei. Er bestätigte auch, daß es, soweit er sich erinnern könne, bestimmt seit 1982 keine Strafverfolgung wegen Escorttätigkeit ohne Lizenz mehr gegeben habe.

Abschließend stellte Bruce fest, daß niemals über Sex und, abgesehen von der Stornogebühr, niemals über Geld geredet worden sei; daß Ernie und ich einander während dieser wenigen Minuten in dem Zimmer nicht einmal berührt hatten; daß auch das Wort *Escort* niemals erwähnt worden sei; daß Detektiv Fredericks bezeugt hatte, daß keine Lizenzen für Escorttätigkeiten ausgestellt würden; und daß es nicht verboten sei, ohne Lizenz »Modell zu stehen«. Michael ergänzte, daß Ernie und die anderen Beamten keine Polizeibeamten von Atlanta seien und daher nicht das Recht hätten, jemanden wegen Verstoßes gegen städtische Verordnungen zu verhaften. Die Staatsanwältin stellte eine Reihe von Anträgen. Meine Anwälte stellten eine Reihe von Anträgen, unter anderem den, daß die Richterin einen sofortigen Freispruch erlasse, den sie allerdings ablehnte.
Die Richterin erklärte, daß sie über weitere Anträge nicht sofort entscheiden werde, und vertagte die Sitzung.

Michael, Bruce und ich traten aus dem Gerichtssaal und ließen uns gegen das Treppengeländer sinken. So viel hatte auf dem Spiel gestanden, es war so viel passiert, und gleichzeitig war nichts passiert. Mir war zwar klar, daß die Stadt den Prozeß nicht gewinnen konnte, aber es schien doch so, als sei sie absolut entschlossen, ihn so lange weiterzuverfolgen, wie Georgia noch ein unabhängiger Staat war, und als hätte ich immense Anwaltsgebühren zu zahlen, falls diese Sache an ein Bundesgericht verwiesen würde. Wir mußten eine Möglichkeit finden, die Staatsanwältin davon abzuhalten, daß sie diesen Fall bis zu einem Punkt weiterverfolgte, an dem ich im Armenhaus landen würde. Wir wußten, daß es für die Stadt schwierig war — daß aber andererseits die Staatsanwältin die Anklage nicht einfach fallenlassen würde, denn das wäre (a) peinlich bei einem Fall, der so viel Publizität erlangt hatte, und (b) hätte ich dann die Chance, alle, die damit zu tun gehabt hatten, zu verklagen. Die Stadt hatte nicht die Absicht, das zuzulassen.
»Was machen wir jetzt?« fragte ich.
»Nun«, scherzte Michael, »wir könnten einen Antrag auf eine vorläufige Aktenanforderung durch ein höheres Gericht stellen.«
»Was heißt das?«

»Dolores, so was gibt es nicht«, sagte Bruce.
»Nun kommt schon, Jungs, was heißt das?«
»Das ist ein Berufungsverfahren, das aber nur bei Fällen vor Bundesgerichten und höheren Gerichten Anwendung findet«, erklärte Michael.
»Worum geht es bei der Berufung?«
Michael und Bruce begannen, eine Reihe von Einwänden aufzuzählen, die schon mein ganzes Leben lang ein sicheres Zeichen des Sieges gewesen waren: »Das wird nicht funktionieren.« — »Das hat noch keiner gemacht.« — »Man wird dich im Gerichtssaal auslachen.« — »Das haben sie zu Kolumbus auch gesagt«, entgegnete ich.
»Und er starb im Gefängnis«, antwortete Bruce.
»Lieber im Gefängnis als im Armenhaus«, erwiderte ich. »Jetzt erklärt mir, wie diese Dingsbums-Anforderung funktioniert.«
Michael und Bruce erklärten mir, wie diese Sache, obwohl es sie nicht gab, funktionieren könnte, wenn es sie gäbe: Von einem erstinstanzlichen Gericht würde an ein zweitinstanzliches Gericht ein Antrag auf ein nicht endgültiges Urteil gestellt werden. Die mit meinem Fall befaßte Richterin müßte der Aktenanforderung nachkommen. Der Richter vom zweitinstanzlichen Gericht müßte der Aktenanforderung zustimmen. Ein dritter Richter müßte über den sachlichen Gehalt der Aktenanforderung entscheiden. Alles, was drei Richter und zwei Gerichte beschäftigte, würde zwangsläufig viel Zeit in Anspruch nehmen, eine Menge Papierkram und Streß verursachen und die Dinge vielleicht sogar derart kompliziert machen, daß der Fall für immer ungelöst blieb. Es war also eine Art Verwirrspiel.
»Laßt uns das machen«, sagte ich.
Eine Sache, die ich Prostituierten immer wieder klarzumachen versuche, ist die, daß der Anwalt, den sie engagieren, für sie arbeiten muß. Manche Menschen bezahlen ihren Anwälten riesige Geldsummen, und dann machen sie alles, was diese Anwälte sagen. Aber wenn man einen Anwalt bezahlt, bezahlt man für die Beratung und die Dienstleistung. Der Anwalt geht nicht für einen ins Gefängnis, wenn man verliert, oder vertritt einen auch dann noch, wenn das Geld alle ist. Also sagte ich: »Ich meine das wirklich ernst. Laßt uns die Sache mit der Aktenanforderung machen. Und wenn es das nicht gibt, um so besser. Das wird sie wirklich in Verwirrung stürzen. Wer von euch beiden schreibt die Aktenanforderung?«

Michael machte sich kundig, schrieb die Aktenanforderung und überreichte sie unserer Richterin, die sie genehmigte. Der Vorsitzende Richter in Fulton County genehmigte die Annahme, und dann stellte Michael jenen Antrag, der besagte, daß unsere Richterin und die Stadt dreißig Tage Zeit hätten, die Aktenanforderung, auf die es keine Antwort gab, zu beantworten. Wir sind uns ziemlich sicher, daß die für meinen Fall zuständige Staatsanwältin diese dreißig Tage damit verbrachte, Gesetzesbücher zu wälzen und sich zu fragen, was für ein Ding diese beiden Teufelsanwälte zu drehen versuchten.

Wenn innerhalb von dreißig Tagen keine Antwort kam, konnte diese Aktenanforderung mit dem unaussprechlichen Namen zurückgewiesen werden. Weder die Stadt noch die Richterin antworteten. Die Aktenanforderung kam zum Vorsitzenden Richter der zweiten Instanz, und der forderte die Stadt sowie unsere Richterin auf, innerhalb der nächsten dreißig Tage zu antworten. Zwanzig Tage später, irgendwann im November, erhielt Michael einen Brief von der für unseren Fall zuständigen Richterin; sie beauftragte ihn, den Fall zur Überprüfung durch ihr Gericht zurückzufordern, damit sie ihn einstellen könne. (Wir vermuten, daß die Richterin meinen Fall und das Gesetz überprüft hatte und danach zu dem Schluß gekommen war, daß wir recht hatten. Wir vermuten auch, daß es unsere Aktenanforderung war, die ihr die Zeit dafür gegeben hatte.)

Als Michael die Nachricht erhielt, rief er die Richterin an und fragte: »Soll das ein Witz sein?«

»Gewiß nicht«, antwortete sie.

»Nun, dann muß ich die vorläufige Aktenanforderung durch ein höheres Gericht zurücknehmen«, sagte Michael, »damit wir den Fall wieder in unseren Gerichtssaal bekommen.« Die Richterin war offensichtlich erleichtert. Michael rief im Büro des Bundesstaatsanwalts an, und ihm wurde mitgeteilt, daß sie die Vorwürfe wegen Besitzes von Kokain und Marihuana und wegen Vertreibens von obszönem Material nicht weiterverfolgen würden, wenn die Stadt ihre Klage einstellte. (Der Bundesstaat hatte offensichtlich schon entschieden, daß dieser Fall nicht die geringste Chance hatte.)

Michael nahm den »Antrag der Verteidigung auf eine vorläufige Aktenanforderung durch ein höheres Gericht« zurück, und die Richterin stellte meinen Fall ein.

Ich wurde gefragt, ob ich schriftlich erklären würde, daß ich niemanden — weder die Beamten, die mich verhaftet hatten, noch ihre Untergebenen — wegen der Vorfälle verklagen würde. Als Gegenleistung für meine Unterschrift bekam ich meine Taschen und ihren Inhalt zuruck. Der Bundesstaat erklärte sich bereit, mich wegen keines wie auch immer lautenden Vorwurfes aus diesen Verhaftungen zu verklagen.
Zwischen dieser Vernehmung und der Einstellung des Verfahrens durch die Richterin heiratete ich meinen Anwalt. Michael und ich waren gerade auf dem Weg zum Hurenkongreß in San Francisco, und unser Flugzeug machte eine außerplanmäßige Zwischenlandung in Las Vegas. »Laß uns heiraten«, sagten wir. Leider hob unser Flugzeug aber schon wieder ab, ehe wir in einem dieser Hochzeitssalons mit Mietschleier-Service einen Termin hatten vereinbaren können.
Wie sich jedoch herausstellte, war Gloria Lockett, ein Mitglied von *COYOTE*, ebenfalls Pfarrerin. Sie bot an, uns zu trauen, und wir nahmen ihr Angebot an. Michael und ich stellten eine Liste der Dinge auf, die wir in unserer Ehe zu tun versuchen wollten. Ich fand, daß Michael sich selbst eine unmöglich lange Liste auferlegte, und sagte ihm das auch. Mein größter Wunsch an ihn war, daß er niemals einen Vergewaltiger verteidigte. Sein größter Wunsch an mich war, daß ich niemals unhöflich mit Kellnern umgehen sollte. Wir wurden im Coit Tower getraut, und das hieß, daß wir eine Menge Postkarten kaufen konnten, um es all unseren Freunden mitzuteilen. Als ich aufgefordert wurde, in Atlanta als Geschworene tätig zu werden, teilte ich zum ersten Mal mit, daß ich Michaels Frau sei. Als ich vom Assistenten der Staatsanwältin ausgefragt wurde, ging er über die Tatsache hinweg, daß ich in dem Geschworenen-Fragebogen »Prostituierte« als Beruf angegeben hatte, machte sich aber Gedanken darüber, daß ich mit einem Verteidiger verheiratet war. Carole Wall, die leitende Staatsanwältin, war in dem guten Glauben, daß ich mich bei einem Prozeß gegen einen Handtaschenräuber eher auf die Seite der Strafverfolger stellen würde. (Meiner Meinung nach sah man jedem Handtaschenräuber an, ob er einer war oder nicht.) Aber Caroles Assistent war so naiv zu glauben, daß die Frau eines Verteidigers die Partei der Verteidigung ergreifen würde. Ich wurde freigestellt.

Michael und ich finden uns bei gesellschaftlichen Anlässen häufig mit Staatsanwälten und Cops wieder. Manchmal muß ich aufpassen, daß ich mich dabei nicht zu sehr mit den Staatsanwälten verbrüdere, weil ihre Vorgesetzten das für unanständig halten.
Manchmal wissen die Leute nicht, daß Michael mit mir verheiratet ist. Im zweiten Monat eines siebenmonatigen Drogenprozesses erzählte Michael zufällig seinem Ko-Anwalt, Mark Spix, daß seine Frau auch einmal verhaftet worden sei.
»Weshalb?« fragte Spix.
Michael erzählte es ihm, und er sagte: »Du machst dich wohl lustig über mich.«
Dann nannte Michael ihm meinen Namen, und Spix war überrascht. (Seitdem ist Mark Spix einer von Michaels besten Freunden.)
Abgesehen von gelegentlich bekundeter Überraschung, hat Michael im allgemeinen aufgrund seiner Ehe mit mir weder von Seiten der Richter noch von Seiten der Anwälte negative Reaktionen erfahren. Eher hat ihm die Ehe mit einer Prostituierten sogar mehr genützt als geschadet. Zwar bin ich berüchtigt in Atlanta, aber ich werde respektiert.
1987 wurde Michael zum Vizepräsidenten der Georgia Civil Liberties Union gewählt, und diese Organisation ist die letzte, in der jemand an dem Anstoß nehmen würde, was ich tue. Als er bei AID Atlanta, einer Beratungsstelle für Menschen mit Aids, als Berater engagiert wurde, äußerten sich dagegen einige Leute dort entsetzt darüber, daß er mit mir verheiratet sei. Er lebt damit, und ich lebe damit, daß er ein Verteidiger ist. Unsere Jobs sind sich sogar, wie er sagt, ziemlich ähnlich: Wir sind beide freiberuflich tätig, wir werden im voraus bezahlt, und wir beide versuchen, unseren Kunden Befreiung zu verschaffen.
Michael versteht meinen Job. Er versteht, daß ich mit meinen Kunden nicht emotional verstrickt bin.
Es gibt jedoch Dinge in meinem Job, die ihm Sorgen machen. Jedesmal, wenn ich das Haus verlasse, macht er sich Sorgen, daß ich nicht zurückkommen könnte. Er macht sich mehr Sorgen um Wahnsinnige als ich.

Gina, meine neue Agentin, rief mich ungefähr um halb zwei morgens an und fragte, ob es mir etwas ausmache, bis in einen Vorort

hinauszufahren, um einen Kunden zu besuchen. «Kommt drauf an«, sagte ich. »Was hast du anzubieten?«
»Er sucht nach einer großen Frau mit einem hübschen Gesicht.«
»Das bin ich«, sagte ich.
»Deshalb rufe ich dich auch an«, erwiderte sie. Sie nannte mir seinen Namen und sagte, er habe die Adresse seines Vaters in einer kleinen Stadt außerhalb Atlantas angegeben. »Er klingt sehr jung und nett«, sagte sie. »Ruf mich wieder an und erzähl mir, was daraus wird.«
Ich rief ihn an und sagte: »Meine Agentin erzählte mir, daß du ein großes Modell mit einem hübschen Gesicht suchst.«
»Ist dein Gesicht hübsch?«
»Mein Gesicht ist sehr schön, aber ich fürchte, ich bin vielleicht nicht groß genug. Ich bin nur einsachtundsechzig, vielleicht höchstens einssiebzig groß. Doch wenn ich Stöckelschuhe trage, wirke ich viel größer. Wenn das also in Ordnung ist, erzähle ich dir weiter, wie ich aussehe, und dann können wir darüber sprechen, wo du wohnst.«
»Gut«, sagte er.
»Ich habe rotblondes, gelocktes, ungefähr schulterlanges Haar. Meine Maße sind ungefähr sechsundneunzig — einundsiebzig — neunundneunzig. Ich habe eine sehr helle Haut, grüne Augen, und ich bin achtundzwanzig.« (Diese Beschreibung von mir war nicht ganz akkurat. Aber ich hatte festgestellt, daß die meisten Kunden mich so wahrnahmen, und so war es am besten, die Dinge etwas zu frisieren. Meine Brust hat beispielsweise einen Umfang von ungefähr hundertundzwei Zentimetern, aber ich habe einen breiten Rücken, und wenn ich sage 102—71-99, erwarten sie eine üppigere Frau. Und in Wirklichkeit war ich fünfunddreißig Jahre alt, aber ich sah wie achtundzwanzig aus. Außerdem wären die Leute davon ausgegangen, daß ich in Wahrheit fünfundvierzig bin, wenn ich gesagt hätte, ich sei fünfunddreißig. Sobald man ein Alter über dreißig angibt, glauben viele Kunden, daß man viel älter ist und versucht, ein Jahrzehnt oder so abzuziehen. Also konnte ich nichts gewinnen, wenn ich mein Alter korrekt angab. Davon abgesehen war die Beschreibung allerdings richtig.)
»Wie ich hörte, wohnst du in ———«, fuhr ich fort und nannte die Stadt, in der seine Eltern wohnten.

»Ja, aber ich besuche ein College in Michigan«, antwortete er. »Wir haben Schulferien, und sie sind sehr religiös. Es ist wichtig für sie, daß die Familie Ostern zusammen verbringt.«
»Aber es ist nicht Ostern«, bemerkte ich.
»Nein, aber ich kann Ostern nicht kommen, also bin ich jetzt hier.«
»Warum wohnst du dann in einem Hotel?« fragte ich.
»Damit ich dich einladen kann«, antwortete er.

Ich hatte keine Probleme, das Hotel zu finden, weil ich schon einmal dort gewesen war, mit Tyler, meinem zweiten Kunden. Es war ein billiges Hotel, wo meines Wissens schon Frauen ausgeraubt worden waren. Deshalb war ich auf der Hut, als ich auf dem Parkplatz hielt. Ich überlegte, ob ich meinen Schmuck ablegen und im Handschuhfach verschließen sollte, aber dann dachte ich mir, daß in dieser Gegend vielleicht Autos aufgebrochen wurden und daß es besser war, wenn ich ihn bei mir trug.
Bevor ich aus dem Wagen stieg, begutachtete ich schnell das ganze Gebäude, um mich davon zu überzeugen, daß dort niemand Unerwünschtes herumlungerte. Ein ungewöhnlich gutgebauter, junger, blonder Mann stand auf der Hotelveranda. Er trug kein Jackett, sondern nur ein Hemd, und es erschien mir denkbar, daß er mein Kunde war.
Als ich mich ihm näherte, bemerkte ich sein nervöses Lächeln und seine glänzenden Augen, und ich vermutete, daß er Kokain genommen hatte. »Delilah?« sagte er. »Ich dachte schon, du kommst nicht. Du hast ein hübsches Gesicht. Genau wie ich es mir vorgestellt habe.«
Er blieb vor einer offenen Tür stehen, auf der die Zimmernummer stand, die er mir genannt hatte. Er forderte mich auf hineinzugehen. Sobald ich auf der Schwelle stand, verspürte ich Angst. Das Zimmer war vollkommen dunkel, was ungewöhnlich war. Die Bettlaken waren leicht zerwühlt, aber nicht so, als hätte gerade jemand darin geschlafen oder auch nur darauf gesessen. In dem Zimmer befand sich nichts, was ihm gehörte. Normalerweise legen die Leute irgend etwas auf die Kommode oder den Nachttisch, wenn sie in ein Hotelzimmer kommen: eine Schachtel Zigaretten, einen Schlüsselbund, Wechselgeld, irgend etwas, womit sie das Zimmer als ihr eigenes markieren. Auf der Klimaanlage lag ein

Handtuch, und ein weiteres lag zusammengefaltet auf der Kommode. Der Fernseher war nicht an und das Licht im Badezimmer auch nicht. Die ganze Sache war merkwürdig.

Da er noch draußen stand, zwischen mir und der Treppe, beschloß ich hineinzugehen und in dem Augenblick abzuhauen, in dem er mir den Rücken zudrehte.

»Es tut mir leid, daß du warten mußtest«, sagte ich. »Es muß dort draußen kalt gewesen sein.«

»Nö, so schlimm war es nicht«, meinte er und ging auf das Badezimmer zu. Ich dachte, das wäre meine Chance. Mit der rechten Hand langte ich nach dem Türgriff und drehte mich zur Tür um, damit ich durch einen möglichst schmalen Spalt entschlüpfen konnte, wenn ich die Tür öffnete. Dann warf ich einen Blick zurück, um zu sehen, was er machte, und stand Auge in Auge mit einem Gewehrlauf.

Mit bösartiger Stimme sagte er: »Geh von der Tür weg.«

Ich sprang zurück, aber da war ein Stuhl im Weg, so daß ich stolperte und beinahe hingefallen wäre. Die Gedanken überschlugen sich in meinem Kopf: Warum habe ich meinen Schmuck nicht im Wagen gelassen? Warum glaubte ich, ein blonder, kleiner Junge würde mich nicht ausrauben? Warum habe ich der Agentin nicht einfach gesagt, daß ich heute nacht schlafen wolle? Was will dieser Typ? Warum muß ich nur so viel Schmuck tragen? Laut sagte ich: »Jesus Christus, ich habe schon von solchen Vorfällen gehört, und ich wollte nie herausfinden, wie es sich anfühlt.« Ich dachte: Was wird er machen, wenn er meinen Ring nicht herunterbekommt? Er wird mich doch bestimmt nicht umbringen. Doch mein vorherrschender Gedanke war: Was mache ich nur, um hier lebend herauszukommen? Er lehnte sich jetzt an die Tür, und sie war der einzige Weg nach draußen.

Ich ging langsam näher an die Tür heran, was hieß, daß ich mich auf ihn zubewegte. »Geh zurück«, forderte er mich auf, und ich trat vielleicht sechs Zentimeter zurück. In der Hand hielt ich noch meine Wagenschlüssel, und ich hörte sie rasseln, so heftig zitterte meine Hand.

»Was hast du in der Hand?« fragte er.

»Meine Schlüssel, siehst du? Es tut mir leid, daß sie so viel Lärm machen. Ich zittere. Ich weiß nicht, wie ich damit aufhören soll.«

Er zitterte auch. Ich wollte nicht, daß er die Nerven verlor und

versehentlich abzog. Also ließ ich die Schlüssel in meine Handtasche fallen und hielt meine leeren Hände hoch. »Siehst du, sie sind in der Tasche.«
Ich hielt die Hände hoch, bis er sagte: »Okay, nimm sie runter.« Sofort griff ich nach der Klinke um zu sehen, ob die Tür abgeschlossen war. Als ich feststellte, daß er nicht abgeschlossen hatte, beschloß ich, die Klinke auf keinen Fall wieder loszulassen.
»Geh auf die andere Seite!« befahl er.
»Nein, ich glaube, ich gehe jetzt lieber«, erwiderte ich, so ruhig ich konnte.
»Du gehst nirgendwohin. Auf die andere Seite!«
»Warum sollte ich?«
»Weil ich es sage.«
»Nein«, entgegnete ich. »Das werde ich nicht. Ich muß gehen.« Ich wußte, daß er zu klein war, um mich mit körperlicher Gewalt auf die andere Seite des Zimmers zu zwingen. Ich glaube, es verblüffte ihn, daß ich nicht das tat, was er sagte. »Bitte erschieß mich nicht«, sagte ich, um eine Pause von mehreren Sekunden zu überbrücken. Ich wollte ihm keine Zeit zum Nachdenken geben.
»Ich will dir nicht weh tun«, antwortete er »und ich werde dir nicht weh tun, wenn du nur endlich auf die andere Seite gehst.« Sollte das ein mexikanisches Duell sein oder was? Ich hatte nicht die Absicht, die Tür loszulassen, und da ich die Tür hätte loslassen müssen, um auf die andere Seite zu gehen, hatte ich nicht die Absicht, auf die andere Seite zu gehen.
Ich versuchte eine neue Taktik. Ich glaubte nicht, daß er die Absicht hatte, mich zu vergewaltigen, und er hatte auch nichts davon gesagt, daß ich ihm mein Geld oder meinen Schmuck geben sollte. Da er nicht sagte, was er vorhatte, beschloß ich, ihn zu fragen. »Was willst du von mir?«
»Ich will, daß du auf die andere Seite gehst«, erwiderte er.
Es machte mir angst, wie wir uns im Kreise drehten. Ich fürchtete, dieser Junge könnte versehentlich an den Abzug kommen und mir ins Gesicht schießen. Bestenfalls wäre ich dann für den Rest meines Lebens ein Krüppel und arbeitsunfähig. Schlimmstenfalls wäre ich tot. »Ich hatte noch nie in meinem Leben solche Angst«, sagte ich zu ihm.
»So soll es auch sein. Also geh jetzt da rüber, damit ich dir nicht weh tun muß.«

Ich dachte: Ich habe zu viel Angst, um das durchzustehen. »Warum bestellst du nicht eine, die mehr Erfahrung mit solchen Sachen hat?« Ich meine, was soll man denn zu einem potentiellen psychopathischen Mörder schon sagen?
»Nun komm schon«, sagte er, »du gehst mir wirklich auf die Nerven. Jetzt werde ich allmählich sauer, und ich könnte dir weh tun. Mach also, was ich dir sage.«
»Warum machst du das?« fragte ich. »Wozu das alles? Wozu das Gewehr? Warum willst du, daß ich dort rüber gehe?«
»Das ist nur so eine Phantasievorstellung von mir«, quengelte er. »Ich will einfach meinen Spaß mit dir haben. Also geh jetzt bitte dort rüber, damit wir weitermachen können«
»Das soll *Spaß* sein?« fragte ich. »Mir macht das keinen Spaß.« Ich versuchte, meine Stimme unter Kontrolle zu bekommen, und sagte dann: »Ich will dir mal etwas erklären. So kann das nicht funktionieren. Ich werde nicht auf die andere Seite gehen oder irgend etwas tun, was du mir sagst, ist das klar? Du hast das schlecht geplant. Also laß mich jetzt endlich gehen, und wir vergessen die ganze Sache.« Das klang in meinen Ohren ziemlich gut, und ich rechnete schon fast damit, daß er mir die Tür öffnen und sagen würde: »Okay.«
»Nein«, sagte er, »dann rufst du die Polizei an.«
»Ich werde die Polizei nicht anrufen. Ich will nur gehen.«
»Du wirst machen, was ich dir sage«, entgegnete er, aber er klang mittlerweile leicht panisch. »Ich bezahle dir deinen Preis«, fügte er hinzu.
»Wann?«
»Wenn du dort rüber gehst.«
»Wenn du mich bezahlen willst, dann zahl jetzt«, sagte ich. »Danach können wir uns über das unterhalten, was du dir vorstellst.«
»Wenn ich das Geld hole, wirst du abhauen«, wandte er ein.
So eine Scheiße, dachte ich. »Du wirst damit nicht durchkommen«, sagte ich. »Meine Agentin wird bald nach mir suchen, und wenn sie mich nicht findet, wird sie jemanden losschicken, mich zu suchen.« Das war eine Lüge. Weil ich müde war, hatte ich meine Agentin bei meiner Ankunft nicht angerufen. Es würde mindestens eine halbe Stunde vergehen, ehe mich jemand vermißte. Ich wußte, daß ich diesen Verrückten nicht so lange würde hinhalten

können. Dieser Typ schien verrückt genug zu sein, um mich umzubringen.
Ich holte tief Luft und setzte mir ein paar Ziele: (1) aus dem Zimmer herauszukommen; (2) nicht umgebracht zu werden; (3) nicht ernsthaft verletzt zu werden; (4) dabei weder den Jungen umzubringen noch (5) meine Kleider zu zerreißen oder schmutzig zu machen.
Ich sah mir sein Gesicht genau an, um diesen Typen bei einer eventuellen polizeilichen Gegenüberstellung identifizieren zu können, denn ich wußte, daß Michael das von mir erwartete, falls ich den Tag überlebte, und ich beobachtete, wie er das Gewehr hielt, so daß ich es genau so halten konnte, falls ich es ihm wegnehmen konnte.
»Ich werde längst fertig sein, ehe dich überhaupt jemand vermißt«, sagte er, und da wußte ich, daß ich sofort handeln mußte. Mit einem kräftigen Ruck zog ich an der Tür in der Hoffnung, daß das Gewehr bei dem Ruck nicht losgehen würde. Er schlug die Tür wieder zu und langte nach der Sicherheitskette.
In dem Augenblick, als seine rechte Hand das Gewehr losließ, ergriff ich den Lauf, stieß ihn nach oben zur Decke und packte ihn mit der anderen Hand, wobei ich schrie: »Gib mir das Gewehr, du Hundesohn!«
Ich brachte ihn aus dem Gleichgewicht und riß ihm das Gewehr aus der Hand. Das Gewehr auf ihn gerichtet, trat ich ungefähr eineinhalb Meter zurück, bis ich vor der Klimaanlage stand. »Geh weg vom Fenster«, sagte er. »Jemand könnte dich sehen.«
Was für eine wunderbare Idee. Ich schaltete das Licht an und schob mit dem Ellenbogen die Gardinen beiseite in der Hoffnung, irgend jemand an diesem gottverlassenen Ort würde eine Frau mit einem Gewehr in der Hand an einem Fenster bemerken. »Geh jetzt von der Tür weg«, sagte ich. »Geh dort rüber.«
»Du wirst die Polizei rufen«, jammerte er. Idioten sind so beschränkt. Als er nach dem Türgriff langte, dachte ich, er würde die Tür öffnen und weglaufen. Aber ich hatte kein Glück. Er schloß sie nur endgültig zu.
»Angesichts der Tatsache, daß ich das Gewehr habe, sollte die Polizei wohl dein geringstes Problem sein«, sagte ich. Ich hatte solche Angst, daß ich anfing zu schreien. »Geh von der Tür weg. Geh von der Tür weg, oder ich bringe dich um, du dummer, klei-

ner Bastard.« Er begann, sich zu bewegen, und ich drückte das Gewehr an meine Schulter, so, wie ich es bei meinem Vater gesehen hatte, wenn er Kaninchen schoß.
Der Typ ging langsam rückwärts, und ich fing an, mich auf die Tür zuzubewegen. Ich stützte das Gewehr mit meinem Knie, als ich dann versuchte, die Tür aufzuschließen. Er kam auf mich zu, und ich schrie: »Geh zurück!«
Er ging zum Bett und setzte sich, und kaum hatte ich mich versehen, kam er mit einem Klappmesser, das eine zehn Zentimeter lange Klinge hatte, auf mich zu. »Gib mir das Gewehr«, sagte er.
»Bist du verrückt? Ich habe ein Gewehr auf dich gerichtet«, schrie ich.
»Es ist nicht geladen«, antwortete er mit einem Lächeln. »Glaubst du, ich lasse mir von dir ein geladenes Gewehr wegnehmen?« Er sprang im Zimmer hin und her, als wollte er laut Ätschi-Bätschi rufen. »Jetzt habe ich ein Messer, und du hast ein nicht geladenes Gewehr. Was sagst du dazu?«
Ich dachte mir, daß er möglicherweise die Wahrheit sagte. Ich wollte einfach raus aus diesem Zimmer. Ich drehte mich zur Tür um und fing wieder an, mit dem Schloß zu kämpfen. Er sprang quer durchs Zimmer und riß mir das Gewehr aus den Händen.
»Du scheinst ziemlich interessiert zu sein an einem Gewehr, das nicht geladen ist«, bemerkte ich.
»Ich wäre ja verrückt, mit einem ungeladenen Gewehr rumzulaufen«, knurrte er. »Geh jetzt dort rüber, wie ich es dir gesagt habe.«
Wir waren wieder am Punkt Null. Aber wenn ich ihm einmal das Gewehr hatte wegnehmen können, so würde ich es noch einmal schaffen, dessen war ich sicher.
Diesmal war ich nicht so vorsichtig oder berechnend. »Das ist lächerlich«, schrie ich. »Ich habe die Nase voll.« Ich ergriff den Lauf und dann den Schaft. Während wir uns in einen Ringkampf verwickelten, schrie ich immerzu: »Was glaubst du, wer du bist, du Arschloch?« Ich glaube, er stolperte über den Stuhl neben der Tür. Jedenfalls hatte ich das Gewehr plötzlich wieder.
»Wenn du noch einen Trick versuchst, bringe ich dich auf der Stelle um«, drohte ich. »Jetzt geh mir aus dem Weg.«
Er stand auf, aber er stand immer noch zwischen mir und der Tür.
»Steh nicht rum und warte, ob ich auf den Abzug drücke oder nicht«, sagte ich, »denn ich werde es tun. Es ist vorbei.«

Er ließ die Schultern sacken und ging von der Tür weg. »Geh schon, verschwinde hier«, sagte er.
Ich ging zur Tür und öffnete sie, obwohl ich mich immer noch völlig außer Kontrolle fühlte. Dann drehte ich mich zu ihm um, und während ich das Gewehr auf ihn richtete, verließ ich rückwärts das Zimmer. Als ich halbwegs hinausgestolpert war, rutschte meine Wäschetasche herunter, die zu meiner Überraschung noch immer über meiner Schulter gehangen hatte. Ich kniete mich hin, um meine Sachen aufzusammeln, und bemerkte dabei, daß der Typ an der Kommode stand und sich eine Linie Kokain reinzog. Ich bewegte mich weiter rückwärts, von der offenen Tür weg, dann hielt ich inne und legte das Gewehr ab aus Angst, man könnte mir Diebstahl vorwerfen. Dann rannte ich die Veranda und die Treppe hinunter zu meinem Wagen.
Meine Hände zitterten so heftig, daß ich kaum den Schlüssel ins Schlüsselloch bekam. Endlich hatte ich die Tür auf, schmiß meine Sachen und mich selbst in den Wagen, schlug die Tür zu und saß für ein paar Augenblicke einfach nur da. Dann ließ ich den Motor an und setzte den Wagen zurück, so daß ich sein Zimmer sehen konnte.
Nach wenigen Sekunden kam er heraus und die Treppe herunter gerannt. Ich fuhr mit dem Wagen vor, um zu sehen, wohin er wollte. Er stürzte zu einem kleinen hellblauen Wagen, öffnete den Kofferraum und warf ein paar Sachen hinein. Dann sprang er in den Wagen und röhrte davon. Als er an mir vorbeifuhr, erkannte ich die letzten vier Ziffern auf seinem Nummernschild.
Er raste auf einen Hügel in ungefähr hundert Metern Entfernung zu und verschwand dahinter. Ich beschloß, ihn fahren zu lassen. Ich saß noch ein paar Minuten zitternd da, dann fuhr ich zum Büro des Motels, um zu telefonieren.
Ich rief Gina in der Agentur an, um ihr zu erzählen, was passiert war, und um ihr zu sagen, daß ich es der Polizei melden würde. Dann rief ich Michael an. Ich wußte, daß er schlief, und als er nach ungefähr zwanzigmal Klingeln den Hörer abnahm, sagte ich: »Michael, wach auf und hör gut zu.«
»Okay, was ist los?« fragte er.
Ich erzählte ihm, was passiert war und daß ich die Polizei anrufen würde. Ich rief die Polizei an, berichtete von dem Vorfall und gab der diensthabenden Beamtin eine Beschreibung des Wagens. Ich

sagte ihr, wo ich mich jetzt befand und in welchem Zimmer ich gewesen war, und sie sagte, sie würde einen Streifenwagen schikken.

Zunächst erschien ein »erfahrener« Cop, der nicht einmal aus dem Wagen steigen wollte. »Nun, junge Frau«, sagte er, »wenn Sie nachts um diese Zeit allein ausgehen, müssen Sie mit solchen Dingen ab und zu rechnen.«

Dann kamen ein paar jüngere Cops, die offensichtlich ein Sensibilitätstraining hinter sich hatten, und gingen mit mir in das Zimmer. Sie fanden Kokainreste auf dem Tisch. Sie nahmen Fingerabdrücke und meine Aussage auf, und sie fanden jeweils ein Paar Handschellen am Kopfende und am Fußende des Bettes. Wer weiß, was dieser Kerl mit mir vorgehabt hatte?

Ich schlug vor, falls dieser Kerl gegen ein Gesetz verstoßen habe, könnten sie eine Beschreibung des Wagens über Funk ausgeben, so daß ihn vielleicht jemand festnehmen könnte. Sie sagten, daß sie das noch veranlassen würden.

Am nächsten Tag ging ich zur Polizeiwache, um durch eidliche Strafanzeige einen Haftbefehl zu erwirken. Ich hielt es für wichtig, die Sache weiterzuverfolgen, damit die Polizei sich daran gewöhnte, daß Prostituierte Anzeige erstatten. Ich erzählte ihnen, daß ich für eine Escort-Agentur arbeitete und dieser Kerl eine Frau mit einem hübschen Gesicht bestellt habe. Die Polizei behandelte mich wie eine Kriminelle. Der Ermittlungsbeamte unterstellte immer wieder, daß ich mit meinem Angreifer Sex gehabt habe. »Sie wissen, wer ich bin«, sagte ich. »Sie wissen, daß ich Prostituierte bin. Wenn ich mit diesem Kerl Sex gehabt hätte, was glauben Sie wohl, warum ich dann hierher gekommen wäre?«

»Nun«, meinte er, »vielleicht wegen der Publicity.«

Als der Kerl das Gewehr auf mich richtete, wußte ich, daß ich damit fertig werden mußte. Das Gefühl, das ich dabei hatte, war weit entfernt von dem, was ich sechs Jahre vorher in der Karibik empfunden hatte, als Buddy mir eine Pistole anbot und ich sie ablehnte.

Vor sechs Jahren hätte ich dem Jungen nicht das Gewehr wegnehmen können. Das heißt wohl, daß ich aufgrund meiner Erfahrungen als Prostituierte in mancher Hinsicht stärker geworden bin, aber es heißt auch, daß ich schlauer und geschickter geworden bin und vor vielen Dingen weniger Angst habe. Niemand war da, um aus dem Gebüsch zu springen und mich aus dem Motelzimmer zu retten. Ich hatte keine Rückendeckung, die bereit gewesen wäre, die Tür einzutreten. Ich mußte für mich selbst sorgen, und das tat ich.

Schließlich kämpfte ich um mein Leben, und der Kokstyp kämpfte nur darum, seinen Spaß zu haben.

Seit dem Ereignis weiß ich, was ich beim nächsten Mal tun werde, wenn es ein nächstes Mal gibt. Und ich weiß, daß ich schaffen werde, was ich beim nächsten Mal zu tun habe.

Die meisten Leute würden nicht damit fertig werden, als Prostituierte zu arbeiten. Nicht weil es degradierend oder schmutzig wäre, sondern weil es harte Arbeit ist. Es ist eine Arbeit, die beängstigend und gefährlich sein kann. Besonders hart ist sie für deine Freunde und deine Mutter und deinen Mann, wenn du offen damit umgehst.

Meine Freunde mußten sich selbst und dem Rest der Welt eine Menge Antworten geben. Die meisten von ihnen haben jedoch seit meinen ersten Anfängen — bei dem Brand, bei meiner Verhaftung, beim Schreiben dieses Buches und bei allem anderem — zu mir gehalten.

Meine Familie hat mich immer unterstützt, nachdem sie sich von der ersten Überraschung erholt hatte. Mein Vater ist jetzt krebskrank; er ist nicht mehr derselbe alte Dad. Und trotzdem ist er immer noch stolz auf sein kleines Mädchen. Für ihn werde ich vermutlich auf irgendeine Art immer die Little Miss Ferncreek bleiben.

Michael und ich sind immer noch am Renovieren meines Hauses und versuchen, mit den Spätfolgen des Feuers fertig zu werden. Ich halte immer noch Reden bei Gemeindeversammlungen, vor Gruppen für seelische Gesundheit und in Krankenhäusern und Universitäten. Zur Zeit werde ich häufig um Safer-Sex-Unterricht gebeten, um zu zeigen, wie man ein Gummi auf eine Banane bläst — wie wäre das als Partygag?

Ich arbeite immer noch mit Agenturen zusammen, wo ich auch bin, und ich bin sicher, daß die Cops immer noch versuchen, mich zu verhaften. Das nächste Mal werden sie vielleicht sogar eine richtige Anklage daraus machen. Aber ich möchte weiterarbeiten, und

ich möchte neue Orte kennenlernen. Manchmal überlege ich, wie es wohl wäre, in einem der legalen Bordelle in Nevada zu arbeiten. Ich habe nie in Alaska gearbeitet. Und ich frage mich auch, wie es in Hongkong oder Bangkok ist. Wenn die Polizei wieder anfängt, Jagd auf mich zu machen, werde ich es vielleicht herausfinden. Wie Mae West sagte: »Zwischen zwei Übeln entscheide ich mich immer für das, das ich noch nie probiert habe.«
Wenn ich nicht arbeite, vermisse ich das Leben. Ich vermisse die Kameradschaft der Frauen, mit denen ich arbeite. Ich vermisse die Arbeit selbst. Ich vermisse die Einsamkeit bei der Autofahrt zu einem neuen Kunden. Ich vermisse es, Leute aus aller Welt kennenzulernen und herauszufinden, wie sie über die Dinge denken. Es gibt Leute, die mich nur deshalb aufsuchen, weil ich eine bekannte Prostituierte bin, und das sind nicht nur Kunden, sondern auch andere Prostituierte und Fans. Ich habe jedoch schreckliche Erfahrungen mit Haushälterinnen. Sobald sie herausbekommen, womit ich meinen Lebensunterhalt verdiene, hören sie auf, mein Haus sauberzumachen, und fangen an, als Prostituierte zu arbeiten, weil sie damit mehr Geld verdienen können.
Sunny arbeitet hier mit mir zusammen bei der Aidsforschung in Atlanta. Elaine ist verschwunden. Margo St. James ist nach Frankreich gezogen, weil das Land ihrer Meinung nach freundlicher mit Prostituierten umgeht. Ernie ist jetzt Teppichverkäufer. Ich frage mich immer noch, was mit Sarah geschehen ist, und ob Amanda, die in die Karibik kam, jemals vernünftiger geworden ist. Ich möchte mehr Frauen wie diese kennenlernen, selbst solche Frauen wie Amanda — wenn auch nicht zu viele. Und ich hoffe, ich werde diese Frauen bei den Kongressen von COYOTE und bei Internationalen Hurenkongressen wie dem, der vor zwei Jahren im Gebäude des Europaparlaments in Brüssel stattfand, treffen.
Die meisten Leute fasziniert die Vorstellung, Prostituierte zu werden; selbst wenn es nur eine flüchtige Phantasievorstellung ist, haben schon viele Leute darüber nachgedacht. Aber wenn jemand nicht als Prostituierte gearbeitet hat, ist die Entscheidung für diesen Beruf nur schwer zu verstehen.
Manche Leute kritisieren mich. Aber andererseits wird jeder, der in der Öffentlichkeit steht, kritisiert — beispielsweise der Ansager für den Wetterbericht oder der professionelle Fußballspieler. Der Schlüssel zu Glück und Erfolg in irgendeinem Beruf liegt in der

Wahl des Berufes, für den man geeignet ist. Fußballspieler sind zum Fußballspielen geeignet. Metereologen sind für die Wettervorhersage geeignet. Ich bin für die Prostitution geeignet.
Ich bin nicht gehemmt, was Sex betrifft, aber das ist nur ein sehr kleiner Teil des Jobs. Zum größten Teil geht es bei dem Job um den Umgang mit Menschen: mit den anderen Frauen, mit meinen Agentinnen, mit meinen Kunden und mit der Polizei.
Selbst wenn ich mich langweile oder andere Dinge im Kopf habe, fühle ich mich durch die Arbeit geistig angeregt. Ich verbessere die Lebensqualität meiner Kunden und der Menschen, die sie umgeben. Ich bin gut in diesem Job. So gut, daß ich selbst dann einen positiven Einfluß auf meine Kunden ausübe, wenn ich ihnen nicht hundert Prozent geben kann. Ich verkaufe keine Zeitschriftenabonnements an Menschen, die nicht lesen können; ich verkaufe keine Wundermittel an Menschen, die totkrank sind. Ich tue mehr, als die Leute für meine Leistung bezahlen.

In Atlanta werde ich auf der Straße häufig erkannt, aber merkwürdigerweise erkennen mich selten Leute, wenn ich bei der Arbeit bin. Manchmal sagt ein Kunde vielleicht: »Weißt du, du kommst mir bekannt vor«, und dann lächle ich meistens nur.
Ein paar Leute versuchen natürlich, mich anzurufen, wenn sie mein Bild in der Zeitung gesehen haben. Manchmal verfolgen sie meine Spur über die Medien oder sogar über das Rathaus. Ich erkläre allen, die mich unter solchen Umständen anrufen, daß ich sie besuchen werde, wenn ihre Personalpapiere und Kreditkarten in Ordnung sind, aber daß ich nur Modell stehen werde. Das Risiko ist zu groß, wissen Sie, daß sie sich als Bullen herausstellen. Ich erkläre ihnen deutlich, so daß sie es auch wirklich verstehen: Das kostet sechzig Dollar Agenturgebühr und zweihundert Dollar für eine Stunde meiner Zeit, aber alles, was ich mache, ist Modell stehen. Es gibt keinen sexuellen Kontakt. Häufig bekomme ich Anrufe von Rentnern, die herumgesessen und sich morgens im Fernsehen Talkshows angesehen haben. Verwitwete, ältere Männer sind wunderbare Kunden. Ein Rentner, der mich anrief, war früher Journalist. Eines seiner Hobbys ist die Fotografie — die Aufnahme von preisgekrönten Blumen und Früchten in ihrer vollen Reife —, darum wünscht er sich immer Fotosessions. Während der Stunde wechsle ich meistens mehrmals die Wäsche

und nehme Dutzende von Posen ein, während er Fotos macht und mir Tips für den Garten gibt. Es findet kein Sex statt, er bekommt etwas Gesellschaft und etwas Anregung, und ich hoffe, daß mit seinen guten Ratschlägen meine Bartiris im nächsten Frühjahr blühen wird. Ich erweise ihm einen wichtigen Dienst, und wir beide ziehen unseren Nutzen daraus. Es ist eine schöne Art, seinen Lebensunterhalt zu verdienen.
Vor kurzem nannte mir meine Agentin Diana einen Termin bei einem Kunden in einem der Flughafenhotels. Als ich ihn anrief, wirkte er wirklich unbekümmert wie einer von der guten alten Garde, wie einer von denen, die bei Parties Zauberkunststücke vorführen. Er erzählte mir, daß er Vertreter für Ersatzteile sei und aus Raleigh, North Carolina, käme.
Als ich ihm sagte, daß ich in zwanzig Minuten bei ihm sei, war er begeistert, daß ich so schnell kommen würde. Als er die Tür öffnete, machte er einen Satz zurück, seine Augen blinzelten und blinkten, und er rief: »Ich kenne dich! Ich habe dein Bild gesehen. Ich kann das gar nicht glauben. Sag mir nicht deinen Namen. Ich habe dich gesehen! Du bist die ... sag mir nicht deinen Namen. Oh, mein Gott, ich bin ja so verlegen. Ich kann nicht glauben, daß du es bist. Du bist schön, und du siehst genauso aus wie auf den Fotos. Oh, wow!«
Ich stand immer noch auf dem Flur und sagte: »Okay, großartig. Kann ich jetzt reinkommen?« Er war ungefähr einsachtzig groß, und mit seinem blondbraunen Haar hatte er etwas Schottisch-Irisches an sich. Er war ein richtig niedlicher, kräftiger Kerl, so, wie man sich einen Vertreter für Ersatzteile vorstellt. Die Sorte von Mann, bei der man den Wunsch hat, die Hände auszustrecken und in diese Wangen zu kneifen. Ich stellte meine Tasche ab, während er immer noch am Schwärmen war.
»Das ist das Wunderbarste, das mir je passiert ist«, erklärte er. »Oh, wow! Ich kenne deinen Namen. Wirklich.«
»Während du überlegst, wer ich bin, werde ich meine Agentin anrufen, okay?« Ich rief Diana an und sagte ihr, daß alles in Ordnung zu sein schien, und dann drehte ich mich zu dem Mann, Ralph, um und sagte: »Du weißt, daß ich einen Ausweis von dir sehen muß.«
»Ja, natürlich, ja.« Er sprang im Zimmer herum, suchte nach seiner Brieftasche und fummelte daran herum. »Dein Name liegt mir auf

der Zunge. Warte nur. Ich bin am Überlegen. Es ist ein altmodischer Name.«

»Es ist wirklich nett, auf einen Fan zu stoßen«, sagte ich. »Weißt du, ich habe gerade ein paar Abzüge von einem Foto abgeholt, das in einer Zeitschrift erschienen ist. Willst du sie sehen?« Ich holte zwanzig Abzüge heraus. »Du kannst sie sehen, wenn du willst, aber ich muß dich warnen, denn mein Name steht darauf. Willst du sie sehen oder willst du weiterraten?«

»Oh, ich möchte sie sehen. Mann, ist das aufregend. Wer hätte je gedacht, daß mir so etwas passieren würde? Dolores! Dolores French! Ich wußte es! Die Fotos sind großartig. Das bist wirklich du«, sagte er. »Kann ich eins haben? Gibst du mir ein Autogramm?«

»Natürlich«, sagte ich und zog einen Füllfederhalter heraus. »Lieber Ralph«, schrieb ich, »Du warst großartig. Vielen Dank für die Erinnerung. Ruf mich jederzeit an.« Ich unterschrieb es mit »Dolores«. Er nahm es in die Hand und betrachtete es wie ein Kind, das gerade eine Eintrittskarte zum Baseball mit dem Autogramm von Mickey Mantle bekommen hat.

»Wow, ist das toll!«

Ich sah auf die Uhr und sagte: »Du weißt, daß ich die Agenturgebühr bekommen muß.«

»Natürlich, natürlich«, sagte er. »Ich kann gar nicht glauben, daß ich das jetzt wirklich mache, und zwar nicht mit irgendeiner Hure, sondern mit dir. Weißt du, ich habe noch nie in meinem Leben bei einer Escort-Agentur angerufen. Es ist wie in der Lotterie. Ich habe den Jackpot gewonnen. Ich habe wirklich den Jackpot gewonnen.«

»Nun«, sagte ich, »um den Jackpot zu gewinnen, mußt du sechzig Dollar für die Agentur bezahlen. Das Modell bekommt nichts von der Agenturgebühr. Der Preis des Modells hängt davon ab, was du machen willst. Normalerweise verlangen die Modelle zweihundert Dollar, aber wenn du so ein Fan von mir bist ... was hältst du dann von dreihundert Dollar?«

»Fein«, sagte er, ohne zu zögern.

»Nun, wenn das fein ist und du so begeistert bist«, sagte ich, »wie wäre es dann mit fünfhundert Dollar?«

»Ich wünschte, ich hätte soviel, weil du es wert bist. Doch ich habe sie nicht, hier sind dreihundert Dollar«, sagte er und gab sie mir bar auf die Hand.

Toll, was für ein angenehmer Kunde, dachte ich. Ich holte einen Waschlappen und ein Handtuch aus dem Badezimmer und etwas Seife und heißes Wasser, und er beobachtete mich dabei wie ein japanischer Geschäftsmann. Aber zumindest fragte er nicht: »Wofür ist das? Warum machst du das?« Statt dessen sah er mir gespannt zu, als beobachtete er eine Seiltänzerin und könnte einfach nicht glauben, daß jemand so etwas tat.

Ich packte meine Tasche aus und jonglierte ihm ein bißchen was vor. »Du kannst ja jonglieren!« rief er. »Das hast du im Fernsehen nie erzählt.« Schließlich legte ich die Jonglierbälle hin und fragte: »Nun gut, möchtest du in dieser Kleidung bleiben?«

Schließlich konnte ich ihm ja nicht vorschlagen, sich auszuziehen, oder auch nur sagen: »Mach es dir bequem.« Denn damit hätte ich zu verstehen gegeben, daß ich mit ihm Sex haben wollte.

»Oh, oh!« sagte er. »Ich weiß, was du meinst!« Er fing an, sein Hemd aufzuknöpfen. Dann zog er sein T-Shirt aus. Doch plötzlich meinte er: »Ich kann keinen Sex mit dir haben.«

»Okay«, sagte ich.

»Nicht weil ich keinen Sex mit dir haben will, erklärte er, »aber ich bin zu nervös.« Mit seiner pummeligen Hand deutete er auf seinen Schritt.

»Warum setzt du dich nicht hin und holst erst einmal tief Luft? Entspann dich einfach ein bißchen.«

Er versuchte, sich hinzusetzen, aber immer wieder sprang er von seinem Stuhl hoch. »Nun, wenn du schon einmal hier bist«, sagte er, »sollte ich es wenigstens versuchen. Im Fernsehen hast du gesagt, daß du für deine Zeit bezahlt wirst, und ich weiß, daß unsere Zeit abläuft. Darum sollten wir wohl besser anfangen.«

Ralph zog sich nackt aus und legte sich auf das Bett. Er fing an, eine Erektion zu bekommen, und ich begann, mich auch auszuziehen, aber dann sah er mich an und sagte: »Ich kann das nicht machen.« Und sein Schwanz ging wieder runter. »Warte nur, bis ich jemandem erzähle, daß ich Dolores French getroffen habe«, sagte er. »Aber wem kann ich es erzählen? *Ich weiß!* Ich kann es dem Typen in Raleigh erzählen, der mir deine Agentur empfohlen hat. Dem werde ich es erzählen. Der wird aber beeindruckt sein.« Er überlegte ein paar Minuten, und ich tat mein Bestes, um ihm zu einer Erektion zu verhelfen, was allerdings nicht viel nützte.

»Warte mal, warte mal«, fuhr er fort. »Dem kann ich es nicht sagen, denn er wird es in der ganzen Stadt rumerzählen. Was für ein Geheimnis! Wenigstens habe ich das Foto von dir.« Dann sagte er: »Warte mal. Ich kann das Foto nicht behalten.« Er bekam einen richtig traurigen Hundeblick. »Ich kann es niemandem zeigen. Ich bin verheiratet.«

Mittlerweile war ich fast nackt, ich trug nur noch Strümpfe, Straps und Stöckelschuhe und begann mit einer kleinen Erotikshow für ihn. Da sagte er: »Nein, das ist zuviel für mich. Und meine Zeit läuft ab. Ich kann es einfach nicht glauben, daß du hier bist!«

»Sieh mal, ich bin doch erst eine Viertelstunde hier«, sagte ich. »Ich habe noch eine halbe Stunde Zeit. Vielleicht möchtest du dich den Rest der Zeit einfach mit mir unterhalten?«

»Das wäre toll«, antwortete er und wirkte ganz erleichtert. »Könnte ich mich wieder anziehen?« fragte er.

»Natürlich«, sagte ich. »Soll ich mich auch anziehen?«

»Nein!«

»Aha«, neckte ich ihn, »du willst dich anziehen, aber *ich* soll mich nicht anziehen.«

»Mir ist kalt«, sagte er. »Vielleicht ziehe ich nur mein T-Shirt über.«

»Natürlich«, sagte ich, und damit war die Sache erledigt. Er zog sein T-Shirt an, ich lag fast nackt auf dem Bett, und wir unterhielten uns. Er wollte wissen, warum ich anschaffen ging.

»Das ist eine lange Geschichte«, sagte ich. »Im Grunde interessierte ich mich für die Rechte der Frauen und für die Rechte der Prostituierten, und dann lernte ich ein paar Frauen kennen, die anschaffen gingen, und sie gefielen mir. Eine der Frauen bot mir an, einen ihrer Kunden zu bedienen, und so versuchte ich es. Ich dachte, ich würde es nur ein paarmal machen, um zu sehen, wie es ist, aber es gefiel mir, und seitdem mache ich es.«

»Wolltest du schon immer Prostituierte werden?« fragte er.

»Nun, als ich klein war, sah ich diesen Fernsehfilm...«, begann ich.

»Und bringt es dir Spaß?« fragte er.

»Ich liebe es.«

Wir unterhielten uns, bis meine Agentin anrief, um mir zu sagen, daß die Zeit um sei. Ich zog mich an und machte mich fertig zum

Gehen. Ich sagte ihm, er solle das Bild behalten, vielleicht würde ihm ja doch eine Möglichkeit einfallen, wie er es aufbewahren könne.
»Oh, darf ich das?« sagte er. »Das würde mir gefallen.«
»Auf jeden Fall kannst du es für den Rest des Abends genießen«, sagte ich. »Vielleicht kannst du es später, wenn du dich etwas beruhigt hast, noch viel mehr genießen. Vielleicht kannst du es sogar morgen früh noch genießen. Dann kannst du es entweder mitnehmen oder in die Schublade neben dem Bett legen. Ich schreibe meine Telefonnummer drauf, und wenn du es in der Schublade läßt, wird mich vielleicht jemand anderes anrufen.«

INHALT